◎ 郑州大学社会科学成果文库

◎ 河南省高校青年骨干教师资助计划

高校科技管理人员专业化建设

周 倩 ◎ 著

中国社会科学出版社

图书在版编目(CIP)数据

高校科技管理人员专业化建设 / 周倩著. —北京：中国社会科学出版社，2010.8

ISBN 978 - 7 - 5004 - 8871 - 2

Ⅰ.①高… Ⅱ.①周… Ⅲ.①高等学校—科研管理—研究—中国 Ⅳ.①G644

中国版本图书馆 CIP 数据核字（2010）第 119417 号

责任编辑　郎丰君
特邀编辑　杨　晓
责任校对　王　多
责任印制　王炳图
封面设计　郡　婷

出版发行　中国社会科学出版社
社　　址　北京鼓楼西大街甲 158 号　　　　邮　编　100720
电　　话　010 - 84029450（邮购）　　　　传　真　010 - 84017153
网　　址　http://www.csspw.cn
经　　销　新华书店
印刷装订　三河君旺印装有限公司
版　　次　2010 年 8 月第 1 版　　　　　　印　次　2010 年 8 月第 1 次印刷
开　　本　710×1000　1/16
印　　张　20.75
字　　数　366 千字
定　　价　42.00 元

序

　　随着"科教兴国"战略的全面实施，国家提出了建设创新型国家的宏伟战略。与专门的研究机构相比，高校具有三大优势：人才培养与科学研究有机结合；基础研究与应用研究紧密联系；学科交叉与学科融合十分突出。因此，在创新型国家建设中，高校应真正起到推动、支撑和引领作用。目前，高校已经成为国家基础研究的主力军、高新技术研究的重要方面军和科技成果转化的强大生力军。可以看出，高校科技在经济、社会发展中的地位和作用日益突出。取得这样的成绩，科研人员功不可没。但是，科技管理人员的作用也不容小视。

　　高校科技实现又好又快发展，需要科技管理人员在提高专业知识、能力和管理水平的同时，一要进行管理观念创新，科技管理应该是高校科技工作的"倍增器"和"放大器"，而不是一种机械或被动的服务；二要进行管理目标创新，以促进科技与经济社会发展的结合为目标，加强科技管理创新；三要进行管理方法创新，在传统管理方法的基础上进行创新，使科技管理在科研工作中创造高效益。实现这些目标，科技管理人员专业化建设势在必行。这是社会、经济、科技、教育改革和发展的需要，也是顺应历史潮流的一种需要。

　　近年来，高校多次出现科研造假现象。这不仅仅是科研人员的问题，也不仅仅是社会的问题，高校科技管理部门和人员的责任也不容回避，因此，加强科技管理人员专业化建设逐渐成为人们关注的热点。不过，据我所知，当前关于高校科技管理方面的研究已有相当的规模，但集中以高校科技管理人员专业化建设为主题进行深入、系统研究的论著尚不多见。周倩同志在华东师范大学学习期间，就以此为选题写成了博士学位论文。这部专著是他在博士论文的基础上修改而成的。总体上看，这部著作有以下特点：

　　1. 理论发展完善，建设目标明确。在专业社会学领域，尽管专业化运动理论（也可称之为专业变迁理论）还不十分成熟，对专业化内涵的认识仍存在分歧，但它提供了一种新的研究思路和分析框架。作者以高校科技管理人员专业化建设为主线，发展了专业化运动理论，对专业标准认识演变的过程作了相当透彻的分析和论述，并以此为基础，提出了专业化、高校科技管理人员专业化等概念，区分了专业和一般性职业、学术性专业和职业性专业，提出了职业专业化需要努力的方向和方面，由此得出高校科技管理人员专业化建设的目标，为从宏观上、整体上、全景式地对这一主题进行研究奠定了基础。

2. 跟踪时代脉络，紧密联系实际。现代科技的发展，科技全球化、知识经济的到来，大学科技园建设等使得高校科技成果转化日益重要，科研项目、经费竞争日益激烈，科研合作特别是跨学科、跨区域、全球性的合作日渐增多，对高校科技管理人员的知识和能力水平提出了挑战，也说明了专业化建设的必要性、重要性以及紧迫性。作者研究视野较为开阔，对如何促进高校科技管理人员专业化建设有着整体的把握。本书从历史和现实的角度，对科技管理专业的产生、成长以及高校科技管理人员专业化建设的发展轨迹进行了富有新意的分析和挖掘，并通过比较与调查，分析出了我国高校科技管理人员专业化建设面临的严峻形势和存在问题。

3. 选材丰富考究，评价科学中肯。在本书中，作者查找、整理、筛选、使用了大量有价值的研究资料，并且注重吸收社会学、管理学等学科的研究成果，引述了大量的经典原著和外国文献，特别是利用互联网技术，参考了海内外相关网站的宝贵资料，譬如高校科技管理（者）协会（研究会）的教育培训课程、组织章程、专业伦理，哈佛大学、麻省理工学院、上海交通大学、台湾交通大学等高校的科技管理专业设置、师资队伍的专业结构，高校科技管理部门的组织框架等。这些资料丰富翔实，为高校科技管理领域的研究拓宽了思路，积累了文献。在此基础上，作者进行了较为准确的分析和科学的评价，增强了研究的有效性和针对性。

4. 论述清晰系统，对策操作性强。作者采用"提出问题—分析问题—解决问题"的逻辑思路，运用多种研究方法，对高校科技管理人员专业化建设问题进行了较为系统、深入的探讨。设计出了多层次的高校科技管理人员专业化建设课程方案和多种继续教育模式；在专业组织和伦理方面，提出了较为合理的高校科技管理人员伦理规范和设立独立的、民间性质的全国高校科技管理协会的构想，并建议实施科技管理专业认证制度和准入制度；参照国外特别是德国的做法和我国实际，提出可以通过制定教育职员法对高校科技管理人员进行法律保护。这些观点、建议、办法等具有较强的操作性。

著作观点明确、思路清晰、方法得当，基本实现了综合与具体、整体和个案、普遍性和特殊性的准确结合，在设计多层次、多类别高校科技管理人员专业化建设课程方案、制定高校科技管理人员伦理规范和教育职员法等方面具有创新性。我相信，本书的出版会在一定程度上扩大与深化人们对高校科技管理人员专业化建设的认识，对促进我国高校科技管理人员专业发展、规范高校科技管理专业组织、推动高校科技管理专业教育和培训、提升高校科技管理人员法律地位、改革高校科技管理体制具有重要的参考价值，并对高等教育学学科建设和相关领域职业人员的专业化建设有一定启示。

著作反映出作者具有较扎实宽广的专业基础理论、系统深入的专业知识以及较强的独立科学研究能力。当然，在高校科技管理人员的法律保障问题上，作者还可以作进一步研究，在采用国外高校科技管理人员专业化建设先进经验和我国国情相结合的问题上也可以作进一步思考。本书即将付梓，我感到由衷高兴，也希望周倩同志更加努力，在高等教育研究领域取得更大的成绩和更多的成果。

是为序。

薛天祥
2010 年 1 月于华东师范大学

目　　录

导　　言

一、选题缘由

1. 现代科技的综合化、复杂性、高速度以及高校科技的发展需要高校科技管理人员专业化。国外高校科技管理人员专业化建设已有 50 多年的历史。进入 20 世纪以后，随着科学技术研究活动日益广泛而深入的发展，在前苏联、德国、美国、英国和法国等比较发达的国家中，科技活动的规模越来越大，科技管理在科学活动中的重要性也越来越明显，对科技管理活动本身的研究也逐渐开展起来。1958 年英国科研管理者协会（Research Administrators' Group Network，RAGNET）会刊《科研管理》创刊，对科技管理理论和实践的探索更加深入。1993 年，日本在总结他们工业发展 40 年经验时，曾把成功的关键归于"组织起一支能干的科技管理队伍"。俄罗斯也在全国多所大学中设立了相关专业，并规定所有领导人和专家，原则上每五年必须接受一次再教育。① 说明这些国家早已意识到建设专业化科技管理人才队伍的重要性和紧迫性。高校科技管理是整个科技管理系统中的一个子系统，20 世纪 50 年代起，国外已经把高校科技管理人员专业化作为一个专门领域进行研究。如 1959 年，美国大学科研管理者协会（National Council of University Research Administrators，NCURA）成立，致力于高校科技管理人员的专业发展，并创办了《科研管理评论》。比较直接的原因就是高校的规模在逐步扩大，从教学、科研到为社会服务，高校发挥的社会职能日益复杂化，与社会的关系也更加密切。现代高校科技管理领域需要专门的知识和人员全时的投入，比如，科学技术研究领域越来越广泛，科技管理部门就需要法律事务人员负责帮助学校研究人员获得专利等。这要求在高校科技管理中必须增加专业人员。高校科技管理人员在获得科研经费、保证科研质量、科技成果转化等方面发挥着监督、指导、实施等重要作用，其专业水平是决定性因素。高校科技管理人员虽然不是

---

① 寒星. 建设一支专业化科技管理队伍 [J]. 云南科技管理，2001，(1)：36.

学术权威，可能也没有专业头衔，却熟悉现代大学管理中的这些新职能，掌握行使这些职能必备的知识和技术，遵守专业组织章程和伦理规范是他们的专业发展方向。科技管理作为高校管理的一个领域，在西方发达国家的高校发展已比较完善。由于科技管理在高校占据相当重要的地位，科技管理人员专业化建设也受到了特别重视，科技管理人员的法律保障、选拔、培训制度等方面的规定也比较完善。

2. "科教兴国"战略实施和创新型国家建设需要高校科技管理人员专业化。我国高校科学技术事业的兴旺发达和高等教育的蓬勃发展密切相关。经过改革开放三十多年的持续投入，特别是随着"科教兴国"战略和创新型国家建设的实施，国家通过"211工程"、"985工程"和"教育振兴行动计划"等一系列政策支持，高等教育事业取得了历史性发展，为高校科学技术工作的迅速崛起奠定了基础。2006年国务院发布《国家中长期科学和技术发展规划纲要（2006—2020年)》，随后，2007年10月，党的十七大报告指出，要"繁荣发展哲学社会科学"。现在，高校通过竞争，积极承担起国家自然（哲学社会）科学基金、国家"863"计划、"973"计划、国家科技攻关、国防军工等重大科技发展计划任务，高校整体科技实力和综合竞争能力大大增强，已经成为中国基础性研究的主力军，技术转移及高新技术产业化的生力军。[①] 其中科技管理人员的作用不容小视。进入到21世纪，高校科技管理人员专业化建设的呼声在我国逐步引起关注。2004年暑假，笔者有幸参加了教育部重点项目"高等学校科技管理队伍建设与培养"的研究工作。积累资料的同时，也促使笔者对下面这些问题进行思考：为什么要对高校科技管理人员进行专业化建设？专业化建设的内涵是什么？理论基础是什么？它的重要性和迫切性体现在哪些方面？目前高校科技管理人员专业化建设的状况如何？还存在哪些问题？国外高校科技管理人员专业化建设的历史怎样，有哪些经验值得我们借鉴？如何结合我国国情，结合高校科技管理的特点对科技管理人员进行专业化建设等等？这些问题促使笔者对这一领域进行了持续研究。

二、研究意义

1. 理论价值。把高校科技管理人员专业化建设作为研究对象，是对高等教育管理理论在研究对象和范围上深层意义的拓展，将对高等教育学学

---

① 赵沁平. 加强高校科技工作　推动高校科技创新［J］. 中国高等教育，2002，(6)：3.

科的发展起到积极的推动作用。高校科技管理人员专业化建设是我国高校科技管理领域出现的新问题。科学技术的快速发展，知识经济初露端倪，科技活动呈现出交叉性、复杂性和多样性；科技活动的知识创新、传播、应用空前快捷和广泛；科技活动日趋社会化、规模化、全球化，竞争和合作并存；当代科学技术活动更需社会的理解和支持、需要安定的环境、良好的学术氛围、科学的组织管理等等。科技管理是综合性管理，也就是综合利用理、工、管理学科的知识对科学研究进行计划与开发，以形成和实现一个组织的战略目标和经营目标。高校科技管理工作的特殊性要求科技管理人员必须具有较强的综合素质，特别是在当今高新技术不断产生、发展、升腾的时代，管理知识和管理手段日益更新，科技管理者如何更新自己的理论知识和管理手段，提高专业化水平，很值得深入探讨。高校科技管理人员专业化建设研究在我国尚处于萌芽状态，但已显现蓄势待发的景象。对该问题系统的研究将开辟和拓展高等学校科技管理学研究的新领域。

高校科技管理人员专业化建设需要研究者对其发展提供可靠的理论支撑。对高校科技管理人员专业化建设来说，对问题的界定、分析、保障机制、实现模式以及其他相关问题的理论研究，都将丰富该领域的理论体系。譬如在分析专业化运动理论的基础上，指出高校科技管理人员专业化建设的意义和内容；在终身教育理论的基础上，设计出高校科技管理人员专业化建设的课程结构并提出实现模式和相应的保障机制；在比较的基础上，借鉴国外经验，结合国情，提出我国高校科技管理人员专业化建设的策略。这些研究都将为我们搭建深化理论研究的平台。

2. 现实意义。理论研究的价值只有被应用到实践并得到实践的验证和丰富才能得以实现。本研究试图对我国高校科技管理人员专业化建设提供现实指导和参考。

首先，通过系统研究，可以提升观察问题的视角。在我国，高校科技管理人员专业化建设还未受到应有重视。本书将以跨学科的研究视角，在调查的基础上，分析我国高校科技管理人员专业化建设的现状，归纳出亟待解决的问题、造成的原因等，找出解决问题的办法。这对于推动高校科技管理人员专业化建设，提高科技管理水平，促进学校科技发展，都将发挥积极的作用。

其次，在确定高校科技管理人员专业化的内涵以及在充分实证调查的前提下，设计出适合我国国情的高校科技管理人员专业化建设的课程体系和继续教育模式。这既是高校科技管理人员专业化建设的现实需求，也能够为领导决策、政策制定、制度建立等提供参考。

最后，多年以来，教师专业化的呼声最高，影响也最大，研究成果也颇多，这对学校其他人员专业化有诸多启示。高校科技管理人员也有专业化的诉求。同样，系统地探索该问题会对教学管理人员、学生事务管理人员等群体的专业化建设具有借鉴和推动作用。譬如，书中提出制定教育职员法，这对包括高校科技管理人员在内的学校管理人员专业化建设都能提供法律上的保障。

虽然"社会一方面愿意驱使人们不断专业化，另一方面又总是担心他们过于专业化"，但是，"一般说来，一种真理命令我们向专业化的方向发展，它往往受到另一种真理的驳斥，然而两者又好像殊途同归，让我们去实现同一个目标，而它们自身的权威却毫发无损"。①

三、国内外研究状况综述

1. 国外的主要文献。通过查阅美国大学科研管理者协会会刊《科研管理评论》（*Research Management Review*）和国际科研管理者理事会（Society of Research Administrators, International）会刊《科研管理期刊》（*the Journal of Research Administration*）以及在英文期刊网上搜索 research administrator，可以阅读到数篇关于高校科研管理人员专业化建设方面的论文。下面以发表在《科研管理评论》和《科研管理期刊》上的论文为例，浏览一下国外关于高校科技管理人员专业化建设方面的基本观点或者关注的方面（见表 1 和表 2）。

表1　发表在 Research Management Review 上的论文（1987—2005 年）

篇名	作者	基本观点或者关注点	年/期/页码
Scientific Self - regulation: A Brief Primer for Research Administrators	Timothy Atkinson	高校科技管理人员如何在变化的环境中加强自律；学校应改变传统观点（外围的办事员的作用），重新认识科技管理人员在科研中的作用	2005/2/23—24

---

① ［法］埃米尔·涂尔干. 社会分工论［M］. 渠东译. 北京：生活·读书·新知三联书店，2000.6.

续表

篇名	作者	基本观点或者关注点	年/期/页码
Time Management for the Research Administrator	Shelley Hesselton – Mangan	高等学校科技管理人员如何进行时间管理	2003/1/3
The Institutional Construction and Transformation of University Research Administration	Timothy Atkinson	高校科技管理专业组织建立的背景：科技管理成为专业的需求；专业组织发挥的作用	2002/2/1
Toward Ethical Leadership – A 12 – Step Plan	Charmaine Streharsky	帮助高校科技管理人员树立专业伦理思想的 12 个步骤	2001/1/35—39
The Legal Dimensions of Research Administration	James J. Casey Jr	高校科技管理人员在工作中应有法律意识，监督科研项目的合法性	1998/1/7
Defense Conversion and Brokering Partnerships：A New Role for the University Research Administrator	Richard B. Streeter	高校科技管理人员在新时期的新作用：争取科研经费从防守到合作的角色转变	1995/1/41
Research Administration Reconsidered	Sephen Hansen & Clifford Shisler	高校科技管理人员的职责：从调停者、官方信息发布者到争取科研经费时与科研人员、科研经费提供者成为不可分割的一体	1992/2/49
The Research Administrator's Role in Creating a Supportive Environment for Interdisciplinary Research	Patricia Laughlin & Anne Sigerstad	高校科技管理人员如何为跨学科研究创造支持性环境	1990/1/1
Conflict of Interest and Research	Belle Cole	高校科技管理人员如何协调利益冲突	1989/2/13
The Global Research Race：New Models of Research Management	William Davidson	全球科研竞争视野下科研管理新模式初探	1989/1/7

续表

篇名	作者	基本观点或者关注点	年/期/页码
Enhancing the Prospects for Acquisition of Sponsored Funds at Small to Mid - Level Colleges and Universities: A Guide for Program Development	John M. Mishler	中小规模大学的科技管理人员如何通过管理获取更多的科研经费	1988/2/17
A Model for Integrating Research. Administration and Graduate School Operations at a Regional Comprehensive University	Anthony Andrew Hickey and Kendall W. King	高校科技管理人员的责任，院系主管科研的副主任在科技管理中的作用以及院系科研管理模式	1988/1/31
The Research Administrator as Advocate Planner: An Inter - Institutional Perspective	C. Dennis Ignasias	高校科技管理人员如何成为校际间科研的合作者、协调者、规划者和倡导者	1988/1/21
Initiating and Managing University - Based International Research and Development Activities	Marla P. Peterson	高校科技管理人员的管理技能，在国际科研开发活动中的谈判技能	1987/1/30
Introduction: Issues in the University - Industry Partnership	Edward MacCordy	校企合作中，提高高校科技成果转让成功率的一个重要因素是增加科技管理人员的参与度	1987/2/1
Universities Move Toward New Responsibilities in a More Complex Environment	Robert Rosenzweig	总结历史的经验，新的环境下如何加强高校科技管理者的责任意识，对科研立项、进展方面的监督尤其重要	1987/2/61

表2 发表在 the Journal of Research Administration 上的论文（1997—2004 年）

篇名	作者	基本观点或者关注点	年/期/页码
Subcontracting Primer: The ABCs of Agreements Between Collaborators	Marie Smith	高校科技管理人员与服务对象合作的基本知识	2004/1/25

续表

篇名	作者	基本观点或者关注点	年/期/页码
The Research Administrator as Servant – Leader	Pamela A. Krauser	高校科技管理人员如何做好"服务长"，为学校防范科研风险	2003/1/14
The Professional Development Planner	Ann B. Kratz	如何为高校科技管理人员做好专业发展规划	2002/3/25
Developing Effective Training Programs	Carole Wagonhurst	专业培训前的调查以及培训方法	2002/2/77
Protection of Human Subjects: A Primer for the New Administrator	Bruce W. Steinert	高校科技管理新手如何保护好人文科研项目	2002/2/67
Passing on the Public Trust: A Case Study in Research Administration Education	Edward F. Gabriele	高校科技管理人员如何通过教育赢得公众信任	2002/1/19
Pre – Award Administrators are from Pluto, Post – Award Administrators are from Saturn; Or Are They?	Mary T. Spina	高校科技管理人员相互合作的重要性	2000/1/25
Shouldn't Research Administrators Know Something about Research?	Charles Howard Jr.	高校科研管理协会会员的学历结构	1998/2/23
Research Administration and the Culture (and Subcultures) of Higher Education	John Lankford	高等教育文化（亚文化）对电子科研管理的影响	1997/3/25
Proposal Development in a Self – Funded Research Organization: The Research Administrator's Role	Charles Whitaker	高校科技管理人员如何开发本校设立基金的项目书	1997/3/13

可以看出，国外对高校科技管理人员专业化建设的关注度是非常高的，涉及面也很广泛，包括如何提高高校科技管理人员的专业知能、专业协会会员的学历结构、专业培训、专业伦理、科技管理专业如何赢得公众认可等等。

另外，如发表在《管理科学季刊》（*Administrative Science Quarterly*）上的《科研管理人员的作用》（*The role of research administrator*）和《行政管理与行政管理人员》（*Administration and administrator*），涉及科技管理人员的作用、职责等。谈到高校科技管理人员专业化，也可与高校行政管理人员专业化联系在一起，因为高校科技管理人员是其中的一部分。有关高校行政管理人员专业化建设的文献也不少。如载于 2004 年 6 月《高等教育》（*Higher Education*）上的《通往专业化？大学行政管理队伍的重构》（*Towards professionalisation? Restructuring of administrative work force in universities*）。这篇论文通过实证指出了大学行政管理人员组织变革的过程，从理论上阐述和分析了这一变化。实证性的材料来自近 20 年来挪威大学的发展历史。在这个时期有两个非常重要的变化：一个是 20 世纪 90 年代初大学行政管理的高速发展，随后是一个缓慢的发展期或者说是一个下降期。另一个是 20 世纪 80 年代到 90 年代大学行政管理人员的变化，可以称之为行政管理人员的专业化过程。这篇论文用不同的组织变革理论对大学行政管理人员的结构进行了剖析。

从国外著名大学网站上可以浏览到不少有关科技管理人员专业化建设方面的材料，如科技管理的组织结构、人员的培训、工作职责等。如英国的牛津大学（www. ox. ac. uk），美国的哈佛大学（www. harvard. edu）、麻省理工学院（www. mit. edu），德国的洪堡大学（www. hu – berlin. de）等。这些材料会对我国高校科技管理人员专业化建设提供重要参考。

从社会学角度谈专业化的文献比较多（详见第一章），主要有：《专业化与专业主义问题》（*professionlization and professionalism issues for interprofessional care*）（载于 *Journal of Interprofessional Care*，1999 年第 2 期）。论文主要区分了"专业"（profession）、"专业化"（professionalization）和"专业主义"（professionalism），并指出不同领域、不同国家和地区对"专业化"这个概念有不同的理解。1995 年 9 月的《文献摘评》（*Summary Review of Literature*）刊登了"教育者专业化系统改革"（Systematic Reform in the Professionalism of Educators）的系列论文，其中一篇为《研究的背景：研究目的和科研问题》（Background of the Study：Study Aims and Research Questions），也对专业和专业化提出了自己的观点。

2. 国内的研究现状。1980 年，中国科研管理研究会组织召开了我国第一次科研管理学术研讨会，会上有人探讨了科技管理干部专业化方面的问题。但涉及的主要是科学院系统和军队、企业研究（院）所的科技管理人员，而且当时对专业化的认识还不太成熟。如于光远认为，"所谓专业化，就是科研管理干部应该用科研管理学的知识武装起来，具有专业的知识。"① 再如后来的齐祖亮等人认为，所谓专业化，"就是领导班子的不同成员，既要有共同的最基本的专业知识，同时每个人又都具备某方面更深的专业知识"。② 作为专业人员，应该强调"专业知识、专业技能，但这是非常狭义的理解"。③ 从现有的文献看，大致在 1985 年以后对管理人员特别是科技管理人员专业化的研究进入低潮期。针对高校科技管理方面的著作 20 世纪 80 年代中期开始出现。

高校科技管理人员专业化建设是一个新的研究方向，被列为全国高等学校科研管理研究会 2003 年学术年会中心议题之一。在中国期刊网上输入"科技管理人员、科研管理人员、科技管理干部、科研管理干部、科技管理队伍、科研管理队伍、科技管理人才、科研管理人才"等关键词进行检索，涉及的论文不到 100 篇，输入"专业化"进行二次检索，涉及的论文主要有 6 篇。

第一篇为《建设一支专业化科技管理队伍》，④ 作者谈的是云南省科技管理人员的情况。论文围绕"有计划地按照专业化要求培养提高、充实知识化、专业化的新生力量，是我省实现现代化科技管理的迫切任务"。因为"现代科技管理需要专业化"。现代科技管理专业人员应具备的条件有："懂得科技发展的一般规律和管理理论，熟悉科技劳动的特点，善于体察科技人员的心理；能广泛了解科技各方面的进展情况，了解国民经济发展的需要（至少是本地区的）；懂得经济规律，并善于把科研、生产、经济结合起来；在科技上富有开拓创新精神，在探索和判断问题时头脑冷静，思想敏锐，积极果断；一般应具有从事科技工作的经历，但又不只会埋头于自己的研究领域而忽视整体或疏于管理职责；不仅懂得业务，而且必须具有组织能力；了解和熟悉有关的现代管理方法和电脑网络等现代管理手段和技术。"提高现代科技管理人员专业化的对策是：①立即着手制定一个可操作性强又能增进科技管理人员素质的基本要求及工作规范，并据此确

① 于光远. 科研管理的三个问题 [A]. 骆茹敏，吴俊卿等. 科研管理 [C]. 北京：中国学术出版社，1982.5.
② 齐祖亮等. 高等教育结构学 [M]. 哈尔滨：黑龙江教育出版社，1986.154.
③ 《教育发展研究》编辑部. 校长专业化与校长培训——陈玉琨教授访谈录 [J]. 教育发展研究，2005，(9)：16.
④ 寒星. 建设一支专业化科技管理队伍 [J]. 云南科技，2001，(1)：35-36.

定符合我省实际情况的考核标准。②在全省范围内认真地对各级科技管理人员进行一次普查和统计，并据此制订对其进行培训、提高的规划。③按照规划，有步骤地在全省自上而下，分期分批对各级科技管理人员采取不同形式的规范培训提高，经过考核，合理调整工作岗位，确定适当职称，并建立定期考核晋升制度，设专管机构，保证有效工作。④建立省、州级科技管理学术团体，大力提倡对科技管理工作的探索研究，加强和促进横向交流，尽快提高我省的科技管理水平。⑤对科技管理部门实施必要智力投资。一方面要从现有的中青年科技管理人员和适合做科技管理工作的科技人员中，选拔一批热心改革、立志创新、敬业精神强、组织能力较强、知识面宽并懂一些经营管理的人来充实科技管理的领导队伍；另一方面须尽快着手在有条件地区和高校中建立科技管理学院或开设相关系和专业，培养一大批我省自己的、高质量的科技管理人才队伍。

这篇论文是针对云南省科技系统谈科技管理人员专业化建设的问题，提出的建议中体现出专业化建设的一些要素，具有一定的指导性，但区域化太强，而且主要面对的不是高校科技管理人员。

第二篇论文是发表在 2003 年 4 月《科技论坛》上的《论专业化科研管理队伍建设》，①论文首先谈到"高校科研管理队伍建设的偏差"，一是"对科研管理的科学性重视不够"，二是片面"强调科研管理的'专家型'，而忽视了科研管理的'专业化'"，三是"科研管理队伍不稳定，业务水平有待进一步提高"。继而提出"建立高校专业化科研管理队伍的必要性"。因为"建立专业化科研管理队伍是高校科学研究特点的要求"，"建立专业化科研管理队伍是高校对科研管理人员素质的要求"。

这篇论文针对的是高校科技管理队伍，分析了高校科技管理人员专业化建设中存在的主要问题，但缺乏实证，而且只论证了高校科技管理人员专业化建设的必要性，没有提出建设的办法。

第三篇论文为《试论高学历科技管理者的专业化》，②作者对高学历者搞所谓"双肩挑"的做法持否定态度。他认为，原因很简单，这违背了干部专业化的原则，会使科研管理事业受到损失。

第四篇论文为《论关系资本与高校科技管理队伍专业化建设》。③作者

①　郑库存. 论专业化科研管理队伍建设 [J]. 科技论坛，2003，(4)：35－37.
②　孙宪民，任平. 试论高学历科技管理者的专业化 [J]. 中华医学管理杂志，1999，(2)：107－108.
③　周景泰，尤建新. 论关系资本与高校科技管理队伍专业化建设 [J]. 研究与发展管理，2005，(2)：66－70.

认为，专业化是指特定职业群体为实现其最佳目标而不断提高职业素养和能力的过程。加强高校科技管理队伍专业化建设的重点应该从以下方面着手。一是转变观念，对科技管理工作以及科技管理队伍予以足够的重视；二是制度设计，高校科技管理队伍的专业化建设要在制度上予以规范，为相关人员提供足够的发展空间；三是加强培养，从事科技管理的人员不可能都是科技管理专业的，而且科技管理工作本身也需要多学科教育背景的人员共同参与，因此培训和继续教育非常重要。应鼓励和大力支持在职攻读相关专业学位，同时创造培训和进修的机会，提高科技管理人员的整体素质和业务能力。

作者仅仅给专业化下了定义，但什么是高校科技管理人员专业化文中并没有出现。提出的建议特别是制度设计和加强培养具有参考价值，但操作性没有体现。

第五篇论文为《浅论高校科技管理队伍专业化建设》。① 作者认为，所谓高校科技管理队伍专业化，是指高校科技管理干部队伍按照高校科技管理工作的职业标准，遵循科学技术和高等教育发展规律及管理学原理，不断提高管理水平，从而实现高校科技管理的科学化、规范化，以最大限度的实现高校科技管理的高效益。高校科技管理队伍的专业化，除了具备较高的思想政治素质和职业道德、较好的心理素质、较强的领导能力和一定的教学、科研与管理岗位锻炼以外，还应当包括系统扎实的知识、科技管理能力、科技管理道德等。并从 10 个方面提出了推进高校科技管理队伍专业化的策略。

作者在分析专业化内涵的基础上，提出了高校科技管理队伍专业化的概念，较前者有了些许进步。但概念和高校科技管理队伍专业化内涵没有全面反映出高校科技管理专业的属性，所提出的推进策略也缺乏实证依据。

第六篇论文为《高等学校科技管理队伍专业化实现模式探析》②，笔者和导师在调查的基础上提出了高校科技管理人员非学历教育的 5 种培训模式（详见第五章）。

梳理国内研究的情况，可以发现近几年对高校科技管理人员的相关研究主要是围绕以下几个方面进行的：

① 杨荣昌. 浅论高校科技管理队伍专业化建设 [J]. 南阳师范学院学报, 2005, (1): 93 - 97.
② 周倩, 薛天祥. 高等学校科技管理队伍专业化实现模式探析 [J]. 辽宁教育研究, 2005, (1): 30 - 34.

一是高校科技管理人员的素质问题（详见第四章）；二是高校科技管理人员面临的形势和任务①；三是讨论高校科技管理人员专业化建设中的一般性问题，如科技管理人员的考核、如何提高科技管理人员的信息能力、如何提高科技管理人员的保密意识等，② 大都冠以"浅议"、"浅谈"、"思考"和"探讨"等；四是科技管理人员的"双肩挑"问题。③

从国内外的研究看，关于高校科技管理人员专业化建设的问题还比较广泛，关注程度在不断提高。存在的问题，一是大多还不够系统和深入，停留在现象层面；二是经验性介绍的多，理论支持的少；三是实证研究少，比较借鉴的更少。这就给笔者在这个领域的研究提供了广阔的空间和余地。笔者将在以往研究成果的基础上，对高等学校科技管理人员专业化建设进行系统而深入地分析，以期能够探索出适合我国国情的高校科技管理人员专业化建设之路，为从管理角度推动高校科技发展，实现科教兴国战略贡献自己的绵薄之力。

四、主要内容和基本思路

（一）试图解决的问题

1. 发展专业化运动理论，为高校科技管理人员专业化建设提供理论支撑。

2. 从时代发展的角度证明高校科技管理人员专业化建设的必要性。

3. 梳理出高校科技管理人员专业化建设的历史，通过调查，分析出专业化建设中存在的问题。

4. 对国外和我国台湾地区高校科技管理人员专业化建设的情况进行介绍、比较，以期为我国大陆高校提供借鉴。

5. 根据专业化建设的内涵和实证分析，提出适合我国国情的高校科技管理人员专业化建设的课程方案、继续教育模式以及法律保障机制。

---

① 杭雪花等. 高校管理体制改革与科技管理人员面临的任务［J］. 常熟高专学报，2002，（6）：99－100；饶从志等. 新形势下提高科研管理人员综合素质的紧迫性［J］. 中华医学科研管理杂志，1999，（3）：167－169.

② 齐桂茹，余洋等. 浅议如何提高科研管理人员的信息能力［J］. 中国冶金教育，2002，（4）：60－63；郭汝丽. 高校科技管理工作必须做好对重大项目的组织与管理［J］. 研究与发展管理，2002，（1）：79－83；黄跃雄，阙维明等. 高校科技管理体制和政策创新的若干问题［J］. 科学学研究，2000，（3）：96－106；宋威，韩江宁等. 浅谈科技管理中的科技预测［J］. 黑龙江交通科技，2001，（5）：85－87.

③ 徐思祖，曹先维. 科技处长和科技管理专家［J］. 研究与发展管理，2002，（1）：22－25；徐思祖，黄宏等. 科技处长议"双肩挑"的科技处长［J］. 科技管理研究，2004，（1）：74－75.

（二）研究框架和基本思路

本书共分为七章，基本思路是：理论基础—宏观背景—历史与现状—比较分析、归纳问题—解决问题。从整体上看，共分三部分：第一部分为理论基础；第二部分为宏观背景、历史、现状与问题；第三部分为解决问题的策略。（见图 1）

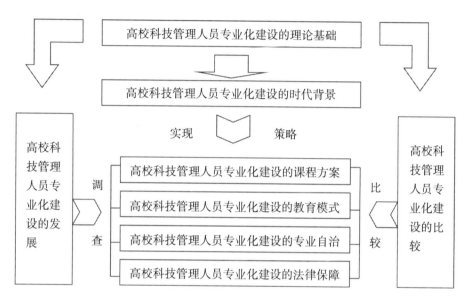

图 1　本书的研究框架

第一部分为第一章。主要包括两方面内容：一是基本概念。专业的概念、标准、专业化的概念、高校科技管理专业的概念与特殊性、高校科技管理人员专业化的概念以及高校科技管理人员专业化建设的目标等；二是发展了专业化运动理论，提出了职业专业化需要努力的方向和方面。

第二部分包括第二章、第三章。第二章是宏观背景。现代科学技术的发展、世界贸易组织规则、科技全球化、知识经济的到来、大学科技园建设以及创新型国家建设使得高校科技成果转化日益重要，科研项目、经费竞争日益激烈，科研合作特别是跨学科、跨区域、全球性的合作日渐增多，对高校科技管理人员的知识和能力水平提出了挑战，也说明了专业化建设的必要性、重要性以及紧迫性。第三章主要从历史和现实的角度，通过比较与调查，分析出我国高校科技管理人员专业化建设中存在的问题。

第三部分包括第四章、第五章、第六章和第七章。依据专业化运动理论，解决我国高校科技管理人员专业化建设过程中的问题。第四章通过对美国和我国台湾地区高校科技管理专业课程的分析、论证，设计出针对不同层次、不同类型高校科技管理人员专业化建设的继续教育课程方案；在调查的基础上，第五章对高校科技管理人员专业化建设的实现模式进行了探讨。提出两种类型（学历教育和非学历教育）、非学历教育五种模式的继续教育方式；第六章通过对中美高校科技管理专业组织的章程与伦理规定进行比较，提出改进建议；第七章在分析德国保障高校科技管理人员做法的基础上，提出制定教育职员法，为我国高校科技管理人员专业化建设提供法律保护。

五、主要研究方法

（一）问卷法

问卷调查法是调查研究方法的一种。① 这种研究方法的一个重要环节是先行测试。因此，本研究的问卷调查分为两个阶段。2004 年 6 月份以前，"高校科技管理队伍建设与培养"课题组采用问卷的方式对上海市 20 多所高校的科研管理人员进行了调查。包括 17 位主管高校科技的副校长在内的 200 多位科技管理人员参与了此次调查，学校名单和人数如表 3 所示：

表 3　　　　　　　　第一阶段问卷调查的学校与人数

编号	校名	人数	编号	校名	人数
1	复旦大学	21	12	上海理工大学	5
2	上海交通大学	38	13	上海师范大学	7
3	同济大学	23	14	上海电力学院	7
4	华东理工大学	21	15	上海海事大学	5
5	华东师范大学	14	16	上海音乐学院	3
6	上海外国语大学	3	17	上海应用技术学院	6
7	上海财经大学	6	18	上海金融学院	4
8	第二军医大学	9	19	上海戏剧学院	2
9	上海大学	24	20	上海立信会计学院	4
10	上海第二医科大学	9	21	上海对外贸易学院	2
11	上海中医药大学	7			
				合计	220

① 问卷设计参考了［美］威廉·维尔斯曼. 教育研究方法导论［M］. 袁振国主译. 北京：教育科学出版社，1997. 212－235.

在这次问卷调查的基础上，结合研究主题，通过征求导师意见，修改、完善后形成了最后的调查问卷。第一阶段的问卷调查为进行第二阶段的调查积累了宝贵的资料。

第二阶段从 2004 年 12 月份开始到 2005 年 3 月份止。分别向全国 16 所高校寄送了 370 份问卷，收回 333 份，回收率为 90%。分布如表 4：

表 4　　　　　　第二阶段问卷调查的学校、问卷发放数与回收数

编号	校名	发放	回收	编号	校名	发放	回收
1	广东商学院	15	12	9	江西师范大学	20	17
2	东南大学	25	23	10	浙江师范大学	15	13
3	湖南大学	20	19	11	西北政法大学	20	19
4	石河子大学	15	11	12	哈尔滨理工大学	15	15
5	阜阳师范学院	10	7	13	郑州大学	25	25
6	枣庄学院	15	12	14	中国人民大学	15	11
7	云南大学	25	22	15	西北师范大学	30	28
8	大连交通大学	20	16	16	上海交通大学	85	83
					合计	370	333

调查对象包括高校主管科技的副校（院）长、科技（研）处、文科办、社科处的科技管理人员、院系主管科技（研）的领导、科技（研）科长、科技（研）秘书等。[①]

从区域分布上看，7 个行政大区都有高校分布（见表 5），华东区高校分布比较密集，涵盖省份也比较多，调查的高校就多一些，总体上是比较均衡的。

表 5　　　　　　问卷调查的高校区域分布

区域	高校名称	数目
华北地区	中国人民大学	1
东北地区	大连交通大学，哈尔滨理工大学	2

---

① 本书所涉及的高校科技管理人员，也被称为高校科研管理人员，国外一般称为 research administrator.

区域	高校名称	数目
华东地区	东南大学，阜阳师范学院，枣庄学院，江西师范大学，浙江师范大学，上海交通大学	6
华中地区	湖南大学，郑州大学	2
华南地区	广东商学院	1
西南地区	云南大学	1
西北地区	西北师范大学，西北政法大学，石河子大学	2

从高校结构上看，有"211"重点建设大学，如上海交通大学、东南大学、中国人民大学、郑州大学、云南大学、湖南大学；有"985"工程重点建设大学，如上海交通大学、中国人民大学、湖南大学、东南大学；还有其他一般本科院校（阜阳师范学院和枣庄学院为专科升本院校）；有综合性大学，理工类大学，师范类大学，政法类大学，工商类大学，涵盖较为全面。

从问卷分布上看，因为学校规模有大有小。发放问卷之前先进行了咨询，确定高校科技管理人员的大致数目。调查重点为高校的科技（研）处、社科处、文科办等机构的科技管理人员，院系进行抽样调查。

（二）访谈法

访谈法是研究者通过与访谈对象交谈来了解情况、收集资料的一种研究方法。[①] 由于一些材料不能够通过问卷、文献或者网上获取，需要采用访谈法。在调查的第一阶段，就问卷问题、高校科技管理人员培养访谈了原同济大学科技处副处长刘勤明教授。2005年3月，就学校科技管理人员培训制度建设问题访谈了郑州大学科研处处长刘国际教授；2005年7月初，去上海交通大学科技处拜访王丰超博士。他介绍了学校的科技管理情况等。常河山博士提供了文科办与科技管理有关的部分资料。人文学院的丁东锋老师提供了科技管理专业的培养方案。2005年7月中旬，访谈了许美德教授[②]，求教了选题、设想、国外专业组织建立、管理等问题。2005年8月初和2006年3月，通过电话分别访谈了中国高等教育学会高校科技管理研究分会秘书处，就研究会变动、培训等问题进行了咨询；2005年8

① 罗云．中国重点大学与学科建设［M］．北京：中国社会科学出版社，2005.12.
② 即 Ruth Hayhoe 教授，原香港教育学院院长，国际著名比较高等教育研究专家.

月中旬，电话访谈了民政部社团管理办公室人员，就社团成立问题进行了法律方面的咨询。他们提供的资料，传递的信息，深入的思考，深切的体会，真知与灼见开阔了笔者的视野，为深入研究这一问题提供了重要的参考。

（三）比较法

比较研究法是指根据一定的标准，对某类教育现象在不同的情况下的不同表现，进行对比、分析、归纳、总结，找出其普遍规律和特殊本质，以得出符合客观实际结论的一种研究方法。使用比较研究法，既可以克服研究的狭隘性，把研究的个别事物纳入到广阔的背景之中，从而更好地揭示教育的普遍规律，还能促进人们进一步认识本国、本地的教育状况和特点。正如古罗马学者塔西陀所言，"要想认识自己，就要把自己同别人进行比较。"① 在研究的过程中，笔者大量采用了比较的方法，如在高校科技管理人员继续教育课程设置上，既有国内不同高校间的比较，又有同哈佛大学、美国大学科研管理者协会的比较。这样做不仅可以使问题更加明确，也使提出的对策更具有说服力。

（四）文献法

文献法是教育科学研究的一个基本方法。这种方法是在进行研究之前，充分占有和掌握与所要研究问题有关的资料和事实，了解该问题的研究成果、研究动态、发展历史与现状，区分已完成的和需要完成的研究。为了研究高校科技管理人员专业化建设，笔者利用图书馆、电子文献查询系统、网络，查阅、收集了大量科学学、科技管理学、专业社会学、高校科技管理人员培养等方面的文献。通过对这些文献的阅读、研究，一方面了解了前人研究的、取得的成果和存在的不足，为进一步研究积累了丰富的素材；另一方面也为尽快找到研究的问题和方向提供了保证。

（五）案例法

在研究的过程中，通过对一些典型案例的分析，可以使研究更加生动、具体，说服力更强。如选择上海市某"985"重点建设大学和台湾交通大学以及美国的哈佛大学为例，分析了各校的科技管理专业设置情况、师资情况、课程方案等，并对上海某大学和哈佛大学科技管理人员专业化建设情况进行对比。通过分析，能使我们更直观地看到存在的差距，为寻找改进策略提供思路，使策略更切合实际。

① 李秉德，檀仁梅. 教育科学研究方法［M］. 北京：人民教育出版社，1986.108.

六、研究的特色和可能创新之处

任何成就和创新都不是空中楼阁，而是在前人研究的基础上取得的，本研究也不例外。尽管通过文献搜索得到的国际、国内对该研究的系统性研究成果并不多，但是若没有这些点点滴滴的成果积累，要想达到预期目的也是不可能的。与其他研究相比较，本研究的特色和创新在于：

1. 作为社会学的一个分支，专业社会学是研究社会专业及其变迁的一门科学。本书重新认识了专业、专业标准、专业化，尝试提出了具有普适性的专业标准；发展了专业化运动理论，使其成为研究的理论依据，并据此提出了研究的分析框架以及高校科技管理人员专业化等相关概念。

2. 将理论与实践相结合，通过比较，提出多层次、多类别的高校科技管理人员专业化建设课程方案。在调查的基础上，也在笔者研究成果的基础上，依据终身教育理论，丰富了笔者原来提出的继续教育模式，使之更加切实可行，进而在学科设置上，提出设立高校科技管理专业，并根据该专业交叉性的特点，分析出具备开设高校科技管理专业条件的30所高校名单。

3. 在专业组织方面，通过我国高校科技管理专业组织与美国大学科研管理者协会的比较，结合专业化建设的标准，提出了设立独立的、民间性质的全国高校科技管理协会的构想。依据同构理论，在比较的基础上，建议实施高校科技管理专业认证制度。

4. 在专业伦理方面，借鉴国外的经验和我国最新的研究成果，提出了我国高校科技管理人员应遵循的伦理规范。

5. 参照德国等国家的做法和我国实际，提出通过制定教育职员法对高校科技管理人员进行法律保护。

七、研究的不足之处

由于受时间、经费、经历和自身知识、能力的限制，本研究还存在一些不足。一是在问卷调查上，还存在抽样的合理性和科学性问题，因而通过问卷调查所得到的结果可能并不能完全反映实际情况；二是本人没有长时间在科技管理部门工作的经历，对高校科技管理人员专业化建设缺乏深刻体验；三是由于专业社会学发展的时间不长，专业化运动理论也有进一步完善的余地，因而据此在本书中提出的一些概念可能还不太严密；四是境外的资料比较多，这些国家或者地区的经验在与我国国情结合的问题上还值得进一步探讨。

第一章　高校科技管理人员专业化建设的理论基础

第一节　职业和专业

一、职业和专业的概念

（一）职业

《现代汉语词典》把"职业"解释为，个人在社会中所从事的作为主要生活来源的工作。① 《中国大百科全书·社会学》的解释是，职业是随着社会分工而出现的，并随着社会分工的稳定发展而构成人们赖以生存的不同的工作方式。② 美国社会学者阿瑟·萨兹认为，职业是人们为了获得经常性的收入而从事的连续性的特殊活动，这种活动具有市场价值，并且决定着从事它的人们的社会地位。③ 由此可见，职业具有下列特征：第一，职业具有社会性，是以社会分工为前提的；第二，职业具有稳定性，是劳动者相对稳定从事的工作；第三，职业具有经济性，能够为劳动者带来经济收入；第四，职业具有技术性，职业人员需要一定的知识或者技能；第五，职业具有发展性，新职业不断涌现，旧职业不断成熟或者消亡。

职业是一个历史范畴。它不是从来就有的、永恒不变的，而是历史上产生并随着社会分工和劳动分工的变化不断发生变化的。人类的分工有着漫长的历史。在原始社会末期，由于剩余产品的出现，社会分工也随之出现。先是体力劳动和脑力劳动的分离，然后是体力劳动和脑力劳动内部自身的进一步分化。有了生产活动，以后发展到社会内部的分工及生产机构

---

① 中国社会科学院语言研究所词典编辑室. 现代汉语词典（修订本）[Z]. 北京：商务印书馆，1996.1616.

② 中国大百科全书·社会学 [Z]. 北京：中国大百科全书出版社，1991.475.

③ 转引自河南省教育厅学生处. 大中专毕业生就业导论（第二版）[M]. 郑州：郑州大学出版社，2004.88.

内部的分工。一方面，由于分工，劳动具有特殊的目的和专门的对象，这就要求专供这一特殊目的和专门对象的劳动手段；另一方面，分工又为这种专门化提供了必要条件。

社会分工是社会物质生产的内在属性。它在极大提高劳动生产力的同时也使得社会上产生了不同的职业。在当今社会中，劳动部门的各个环节都有不同的要求。只有根据各自的要求，培养、培训出所需要的人才，才能实现全部利益。职业分类是解决这一问题的有效办法。它依据一定标准对不同性质的职业进行划分和归类。这个标准体现在，若干种工作内容基本相同的工种，职责可以有些不同，但大体相同。不同的职业有不同的要求，需要有关机构组织专家进行论证，制定资格标准，使产业界和劳动者互相配合，培养符合行业标准的人才。

在现代社会中，职业的种类已发展到成千上万种。职业种类与各国经济发展水平、与各国的职业分类标准紧密相连。由于各国职业分类标准并不统一，因此国与国之间的职业数目尚不具有完全的可比性。1980 年出版的《美国百科全书》认为，美国目前有 25000 种职业。① 1982 年出版的《加拿大职业分类辞典》将本国职业分为大约 7500 种；在法国，20 世纪 80 年代中期被确定的职业为 8600 种；1966 年在日内瓦第十一届国际劳工统计专家会议上通过的《国际标准职业分类》（修订版）共列出职业 1881 种；② 1999 颁布的《中华人民共和国职业分类大典》，参照国际标准职业分类，共将我国职业划分为 1838 种。

（二）专业

专业主要有两层含义。一个是指高等教育根据社会分工和学科分类进行学术活动的基本单位③，与学科有密切关系；弗莱克斯纳认为，"专业是学术性专业，有文化根基，蕴涵着某种理想的准则；在长期的发展过程中，专业形成了研究问题的主要学术特性。"④ 伯顿·克拉克称之为"学术界的专业"、"学科性专业"、"学术专业"。⑤ 另一个是专业社会学中的"专业"概念，与职业有密切关系，也是本书主要论述的"专业"（博耶称

① 薛天祥. 高等教育学［M］. 桂林：广西师范大学出版社，2001.33.

② 潘锦棠. 劳动社会学［M］. 北京：中国劳动出版社，1995.70－71.

③ 参考了薛天祥. 高等教育学［M］. 桂林：广西师范大学出版社，2001.27 和谢安邦. 高等教育学［M］. 北京：高等教育出版社，1999.202.

④ Flexner, Abraham. Universities：American, English, German［M］. New York：Oxford University Press，1930.163.

⑤ ［美］伯顿·克拉克. 高等教育系统［M］. 王承绪等译. 杭州：杭州大学出版社，1994.13，33－41.

之为"职业性专业"①）。学科性专业为职业性专业提供必要的高深知能，是一个职业形成专门性职业的知能基础，职业性专业是学科性专业社会化的结果。因此，社会学中的专业也称为专门性职业，英文是 profession。②《朗文当代英语词典》对"profession"的解释主要有：1. 需要大量训练和专门学习的职业或者行业；2. 同业，同行，某一职业或领域内有资格的人的整体。③《牛津现代高级英汉双解词典》的解释是：职业；（尤指需接受高深教育及特殊训练的）专门性职业（例如律师，建筑师，医师，会计师的执业）。④

　　专业是社会分工、职业分化的结果，是社会分化的一种表现形式，是人类认识自然和社会达到一定深度的表现。在专业社会学领域，专业概念的界定已经是一个困扰专业社会学界半个多世纪的理论问题。作为一个科学术语，专业被看成一个富有历史、文化含义而又有变化的概念，有很强的历史特征和地域特征。"在欧洲，所有的职业都曾经本着相似的目的，采用相同的方式公司化地组织起来。在英国，17 世纪后期出现了一些精英

---

　　①　[美] 厄内斯特·博耶. 大学：美国大学生的就读经验 [M]. 北京：北京师范大学出版社，1993. 94.

　　②　由于英语中有多个词可以翻译成专业，这就使"专业"这个词的意思区分变得非常复杂。major 可以翻译成专业，它的意思是：of or relating to the field of academic study in which a student specializes，即主修的、专攻的和一个学生专门研究的学术领域有关的（见美国传统词典 [Z]. 金山词霸 2003 光盘版）；program 有时也翻译为专业，它的意思是 a plan of what is to be done，行动计划（牛津现代高级英汉双解词典 [Z]. 北京：商务印书馆，1994. 892）；specialty 有时也翻译为专业、职业，与 profession 有一定的联系。但它一般是指 a special field of work，或者 a special pursuit, occupation, aptitude, or skill，特殊的职业、技能或技巧（分别参见朗文当代英语辞典 [Z]. 上海：世界图书出版公司. 1993. 1012 和美国传统词典 [Z]，金山词霸 2003 光盘版），通常理解为专长，专门，与生产技术与生产方式相联系时，"某一个人便要始终不断地反复从事于一项活动"（参见盛洪. 分工与交易 [M]. 上海，三联书店上海分店，1992. 32）. 根据上面的分析，major, program 通常与学科联系比较紧密，是指一系列、有一定逻辑关系的课程组织形式（参见潘懋元等. 高等教育学 [M]. 福州：福建教育出版社，1985. 128），修完这系列课程，学生被认为具有一定的知识素养和技能，《国际教育标准分类》称为 program，美国高校称为 major（见罗云. 中国重点大学与学科建设 [M]. 北京：中国社会科学出版社，2005. 38）；specialty 和 profession 与职业联系相对紧密一些，但 specialty 不见得需要高深知识；但与学科相联系时，profession 被称为"大专业"（强调以知识、学科为出发点加以区分，如学部、专业学院等），specialty 被称之为"小专业"（如宪法专业，内科专业；或者一门基础学科，如物理学，历史学等）（参见 [美] 伯顿·克拉克. 高等教育系统 [M]. 王承绪等译. 杭州：杭州大学出版社，1994. 41－42）. 当 specialty 与 major 和 program 联系时，specialty 暗含的研究领域与范围比后者更窄（参见朗文当代英语辞典 [Z]. 上海：世界图书出版公司. 1993. 1012，牛津现代高级英汉双解词典 [Z]. 北京：商务印书馆，1107，陈荣烈，郑敏. 英语同义词用法词典 [Z]. 天津：天津大学出版社，1993. 555－556）.

　　③　朗文当代英语辞典 [Z]. 上海：世界图书出版公司，1993. 826.

　　④　牛津现代高级英汉双解词典 [Z]. 北京：商务印书馆，1994. 891.

型的职业。这些职业的从业人员认为，与其他职业相比，他们更加博学多识、高贵和独立，为此用'专业'（profession）来表示与其他职业的不同。"① "出于问题研究和讨论对话的方便，越来越多的社会学家和历史学家都已经放弃在不同语言体系中寻找对应词汇的努力，代之以借用英语的 profession 来表述那些他们特别关注的特殊职业。"②

在社会学中，对专业最一般的解释是，以一定的知识为基础，接受过连续的高等教育和（或者）职业培训。③ 弗雷德逊（Freidson）指出，人们对专业概念存在着两种不同的理解：一是将专业看成是一个较为宽泛、具有一定威信的职业群体，群体成员都接受过某种形式的高等教育，成员身份的确定主要根据学历而不是他们拥有的职业技能；二是将专业界定为一个有限的职业群落，这一群落中各个个体都有特定的、或多或少类同的制度和意识形态属性。他认为，只有第二种理解允许我们将"专业主义"（professionalism），④ 如约翰逊（Johnson）所说的那样，作为一个职业发展的模式，因为这一理解绝不只仅仅表述了一个统一的（专业人员的）身份，而是包含了不同的职业身份和排他性的市场保护，使得每一个职业有所区分而界限分明。⑤ 也有人认为，专业是指一群人经过专门教育或训练、具有较高深和独特的专门知识和技术、按照一定专业标准进行专门化的处理活动，从而解决人生和社会问题，促进社会进步并获得相应的待遇和社会地位的专门职业。⑥ 但是，待遇对于专业来说并不是最重要的，如布朗德士（Brandeis）曾对"专业"概念作过一个著名描述，"专业是一个正式的职业；为了从事这一职业，人们需要通过必要的岗前训练。训练以提高他们的知能为中心，包括知识和某些扩充的学问，它们不同于纯粹的技能；专业的主要目的在于为他人服务而不是从业者单纯的谋生工具，因此，从业者获得经济回报不是衡量他（她）职业成功的主要标准。"⑦ 作为

---

① Burrage, M., et al. Professions in Theory and History: Rethinking the Study of the Professions [M]. London: Sage Publications Ltd., 1990. 151.

② 董秀华. 专业市场准入与高校专业认证制度研究 [M]. 上海：上海世纪出版集团，2007. 30.

③ Evetts, Julia. Profesionalisation and professionalism: issues for interprofessional care [J]. Journal of Interprofessional Care. 1999, (2): 120.

④ Freidson, E. Professionalism Reborn: Theory, Prophecy and Policy [M]. Cambridge: Polity Press. 1994. 16 – 17.

⑤ Johnson, T. Professions and Power [M]. London: Macmillan Press. 1972. 45.

⑥ 刘捷. 专业化：挑战 21 世纪的教师 [M]. 北京：教育科学出版社，2002. 50.

⑦ Carr – Saunders, A. M. & Wilson, P. A. The Professions [M]. Oxford: Oxford University Press, 1933. 2.

一个概念，它既要有简约性的特征，又要有全面性的特征，即要反映概念的内涵。以前人的研究为基础，笔者认为，专业是指由高深知能专长的人群所从事的、依托独立行业组织和伦理规范，执业行为受国家特定法律保护的专门性职业。

（三）专业与职业的联系与区别

专业与职业有密切的联系。二者都基于社会分工，具有稳定性，能够为从业人员带来收入。专业是职业，但专业又不是一般的职业，"主要指一部分知识含量极高的特殊职业"。[①] 专业与一般职业的主要区别有：

1. 从时间上看，职业出现在前，专业形成在后。职业最早是基于性别的分工，真正成为社会广为认可的历史性分工，表现为畜牧业从农业中分离、脑力劳动与体力劳动分离以及商业从手工业中分离。此后，职业呈加速发展趋势。分工越发达，职业越多样，后来就出现了一般性职业和专门性职业的区分。

2. 从功能上看，专业具有不可或缺的社会功能。它不仅对社会有所贡献，而且由于专门性职业的从业人员在工作上的可替代性较小，其作用更是社会续存所必需的。倘若专业服务不足或水平低下，则会对社会造成严重伤害。[②]

3. 从数量上看，一般职业远远多于专业。专业种类一般以 10^3 为数量级，职业以 10^4 为数量级，专业数与职业数相比至少为 1∶10。[③] 一种专业可以对应于多种职业。"对各种职业来说"，可能存在着"寻求专业地位的一般趋势，但是现代社会中数以千计职业里只有极少数职业得到了它"。[④] 专门性职业由于有着严格的"准入制度"，数量很少，公认的更少。即便是一些被称之为"专业"的职业，大多还处于一种"半专业"或者"准专业"状态。[⑤]

4. 从服务上看，专业"与其他职业的主要区别在于特定的服务定位，即通过学者式地应用他们非同寻常的深奥知识和复杂技能服务于公众的需要"。[⑥] 这种服务独特、明确、必要而且有效。

5. 从教育上看，专业都有特定的教育和培训机构，从业人员需要接受

① 赵康. 专业、专业属性及判断成熟专业的六条标准 [J]. 社会学研究. 2000，(5)：31.

② 教育部师范教育司. 教师专业化的理论与实践 [M]. 北京：人民教育出版社，2003. 35.

③ 王生洪. 高等教育为地方经济服务 [M]. 上海：同济大学出版社，1992. 141. 转引自薛天祥. 高等教育学 [M]. 桂林：广西师范大学出版社，2001. 33.

④ ［加］尼克·斯特尔. 知识社会 [M]. 殷晓蓉译. 上海：上海译文出版社，1998. 259.

⑤ 董小燕，顾建民. 专业伦理教育与高校德育改革 [J]. 教育科学. 2001，(2)：43.

⑥ Freidson，E. Professionalism Reborn：Theory，Prophecy and Policy [M]. Cambridge：Polity Press. 1994. 13.

长时间的特定训练，一般以是否接受过高等教育为标志。而一般职业主要通过个人体验与个人的经验总结提高从业能力。

6. 从知能上看，专业需要非同寻常的深奥知识和复杂技能。它有一个科学的知识基础和一套高深的理论基础。在专业范围内，有明显的内行和外行的差异，非专业人员对专业内的事情了解极为浅薄。而一般职业无须以高度学理作为基础，只按照例规行事，外行和内行区分不明显。

7. 从创新上看，一般职业更多体现为"工匠式"的特点，从业人员一旦掌握，即可不断重复，无须创新。而专业的一个重要特点在于需要不断面对变化，从业人员需要不断进修，在研究的基础上做出创新。对专业人员而言，研究是一种自觉行为。"专业领域的特点就是其复杂性。与复杂性相对应的就是不确定性。专业人员就是一些有能力在以下情况下工作的人们：学会与该领域固有的不确定性打交道，靠专门知识和勇气以现有的证据为基础做出重大决策。"① 而一般职业人员的研究意识比较薄弱。②

8. 从威望上看，专业与一般职业相比，要更多地提供一种独特、明确、必要的社会服务与风险。专业人员把工作看作是一种事业，在自主的范围内对于自己的行为与判断负责，一般具有较高的社会职业声望。而一般职业的从业人员仅仅把工作当作一种谋生手段，在社会职业声望中的排位处于中下层。

二、成熟专业的标准

标准是衡量事物的准则。标准的建立就是为了克服人类生活中无标准的任意性，依此减少冲突，提高效率③。从专业社会学来看，职业的结构和性质在不断的变化发展之中，20 世纪一个显著的特征是许多职业进入了专业的行列。那么，判断它们为专业的标准是什么？最主流的有特质理论（The Trait Theory）④，控制理论（The Theory of Control）和历史发展理论（The Theory of Development）。

特质理论与结构功能主义相联系⑤，主要是指基于专门知识和职业道

---

① 联合国教科文组织国际教育局. 教育展望［J］.1997，（3）：83.

② 刘捷. 专业化：挑战 21 世纪的教师［M］. 北京：教育科学出版社，2002.54 – 55.

③ 郑也夫. 代价论：一个社会学的新视角［M］. 北京：三联书店，1995.85.

④ The Trait Theory，译为特质理论或者品质理论等.

⑤ 代表人物是帕森斯（Parsons）. 因为观点与功能主义的联系，他受到了后来如约翰逊（Johnson）等人的猛烈批评. 参见 Johnson，T. Professions and Power［M］. London：Macmillan，1972.25 – 32. 和 Dingwall，R. & Lewis，P. （Eds）. The Sociology of the Professions：Doctors，Lawyers and Others［M］. London：Macmillan，1983.

德而建立起来的职业群体，它所提供的社会服务具有不可或缺的社会功能。① 在这种理论的指导下，医生、律师等得到社会公认的职业是较为成熟的专门性职业，从中所概括出的普遍性特质就可以用来度量其他是否带有专业特性的职业，成为其判断的标准。这种理论的基本假设为：（1）视变迁为单一指向，认为专业化就是朝向既定形式而不断演进的过程；（2）认为各专业的演进方式彼此独立，没有关注此专业的专业化经验如何影响彼专业的演进过程；（3）分析的是各专业的社会结构和文化表现，而不是真正能够区分彼此的工作表现和专业知能；（4）专业被或多或少地视为同质的单元，忽视个体专业人员彼此之间的差异；（5）没有考虑专业化过程随着时间而改变的特性，忽视了历史纬度的思考。②

20 世纪 60 年代，特质理论都受到了以交往主义和冲突理论为代表的控制理论的批判。与特质理论侧重专业本身特征不同的是，控制理论主要侧重职业与劳动力市场及社会制度的关系。③ 他们认为，专业是各行各业均力求争取的价值标签，它并非如同自然现象一样客观及中性地存在着，而是不断在社会中建构出来的。这样，特质理论就是把专业是什么与专业声称自己是什么或专业装扮自己成什么混合在一起。对控制理论而言，专业研究的焦点不在于谁是专业，而在于谁能成功地把自己的行业建构成专业。控制理论的观点认定专业的本质是在于专业权威与支配制度的确立，而专业知识与道德操守只不过是这种权威制度的建构过程及与有关群体进行权力竞赛的一些策略与手段而已。其实，无论是特质理论还是控制理论，判断一个成熟专业的标准都来源于实践。

到了 20 世纪 80 年代，无论是特质理论还是控制理论都受到另一种理论——历史发展理论——的批判。持这种理论的人认为，特质理论与控制理论均犯了一个根本错误，即它们把专业视为一个同质及普遍的现象。事实上，每一行业均具有本身工作上及组织上的独特性；同时，即使同一行业，亦会因所处的经济制度、政治制度或历史阶段不同，而发展成不同的历史形态。因此，把不同社会中不同的行业放置在一个普遍的概念架构下去分析，从一开始就犯了严重的方法学上的错误。从这个观点出发，英美

① Carter, M. J. Occupation to Profession Continuum—Status and Future of AAHPERD [J]. Journal of Physical Education, Recreation and Dance, 1961, (3): 106 - 09.
② 操太圣，卢乃桂. 论教学专业化的理论挑战与现实困境 [J]. 教育研究, 2005, (9): 38.
③ Tseng, Joseph. Interpreting as an Emerging Profession in Taiwan—A Sociological Model [D]. Unpublished Master's Thesis, Fu Jen Catholic University, Taiwan, 1992.

社会学者所建立的特质或控制理论，均被视为只能解释特定的英美现象，它所描述的专业只是在 18 世纪英美独特的职业制度。因此，就历史发展理论而言，理解一个行业的专业化过程，必须从其产生与发展的历史背景、自身的独特性等多种因素考虑，才可能对其专业化过程有一正确的理解。

历史发展理论不仅超越了特质理论中关于专业自身的静态式描述，也摆脱了控制理论中的制度倾向与行业霸权，从动态的发展角度认识职业，使职业向专业方向不断生成。但是，历史发展理论虽然超越了传统的认识方式，克服了职业发展中的自我中心主义，但对于不同的职业而言，它仍难以发挥区分的作用，只是笼统地给出新的分析视角。上述理论可以从人们对专业标准的认识变化中反映出来。

1. 20 世纪 30 年代以前的观点：专业标准认识的萌芽期。这一时期，专业标准强调了专业的知识性、正式性和实践性，虽然和高深知识联系起来，但并没有明确高等教育在其中的功用，如高校课程的开设、专业的设置等，对专业组织的建立、专业伦理规范的形成没有提及或者提及甚少，更不用说制定法律对专业进行保护了（见表 1-1）。

表 1-1 　　　　　　　　20 世纪 30 年代前对专业标准的认识

年份	人物	观点
1904	杜威 （J. Dewey）	(1)从事专业工作之前，已获得学术方面的积累。 (2)应用科学和技术发展为主线已成为专业工作的中心。 (3)专业学校在给予学员典型的、集中的而非广泛的具体工作时对学员是最好的。①
1933	布朗德士 （L. Brandeis）	(1)专业应该是正式的全日制职业。 (2)专业应该拥有深奥的知识和高超的技能，而这些知识和技能可以通过教育和训练获得。 (3)专业应该向它的客户和公众提供高质量的、无私的服务。② (4)专业是主要为他人而从事的工作，而不只是为了自己。 (5)经济收入的多少被大多公众认为是衡量从业人员事业成功的尺度，然而对于专业，这一说法并不准确。③

---

① 转引自刘捷. 专业化：挑战 21 世纪的教师［M］. 北京：教育科学出版社，2002. 56.

② 转引自赵康. 专业、专业属性及判断成熟专业的六条标准［J］. 社会学研究. 2000，（5）：33.

③ Brandeis, L. D. Business—A Profession［M］. San Francisco：Meyer Boswell Book，Inc，1914. 1.

2.20 世纪 40—70 年代的观点：专业标准认识的发展期。这一时期对专业标准的认识至少有两个进步，一是强调了专业组织和专业伦理的重要性；二是强调了专业资格，以法律的形式保护职业，形成专业控制权。但专业和大学的联系仍然不明确，而且要求法律保护的内容仅仅限于个人工作（见表 1－2）。

表 1－2 20 世纪 40—70 年代对专业标准的认识

年份	人物	观点
1948	美国教育学会（NEA）	(1)属于高度的智能活动。 (2)具有专门的知识领域。 (3)受过特定的职业训练。 (4)经常不断的在职进修。 (5)把工作视为终身从事的事业。 (6)行业内部自主制定规范标准。 (7)以服务社会为最高目的。 (8)设有健全的专业组织。①
1954	卡普洛（T. Caplow）	(1)建有专业协会。 (2)有职业称谓。 (3)制定有道德规范，有明确的社会功用。 (4)法律保护，限定职业的具体从业范围。②
1956	利伯曼（M. Liberman）	(1)范围明确，垄断地从事于社会不可缺少的工作。 (2)运用高度的理智性技术。 (3)需要长期的专业教育。 (4)从事者无论个人、集体，均具有广泛的自律性。 (5)在专业自律性范围内，直接负有做出判断、采取行动的责任。 (6)非营利性，以服务为动机。 (7)形成了综合性的自治组织。 (8)拥有应用方式具体化了的伦理纲领。③

---

① 张兰畹等. 中英国民小学教师在职进修制度之比较［A］. 台湾比较教育学会和师范教育学会. 国际比较师范教育学术研讨会论文集（下）［C］. 台北：师大书苑，1992.774.

② Caplow, T. The Sociology of Work［M］. Minneapolis：University of Minnesota Press, 1954.

③ Liberman. M. Education as a Profession［M］. Prentiee—Hall, 1956.2－6. 参考自谢安邦. 论师范教育的特性［J］. 高等师范教育研究，1994，(2)：18，［日］筑波大学教育研究会. 现代教育学基础［M］. 上海：上海教育出版社，1986.442.

续表

年份	人物	观点
1960	科恩豪瑟 (L. Kornhauser)	(1)具备知识才能的专门能力。 (2)充分的自治。 (3)强烈的职业道德。 (4)运用专门才能的责任感与影响力。①
1964	维兰斯基 (H. Wilensky)	(1)开始努力成为专职或全日制（full - time）的职业。 (2)建立起培训学校。 (3)形成专业协会。 (4)赢得法律支持以能自主掌管自己的工作。 (5)专业协会公布正式的伦理准则。②
1966	格林伍德 (E. Greenwood)	(1)完整而系统的知识。 (2)被客户所公认的专业知能权威。 (3)同行间的制约和认可。 (4)具有严格的职业伦理规范。 (5)存在正式的专业组织。③
1968	班克斯 (O. Banks)	(1)长期的专业训练。 (2)确定的知识领域。 (3)制定有伦理规范。 (4)强调服务重于利益。 (5)有专业资格的限制。 (6)具有相当的自主权。④

---

① 台湾比较教育学会和师范教育学会. 国际比较师范教育学术研讨会论文集（下）[C]. 台北：台北师大书苑发行所，1992. 617 - 619.

② Wilensky, H. L. The Professionalization of Everyone? [J]. American Journal of Sociology, 1964, (70)：137 - 158. 转引自 Evetts, Julia. Profesionalisation and professionalism: issues for interprofessional care. Journal of Interprofessional Care. 1999, (2)：120.

③ Greenwood, E. The Elements of Professionalization [A]. Professionalization [C]. Englewood Cliffs, NJ: Prentice - Hall, 1966. 65.

④ Banks, O. The Sociology of Education [M]. London: Batsford, 1968. 157.

续表

年份	人物	观点
1968	帕森斯 （T. Parsons）	(1)与客户和社会有特殊关系。 (2)有核心的价值观。 (3)专一的职业功能。 (4)限制权力范围。 (5)行业标准具有普遍性和公平性。① (6)有专门的理论知识体系。②
1969	霍伊尔 （E. Hoyle）	(1)履行重要的社会服务。 (2)系统的知识。 (3)长时间的理论与实践训练。 (4)高度的自主性。 (5)团体的伦理规范。 (6)经常性的在职教育。③
1972	摩尔 （W. Moore）	(1)全职职业，是从业人员收入的主要来源。 (2)从业人员在选择职业生涯上具有强烈的动机和使命感，并将终生致力于该专业。 (3)有专业协会，并制定出准入标准，形成专业自治。 (4)接受过长期的教育和培训，掌握专门知识和技能。 (5)提供专业服务。 (6)良好的职业道德和职业素质。④
1972	约翰逊 （T. Johnson）	专业是一种特定形式的职业权力（控制）。⑤
1977	拉尔森 （M. Larson）	判断一个专业的依据是：关闭和控制市场的能力。⑥

① Parsons, T. Professions. International Encyclopedia of the Social Sciences ［M］. 1968, （12）: 536 - 546. 转引自 Evetts, Julia. Profesionalisation and professionalism: issues for interprofessional care ［J］. Journal of Interprofessional Care, 1999, （2）: 120.

② Kimball, B. A. The Problem of Teacher Authority in Light of the Structure Analysis of Profession ［J］. Educational Theory, Vol. 38, 1988: （1）.

③ Hoyle, E. The Role of the Teacher ［M］. London: Routledge @ Kegan Paul, 1969. 80 - 85.

④ Schein, E. H. , et al. Professional Education: Some New Direction ［M］. New York: McGraw - Hill Book Company, 1972. 8 - 9.

⑤ Johnson, T. Professions and Power ［M］. London: Macmillan, 1972. 转引自 Evetts, Julia. Profesionalisation and professionalism: issues for interprofessional care ［J］. Journal of Interprofessional Care. 1999, （2）: 120 - 123.

⑥ Larson, M. S. The Rise of Professionalism ［M］. California: University of California Press, 1977. 转引自同上。

3. 20 世纪 80 年代以后的观点：专业标准认识的成熟期。这一时期对专业标准的认识更加完善，在原有认识的基础上，一是明确了专业与高校的关系，即职业的专业化需要大学中有相应的院系、学科或专业；二是强调了法律对专业的全面保护，包括保护大学的学科专业、职业边界、市场地位和专业文凭、证书等，这是专业成功的关键所在（见表 1 - 3）。

表 1 - 3　　　　　　　　　20 世纪 80 年代后对专业标准的认识

年份	人物	观点
1980	豪勒 （T. Houle）	(1)专业功能明确。 (2)从业人员掌握一定的理论知识。 (3)从业人员具有解决复杂问题的能力。 (4)从业人员具有运用实际知识的能力。 (5)从业人员为维护前途而进行的自我提高。 (6)在基本知识和技术方面的正规教育。 (7)对能胜任实践工作的人授予证书或其他称号。 (8)专业亚文化群的创建。 (9)用法律手段强化专业特权。 (10)公众承认的独特作用。 (11)具有处理道德问题的道德实践和程序。 (12)对不符合标准的行为进行惩处。 (13)与其他职业的关系。 (14)对服务用户的认识。[1]
1983	贾维斯 （P. Jarvis）	(1)形成全日制工作的职业要求。 (2)拥有专业训练学校或在大学中有相应的学科或专业。 (3)成立专业协会。 (4)寻求法律援助以保护职业边界。 (5)制定伦理规范，载明从业者的义务。[2]

---

[1]　整理自［瑞］胡森. 国际教育百科全书（第二卷）［M］. 贵州：贵州教育出版社，1990. 393.

[2]　Jarvis，Peter. Professional Education ［M］. London：Croom Helm Ltd，1984. 48.

续表

年份	人物	观点
1984	奥恩斯坦 （N. Ornstein）	(1)具有服务公众以及终生奉献职业的意识。 (2)拥有一个外行人难以掌握的知能系统。 (3)理论研究联系实际。 (4)长时段的专门培训。 (5)控制职业标准和入行要求。 (6)在专业范围内有自主决断权。 (7)专业标准：对提供的专业判断和专业行为等专业服务项目负责任。 (8)强调对工作和顾客的承诺与提供服务。 (9)行政管理人员要为专业人员的工作与自由发展提供方便。 ⑽专业人士组成自我管理的专业组织。 ⑾专业协会为会员成就提供认可。 ⑿以伦理规范来澄清模棱两可与疑难困惑的服务问题。 ⒀公众对从业者充满着高度的信任与把握。 ⒁社会声望与经济收入高。①
1984	曾荣光	核心特质（标准）：(1)一套有学术地位的伦理系统。 (2)一套与理论系统相联系的专业技术。 (3)理论与技术能获得的证实与认可。 (4)专业知识具有不可或缺的社会功能。 (5)专业人员具有忘我精神。 (6)专业人员具备客观的服务态度。 (7)专业人员的服务公正不偏。 衍生特质（标准）：(1)受过长期的专业训练。 (2)专业知识是大学中的一门学科。 (3)专业形成了垄断的专业知识系统。 (4)有管理控制职业群体的自主权。 (5)有制裁成员权力的专业组织。 (6)专业人员对事业有控制权。 (7)对与其合作的群体有支配权。 (8)专业人员对职业投入感强。 (9)有一套制度化的道德守则。 ⑽获得社会和当事人的信任。②

① Ornstein，N. ，et al. An Introduction to the Foundations of Education ［M］. Boston：Houghton Mifflin Company，1984. 38 - 39.

② 整理自曾荣光. 教学专业与教师专业化：一个社会学的阐释 ［J］. 香港中文大学教育学报，1984，(1)：23 - 41.

续表

年份	人物	观点
1986	马信行	(1)运用专门知识：专业人员从事工作必须要运用专门知识与技术。 (2)提供专业服务：专业工作能为大众提供重要而独特的服务。 (3)具有专业自主：专业人员在执行业务时，不接受外界压力与干预，全权处理问题。 (4)接受专业教育：专业人员必须接受长期的专门教育，并必须继续不断的在职进修。 (5)信守专业道德：专业人员能信守专业理想，献身专业工作。①
1987	郑肇桢	(1)有极重要的社会功能。 (2)具有相当的工作难度及复杂的技巧。 (3)工作者常需解决新的问题。 (4)有一套在工作时的道德守则以自律。 (5)需要长时间的学习，并且在高等学府或在相类的水平上进行学习。 (6)工作者要有若干决策自由，以应付常规以外的事态。 (7)工作者有严谨的组织，已制定工作的标准，包括工作条件以及应负的责任。 (8)由于需受较长时间训练及负相当责任，故享有的社会地位及待遇，都比一般职业高。②
1996	克劳斯 （E. Krause）	专业具有双重性： (1)提供服务。 (2)利用自己的知识获取经济回报。③
2000	赵康	(1)是一个正式的全日制职业。 (2)拥有专业组织和伦理法规。 (3)拥有一个包含着深奥知识和技能的科学知识体系，以及传授/获得这些知识和技能的完善的教育和训练机制。 (4)具有极大的社会效益和经济效益。 (5)获得国家特许的市场保护。 (6)具有高度自治的特点。④

---

①　马信行. 教育社会学［M］. 台北：台北桂冠图书股份有限公司，1986.146.

②　郑肇桢. 教师教育［M］. 香港：香港中文大学出版社，1987.8.

③　Krause, E. A. Death of the Guilds: Professions, States and the Advance of Capitalism, 1930 to the Present. New Heaven［M］. CT: Yale University Press, 1996. ix.

④　赵康. 专业、专业属性及判断成熟专业的六条标准［J］. 社会学研究，2000，(5)：36 - 37.

续表

年份	人物	观点
2002	刘捷	(1)运用专门的知识与技能。 (2)强调服务的理念和职业伦理。 (3)经过长期的培养与训练。 (4)需要不断的学习进修。 (5)享有有效的专业自治。 (6)形成坚强的专业团体。①
2002	谢安邦	(1)从业人员享有高薪。 (2)受长期的某种系统知识的学术性培训。 (3)日常工作中享有很大的自主权。 (4)遵循道德准则。 (5)服务于社会。 (6)工作中仍继续学习和发展自己的知能。②
2003	马立	(1)形成正式的全日制工作规范。 (2)拥有丰富的知识和技能,大学中有相应的学科、专业和院系。 (3)成立专业协会,寻求公认的职责,寻求法律支持。 (4)用文凭或证书保护专业边界。 (5)向客户和公众提供高质量的、无私的服务。③
2004	时伟	(1)社会功能具有不可或缺性。 (2)从业人员有较成熟的理论知识和技能。 (3)从业人员自律性强。 (4)组织制度健全。④

分析上表我们可以得出下面的结论:

第一,对于专业标准,因为有不同的理论作指导,会出现不同认识,但总体上有一定的共识,即:特定领域的高深知识与技能;系统的教育与培训;共同的道德准则或者伦理规范;同业人员建立的组织;服务定向等。

第二,人们对专业标准的认识越来越细化和系统化。20世纪50年代

---

① 刘捷. 专业化:挑战21世纪的教师 [M]. 北京:教育科学出版社,2002.62 - 64.

② 整理自谢安邦. 比较高等教育 [M]. 桂林:广西师范大学出版社,2002.159.

③ 整理自教育部师范教育司. 教师专业化的理论与实践 [M]. 北京:人民教育出版社,2003.11.

④ 整理自时伟. 当代教师教育论 [M]. 合肥:安徽教育出版社,2004.57 - 58.

以后，一个显著的变化是，人们开始关注法律对于专业存在的重要性。这从卡普洛（1954年）、豪勒（1980年）等的"用法律手段强化专业特权"、杰维斯（1983年）的"寻求法律援助以保护职业边界"等观点反映出来。

第三，对于成熟专业需要具备多少标准，认识有所不同。有人认为专业最少有两种属性，如克劳斯，他只强调了"服务"和"回报"；有的人则认为专业多达14种属性，如豪勒和奥恩斯坦，但在他们列举的属性中，有些属性是相近或者是相同的。如奥恩斯坦的(1)具有服务公众以及终生奉献职业的意识和(8)强调对工作和顾客的承诺与提供服务。

第四，随着时间的推移，传统专业分析方式已让位于新的专业分析方式。特质理论采用的是归纳法（如布朗德士）：把牧师、律师和医生这些当时被认为成熟专业的特点归纳抽象出来，并推而广之；随后出现了历史剖析法（如维兰斯基）：首先界定体现专业特点的职业属性，然后，职业进化为专业被看成是一个沿着这些属性按时序不断发展的过程；在此基础上，出现了另外一种分析方法——量纲分析法（如格林伍德）：由于某些要素的作用，专业倾向于提高活动质量，因而它们被从一般职业中分离出来，或者简单的一分为二，或根据设定的要素量纲来识别。然而，职业在发展过程中情况各异，在任何设定的量纲序列上，他们可能显示出全面缺乏或高度发展的状况。于是，历史 & 量纲分析法（如赵康）就出现了：一个职业的专业化被看成是沿着要素量纲序列的活动，那些发展了较多量纲的职业被认为专业化程度较高。

第五，专业标准在不断运动变化之中。这种变化表明了传统公认的专业的特征只是某些已取得垄断地位的典型专业的特殊反映，对于所有正在发展中的专业而言，并没有统一不变的公式。这是因为，如果对客观性、标准化特性盲目的膜拜与追求，对宏观的、结构性问题进行压倒性关注，可能会导致对专业自身特征的漠视。

第六，专业标准的建立有其现实意义。专业固然有其内在的属性，但具体到某一种专业又有其独特性。上述很多标准可能只适用于判断某一个职业，譬如教师，是否已经发展成为成熟专业，但不具有普适性，即不能用其测量一个职业在其发展各个阶段的专业化程度。没有标准，职业的专业化进程很可能失去方向。

综合上面专家学者的意见，笔者认为成熟专业的标准有：

1. 高深专门化的知识和技能。高深专门化的知识和技能是专业人员从业的前提、基础和依据。成熟专业具有一个经过界定、高深而且专门化的知识和技能的科学体系。掌握这一科学体系的过程往往是漫长的，需要经过长期的培养与训练。"在现代体系中，专家知识的深奥……依从于长期的训练和专业化的结合"。① 通过专业训练以获得专业知识和技能。这一过程也许格外地困难，而且并不是所有的人都具备这样的资格或者能力。

2. 健全的教育和培训系统。专业人员的科学知识体系和复杂技能能够通过一个教育和培训的机制/过程传授和获得。在现代社会里，高等学校在发展专业科学知识体系、培养专门技能方面扮演着重要角色——专业科学知识体系的系统化（发展成课程）、结构化（组合成专业课程计划）、合法化（课程和课程计划获得确认的过程）、传承（传授给准专业人员——学生）和进一步社会化（实习、实验、调查等）。一个成熟专业的科学知识体系已经被系统、普遍地组合成高校的学位课程，修完这些课程的毕业生则是该领域的准专业人员。

而要想完全成为专业人员则是一个长时间的过程，需要不断地接受培训或者教育。个人生命周期的不同阶段以及相关的自我认同与专业生涯紧密相关。职业生涯包括了 30 年甚至更长的生命周期。在这漫长的过程中，个人被置于飞速运转的现代社会之中，处在复杂多变的专业活动之中，只有经过持续的学习进修，不断地进行专业社会化，才能适应和满足时代发展的要求。

3. 高度自治的专业组织。成熟专业都有维护自身权益的高度自治的组织，目的是保护专业地位；保护和提高会员利益；强化个人以及团体的责任感，保障工作对象的利益；保护和造就专业人员；建立标准化的专业服务产品；孕育和维持一个专业特定的知识和服务的意识形态。为此，专业组织会发起或资助有关的研究发展活动、出版专业性刊物以及鼓励技术交流。以及组织传播信息和知识、培训成员、监督和纠正他们的非专业行为，通过会员和专业的意识形态去影响和规范同一领域里尚未入会的专业人员的行为。"专业人员组织起来的最终成果是自治和伴随而生的威信。……自治专业的成员不受外行的评判和控制，被信托于接收和保护特殊信息。他们自己决定进入该职业所需的教育和培训标准，并在帮助国家形成规范这一职业实践的法律上发挥着巨大的影响力"。② 当一个专业处于一个相对强盛的地位时——它的专长能满足重要的社会需求，科学知识体系已经高度专门化而十分深奥复杂，以致外行不能挑战专业人员的技术判断，这

① ［英］吉登斯. 现代性与自我认同：现代晚期的自我与社会 ［M］. 赵旭东等译. 北京：三联书店，1998. 33.

② Gallessich, J. The Profession and Practice of Consultation: A Handbook for Consultants, Trainers of Consultants, and Consumers of Consultation Services ［M］. San Francisco：Jossey－Bass, 1982. 4.

时，专业自治成为可能。

4. 完善的组织章程和伦理规范。专业发展成熟时，专业组织会制定完善的章程和伦理法则去规范专业人员的行为以保障工作（服务）对象的利益。其实，对于专业组织来说，无论是专业道德或是专业伦理或是专业规范，在本质上都是相同的。它是从事该专业的群体为更好地履行专业责任、满足社会需要、维护专业声誉而制定的自我约束的行为规范———一套一致认可的专业伦理标准。它由一个专业全体成员共同遵守并全面应用，目的在于界定专业人员提供一个专业服务时恰当和不恰当的行为。

5. 国家（政府）的法律保障。专业通过其组织积极努力的工作去影响国家（政府），以形成往往包括了一个特许市场保护在内、规范专业实践的法律或法规。也就是说，通过社会及专业服务客户对其社会角色、身份和行为规范的认可，从而使国家为该专业设置一个特许的市场保护。"市场保护通常以一个治理和保护一个专业实践的法律文本形式出现，……其中可以包括从事这一专业所需的教育等资格条件及哪些行为被界定为非专业与非法，因而会相应得到的制裁"①。国家（政府）通过法制进行市场（社会）保护，标志着社会对一个专业的明确认可和一个社会工程式的专业化项目的充分成功。

6. 创造良好效益的服务定向。专业通过服务满足工作对象的需求。体现专业存在价值的是其长远的社会效益或者重大的经济效益。"专业承诺通过其有效的内部治理和伦理、诚实的职业实践服务于它的客户和其所在的社会，保护客户和社会的利益和福利"②。一个专业的成员服务于他们工作对象的利益，为此获得合适的回报以满足自己的利益。然而，专业人员从整个社会的角度来看待工作的利益，当服务于一个个工作对象时，应时刻将整个社会的需要和利益放在首位。正如美国人舒尔曼所讲，"一个专业首要的社会目的就是服务。专业工作者应是那些接受了教育并且利用其知识和技能为不具备这些知识和技能的大众服务的人。他们内心要有为大众提供服务的倾向，有义务以道德为起点来运用复杂的知识和技能。"③

当然，"一些非专业的职业也或多或少具备这些标准，只是程度上比

① Kubr, M., et al. Management consulting: A Guide to the Profession [M]. Geneva: ILB, U. N., 1986. 94.

② Gallessich, J. The Profession and Practice of Consultation: A Handbook for Consultants, Trainers of Consultants, and Consumers of Consultation Services [M]. San Francisco: Jossey-Bass, 1982. 41.

③ Shulman, L. 理论、实践与教育现代化 [J]. 王幼真，刘捷译. 比较教育研究，1999，(3)：37.

专业要浅一些而已。从非专业到专业，只是在这些标准上多寡度的差异。"①

第二节　专业化和专业化运动理论

一、专业化的概念

《新华字典》对"化"的第 3 条解释是，放在名词或形容词之后，表示转变成某种性质或状态。② 如美化、绿化、电气化、大众化、机械化、科学化等。这里既包含了过程的含义，又包含了性质的含义。因此，加上第一节对专业的解释，专业化至少有两层含义：一是指由于学科的分化，特定知识领域形成专业的过程或者状态（即通过知识领域实现专业化③），在 20 世纪的过程中，学科分化并重组成新的专业，是知识增长的主要方式。④ "随着学科专业化程度的全面提高，它们为了更清晰地描画自己领域的界限而对证书、资格和管辖权也更为重视——这种做法加强了学科的自主权。"⑤ 二是指一个一般性职业逐渐符合专业标准，成为专门性职业的过程和状态。相应地，学科分化形成某种职业需要的专业是这种职业走向专业化的标志之一，一种职业成为成熟专业也需要特定的知识领域形成高校的专业种类。从第二种含义上看，专业化既可以指一种专门性职业既成的状态，又可指某种职业发展成专业的过程。

同专业一样，人们对专业化概念的认识，也有一个发展变化、走向成熟的过程。弗雷德逊指出："专业化可以被界定为一个过程，在这一过程中，一个组织起来的职业，通常（但不总是）需要专门、深奥的知识和才能以保证工作的质量和为社会创造福利，获得履行特定任务的排他性权利

---

① Greenwood, E. The Attributes of a Profession [J]. Social Work, 1957（3）：Vol2.

② 新华字典 [Z]. 北京：商务印书馆，1990. 180.

③ ［美］伯顿·克拉克. 高等教育系统 [M]. 王承绪等译. 杭州：杭州大学出版社，1994. 34.

④ Scott, Peter. The Crisis of the University [M]. London：Croom Helm, 1984. 6. 转引自 ［美］朱丽·汤普森·克莱恩. 跨越边界——知识 学科 学科互涉 [M]. 姜智芹译. 南京：南京大学出版社，2005. 55.

⑤ ［美］伯顿·克拉克. 高等教育系统 [M]. 王承绪等译. 杭州：杭州大学出版社，1994. 38.

和控制训练的标准，实施对其成员的培训，同时，有权评估和决定工作如何进行。"① 赵康经过分析认为，弗雷德逊及其他前人对专业化概念的表述已不十分完善。他对专业化概念重新进行了界定：专业化是一个社会过程或工程，在这一过程/工程中，在"国家"、"社会"、"大学"和"活动本身"4 个实体要素间错综复杂的互动作用驱使下，一个具有潜在价值、确定的人类活动发展成长，经由"次级专长"、"准职业"、"形成的职业"、"出现的专业"阶段，最终达成"成熟专业"的身份。与此同时，与该活动相应的人群组织和自治程度，科学知识体系和知识获取系统，经济和社会效益，以及国家和社会对该活动的规范和保护程度，也逐步从低级形态进化至高级、发达状态。②

这个概念强调了专业化内涵的三个特征：第一，过程性，职业的专业化是一个社会过程；第二，演进性，职业经由"次级专长""准职业""形成的职业""出现的专业"阶段，最终达成"成熟专业"的身份；第三，限制性，专业的发展受到"国家"、"社会"、"大学"和"活动本身"4 个实体要素间错综复杂的互动作用。

由此可见，这一概念有其独到之处。但是，有些地方还值得商榷。赵康突破了传统的观念，在概念中把成熟专业的专业化运动的逻辑起点大大前移。他把专业的发展划分为五个阶段，即："次级专长"、"准职业"、"形成的职业"、"出现的专业"和"成熟专业"。这里涵盖了由非成熟职业到成熟专业的全过程。从"次级专长"到"形成中的职业"可以称为"职业化"进程。笔者认为，专业的发展应该以已经出现的职业或以"形成的职业"为起点，向"成熟专业"方向前行。不然的话，专业的发展应该追溯到"孕育中的职业"。这样就会把此问题搞得很复杂，也没有必要，而且从"出现的专业"到"成熟专业"只划分了两个阶段，过于笼统。因此，笔者将采用传统观点，对专业化过程进行重新划分。

专业是随着历史的发展由于社会分工的原因而出现的。依赵康的观点，"国家"、"社会"、"大学"和"专业活动"影响和制约着专业的发展。但是，作为实体要素，要通过一定的形式表现出来，因此，比较确切的表达应该是，"国家（政府）"、"社会（市场）"、"高校（学科性专业）"和"专业活动（群体）"相互作用，推动或者延缓专业的发展方向（见图 1 - 1）。

① Freidson, E. Professionalism Reborn：Theory, Prophecy and Policy ［M］. Cambridge：Polity Press. 1994. 62.

② 赵康. 专业化运动理论 ［J］. 社会学研究，2001，(5)：87.

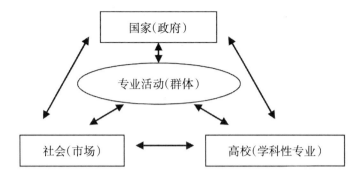

图1-1 国家（政府）、社会（市场）、高校和专业活动相互作用图

因此，专业化是指一个职业逐步发展成为成熟专业的社会过程。在此过程中，专业的发展受到"国家（政府）"、"社会（市场）"、"高校（学科性专业）"和"专业活动（群体）"的共同影响和驱动，从业人员能够接受不断的专业培训或者教育，拥有专业知能，形成共同遵守的专业伦理规范和规章制度，正常活动受到社会的认可和国家法律的保护，职业的性质开始发生变化，由"出现的职业"、"半专业"、"形成的专业"、"初级专业"逐步发展成为"成熟专业"。

二、专业化运动理论

为了解决"普适地用其（专业标准）测量在此之前一个人类活动发展各个阶段的专业化水平"这个问题，很多学者进行了探索。赵康依据其确定的六条专业标准认为，专业化表征着一个确定人类活动的知识、质量、效率和道德，因而有效地测量人类活动的专业水准，从而对发现和纠正存在问题以提高该活动的专业化程度是至关重要的。从"世界学科共同体"的观点看，如何测量专业水准问题在专业社会学领域并没有得到很好解决。不少学者在专业标准的建构上做出了贡献，加勒西奇（Gallessich）①和库伯（Kubr）② 在评估一个具体专业时发展了这套标准。然而，由于理

---

① 参见 Gallessich, J. The Profession and Practice of Consultation: A Handbook for Consultants, Trainers of Consultants, and Consumers of Consultation Services [M]. San Francisco: Jossey-Bass, 1982.

② 参见 Kubr, M., et al. Management Consulting: a Guide to the Profession [M]. Geneva: ILB, U. N., 1986.

论上的限制，最近的研究虽然将这套标准发展到量化的程度①，但仍然有进一步完善的余地。在现有成果的基础上，赵康尝试发展了一个解释人类社会中专门性职业成长历程的专业化运动理论，并进一步引导出一套测量标准。② 本书将根据笔者确定的专业标准，对这套测量标准进行改造，以达到进一步完善的目的。

按照传统思维，人们习惯于将专业化运动的起点设定于一个确定人类活动形成一个特定职业的那一刻。③ 若以第一节提到的 6 条标准为量纲，则一个职业的专业化被看成沿着 6 个要素量纲序列的纵向运动，而那些发展了较多量纲特征的职业则被认为专业化程度较高④，如图 1-2 所示：

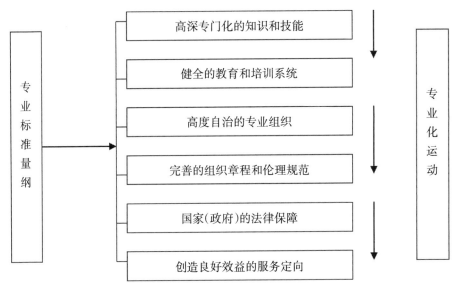

图 1-2　传统的专业化运动解释示意

① 参见 Zhao, K. Professionalization of Consultancy: The Case of China [D]. Roskilde, Denmark: Department of Social Service, Roskilde University, 1997.

② 赵康. 专业化运动理论——人类社会中专业性职业发展历程的理论假设 [J]. 社会学研究, 2001, (5): 87—94.

③ 像维兰斯基（Wilensky）把职业的专业化看作是"一个规则有序的进程"：形成的职业、培训结构的出现、大学课程的出现、地方协会的出现、国家协会的出现、国家法律的认可和专业伦理规范的制定。Wilensky, H. L. The Professionalization of Everyone? [J] American Journal of Sociology, 1964, (70): 137-158. 转引自 Evetts, Julia. Profesionalisation and professionalism: issues for inter-professional care [J]. Journal of Interprofessional Care, 1999, (2): 120.

④ Cullen, J. B. The Structure of Professionalism: a Quantitative Examination [M]. New York: Petrocelli bllks, 1978. 14.

事实上，人类职业形成之后，在向专业化运动的过程中，不仅存在着不同量纲间的纵向运动，还存在着同一个量纲层面的水平运动，也即每一个量纲可蜕变为一个变量，前述成熟专业 6 条标准中每一条仅为该变量系列某一个中间或终极状态，若仍然保持上述量纲序列，可以根据这一思想重新解释专业化运动（如图 1 - 3 所示）。

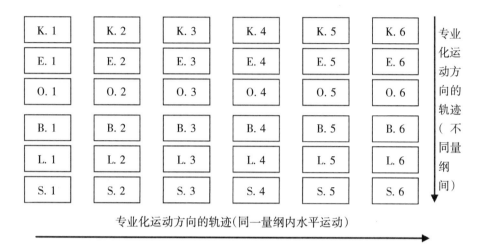

图 1 - 3　专业化水平运动和纵向运动示意

在上图中，若仍以包含 6 条标准在内的量纲变量来考察，则一个确定职业的专业化被看成沿着 6 个要素量纲变量序列的横向和纵向运动，而那些同时在水平和垂直方向发展了较多量纲特征的职业则被认为专业化程度较高。

根据图 1 - 1 专业化 4 个实体要素的考虑及上述专业化运动的新的理解（图 1 - 3），我们可以给出专业化运动理论的初步数学表达式如下：

$P = f_1$ （B，K，M，S）…… （1 - 1）

P 代表某个确定职业的专业化程度；

B 代表实施该活动人群行为专业化程度变量；

K 代表该活动知识基础来源状况变量（主要是高校对该活动呼应行为变量）；

M 代表该活动社会（市场）效果状况变量（客户、公众对活动呼应行为变量）；

S 代表国家（政府）对该活动呼应行为变量。

公式（1 - 1）表明一个确定职业的专业化程度由表征了 4 个实体要素

的相应变量所构成的多元函数关系所决定。考虑到"实施该活动人群行为专业化程度变量"又可由实施该活动人群知能的专门化程度、组织程度和自治程度变量来描绘，故公式（1-1）可转换成公式（1-2）的形式，将 B = f₂（E，O，A）代入公式（1-1）：

$P = f_1 \{f_2 (E, O, A), K, M, S\}$ …… （1-2）

E 代表实施该活动人群知能的专门化程度变量；

O 代表实施该活动人群组织程度变量；

A 代表实施该活动人群自治程度变量。

假设 f₂ 所牵涉的自变量 E，O，A 与应变量 B 之间是一种权重同一的乘数关系，以及 f₁ 所牵涉的自变量 B，K，M，S 与应变量 P 之间亦是一种权重同一的乘数关系，则公式（1-2）和公式（1-1）最终可以演变成公式（1-3）的形式：

$P = E * O * K * M * S * A$ …… （1-3）

考虑到上述函数关系 f₁ 与 f₂ 中自变量之间互动影响的倍率作用，将它们定义为乘数关系是恰当的。这样，由公式（1-3）所表达的专业化运动理论恰恰包容了前述一个成熟专业的 6 个标准量纲，所不同的是，该理论揭示了在 6 个标准量纲演变成变量后，在履行该活动的人群、高校、社会（市场）和国家（政府）4 个实体要素的相互影响和驱动下，某种确定职业的专业化呈现出复杂的曲面运动特性，而每一向度上的正向或逆向运动都将在整体上给该活动的专业化程度带来倍率效应。

三、专业化运动测量标准

公式（1-3）提供了一个思考专业化运动的理论框架，即由哪些要素及什么样的相互关系构成一个确定人类活动的专业化运动，以及这一运动所可能产生的动态轨迹。公式（1-3）显示了一个多变量复杂函数。显然，要精确地解开这一复杂函数既十分困难，也没有必要。从实用的角度出发，在每一变量规定的定义域内用插入法解开这一函数关系即能得到一套实用的测量标准：根据已知的经验资料，对于每一个变量定义若干前向发展阶段，对于每一发展阶段最终状况（成果）定义一个名称/简短特征描述和一个整数插值，由此可最终获得如表 1-4 至表 1-9 所示专业化运动理论简化形式，亦即一套实用的测量标准（即用插值法解开的专业化运动理论：测量专业水准的使用标准）。据此，任何一个确定职业的专业水准均可用该套标准予以测量，得到最低为 1（各个变量插值均为 1）及最高为15，625（各个变量插值均为最高值5）之间某一个确定的专业化指数值，这样，定性兼定量地测定一个确定人类活动的专业水准成为可能。下面对表1－4至表1－9构筑过程中的有关问题做出说明。

对于"实施该活动人群知能的专门化程度变量"（E）（见表1－4），我们首先以"形成的职业"为起点。这一特定人类活动有其固有特征，与其前面的发展阶段有着质和量的区别，并与其他活动存在着实质性区别。随后，该变量的前向运动被定义为5个阶段，即："出现的职业"、"半专业"、"形成中的专业"、"初级专业"逐步发展成为"成熟专业"。每个阶段的最终状况（成果）对应于插值1至5。在"形成的职业"中，有关人群实施该活动所耗时间及相应收入在他们总工时与总收入中的比重是一个重要因素，决定着专门化程度。而实施该活动必需的高深知识和能力的完备和可获取程度成为衡量"专业"成熟程度的重要指标。

表1－4　　　　　　　　实施该活动人群知能的专门化程度变量

E ——实施该活动人群知能的专门化程度变量

插值	名称	特征描述
1	经验性知识与技能	意味着什么地方存在一个或数个群落实践者，依靠经验性的知识和能力正在实施一个或数个原则上类同的专门活动作为他们收入的主要来源。
2	零碎的专门化知识	意味着什么地方存在着一种职业，这一职业积累了一定的专门化的高深知识和熟练技能。
3	少量的书本知识	意味着有关这一职业实践所需要的高深科学知识部分出版发行。
4	非体系化的高校课程知识	意味着这一职业实践需要的高深知能出现在高校的课程中。
5	学科性专业知识	意味着这一职业实践需要的高深科学知识体系已被系统整合成为高校的课程或者学位课程计划。

对于"实施该活动人群组织程度变量"（O）（见表1－5），显然，前向运动中阶段性成果将表现出该人群自发成立之专业组织的不同质量，为此引入"寄生型专业组织"、"依附型专业组织"、"半专业组织"与"准专业组织"和"纯专业组织"的概念。对应插值分别为1、2、3、4和5。纯专业组织是指那些履行同一活动、完全以个人成员身份集结而成的组

织，并往往建有规范成员行为的伦理条款。纯专业组织有利于培育建立在特定知识和服务意识形态之上的专业文化，而由单位成员集结而成的半专业组织、准专业组织（由于每个单位内部活动的多样性）和寄生或依附在其他专业组织中的下属分支组织（由于其受到母体的控制和制约）必然不利于生成一个纯的专业文化，因而它们分别是纯的专业组织出现之前中继发展阶段所取得的成果。

表1-5　　　　　　　　　实施该活动人群组织程度变量

O——实施该活动人群组织程度变量

插值	名称	特征描述
1	寄生型专业组织	针对一个专门活动的组织以下属组织形式寄生在另一个与其他活动有关的专业组织中。
2	依附型专业组织	针对一个专门活动的组织与其他组织有一定的关系，受到指导或监管，呈现出依附和非独立的特性。
3	半专业组织	针对一个专门活动以单位团体成员结合而成的独立专业组织，每一成员内部活动内容具有多样性。有专门的组织章程。
4	准专业组织	针对一个专门活动以个人成员结合而成的组织。这类组织往往设有为保障工作对象和社会利益而规范成员行为的组织章程和伦理规范。
5	纯专业组织	针对一个专门活动以个人成员结合而成的独立组织，形成了专门的组织文化，有严格的准入制度，有健全和完善的组织章程和伦理规范。

对于"该活动知识基础来源状况变量"（K）（见表1-6），围绕经验事实思考的焦点是相应科学知识体系以及知识获取系统如何渐进地出现。某一特定活动科学知识体系的应用者和创造者是该活动的实践者和研究者，而高校在该活动科学知识体系的发展和不断完善中扮演着重要角色。该变量的5个发展阶段即是在综合考虑了上述要素后得出的。在最初阶段，不存在任何课程和培训项目，从事一项特定活动的人们只能摸着石头过河，通过亲身经历和失败的教训自己教育自己。日复一日，该活动的社会价值开始被发掘，实践者的经验总结和研究者的发现缓慢地汇合成一个特定、成长的文献领域，为以后阶段的发展提供了原生资源。在第二阶段，

出现了非高校培训课程，如专业组织提供的培训或在岗训练，知识来源可以是相应文献领域或师傅们的经验。在第三阶段，高校开始做出反应，针对这一活动，选修或必修课程逐渐流行，显示了相应科学知识体系中的核心部分已经被组织起来并启动了系统化过程。在第四阶段，高校出现了针对专业活动、培养准专业人员的学位课程，虽然这些学位课程尚未在绝大多数高校中普及，仍然显示了一个科学知识体系已经被构筑，以及（连同以上较低层面知识获取手段）一个次级充分的知识获取系统已经形成，这也是为什么我们在变量 K 插值设定时将"大学学位课程的出现"作为判定存在一个"初级专业"的重要指标。在最后阶段，相应的大学学位课程已经普及，且国家已给该专业活动设置了一个特许的法律保护，从而显示了一个成熟的科学知识体系与一个充分的知识获取系统，因而预示着一个成熟专业的出现。

表 1-6　　　　　　　　　该活动知识基础来源状况变量

K ——该活动知识基础来源状况变量

插值	名称	特征描述
1	自我教育	不存在大学课程和其他培训项目，从事一项职业活动的人通过亲身经历和失败的教训自己教育自己。
2	非高校教育或培训	存在着针对某一职业活动的非高校教育或者培训，如在职结构、专业组织提供的培训或在岗训练，显示该专门活动科学知识体系的发育尚处在初级阶段。
3	正式的高校课程	已经出现针对某一专业活动，作为选修或必修课的高校正式课程，显示该专业科学知识体系中的核心部分已经被组织起来。
4	系统的高校课程	已经出现针对某一专业活动培养准专业人员的系统的课程，尚未普及而且层次还比较低，构成了一个次级充分的知识获取系统。
5	普及、多层次的学位教育	一个专业的科学知识体系已经被系统地整合和设置成大学的学位课程，许多大学都有培养这类专业人员的学位课程，而且学位层次比较齐全。

对于"该活动社会（市场）效果状况变量（包括经济、社会效益和服务效果）"（M）（见表 1-7），五个阶段的定义按逻辑关系进行。首先，该活动对其工作对象和社会产生了一定的经济、社会效益，但效果很不明

显，活动群体的服务意识也很弱；第二个阶段，活动群体的服务意识一般，从事活动对其工作对象和社会产生了一些经济、社会效益，然而，从总体上看，其效果尚不明显，影响也不大。在第三阶段，活动群体的服务意识强，从事活动对其工作对象和社会产生了较大的经济、社会效益，活动及其群体的影响扩大，效果从总体上趋向明显。第四阶段，活动群体的服务意识较强，从事活动对其工作对象和社会产生了相当显著的经济、社会效益，活动及其群体的影响较大。最后，活动群体以服务为定位，从事活动对其工作对象和社会产生了巨大的经济、社会效益，活动及其群体的影响极大，效果非常明显且被全面证实。

表1-7　　　　　　　　该活动社会（市场）效果状况变量

M——该活动社会（市场）效果状况变量（包括经济、社会效益和服务效果）

插值	名称	特征描述
1	效果弱	某一地区从事某种职业的人所进行的专门活动对其工作对象和社会（市场）产生了一定的经济/社会效益；然而，效果很不明显，服务意识很弱。
2	一些效果	某一地区从事某种职业的人所进行的专门活动对其工作对象和社会产生了一些经济、社会效益，有一定的服务意识，然而，从总体上看，其效果尚不明显，影响也不大。
3	较好的效果、趋向明显	某一地区从事某种职业的人所进行的专门活动对其工作对象和社会（市场）产生了较大的经济/社会效益，活动及其群体的影响扩大，效果从总体上趋向明显，服务意识强。
4	相当显著的效果	某一地区从事某种职业的人所进行的专门活动对其工作对象和社会产生了相当显著的经济、社会效益，活动及其群体的影响较大，效果明显，服务意识较强。
5	极好的效果并被全面证实	某一地区从事某种职业的人以服务为定位，所进行的专门活动对其工作对象和社会（市场）产生了极大的经济/社会效益，活动及其群体的影响极大，效果明显且被全面证实。

对于"国家（政府）对该活动呼应行为变量"（S）（见表1-8），权重被设置在是否存在一个国家（政府）法律特许的社会（市场）保护上。

当新职业开始形成时，它们与政府保持着必要的良好关系。麦克勒兰认为，"一种博学的职业的声誉与官府所讲的事业起步阶段之间的联系表明：与公众权力结构的联合要比它与专业化组织的联合在 1860 年更易于确立一种职业的身份。"[①] 在第一阶段，国家（政府）和社会对该活动仅承认其存在；在第二阶段，国家（政府）和社会对该活动有少量承认、支持和帮助；在第三阶段，国家（政府）通过发布一些文件、制定相关条例，出现了形式多样的承认、支持和帮助，但仍不存在法律意义上的社会（市场）保护；在第四阶段，国家（政府）通过制定法律，进行多方面支助，社会对该活动有多样承认，有限的法律保护出现；最后，完善的法律体系出现，一个特许形式的社会（市场）保护出现。

表 1 - 8　　　　　　　国家（政府）对该活动呼应行为变量

S ——国家（政府）对该活动呼应行为变量

插值	名称	特征描述
1	仅承认存在	对于某一地区从事某种职业的人所进行的专门活动，国家（政府）和社会对该活动仅承认其存在，态度较为冷淡。
2	少量承认、支持和帮助	对于某一地区从事某种职业的人所进行的专门活动，国家（政府）和社会对该活动有少量承认、支持和帮助。
3	形式多样的承认和支助，没有市场保护	对于某一地区从事某种职业的人所进行的专门活动，国家（政府）通过发布一些文件，制定相关条例，和社会一样，有形式多样的承认、支持和帮助，但仍不存真正意义上的法律保护。
4	法律文本出现，多样承认，多方面支助，有限的市场保护	对于某一地区从事某种职业的人所进行的专门活动，社会有多样承认，国家（政府）通过制定法律，多方面支持和帮助，存在有限的法律保护。
5	健全的法律，国家设置的社会（市场）保护	对于某一地区从事某种职业的人所进行的专门活动，社会不仅已有形式多样的承认，国家（政府）也形成了相应的法律体系进行支持和帮助，特许形式的社会（市场）保护出现。

[①] 转引自斯科特·拉什，约翰·厄里. 组织化资本主义的终结 [M]. 征庚圣等译. 南京：江苏人民出版社，2001.244.

对于"实施该活动人群自治程度变量"（A）（见表1－9），可以以"独立性"和"威望度"来衡量。当自治程度较低时（第一阶段），恰似仍在襁褓中的婴儿，该人群依赖性极强，缺乏社会威望。当自治程度持续增强（第二阶段），但仍处于不独立阶段，社会威望较弱。到第三阶段时，该人群趋向独立，享有一定的社会威望。在第四阶段，该人群开始独立，享有相当社会威望。最后，一个高度自治的群体，鉴于其高深的知识内涵和遵守专业伦理的行为，可以被国家和社会充分信赖而享受高度独立自主的权利和崇高的社会威望。

表1－9　　　　　　　　　　　实施该活动人群自治程度变量

A ——实施该活动人群自治程度变量

插值	名称	特征描述
1	依赖性极强，缺乏威望	为了更好地从事职业活动，创造社会/经济效益，保障自己以及工作对象和公众的利益而自发组织起来的人群仍然极为依赖外部力量且缺乏社会威望。
2	不独立，社会威望较弱	为了更好地从事职业活动，创造社会/经济效益，保障自己以及工作对象和公众的利益而自发组织起来的人群仍然不独立而且社会威望较弱。
3	趋向独立，一定的社会威望	为了更好地从事职业活动，创造社会/经济效益，保障自己以及工作对象和公众的利益而自发组织起来的人群趋向独立而且已经享有一定的社会威望。
4	独立，相当社会威望	为了更好地从事一项专门活动，创造社会/经济效益，保障自己以及工作对象和公众的利益而自发组织起来的人群显示出独立特性且享有相当社会威望。
5	高度独立，崇高威望	为了更好地从事一项专门活动，创造社会/经济效益，保障自己以及工作对象和公众的利益而自发组织起来的人群显示出高度独立的特性且享有崇高的社会威望。

上表针对实施某一活动人群知能的专门化程度变量E的5个插值，预测了其他变量可能存在的匹配插值，由此可以计算出各组合的专业化指数值（见表1－10），供本书测量高校科技管理人员的专业化水平时参考。

表1-10　　专业化运动诸变量间可能存在的插值组合及其相应指数值

变量	（插值）	（插值）	（插值）	（插值）	（插值）
知能专门化程度（E）	经验性知能（1）	零碎的专门化知识（2）	少量的书本知识（3）	非体系化的课程知识（4）	学科性专业知识（5）
组织程度（O）	寄生型专业组织（1）	依附型专业组织（2）	半专业组织（3）	准专业组织（4）	纯专业组织（5）
知识来源状况（K）	自我教育（1）	非高校教育或培训（2）	正式高校课程（3）	系统的高校课程（4）	普及、多层次的学位课程（5）
社会（市场）效果状况（M）	经济/社会效益、服务意识/弱（1）	少量的/经济、社会效益/服务意识（2）	明显的/经济、社会效益/服务意识（3）	相当显著的/经济、社会效益/服务意识（4）	重大的/经济、社会效益/服务意识，并全面证实（5）
国家（政府）呼应行为（S）	仅承认存在（1）	少量承认、支持和帮助（2）	形式多样的承认和支助，没有社会（市场）保护（3）	法律文本出现，多样承认，多方面支助，有限社会（市场）保护（4）	健全的法律体系，国家设置的社会（市场）保护（5）
人群自治程度（A）	依赖性极强，缺乏威望（1）	不独立，社会威望较弱（2）	趋向独立，一定社会威望（3）	独立，相当社会威望（4）	高度独立，崇高威望（5）
专业化指数	1	64	729	4096	15625
专业化阶段	出现的职业	半专业	形成的专业	初级专业	成熟专业

第三节　高校科技管理人员专业化

一、高校科技管理专业

（一）高校科技管理专业的概念

高校科技管理是指，根据高校科技工作目的和高校科技发展规律，有意识地调节高校科技系统内外的各种关系和资源，以便达到既定的高校科技系统目的的过程。这一概念包含三种含义：一是指明了高校科技管理活动的依据是高校科技工作目的和高校科技发展规律；二是指出了高校科技管理的任务是有意识地调节高校科技系统内外关系和可利用的高校科技资源；三是高校科技管理的结果是不断地促成高校科技系统目的的实现。因此，高校科技系统目的的实现过程实质上是高校科技系统与环境的矛盾，以及高校科技系统内部系统与系统、系统与个人矛盾不断得到协调和解决的过程。那么，再根据专业的概念，高校科技管理专业是指高校科技管理人员所从事的专门性职业。它要求执业者拥有高校科技管理知识和技能，依托高校科技管理专业组织，遵循高校科技管理伦理规范，根据高校科技系统目的和科技发展规律服务于高校科技人员，正常活动受国家法律保护，能够创造出重大的经济和社会效益。

（二）高校科技管理专业的特殊性

高校科技管理专业相对于其他社会专业和高校管理专业有其特殊性，这主要是由高校科技管理专业的目标、组成、活动、服务对象和功能的特殊性所决定的。高校科技管理专业的特殊性主要表现在：

1. 高校科技管理专业目标的特殊性。高校科技系统的主要目标是发展和创造知识，同时直接或间接地为社会培养各级各类高级专门人才服务。高校科技管理专业的任务正是要使系统中每一个成员根据这个目的，按高校科技规律办事，改进本职工作，努力提高高校科技活动的经济、政治、文化和社会效益，多出成果，多出人才。从这个意义上讲，高校科技管理专业不同于其他专业。

2. 高校科技管理专业服务对象的特殊性。高校科技管理专业服务的对象主要是从事科学技术研究的人员、教师和学生。他们都是具有高层次知识的人才。专职科研人员崇尚学术自由，追求学术自治，以探索人类奥秘为目标。教师同样具有独特的思维方式，与专职科研人员不同的是，他们除了教学以培养人才外，还有自己的研究领域。作为高校科技系统重要元素的高年级学生和研究生，他们在导师的引领下从事科研工作，心理和生理上有自身的特点，一般表现为精力旺盛，头脑灵活，敢闯敢干，创新意识强烈。

3. 高校科技管理专业功能的特殊性。高校科技系统在同其他社会系统进行物质、能量、信息、服务交换时，一方面要通过科技管理专业为社会提供科技成果，并转化为商品直接为经济建设服务；另一方面，高校科技系统拥有多门类、多层次的学科结构，教学和科研相结合，学术思想比较活跃，有利于科学技术领域的相互渗透，适宜进行重大的、综合性强的课题研究。但是，也面临着科技投资的分散性。因此，高校科技管理专业要特别注意整合各种力量和资源，发挥科技资源的利用率，发挥学科优势，加强科技合作，不断提高高校科技投入和产出效益。

4. 高校科技管理专业活动的特殊性。在高校科技系统中，学术活动（科学技术研究和教学等）是高校开展一切工作的中心，学术水平的高低是高校科技系统内主要组成人员的科研与教学活动成果的指示器，也体现了师生文化知识素质的高层次性。同时，高校科技活动是在个体脑力劳动基础上的一种群体性活动，这就使得高校科技管理的民主性要求比一般社会系统的管理都显得突出。在与教师、学生（特别是研究生）、专职研究人员交往的过程中，"学术自由"、"团队合作"、"梯队建设"、"学科文化"、"组织变革"等都是高校科技管理专业活动中优先考虑的事情。

5. 高校科技管理专业组成人员的特殊性。一方面，高校科技管理专业的组成人员是高校管理人员的一部分，需要掌握一般行政管理的知识和技能；另一方面，高校科技管理专业的组成人员是高校科技系统的主体性成员之一。他们除了拥有自己的专业领域，还拥有独特的工作方法和思维方式。更为重要的是，由于现代科技的高速度、综合化、复杂性的特点，高校科技管理专业人员需要与时俱进，不断接受教育或者培训，及时更新专业知识和技能。科技发展与人类进步密切相关，科学技术研究的选题涉及道德伦理，高校科技成果的转化与应用不仅考验科研人员，也衡量着科技管理人员的专业伦理，从这个意义上讲，高校科技管理专业的组成人员也具有特殊性。

二、高校科技管理专业所处的阶段

依据前述专业的六项标准和特征，高校科技管理职业是否是一项专业呢？因为各种职业的结构与性质均在不断地变化之中，要想了解高校科技管理职业是否符合专业的要求，不如根据上述标准对高校科技管理的专业水平加以评估。作为一种社会系统，高校科技系统的目的是发展科技知识、培养高级专门人才和为社会经济服务。高校科技管理是伴随着高校科研的开展而产生的，也随着高校科研的发展而不断变革。

（一）从定量的角度看，高校科技管理人员专业化处在形成阶段

如果完全而且严格地按照专业标准去对照所有专业，恐怕没有一个专业完全符合要求，即使是律师和医生专业，但不同职业的专业化水平还是有高有低的。按照专业化运动理论提出的测量专业水准的方法，我们可以对高校科技管理专业进行一下考察。从实施高校科技管理人群工作专门化程度变量看，高校科技管理作为一个已经存在的职业，有些知识已经部分地整合成高校的课程，如薛天祥主编的《高等学校科研管理》，许庆瑞主编的《研究与发展管理》，刘大椿、何立松主编的《现代科技导论》等。科学技术的进步与管理的科学化、现代化推动着现代社会的前进，"科技管理学正是顺应这个历史潮流而诞生并发展着的一门新兴学科。它所研究的多是科学技术问题，但并不专注在某个特定的学科领域，更不受传统学科范围所约束，还会涉猎经济学、市场学、管理科学等许多的学科领域，因而是一门边缘性和综合性很强的学科"。① 赵元浩先生讲，科技管理学"在我国出现时间不长，从事这方面的研究的人不多，所见书刊也不多，学科的系统建立有待于人们去推进"。② 因此，这个变量可以赋值3或4。从实施高校科技管理人群活动组织程度变量看，针对这一活动的专业组织已经出现在世界范围内，只不过有的还是依附型专业组织，有的已经是准专业组织或者接近纯专业组织。这个变量可以赋值1、3或者5。从高校科技管理活动人群知识状况变量看，非高校培训课程、正式高校课程和部分大学学位课程都已存在。这一变量可以赋值2或4。从高校科技管理活动人群的社会（市场）效果变量看，不同国家和地区有很大差别，高校科技通过管理发挥的经济和社会效益还是显而易见的。这一变量可以赋值3或4。从国家（政府）对高校科技管理活动人群的呼应变量看，国家（政府）对此是有多样承认、多方支助的，而且还有有限的市场保护或者接近完全的市场保护。这一变量可以赋值3或4。从高校科技管理活动人群的自治程度变量看，"趋向独立，一定社会威信"和"独立，相当社会威信"占

---

① 阙维明，张锦智. 现代科技管理辞典［M］. 广州：广东高等教育出版社，1986.（前言）1.
② 阙维明，张锦智. 现代科技管理辞典［M］. 广州：广东高等教育出版社，1986.（序言）2.

主流。此变量可以赋值 3 或 4。由此，高校科技管理人群活动的专业化指数最大值为：$P_1 = 4*5*4*4*4*4 = 5120$；最小值为：$P_2 = 3*1*2*3*3*3 = 162$；在这里，专业化指数值 P 的范围是：$162 < P < 5120$。专业形成阶段的数据范围为：64—4096。P_1 和 P_2 说明，在某些地方，高校科技管理人群的专业化程度比较高，已步入初级专业阶段。我们取其平均值：$P_3 = (P_1 + P_2)/2 = (162 + 5120)/2 = 2641$。参考 $729 < P_3 < 4096$，再根据以上分析，我们大致可以认为，在大部分地区，高校科技管理人群活动的专业化尚处于形成阶段。

（二）从定性的角度看，高校科技管理人员专业化也处在形成阶段

第一，高校科技管理人员提供的服务在现代社会日趋重要，无论是在发展中国家还是发达国家。随着信息社会、知识社会的到来，这种管理作用的重要性日益突出。第二，尽管对高校科技管理人员究竟要掌握哪些知识还有不同意见，但他们必须掌握足够的科技管理知识和技能才能做好工作是毋庸置疑的。各高校、专业组织为他们提供了学习进修的机会，高校科技管理人员训练频度、时间和程度都有所提高。第三，高校科技管理人员的任用日趋制度化、法律化。第四，科技管理专业组织的维权意识越来越强，功能越来越多样化，专业伦理规范越来越受到重视。第五，高校科技管理人员的经济待遇和职业声望正在提高。随着国家和社会对科学技术的重视，高校科技管理人员的重要性日益凸显。但是，因为区域不同，经济发展水平不均衡，科技在一个国家综合国力中的位置不一样，多数国家的高校科技管理人员专业知能还比较低下，专业组织和伦理规范还不完善，教育和培训机构还不到位，继续教育得不到保证等，因此，从普遍意义上讲，高校科技管理人员专业化还处于形成阶段。

三、高校科技管理人员与高校科技管理人员专业化

（一）高校科技管理人员

按一般意义上讲，高校科技管理人员是指以一定方式或者程序任用，在高校科技行政管理事务岗位上工作，依法行使学校的科技管理权，完成所担负的科技管理事务的人员。作为高校科技系统的主体之一，高校科技管理人员是高校科技管理的执行者，是高校科技管理专业的占有者和行动者。从活动的内容看，高校科技管理人员是学校内部从事科技计划、组织、指挥与控制的人员及资源，也是实现学校科技目标的人员；从范围上看，高校科技管理人员是从事高校行政管理事务的人员。在科技管理部门

工作，但不从事学校科技管理事务，工作纯属后勤服务性质的工勤人员不属于管理人员，如为主管科技的副校长开车的司机就不属于科技管理人员。从外延上看，高校科技管理人员包括管理中的领导者和一般管理人员。管理中的领导者是指在科技管理机构中担负一定的职务，按照事物发展的客观规律和一定的方针、政策来组织、指挥、控制人们所从事的科技活动，实现一定目标的人员。一般管理人员是指在科技管理活动中从事各种具体业务的工作人员。

高校科技管理人员的活动是在高校科技系统目标的指导下，把对高校科技系统的资源投入——组成系统的元素（高校科技管理人员、科研人员、学生、经费、信息等）结合在一个统一的有机体内，以实现不同的分目标，并最优地实现高校科技系统的整体目标。高校科技管理的目的就是去解决高校科技系统内各种关系和资源投入与高效益地实现高校科技系统目的的矛盾。

美国著名管理专家孔兹认为，从真正意义上讲，各类组织，不论是企业还是非企业，所有主管人员合乎逻辑和符合公众利益的目的，应是创造盈余——主管人员一定要创造一种环境，使人们在这个环境里，投入最少的时间、资金、原材料和个人的辛劳，能够创造集体的目标。或者说，他们在这个环境里，使用现有的资源，完成预期的目标越来越好。即应该用最少的资源力图完成任务，或者利用现有资源尽可能多地完成任务。①

无论高校科技系统多么复杂，无论把高校科技系统分解成什么样子的子系统，高校科技系统都必然要求各子系统在目标上与系统整体目标协调一致。对于高校科技系统来说，个人与个人之间，个人与系统之间，以及系统与环境之间的这三类矛盾关系构成了高校科技系统的矛盾运动系列，高校科技管理人员就是要从根本上去协调解决这三对矛盾。

（二）高校科技管理人员专业化

根据专业化的含义，我们可以尝试界定高校科技管理人员专业化的概念。所谓高校科技管理人员专业化，是指高校科技管理人员依托专业组织，通过不断接受专业教育或培训，遵守专业规章制度，以科技服务为导向，逐步提高管理水平，追求高校科技管理的卓越化，从而最大限度地实现高校科技管理的社会效益、经济效益的过程，这个过程受国家相关法律的保护。从这一表述可以看出，高校科技管理人员专业化一方面是指从业人员不断达到专业标准的过程；另一方面体现出人员所达到的专业化水平

---

① 转引自官鸣. 管理哲学 [M]. 上海：知识出版社，1993. 23.

与程度。在这里，我们不仅突出强调高校科技管理人员逐渐达到专业水准的发展过程，同时，高校科技管理人员专业化的认识主要是从社会学的角度提出来的，我们还要关注高校科技管理人员对专业社会地位的提高和自身社会流动升迁的追求，这也是高校科技管理专业社会性的一面。

（三）高校科技管理人员个体专业化与群体专业化

个体专业化是指，"在理解专业意义的基础上，提升专业精神，增强自己的专业修养、专业道德、伦理追求，拓展专业知识，提高专业能力的过程。"① 高校科技管理人员个体专业化是群体专业化的基础和源泉，是高校科技管理人员专业化的根本方面。高校科技管理人员个体专业化是指，在整个专业生涯中，依托专业组织，遵守专业伦理规范，逐步提高自身管理知识和能力，成为一个优秀科技管理者的专业成长过程，从而由一个"普通人"变为一个优秀的"科技管理者"。高校科技管理职业的专业化是高校科技管理人员群体专业化的发展和社会承认形式。社会学者霍伊尔（E. Hoyle）提出，职业专业化是指"一个职业（群体）经过一段时间后成功地满足某一专门性职业标准的过程"；"它涉及两个一般是同时进行并可独立变化的过程，就是作为地位改善的专业化和作为专业发展、专业知识提高以及专业实践中技术改进的专业化"。② 因此，高校科技管理职业的专业化是高校科技管理人员群体专业化发展的必然结果，它从根本上影响着高校科技管理人员个体专业化的进程和水平。反过来，高校科技管理人员个体在接受专业训练和自身业务水平提高的过程中，在他们专业化发展的过程中，不断接受新知识，增长专业能力，不断推进高校科技管理专业所需要的知识，参与完善专业组织，规范专业伦理，促进专业自主，有效推动了高校科技管理职业的专业化进程。因此，高校科技管理人员个体和群体专业化建设是一个问题的两个方面。虽然职业专业化一般遵循"由群体到个体，由外在到内在的发展轨迹"，但研究这一问题时更应该注重个体专业化的发展问题。本研究既注重从专业发展上探讨高校科技管理人员个体专业知识、能力等的提高，又注重从群体上，即组织上探讨这个职业的专业化水平的提升。

高校科技管理人员个体专业化过程体现在两个方面：一是长期性。高校科技管理人员的成长和发展在不断地进行，是一个贯穿个人职业生涯的

---

① 《教育发展研究》编辑部. 校长专业化与校长培训——陈玉琨教授访谈实录 [J]. 教育发展研究，2005，（9）：16.

② ［澳］邓金. 培格曼最新国际教师百科全书 [M]. 北京：学苑出版社，1989.542.

连续过程。他们与其他行业的人员相比，流动性较低，有的工作长达30余年。在长期的科技管理工作中，需要他们不断调整自己的思想观念、价值取向，改善自己的专业知能，满足不同层次工作的需求，从而表现出与自己专业发展阶段相适应的管理角色。二是发展性。高校科技管理人员专业化发展具有积累和连续的特性，岗位积累的经验和过去所学的知识、锻炼的能力是未来发展的基础。因此，高校科技管理人员专业化是一个动态的发展过程。在这一过程中，他们需要不断调整、修订、审视、评估自己的态度、价值、信念和专业知能，需要不断地充实自己。在这一过程中，教育和培训的经历将贯穿他们的整个专业生涯，每个发展阶段的专业化内涵也不尽相同。

随着科技及经济的发展和社会的进步，科学技术和管理科学、科研人员与管理人员两者之间的界限也愈来愈分明，管理科学的分工也愈来愈细。今天，管理科学在其自身的发展过程中，不断引进了心理学、社会学、政治学、军事学、教育学以及自然科学等各学科的方法和成果，从而由单个学科发展成为一个庞大的、相互交叉渗透的学科群。高校科技管理学科正在萌芽和成长，为高校科技管理人员专业化提供了必要的知识和能力支撑。社会的发展也需要高校培养一批科技管理专家。因此，高校科技管理人员专业化既是科技发展的必然，也是高校科技管理科学化的现实需要。

（四）高校科技管理人员专业化建设的目标

1. 专门化的高深知识和能力：高校科技管理人员专业化建设的核心。专门化的高深知识和能力是专业条件中的首要标准。这就要求高校科技管理人员不仅要学习一般的管理学原理，而且还要更加深入地学习和具备科技管理的专门知识，熟悉和把握高校科技工作及其管理的基本规律，领会国家的科技方针和政策，遵守国家科技管理法规，了解主要科技门类的内容、原理、作用、最新成果和发展动态，尤其要了解它们之间的相互关系和相互影响，譬如科技发展史、学科发展史、科技预测与决策技术、科技情报学等专门知识，从中力所能及地把握现代科技发展的趋势与规律，从而能够在具体的科技管理中更好地遵循科技发展规律，敏锐地把握科技发展的方向，指导和管理学校科技工作走在科技发展的前列，使计划决策、组织运行和控制协调等综合管理能力不断得到锻炼和提高。

2. 自治的组织和完善的伦理规范：高校科技管理人员专业化建设的灵魂。"公认的专业都有一个强大的专业组织，它可以保证专业权限，保障专业水准，提升专业地位，并防止某些专业人员利用专业头衔破坏专业声誉，以此相互担保他们的能力和荣誉。"① 高度自治的组织和共同遵守的伦理规范是专业的另一标准。所谓高度自治，是指专业组织依法建立，由会员依照组织章程自主管理，而不受其他方面的干预。伦理规范则要求高校科技管理人员既要有高深的专门化知识和高超的技能，而且还要有专业精神和献身精神，他们担负的责任相当重大。2001 年，法国思想家、社会学家雅克·德里达强调，"profession"这个词不仅仅是"专业"与"职业"的意思，而且更有"专业信仰"的含义。照德里达的解释，"profession"这个词更强调的是"行为的介入"，是一种"诺言"、一种"义务"、一种"责任"。②

3. 健全的教育和培训机构：高校科技管理人员专业化建设的载体。专业人员需要经过长时间的专门职业训练。如果把高校科技管理看作是一种专业领域，那么就必须把它看成是一种一生的专业发展形式，与其他专业领域的训练有着同样重要的共同特征。高校科技管理人员应接受良好的高等教育和令人满意的专业培训。而且，他们的整个职业生涯都应该有接受培训和教育的机会，从而使其能跟上管理理论和方法的新进展。

4. 国家（政府）的法律保护：高校科技管理人员专业化建设的关键。高校科技管理专业的地位需要通过专业组织和其创造的社会经济利益影响国家（政府），由国家（政府）制定相关法律、法规、政策等对其合法权利进行保护。完善的法律法规意味着社会对高校科技管理专业的认可，意味着专业化水平上了一个新的台阶。如果其他组织或者个人对他们的行为造成侵害，那么这种行为将被认定为非法，因而会受到相应的制裁或者处罚。

5. 服务大众，创造效益：高校科技管理人员专业化建设的终极目的。"到目前为止，大多数社会学家已倾向于将专业看成服务于大众需要的荣誉公仆。"③ 卡尔·桑德斯说，"所谓专业，是指一群人在从事一种需要专门技术的职业。专业是一种需要特殊智力来培养和完成的职业，其目的在于提供专门性的服务。"④ 高校科技管理人员的服务对象是学校的科研人员、公司、企业和其他单位或者个人，通过一系列活动把高校的科学研究与社会的发展紧密相连，可以产生积极的社会效益和经济效益。

---

① 时伟. 当代教师继续教育论［M］. 合肥：安徽教育出版社，2004. 61.

② ［法］德里达等. 大学、人文学科与民主［J］. 读书，2001，(12)：4 - 6.

③ Freidson, E. Professionalism Reborn：Theory, Prophecy and Policy［M］. Cambridge：Polity Press. 1994. 13.

④ Carr - saunders, A. M. The Profession［M］. Oxford：Clarendon Press. 1933. 3 - 4.

第二章 高校科技管理人员专业化建设的时代背景

进入 21 世纪，世界各国间以科技为中心的综合国力竞争空前激烈，这使得高科技创新成为各国竞相角逐的重要方面。而高等学校是培养高层次科技人才的主要基地，发展高新科技的重要源泉，在国家科技发展中具有十分重要的地位和作用。《中共中央关于教育体制改革的决定》和《中国教育改革和发展纲要》中都明确指出："高等学校担负着培养高级专门人才和发展科学技术文化的重大任务。"①因此，高校作为发展科学事业、推动科技发展的主力军，为了高质量地完成所担负的科研任务，既离不开高水平的科技人员，又离不开高水平的科技管理，离不开广大科技管理人员的辛勤劳动。上海交通大学的一份调查表明，2000 年到 2004 年，重点高校的科研经费投入逐年上升，但是科研课题的人力投入水平却直线下降，尤其是自然科学类课题更为严重，2004 年的水平仅为 2000 年的三分之一强。奇怪的是，虽然科研项目投入的人力减少了，但是教师科研成果却成倍增长。在自然科学领域，2004 年人均论文的产量是 2000 年的 260%。同时，一个严峻的局面也出现了，科研质量的下降在市场快速反馈。重点高校应用型科技成果转化的专利均价，2004 年比 2000 年减少了近一半，而技术合同均价则减少了三分之一。②管理工作做得好，可以有效地使学校现有科技资源得到合理配置、充分运用，较好地协调科技活动中的各种关系，最大限度地发挥广大科技人员的积极性与创造性，保证以较少的科研投入取得较多的、质量较高的科技成果。高校的科技管理人员担负着全校的科技管理工作，其工作的绩效，在很大程度上取决于管理者的能力和水平。从这个意义上讲，高校科技管理人员的专业化建设，就成为当前高校科技管理工作的一个重要课题。在对上海市 21 所高校 220 名科技管理人员的调查中，有 192 人认为，高校科技管理部门应由一批相对稳定的、以科

---

① 中国教育改革和发展纲要 [N]. 中国教育报，1994 – 7 – 3 和中共中央关于教育体制改革的决定 [N]. 人民日报，1985 – 5 – 27.

② 姜澎. 高校科研质量为何不升反降 [N]. 文汇报，2005 – 11 – 8，(6).

技管理为终身职业的专业骨干组成，以利于工作的积累和专业化。高校科技管理人员专业化建设无论从宏观上还是微观上，无论是主观上还是客观上都是必要的。

第一节   现代科技发展日新月异

现代科学技术已经进入一个崭新的发展阶段。高等学校因具有多学科、多层次的学科结构特点，现在世界各国大量的科技项目都是在高校中进行或者与高校合作共同完成的。这些科技活动只有在现代管理思想的指导下，采用科学的管理方法，才能取得良好的效果。而作为管理思想、方法实践者的高校科技管理人员，要想跟上时代发展的步伐，必须首先看到现代科技发展的趋势，洞悉现代科技发展的特点。

一、现代科技发展的新特点

（一）加速度发展

1. 科学技术新成果数量和质量提高迅速。据统计，16 世纪自然科学领域有重要价值的发现、发明的总数不超过 26 项；17 世纪已有 106 项；18 世纪为 756 项；19 世纪达 546 项；20 世纪前 50 年达 961 项；近 30 年来，人类所取得的科技成果，即科学发现和技术发明的数量，比过去两千年的总和还多。仅空间技术就出现了 12000 多种过去不曾有过的新产品、新工艺。曾有人估算，到 1980 年，人类社会获得的科学知识的 90% 是第二次世界大战后 30 余年获得的。现代物理学中 90% 的知识是 1950 年以后取得的。人类的科技知识，19 世纪是每 50 年增加 1 倍，20 世纪中叶是每 10 年增加 1 倍，当前则是每 3 年至 5 年增加 1 倍。现在全世界每年批准的专利数量达 200 多万件。由于科技知识的激增，新学科不断涌现，当今学科总数已达到 8000 多门。① 由此看出，科学技术知识量的增长速度，是时间的指数函数。自 1945 年研制出第一台计算机以来，经历了电子管、半导体、集成电路、大规模和超大规模集成电路几代的发展，其效能提高了 100 万

---

① ［美］朱丽·汤普森·克莱恩. 跨越边界——知识 学科 学科互涉 ［M］. 姜智芹译. 南京：南京大学出版社，2005. 53.

倍。当前，超级计算机最快运算速度已达到 1000 多万亿次/秒。① 人们现在又开始研制光学计算机，它的信息处理速度将比电子信息处理速度快1000 倍，甚至有人预测快 1 万倍。随着机器人的视觉、感觉、听觉及智能的提高与发展，其应用领域日益扩展，从锻造、锻压、焊接、装配等部门，已扩展到核工业、交通运输、建筑、海洋甚至宇航部门，目前已经研制出能识别手稿的机器人，带有多层人工皮肤能产生触觉的机器人等。到了 20 世纪 90 年代，美国在机械装配线上使用的机器人，从 80 年代的 1%提高到 20%。2000 年，美国西北大学化学系研制成了纳米光刻机，其刻笔笔尖可以"浸"入有机分子池中，刻画出 15 纳米线宽的图形。这项发明被认为是纳米技术研究的重大突破，光刻机能成功地用于化学和生物实验的其他分子。②

2. 从科学发现、技术发明到应用的周期越来越短。从科技史上看，科学发明到工业化生产的时间在不断缩短。从发明到实际应用的时间，蒸汽机花了近 100 年，真空管花了 33 年，晶体管花了 5 年，激光器仅花了 1年。同时，新科技成果的老化速度亦在不断加快。以晶体管为例，1948 年研制成功，60 年代初开始推广，1966 年美国的电子计算机、导弹系统全部使用晶体管，三年后，即 1969 年，这些设备上的晶体管全部由集成电路所取代。据科学家估计，20 世纪 50 年代以来，大约每隔 5 年就有一种到几种新技术、新产品发展成熟和被推广应用。20 世纪初新技术、新产品的老化周期约为 40 年，20 世纪 50 年代约为 15 年，20 世纪 70 年代约为 8 - 9年，20 世纪 80 年代以后就更短些。在 20 世纪 50 年代，面积为 0.1 平方英寸的硅片上只能制造一个电子元件，现在已达百万个以上了。③ 科学发展速度日益加快，也使得科学知识陈旧的速度在加快。20 世纪 90 年以来，知识更新加速到 3 至 5 年翻一番。统计表明，麻省理工学院从 1935 年至1965 年间开设的 7000 多门课程中，新开专业课程平均 17 年翻一番。④

3. 科学技术的研究领域宏观更宏观，微观更微，朝着两个无限世界发展。由于最新探测技术和实验技术的发展，使地学研究正在向海洋、宇宙、地球深部进军，将带动地学各部门的全面革新。由于深海钻探技术的发展，向人们提供了对于大洋发展历史的全新认识。高温（2000—3000℃）高压（100 万大气压以上）实验技术的发展，进一步揭示了地球内部的状态。微

---

① 张忠霞. 美开发出全球运算速度最快的超级计算机［N］. 科技日报，2008 - 6 - 9.

② 胡炳生等. 现代科学技术基础［M］. 南京：南京大学出版社，2001.1 - 23.

③ 李思孟，宋子良. 科学技术史［M］. 武汉：华中理工大学出版社，2000.2 - 10.

④ 王野平，宫书堂. 科技管理［M］. 长春：吉林人民出版社，1984.56.

粒、微量、高精度、高速度测试分析技术的广泛应用，大大开阔了视野，缩短了研究周期。电子计算机的广泛应用加速了地质资料的综合分析，促进了地质基础理论研究。① 基因是决定一个生物物种的所有生命现象的最基本因子。决定一个物种之所以是这个物种是由它的遗传信息决定的，而遗传信息的载体就是 DNA，DNA 就是基因的实体。它的总和就是人类基因组。人体估计有 6 万至 10 万个基因，由大约 30 亿碱基对组成。② 由于基因技术的突飞猛进，生命科学在向纵深发展。中科院院士、分子生物学家强伯勤认为，人类基因组图谱初步分析结果的公布，"说明生命科学已经发展到了更深的阶段，它将推动基因组测序工作、功能基因的研究和基因技术的应用，从而推动整个生物技术的发展，也将对科技发展、经济发展以及整个社会产生深远影响"。③

（二）整体化发展

1. 科学理论的统一化。自然科学发展到今天，形成宇宙、物质结构和生命现象的三大科学前沿，是自然科学理论寻求统一的过程。从物理学的发展过程看，17 世纪，牛顿把天体运动和地上的物体运动规律统一了；19 世纪，能量守恒定律把机械能、热能、电能和化学能等各种物质运动形式加以统一；19 世纪 60 年代，麦克斯韦又把光、电、磁等现象从理论上统一；20 世纪初，爱因斯坦的相对论揭示了空间、时间、物质和运动之间的本质联系；第二次世界大战之后，基础理论的统一化趋势更加明显，其目的在于把自然界各种物体和场的相互作用统一起来。整个自然科学同物理学一样，是在内容不断丰富、学科不断分化中寻求理论上的综合和统一，并推动着自然科学飞跃发展。

2. 技术发展的综合化。在近代科学技术发展史上发生过三次技术革命。第一次是 18 世纪以蒸汽机为代表的技术革命，使手工业生产方式进入了大规模工业化生产阶段；第二次是 19 世纪以发电机为代表的技术革命，使人类社会实现电气化，促进了钢铁、煤炭、化工为主体的重工业技术体系的建立；第三次是以原子能、空间技术和信息技术为代表的技术革命，其作用以及影响的广度和深度都远远超过了以前的两次技术革命。其原因在于技术构成的综合性，如化学合成技术、生物综合技术、通信网络技术、空间技术、海洋技术、能源技术、材料技术、管理技术等都是技术综

---

① 王野平，宫书堂．科技管理［M］．长春：吉林人民出版社，1984.56.

② 人类基因组计划为何广受瞩目［N］．光明日报．2000－6－27.

③ 生命科学向纵深发展［N］．北京晚报．2001－2－15.

合化的表现。

3. 不同学科的互涉化。由于科学技术在微观层次上高度分化，涌现出大量边缘学科、交叉学科、综合学科和横向学科，把科学构筑成一座严整的大厦：第一，不仅表现在各知识门类内部，各分支学科趋于综合，而且表现在各知识门类之间的相互渗透、相互交叉，形成了跨专业、跨学科界限的综合现象。[①] 例如物理与化学相互渗透产生了物理化学、化学物理。第二，表现在日益增多的综合性学科。以材料科学为例，按其物理性质就可分为高强度材料、高温材料、超硬材料、导电材料、绝缘材料、磁性材料、透光材料等多种，所以研究材料科学需要物理、化学、结晶学、量子化学、热力学、材料力学、物理化学等多学科知识。第三，表现在自然科学与社会科学两大学科之间相互渗透、相互交叉，并通过这种交叉和渗透形成一批边缘学科或综合性学科，如控制论、信息论、系统论、技术经济学、技术美学、数理语言学、行为科学，等等。同时由此产生了两类特殊学科：一类是软科学技术的崛起。人们一般把物理、化学、半导体等学科称为硬科学，而把科学技术的发展、社会问题的解决、寻求最佳方案和最优决策的综合研究等称为软科学。软科学是自然科学和社会科学综合化的产物。随着现代科学技术和社会经济的高速发展，软科学愈来愈显示出它的重要性，如战略科学、规划科学、咨询科学、领导科学，等等。同时，在软科学的发展过程中，也产生了一批软技术，如决策技术、预测技术、咨询技术、可行性研究技术，等等。另一类是横断科学的产生。这类科学不是以特定的物质形态和运动形式为研究对象，而是横向伸展到客观现实的一切领域中去，用抽象的方法去研究它们所共有的规律。如信息论、系统论、控制论、耗散结构论、协同论、突变论、未来学等均属横断科学。目前，人们越来越清楚地看到，横断科学所产生的许多特有的途径和科学认识方法，为科学研究的综合化提供了新的途径。现代科学的认识正在向自然界微观的各层次和宏观的各层次两个方面延伸，从层次、过程、结构和功能诸多方面揭示自然界的规律，人们获得了对自然界越来越完整的认识。

4. 科学、技术与生产一体化。科学、技术和生产的关系，经历了一个漫长的发展过程。在上古时代，科学技术的萌芽是和生产朦胧一体的。随着阶级社会的产生，脑力劳动和体力劳动对立的出现，科学和生产、科学和技术之间发生了脱节现象。科学作为社会知识形态包含在大一统的哲学

---

① 马陆亭. 高等学校的分层与管理［M］. 广州：广东教育出版社，2004. 271.

之中，而技术则作为生产技艺与生产紧密结合在一起。在科学发展的□阶段，科学的发展往往落后于技术的发展，以致在理论上还没搞□西，在实践中却可以实现它。例如蒸汽机早在 18 世纪下半叶就达到□用阶段，而作为其理论依据的热力学理论直到 19 世纪中叶才建立起□于科学与生产的关系，脱节就更远了。这种状况从 19 世纪下半叶开□变化。进入 20 世纪以后，有了根本的变化。科学在一般物质生产中□和作用大大加强，并日益成为生产发展的决定因素。科学、技术、□者互相联合、互相促进，形成了一个得以提高经济效益的联合体系□体现在以下两个方面：一方面，科学和生产的相互影响明显加强。生产的发展为科学研究提供了强大的物质基础，尤其是现代科学更离不开强大、先进的观察手段和实验装备。另一方面，现代科学对生产起着决定性的指导作用。现代的社会化大生产不再仅仅依靠传统的经验，而是在越来越大的程度上依赖于科学。生产过程中的新工艺、新流程、生产的组织和管理往往依靠现代科学。同时，原子能技术科学、材料技术科学、计算机科学、工程控制论等的出现，加强了科学理论向生产的渗透，促进了各种工程技术的发展，密切了科学与生产的关系。

科学与技术相互接近，发生"共振"，以超导最为典型。超导材料一经发现，发现者就获得了诺贝尔奖。这在诺贝尔奖颁发史上是从来没有过的。超导的研究一开始就被认为是科学的探索、理论机制的研究和材料本身的应用以及工艺方面的研究结合在一起的，这就是科学和技术的相互接近。形象地说，是科学、技术和生产结合在一起的。一般来说，现代科学、技术和生产三者之间的关系可以概括为，生产是科学技术的起点和归宿，科学技术是促进生产发展的重要因素，而技术较之科学又对生产起更直接的作用。如就其相互作用的过程而言，可以列出一个包括三方五环节的简明公式：

生产 $\Longrightarrow$ 技术 $\Longrightarrow$ 科学 $\Longrightarrow$ 技术 $\Longrightarrow$ 再生产[1]

（三）协调化发展

基础研究是指不以任何专门或具体的应用为目的，主要为获得关于现象和可观察事实的基本原理而进行的实验性或理论性工作。基础研究是新知识产生的源泉和新发明、高技术创新的先导，被视为国家长期技术发展的基础和提升国家经济实力与国际竞争力的重要支撑。[2] 基础研究的功能

① 上海世界科学社．科技管理 ［M］．上海：上海交通大学出版社，1985．39．
② "中国科学技术指标"课题组．我国基础研究的发展及其分布特征 ［R］．2003．

比较长远，有为全世界服务的性质，这是因为基础研究的成果没有明显的现实应用价值，只是一种潜在生产力，一般没有科学保密问题，要抢先发表，争取发明、发现权。另一方面，基础研究的探索性突出，也需要及时交流，从而使全世界的科学家互相启迪。但是基础理论研究专一性大，取得成果的时间较长，成功率较低。应用研究也称应用技术开发研究，是以研究技术为基本对象的，它创造新技术，研究某一专业共同性的问题，而与具体产品品种、型号无关，也是产品设计的基础，有多高水平的应用研究，才有可能有多高水平的产品问世，标志着发展新产品的能力。实验发展研究是应用研究之后，将其研究成果变成具体产品，以便投入生产。实验发展研究的基本特点是研究项目在技术上和商业上的可行性得到确认之前，原则上是不进行的。它可以分为两个阶段：产品研制和推广研究。

从历史发展的角度来看，在各国现代化的过程中，大都是从应用和实验发展研究开始的。以美国为例，从1776年独立战争胜利开始，直到20世纪30年代一直把应用和实验发展研究放在第一位。据统计，在1930年，美国基础理论研究的人员仅4000人，费用为1000万美元；而当时工业实验室研究人员达34000人，政府科研费用就达7000万美元。30年代后，美国在继续重视应用和实验发展研究的同时，加强了基础研究，特别是第二次世界大战前后，欧洲及世界各地的科学家大批涌入美国，它的基础研究成果也逐渐跃居世界之首了。根据历年公布的资料统计，美国各类研究的投资占总科研经费的比例范围是：基础研究，10%—15%；应用研究，20%—25%；实验发展研究，60%—70%。大致是1∶2∶5的关系。这个比值在一定程度上反映了一个经济发达国家中各类研究应有的合理关系。前苏联过去特别重视基础理论研究，95%以上的科学家从事这方面的工作，因此技术发展普遍落后。日本在60年代也曾十分强调基础研究，曾达到30%的程度，实践表明不合理，以后逐步调整，达到的比值也为1∶2∶5。①②

二、现代科技发展与高校科技管理

（一）现代科技发展的新特点凸显了高校科技创新的重要性，也促进了高校科技管理的发展

① 上海世界科学社. 科技管理 [M]. 上海：上海交通大学出版社，1985.13–30.
② 严亮. 投入递增，何以我国基础研究依然尴尬 [N]. 中国青年报，2008–5–5.

当代科技发展的新趋势以及知识在生产、应用、传播等方面的新特征，为高校发挥其独特的学科及组织优势提供了巨大的机遇。首先，当代科学技术的发展需要不同学科联合攻关，进行立体的、多方位的综合研究。高校具有多学科优势，在边缘学科、交叉学科、横向学科的科技创新中具有明显的优势。其次，自20世纪下半叶以来，具有前瞻性和探索性的基础研究和原始创新的作用日益增强。高校通常具有更为自由和宽松的学术环境，具有学术思想活跃、人数众多、新生力量不断的学术队伍，在基础研究领域具有独特的优势。再次，自然科学技术与人文社会科学的结合日益深入。与国家创新系统中的科研机构和企业相比，高校的人文社会学科发展比较充分，在自然科学技术与人文社会科学结合上具有突出的优势。以2002年我国研发项目的学科分布为例，高校在管理学、哲学等20门人文社会科学上的研发项目达55186项，而独立科研机构仅3080项，不到高校的6%。①

每一位高校科技管理人员都应该熟悉这些特点和趋势，特别应当了解、熟悉与自己管理有关的学科的发展动向，因为现代科学技术的发展趋势对高校科技的发展产生着深刻的影响。高校多学科、多层次的学科结构担负着许多综合性的研究任务，又促进着现代科学技术的综合化发展。高校是科学研究的重要部门，特别在基础研究领域占有举足轻重的地位。就投入的人力资源而言，2000年，高校从事基础研究活动的人员占到了全国的64.2%，但获得的科研经费却只占到了38.1%（见图2-1）。

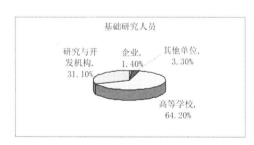
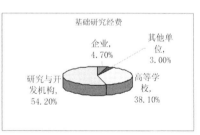

图2-1　基础研究人员和经费按执行部门分布（2000年）

随着高等学校基础研究活动的不断加强，基础研究经费占高等学校自身R&D②经费的比重自1993年以来呈上升趋势，1993年为12%，1997年

①　薛澜等．高校科技：发挥优势，寻求突破［N］．中国教育报，2005-1-7（4）．
②　R&D是Research and Development的缩写，意思为研究与发展。

为17%，2007年达到27.6%。[①] 2001年，高等学校基础研究支出占高等学校R&D支出的19%。这一指标高于研究机构7个百分点，却低于中国科学院40%的水平，与高校基础研究基地的地位不太相称。与国际上约1:2:5的比例相比，我国的基础研究、应用研究和试验发展研究的比例大致为1:3:14，[②]还不太协调（见表2-1），承担研究的机构分布也不很科学（见表2-2）。这与我国处在经济快速增长阶段（国外大体也是如此），需要科技支撑，需要应用、试验开发研究更多、更快地转化为现实生产力的要求密切相关，但从长远看，基础研究的地位有待提升。

表2-1 部分国家基础研究支出占 R&D 经费的比重[③]（单位:%）

国别年份	中国 2001	美国 2000	日本 1999	法国 1999	韩国 1999	俄罗斯 1998
基础研究	5.3	18.1	12.3	24.4	13.6	16.1
应用研究	17.7	20.8	21.6	27.5	25.7	16.9
实验发展	76.9	61.1	66.1	48.1	60.7	67.0

表2-2 部分国家基础研究经费支出按执行部分分布[④]（单位:%）

国别年份	中国 2001	美国 2000	日本 1999	法国 1999	韩国 1999	意大利 1998
研究机构	60.4	7.4	19.5	25.0	28.0	36.0
高等学校	34.2	49.0	41.8	60.8	30.2	57.3
企业	2.9	33.6	33.4	11.7	39.4	6.7
其他	2.5	10.1	5.3	2.5	2.4	0.0

在我国，基础研究以研究机构和高等学校为主，研究机构是最大的执行部门。而在发达国家，基础研究活动主要在高等学校和企业中进行，高等学校是最大的执行部门。我国研究机构在全国基础研究支出中所占的比重大大高于美国、日本、法国、意大利和韩国等国家，而高等学校在基础

---

① 科学技术部发展计划司.2007年我国高等学校科技活动特征分析［R］.科技统计报告，2008-12-14（20）.

② 严亮.投入递增，何以我国基础研究依然尴尬［N］.中国青年报，2008-5-5.

③ "中国科学技术指标"课题组.我国基础研究的发展及其分布特征［R］.2003.

④ "中国科学技术指标"课题组.我国基础研究的发展及其分布特征［R］.2003.

研究经费支出中所占的比重低于美国、法国、意大利和日本，与韩国接近。①

在这种背景下，高等学校要获得更重要的科研地位，更多的科研经费，更合理的科研结构，更合理的资源分配，高校科技管理人员起着十分重要的作用。② 他们通过对高校科研的目标管理和计划管理，使学校科研在方向上符合现代科技发展和综合化趋势的需要，无论是基础研究，还是应用和试验发展研究，无论是发展自然科学、社会科学，还是对基础学科、技术学科的探索，无论是高新技术的开发，还是成熟技术的应用，都应体现现代科技发展的特点，都应该跟上科学技术研究发展的趋势。而要真正实现这个目标，还必须通过高校科技管理人员的科学管理，把不同学科、不同层次的教师、科学技术研究人员及其他教辅人员组织起来，去承担国家和地方的综合性研究任务，并对科技活动中人、财、物、时间、信息进行协调，才能最佳地完成综合性研究课题。

（二）现代科技发展特别是信息技术的发展对高校科技管理提出了新要求

当今世界，科技的突飞猛进及其向现实生产力的迅速转化，已成为经济和社会进步的动力。改革开放以来，高校科技事业虽取得了长足的进步，为经济建设和社会发展解决了大量重大科技问题，但是，我国高校科学技术的研究与国家发展需求和国际先进水平还存在着相当大的差距。当然，高校科技竞争力低的主要原因与我国高校科技投入不足和市场机制发育不完善有关，但同时也与我国现行高校科技管理机制不合理有关。针对我国高校科学技术研究长期以来形成的高投入、低产出、高消耗的现状，如何规范科技管理，让管理产生最大的效益？如何加强科技工作的过程管理，实施对科研项目的跟踪管理？如何使科研立项更适应市场经济发展的要求？如何加速科技成果的转化，并产生经济效益？等等，都需要认真研究并采取对策。而运用信息技术来发展科技管理，进行管理思维、组织、方法和手段的全面更新，为提高我国高校科技管理水平和管理效率提供了可能。

信息技术打破了时空限制，实现了远距离相互交往，在瞬间获取所需信息，为科学管理创造了前所未有的有利的客观条件。高校科技管理在某种程度上决定着科技成果的转移、转化和产业化。在科学技术飞速发展并

---

① "中国科学技术指标"课题组. 我国基础研究的发展及其分布特征 [R]. 2003.

② 薛天祥. 高等学校科研管理 [M]. 上海：华东师范大学出版社，1988. 3.

向生产力迅速转化的今天，高校科技管理人员如何利用信息技术创新高校科技管理，彻底变革过时的管理思维和方法，丰富管理内容，提高科技管理水平已成为一项十分迫切的任务。

科学技术使过去以生产为中心的产业转变为 20 世纪以科研和开发为中心的产业。科学技术的产业化意味着科研和技术开发都是直接的生产活动，破除了科技是间接生产活动的旧观念。因此，科技的整体发展和流通，如果没有相应的管理科学与之相适应，科技是不能充分发挥其作用的。科技管理是对智力、知识的管理和发展，从技术创新到成果转化，承担着引导、规划、组织和协调的职能。在 21 世纪，高校科技管理学将成为一种以信息管理、知识管理、智力管理为主的科学。也就是说，高校科技管理的发展，是在新科技下，科技管理与信息时代特征交叉发展的必然结果。创造性地开发和利用信息技术对信息资源进行有效管理，是新世纪高校科技管理的努力方向。

（三）科技全球化的加速发展推动着高校科技管理迎头赶上

当科技活动在全球得到广泛认同，科技活动要素在全球范围内自由流动，科技活动规则与制度环境在全球范围内渐趋一致时，科技全球化成为必然。经过 20 世纪科技知识的膨胀式增长，在经济全球化浪潮的推动下，科技全球化呈现出新的特点。

1. 科研选题的全球性。科技全球化的核心内容之一是科技研究开发资源的全球配置，即按照比较优势原则在世界范围内配置研究开发资源，以求得研究开发产出的最大化。当代科学研究问题无论就其复杂程度，还是空间尺度，都呈现出一种全球化的态势，即由单个的互不相关的问题过渡到相互联系的问题群、问题堆，从局限于某一地区、某一国家的区域性问题转向涉及一切地区、一切国家、一切民族的跨地域共性问题。目前，无论是发达国家还是发展中国家，均对动员全世界科学资源，解决全球或区域性的共同现实问题表示了极大兴趣和参与热情，并取得了良好效果。耗资巨大的人类基因组计划就是一个典型代表。它的实施不仅要借助于物理学、化学、信息科学等最新研究成果和先进的信息技术手段，而且还要求自然科学与社会科学共融，要求各国的通力合作。①

2. 科技活动的全球化。科技全球化的核心内容之二是科学技术活动的全球管理，即不仅研究开发的组织形式是向全球开放的，而且各国均须在

① ［美］加兰·艾伦.20 世纪的生命科学［M］.田洺译.上海：复旦大学出版社.2000.104.

统一的制度框架和标准下，按照共同的国际规则进行科技成果的交易并为科技成果的持有者提供知识产权保护。当代科技创新的研究规模扩大和投资强度增加远远超过以往任何一个世纪。要探索自然奥秘的重大问题，解决人类面临的共同问题，单靠一个领域、一个地区乃至一个国家的努力是远远不够的，必须集成人类的智慧和资源，进行国际规模的科学交流与合作。① "二战"以来，这种国际间科学交流与合作呈现出不断上升的趋势，具体体现为：一是科学家或科技组织之间的交流与合作增加，如科学家合作发表论文数量上升，科学家之间的交流和互访频繁，引文模式反映出科学组织的全球化特征等；二是国际战略同盟之间的技术联合增多，从 20 世纪 80 年代后期开始，不同国家在企业、科研机构、高校之间建立了众多松散型的合作组织——技术联合体，通过对各自内部资源能力的整合，将基础研究、应用研究和技术开发集成起来，实现了技术优势互补，加快了创新速度，降低了创新风险。

3. 科技要素的全球性流动。科技全球化的核心内容之三是研究开发成果的全球共享，即在一定的规则和条件下，科技研究成果的应用是全球性的，科学技术知识的溢出和扩散成为世界经济发展中的一个重要现象。随着现代科学技术的飞速发展，任何高精尖技术产品的研制过程都表现为一项庞大而复杂的系统工程，它对科研资金、技术、人才以及组织管理提出了更高的要求。这样，任何企业、科研机构根本无法依靠自己有限的科技资源和创新能力从事各种富有战略意义的重大科研项目开发，而必须对以研究开发和创新人才为主要内容的科技要素进行全球配置，才能提高科技创新的效率。它分为两个层面：一是跨国公司开发全球化网络系统实现了研发资源的全球性流动；二是科技创新人才的国际化流动。人才是高校突出的优势之一。但是在当前科技全球化以及国内科技、教育体制改革的大背景下，从高校科技人才状况与国际人才竞争态势上看，人才问题仍将成为高校科技发展面临的首要挑战。一方面是高科技人才在全球范围内的争夺，另一方面是高层次人才在国内各创新执行主体之间的激烈争夺，高校、独立科研机构和企业之间将形成激烈的人才竞争态势。另外，高等教育体制改革给高校发挥和巩固人才优势带来了新的挑战。如果高校内部管理体制滞后于整个高等教育的发展，也将影响高校吸引高层次人才。

4. 科技活动规则与制度框架趋同。随着科技活动要素的全球化流动，为了进行跨国界的学术交流，必须规定标准的学术语言；为了保证对科学

---

① 李纪珍. 研究开发合作的原因与组织 [J]. 科研管理, 2000, (1): 34.

家学术研究成果的承认，必须确立适当的引注规范；为了理解处于不同文化传统下的科学研究范式，必须构建相对稳定的共同标准；为了实现不同科学传统带来的思维扩张与交融，必须形成一种在继承与创新之间保持必要张力的精神气质。同时，科技活动产出的潜在经济收益和科技成果应用的全球性，使科技成果的溢出和扩散已成为一种普遍现象，这就要求各国均须在统一的制度框架和标准下，按照共同的国际规则进行科技成果的交易，并为科技成果的持有者提供知识产权保护。① 因此，国际化的知识产权制度，为科技资源全球共享提供了重要的体制保障，也形成了科技全球化的重要方面。具体措施为，首先，可以通过建立多边知识产权协议，实现对知识产权的国际保护；其次，使国际知识产权保护政府行为化，随着国际贸易中技术密集型产品的比重越来越大，知识产权保护政策设计和操作已由单纯的国家科技发展政策向国家宏观调控政策转化；最后要实现专利制度的国际化，建立一个单一的高质量的检索和审查程序，以避免多个国家的重复检索和审查。同时，世界各地专利局的数据库可融合成一个全球性的检索库。这样，专利的不稳定性和由此带来的无法预测性将会消失，而受益者将会是所有的人。

由科技全球化的特点可以看出，科技全球化的进程为高校科技活动和管理活动的发展提出了更为严峻的挑战，迫使高校调整对策，发挥优势，迎头赶上。高校在科学研究的国际化合作中具有突出优势，是国际科技交流中最活跃的力量。首先，高校拥有开放、自由的学术环境，有效的科技管理更利于促进国际科研交流。其次，随着经济和科技全球化的加速发展，跨国公司在中国的研发活动越来越活跃，而高校一直是跨国公司在华技术战略联盟的主要合作对象。截至 2003 年，外商在中国设立的研发中心已达 400 余家。国际学术交流和与跨国公司的密切联系与合作，有利于积累与国内外学术和产业界合作的经验，获得世界范围学术及产业技术前沿发展信息，增强自身科研实力，为高校科技发展提供良好的机遇。② 高校科技管理必须开阔思路，拓宽视野，迎接新机遇。

三、现代科技发展需要高校科技管理人员专业化建设

现代科技发展彰显了高校科技的优势，信息技术的发展、应用和推

① ［美］巴伯. 科学与社会秩序 ［M］. 顾昕等译. 北京：三联书店，1991. 242.
② 薛澜，何晋秋等. 高校科技：发挥优势寻求突破 ［N］. 中国教育报，2005 - 1 - 7（4）.

广，科技全球化的蔓延使得我国高校科技管理人员专业化建设面临难得的
发展机遇。尽管挑战也不少，但现代科技日新月异的变化，不仅科研人员
需要与时俱进，高校科技管理人员也应该直面问题，知难而进，迎头
赶上。

（一）面临的机遇

高校科技管理活动的开展与中国经济社会发展宏观战略调整，与中国
科技体制改革的走向，与中国高等教育体制改革的进程，与经济、科技全
球化的进程，特别是与高校科技发展的走向密切相连。党的十六届三中全
会提出的科学发展观，进一步指明了新世纪新阶段我国现代化建设的发展
道路、发展模式和发展战略，是我国高校科技发展的指南，为高校科技发
展提供了前所未有的机遇。科技发展的良好机遇也是高校科技管理人员专
业化建设的契机。

1. 科学发展观为高校科技管理人员专业化建设提供了重要指导。科学
发展观强调经济社会全面、协调、可持续发展，强调人与自然和谐共处。
要实现这些目标，关键要依靠科学技术，使科技创新成为经济社会发展模
式转变的新动力。高校作为国家创新系统的重要执行主体和高素质人才培
养基地，科学发展观的提出必然为高校科技发展提供全新的机遇。科技管
理人员通过提高专业水平，提高管理质量，为科研人员创造良好的内、外
部环境和条件，才能更为迅速地提升高校科学技术的整体实力和自主创新
能力，打破资源和环境等方面的"瓶颈"，努力扩展新的发展领域和空间。

2. 科技体制变革提升了高校科技管理人员在创新体系中的地位。从
1985 年开始的科技体制改革，使我国现有的科研体系发生了重大变化，也
为高校科技管理人员专业化建设提供了绝佳机遇。主要表现在：一是高校
成为国家创新系统的重要执行主体，正在发挥越来越重要的作用。二是通
过转制，各部门科研机构的职能和定位发生了显著变化，为高校科技发展
提供了新的空间。三是我国企业技术创新主体地位的真正确立还需要一段
时间，这将促使高校与产业界更为密切地互动合作，加快高校科技创新的
发展速度。内外部科技环境的变革使得高校科技管理的重要性更加突出，
科技管理人员在科技创新体系中的地位明显提高。

3. 高教体制改革为高校科技管理人员专业化建设拓宽了空间。高等教
育体制改革对高校科技发展产生了重大影响，科技管理无论是从组织上，
还是制度上都发生了新变化。首先，高等教育体制改革确立了高校的不同
定位，也因此对高校科技发展的层次提出了要求，对高校科研的组织、激
励形式提出了挑战，为高校科技长足发展提供了新的空间和契机。其次，

"教育振兴行动计划"和"985"工程、"211"工程的实施也为高校科技工作带来了前所未有的发展机遇，为高校整合资源、构建大平台、组织大团队、承担大项目、产生大成果提供了更加有利的条件。在这种情况下，高校科技管理人员发挥作用的空间越来越大。

（二）存在的问题

高校科技管理是对高校科研、科技开发、成果推广转让等科技活动的管理，包含了大量的业务性管理工作，大多也是事务性的服务工作。面对现代科技发展所带来的契机和挑战，高校科技管理人员不应仅停留在处理事务性工作的层面上，而科技管理部门也不应仅是事务机构，更应成为为高校科技发展决策提供参谋的机构。但是，目前距离这一要求，还有一定差距。

1. 高校科技管理人员的专业知能还跟不上现代科技发展的步伐。现代科技的发展丰富和完善了高校科技管理工作，时间上产生了极大的节约，空间上扩大了管理范围，客观上也要求有一支掌握科技管理知识的队伍。

首先，高校科技管理的对象主要是文化程度较高、内心世界较丰富的科研人员，目前我国高校的科技管理人员学历水平虽有提高，且大多数知识结构和文化素质较好（据统计，80%具有大专以上学历，近70%具备了相应的技术职称)[①]，但与科技人员的学历、知识相比，仍有较大差距。而现代科技的发展要求提高科技管理人员的知识水平，转变工作方式，建立团队合作精神与协同工作意识和对科学实事求是的态度。因此，高校科技管理人员应努力成为"全才"，即不一定是"硬"专家，但对本行业应有相当了解，如相关科技信息及科学技术的进展，而且更应具有软专家的实力，即知识广博。否则，在宏观上不能给科研人员以较客观的引导作用。其次，高校科技管理人员除具有本行业的基本知识外，还应掌握采集处理信息所需的涉及统计学、情报学、概率论、动态决策理论等方面的知识和技术，对网上信息的收集要求有相当的外语基础和对专业的一定理解，处理传播信息时，又要求具有相当的沟通组织能力。只有这样，才能提高信息的收集、处理效率。最后，科技管理人员应学习、运用先进的信息技术，掌握信息检索语言，提高信息处理能力，以改进、创新科技管理的手段和方法，提高自身的管理水平和能力。由此可见，高校科技管理人员专业知能水平要想达到现代科技发展提出的要求还任重道远。

---

① 饶从志，龙建平等. 新形势下提高科研管理人员综合素质的紧迫性［J］. 中华医学科研管理杂志，1999，（3）：167.

尽管如此，将最新科技引入高校科技管理系统，最关键的还是要靠一支高水平的科技管理队伍。高校的科技管理人员大多有一定的专业基础，管理岗位上的实践又使他们具有一定的管理经验。但是由于目前管理工作中各种事务处理占用很多时间，高校科技管理人员除了熟悉岗位业务外很难有学习和提高的机会，在管理方法和手段上与现代科技发展相差甚远。[①]同时，信息技术在科技管理中的应用，其关键是加强高校科技的核心竞争力，这种竞争力表现在高校科技管理效率的极大提高，也可使科技管理提供实时性、共享性和公正性的信息，明确和优化科研过程的各项管理流程，达到降低科研成本和提高科研工作效率的目标。因此，科技管理信息化的核心也是对管理的创新。实现高校科技管理创新，科技管理人员肩负着重要的使命。

2. 提供和处理信息的能力弱，决策参谋作用不能很好发挥。首先，随着信息技术的进步，高校科技管理人员可利用电脑网络及时获取国内外科技信息并提供给科研人员，以推动学术交流和合作研究，拓宽海外联系渠道，建立与国际组织、基金会、研究机构的合作关系，使科研工作快捷地同国际先进水平接轨。对科研立项，高校科技管理人员应成为科研课题的引路人，掌握分析各种与该课题有关的信息，了解研究该课题的过去和现状，已取得的经验和教训，国内外研究动态及其发展趋势，以便在宏观上给课题研究人员以较客观的引导。电脑处理技术提高了管理能力和管理质量，为多领域、多渠道的科研项目管理，尤其是为远距离合作研究项目提供了有效管理手段。目前我国高校存在科技成果转化率低，推广与利用的手段落后，效率低，不适应市场经济变化发展的状况。在激烈的竞争中，高校科技管理人员在有效管理内部资源的同时，有必要更注重外部的信息资源，跟踪高校外部的市场需要，密切与企业的联系，以保证对市场变化的及时反馈，避免科技工作脱离市场需要。在科技成果的应用、推广与转化中，在知识产权保护的范围内，适当将信息资源传上网，促使科技成果迅速为企业用户所了解和掌握，而企业用户的技术问题也可及时得到反馈和解决。同时，将科研产品市场、供求状况、市场需要及政策法规的信息进行收集和整理，通过计算机的多模型模拟，进行敏感度分析，及时调控成果转化的风险，完善投资环境。但是对于绝大多数高校科技管理人员而言，他们还未充分利用信息高速公路了解现代科技发展前沿，根据高校学

① 孔志辉，曹勇. 信息高速公路向高校科技管理提出的挑战 [J]. 研究与发展管理，1998，(3): 49—52.

科特点优势，为科技发展计划的制订提供依据。

其次，在高校科技管理系统中，由于各种系统数据均由具有权限控制的管理人员一次录入，供系统中的管理分析和调用，并保存在网络数据库中，该数据具有唯一性，从而从根本上杜绝了各部门数据不一致现象的发生，并可减少因数据重复录入而引起的工作量。在提高效率的同时，也避免了录入环节产生错误的可能。它准确地支持科技管理人员特别是领导层的决策。这些优势在高校科技管理的实践中还没有充分发挥，一方面表现在科技管理的决策层对此不够重视，仍然凭感觉判断；另一方面科技管理人员对数据的真实性不能仔细核实和分析，数据不能起到应有的作用。

最后，利用信息手段可以对科研课题的进展情况和科技发展动态进行实时的业务处理，从传统管理的发现问题事后补救，改为事前预防和事中控制。如立项的课题数据进入高校科技管理信息软件后，计算机将自动显示国内外在该研究领域的现状；立题后，系统将作为管理指令传输到对课题进行中后期管理的阶段，由科技管理人员进行实时审核，及时了解其结题情况，其后系统进入成果转化管理阶段，自动生成成果转化计划。如此每一个信息数据的录入，便即时进入网络数据库，按管理者所赋予的管理权限，进行数据或信息的调用，来支持管理的调度、调整和核算。由于信息的录入与工作流程同步发生，故网络上的信息能够动态实时反映课题实际的进展情况。目前存在的问题是，不少高校科技管理人员懂信息获取，但不懂信息的处理；有些科技管理人员懂信息的处理却不积极对待信息的获取。

3. 先进、统一、标准化的高校科技管理信息软件尚不完善。目前，我国已开发了各种科技管理信息软件。种类、版本甚多，但大都不太成熟。主要表现在：软件版本过低，不能与迅速发展更新的计算机软、硬件兼容，操作界面不友好；软件的管理内容设计过于简单，虽包括了科技管理中的重要部分，如学术交流、基金申请、科技成果、专利、经费使用等情况，但却未能深入科技管理的过程，不能协助科技管理人员进行动态的实时管理；另外，不同部门、不同设计者开发的科技管理软件之间没有统一标准，不能互相兼容，造成人力、财力的浪费，仅被科技管理人员用于统计上报数据之用。

高校科技管理软件的开发、使用难度很大，需要有方法论的指导，需要一支从事软件开发的电子科技管理队伍；同时，在对科技管理人员进行软件操作培训的同时，要理顺和规范管理。软件应用要求对科技管理中的组织机构进行一定调整，并对各部门职责重新进行界定，每个人的工作职责和工作方式会发生一些改变。这些改变是对科技管理人员和科技人员的挑战。管理决策层能否理解和接受这种理念是软件应用成功的关键。

4. 在参与国际合作与竞争的过程中高校科技管理人员面临考验。参与国际合作与竞争，分享全球研发资源是提高我国高校科技能力持续创新的重要途径。近年来，我国高校对基础研究的资助相当薄弱，其投资额占国民生产总值比例不仅远低于发达国家，甚至低于巴西和印度。即便如此，其投资数量还在逐年下降。大至一个国家，小至一所高校，如果对基础研究的重要性缺乏认识，不去明察世界科学新进展，在未来的科技竞争中，必将丧失技术进步的机会。一个国家如果没有足够的基础研究，就必然会导致该国工业最后的衰败。科技全球化为我国科技实现跨越式发展提供了一个良好的机遇。高校的科研水平要走在世界的前列，高校科技管理人员就必须通过组织广大科研人员参与高层次、高水平的重大国际科技合作，融入到科技全球化的潮流之中，在实现本校科学资源向外延伸的基础上，充分利用知识的溢出效应，分享部分科技全球化的收益，学习和利用世界发达国家科技知识方面的成果，通过对外部知识资源的有效整合，促进新知识的创造，促进自有知识产权的形成，建构本校的知识基础和核心能力。

5. 在实现人才资源合理化配置中高校科技管理人员须积极应对。在所有科技研究与开发资源中，最重要的是人才资源。人才资源的流失对一个实验室、一所高校乃至一个国家都是致命的。在科技全球化的浪潮中，世界人才流动正由单向流动变为双向流动。一方面，发达国家真正需要的是具有世界影响的、高水平的专业人才，主要为创新能力强的高科技人才；另一方面，随着我国综合国力的逐步增强，优惠的人才回归政策的相继制定，科研条件的极大改善，更兼外流人才价值观念的转变，出现了人才回流现象。高等学校应把握人才国际流动趋势，审时度势，通过营造创新人才的先进思想文化氛围，吸收海外高层次留学人员到校工作。同时，代表学校的科技管理人员要为他们提供完善的科技研究支撑，加强对科技创新人才的绩效评估，允许和鼓励技术等生产要素参与收益分配，强化激励机制，使来校科研人员安心工作。

6. 提高高校科技管理人员的情报意识、知识产权意识是当务之急。我国高校普遍存在知识产权意识不强，知识产权战略研究不足，知识产权管理体系不完善等问题。专利申请数和授权数在总量上远远低于企业。高校每年都有数以万计的高新技术成果问世，但大多以论文论著、成果鉴定、申报奖励的形式发布，致使大量成果处在无知识产权保护的状态之下。同时，很多高校知识产权管理制度不规范，执行制度不严格，造成知识产权流失严重，对高校科技的发展产生不利影响。

在科技全球化进程中，由于不同国家科技基础水平不同，技术实力和经济实力不同，造成一些别有用心的人借科技合作之名窃取他国经济秘密，导致本国的原创性成果流失。而我国学术界科研人员、科技管理人员薄弱的情报意识、知识产权意识，又为这些行为大开绿灯，导致我国一些独有的科技成果在悄悄消失，直接威胁到国家安全。在技术贸易中，又有一些国家假借知识产权保护，设置技术壁垒，阻挠技术向发展中国家流动。特别是一些具有商业价值的技术（如现代基因技术带来的基因专利），不仅没有成为国际科技合作的对象，反而通过技术上的限制和封锁策略，成为严格限制的对象。因此，在参与科技全球化的过程中，高校科技管理人员既应关注当今世界科技前沿，更应根据本校校情，加大宣传力度，通过制定科技政策和管理措施，提高自身和广大科研人员的情报意识和知识产权意识。

第二节　全球经济变革风头正劲

一、知识经济的到来推动着高校科技管理人员专业化建设

（一）知识经济的含义与特点

1. 知识经济的含义。所谓知识经济，按 OECD① 《以知识为基础的经济》报告中的定义，是指建立在知识和信息的生产、分配和使用之上的经济。知识经济是和农业经济、工业经济相对应的一个概念。这里所说的知识，是包括人类迄今为止所创造的所有知识，其中科学技术、管理和行为科学的知识是最重要的部分。按照 OECD 的定义，知识可分为四大类：即，知道是什么（know—what），知道为什么（know—why），知道怎样做（know—how）和知道谁有知识（know—who）。②

---

① OECD 是 Organization for Economic Cooperation and Development 的缩写，即经济合作与发展组织。

② 冰洋．知识经济［J］．科学管理研究．1997，（6）．

2. 知识经济的特点。提出知识经济这一概念的背景是：发达国家比以往任何时候都更加依赖于知识的生产、扩散和应用。知识经济主要有以下特点：①计算机、电子和航空等知识密集的高技术产业是所有产业中产出和就业岗位增加最快的产业。据估计，OECD 主要成员国国内生产总值的50% 以上是以知识为基础的。②从就业看，1970 年至 1994 年二十余年间，在 OECD 所有国家的制造业中，熟练工人的就业数量增加了 10% ，而不熟练工人的就业数量则下降了 70% ；与高技术相关的高工资就业数量增加了20% ，中等工资就业数量下降了 20% ；按受教育程度分，中学毕业以下的失业率是 10.5% ，而有着高等教育背景的失业率仅为 3.8% 。① ③产品制造模式转向知识密集产品（如计算机、医药、飞机），伴随而来的是柔性制造系统时代的到来，这使得制造业竞争中劳动力成本的作用降低了。技术创新成为企业竞争的焦点。这些倾向正在实质性地改变着发达国家内部和发达国家之间的经济竞争，但它们对发展中国家包括中国的影响也许更为深远。④需求和制造业的模式向服务活动转移（如保健、教育和休闲、研究开发和营销），尤其是转向知识密集的服务活动。⑤投资正在流向高技术商品和服务部门，特别是信息和通信技术领域在研究和开发方面的无形资产投资。OECD 国家投入研究开发的费用已占国内生产总值的 2.3% 。⑥从有代表性的软件产业和网络经济的发展可以看出，知识经济的发展十分迅猛。软件产业出现在 20 世纪 60 年代初的美国，此后，它就成为增长最快的一个产业部门，有些年份达到了 80% 。1995 年全球软件产品销售额已达 914 亿美元。万维网从推出到累积 1000 万用户，仅花了 3 年的时间，而同样数量的电话普及则花了 30 年的时间。②

一段出自 OECD《技术、生产率和工作的创造》（1996 年）的报告中，对知识经济作了一个总结："今天，各种形式的知识在经济过程中起着关键的作用，对无形资产投资的速度远快于对有形资产的投资，拥有更多知识的人获得更高报酬的工作，拥有更多知识的企业是市场中的赢家，拥有更多知识的国家有着更高的产出。"③

（二）知识经济对我国科技发展的意义

1. 知识经济促使国家调整科技发展战略。在过去 30 多年里，东亚国家的快速增长主要建立在制造业的出口上，尤其是新兴的计算机和电子产

---

① 袁正光. 加强企业的创业能力，迎接新技术革命和知识经济时代的到来 [J]. 特区经济，1997，(7)：20.

② 刘植惠. 知识经济的兴起和我国应采取的对策 [J]. 情报理论与实践，1997，(6)：325.

③ 冰洋. 知识经济 [J]. 科学管理研究，1997，(6) .

品，而这又基于劳动力的低成本、投资和技术的流动以及支持性的产业政策。但硬件产品和元件的价格正在急剧下跌，服务正变得比产品更重要，柔性和自动制造系统正使劳动力的低成本优势消失，这一系列因素使人们怀疑：东亚国家以出口为导向的发展战略在将来是否还有效？知识经济给我们的启示是：在过去的几十年里，中国总地说来在制造业上是落后的①，这使我们在很长时间内走的是一条靠技术引进求发展的道路，但由于过分强调了设备的引进，忽视了专利、诀窍等知识的引进，以至于走了不少弯路，因为我们难以从使用设备本身学到制造这些设备的知识，而日本、韩国的成功就因为他们注重引进技术并对其进行学习。中国及东亚国家近些年来都不同程度地从新兴的知识经济中获益。我国在传统制造业方面的落后也许是我们在知识经济方面赶超发达国家的好机会，因为我们包袱轻，可更快地转入知识经济的发展轨道。

2. 知识经济影响着国家的科技发展政策。随着研究开发的全球化和许多国家对它的巨额投资，发展中国家正面临着如何对待科学技术的问题，因为科学技术是一国经济长期增长的保障。这些问题包括如何制定科技政策，以保持在鼓励本国技术创新和鼓励跨国公司在本国投资之间的平衡，如何发挥本国工业和服务业研究开发的作用，并同时与国际研究集团保持良好合作，如何促进产业结构转变等，这些对当前我国科技发展具有重要意义。

3. 知识经济要求提升教育等服务领域的地位。知识经济需要大量的创新型人才、研究型人才，及时调整中国的教育政策，使教育体系在知识经济中发挥更好的作用，提高高等教育质量，促进教育公平，促进教育均衡发展，加大投资力度，分层次、分类别建设高水平大学或重点学科，显得尤为重要。

4. 知识经济引发了组织结构和学习方式的变革。由于知识的生产成本高，而传播的成本低，有着很强的外部性，知识的公共提供就成为新增长的发动机。知识经济下要求柔性的工作组织，如灵活的工作时间、场所、新的薪酬制度等。在服务的提供中，时间将成为重要的因素。知识经济也对学习的方式提出了新的要求，为了应付知识不断更新的挑战，人们需要从学校学习转化为终身学习。

---

① 蒋新松. 我国制造业面临的内外形势及对策研究 [J]. 世界科技研究与发展，1997，（2）：14－16.

（三）知识经济对高校科技管理人员专业化建设带来的启示

1. 知识经济将推动高校科技管理人员进行工作观念创新。高校科技管理人员没有观念上的创新，就不可能有行动上的创新。长期以来，受计划经济体制的影响，很多高校科技管理人员观念陈旧。不少人认为，高校科技管理就是一种机械式的被动服务，忽视了科技管理作为一门科学自身所具有的创造性和对学校科技工作的宏观指导和调控作用。在这种观念支配下从事高校科技管理工作，不仅很难推动高校科技工作的发展，有些甚至会扼杀科研的生机，阻碍科技发展。创新高校的科技管理观念，即要求高校的科技管理部门和科技管理人员必须明确：高校的科技管理是高校科技工作的倍增器和放大器，不是一种机械而被动的服务。他们通过制订和实施学校的科技规划，引导广大科研人员关注社会需求和学科前沿动态，通过协调科技管理各环节之间的关系，为科研创造良好条件，通过加强与企业、政府和社会的联系，促进产、学、研的结合，拓宽学校科技服务社会的途径。这些都要求高校科技管理人员在观念上进行创新。一要高校科技管理人员在工作中避免常规思维，摒弃陈旧的管理思想，充分认识科技工作的创新离不开管理工作的创新。二要科技管理人员不断加强学习，使自己具备丰富的知识和敏锐的思维，随时掌握高校科技工作所处的社会环境，所面临的社会挑战及高校科技工作所具有的新的思维方式、工作方式、合作方式等宏观方面的情况，使思想与时代合拍。三要科技管理人员站得高、看得远，既了解本校科技工作的目标与现状，又了解全国乃至世界科技发展形势及国家的科技方针、对科技工作的要求等，这样才能在管理方面产生既具全局性又具前瞻性的思想和观念。

2. 知识经济将推动高校科技管理人员进行工作目标创新。21 世纪是知识经济时代，依靠知识创新和传播来发展。它的生产力基础，正是计算机技术与通信技术充分融合的网络技术。网络技术的发展，带来了人类信息交流方式的革命，也引发了政府、高校、企业管理模式的变革。知识经济时代各方面的管理将高度知识化、信息化和市场化，管理者更加注重提高内部及外部的信息共享与交流，网络的共享和开放将使传统管理迈向"网络管理"。面对知识经济的有力挑战，高等院校应该立足国情，培养和增强自身知识创新能力，充分利用科技进步要素和有限的资源，集中经济和科技优势，调整措施，制定向科技产业化倾斜的政策，创造有利于高校科技走向市场的大环境，加强高校与政府和企业的合作，促进科技产业化发展；合理分配用于基础研究、应用研究和技术开发的人力与资金，建立或改革高校知识创新体系、知识传播体系和科技管理创新体系。

　　在知识经济的影响下，投资方向由有形资产逐渐向无形资产倾斜，知识密集产品开始成为主要的产品制造方式。知识创新已成为经济活动中最具有活力的经济增长方式，成为竞争的基础和决定胜负的关键。在这股浪潮的推动下，高等学校科技中技术开发的方式、技术创新的过程、技术成果的显现形式等方面都会产生全方位的变化。高校科技管理人员能否抓住机遇，以促进科技与经济的结合为目标，加强科技管理创新，将对我国高校科技事业健康发展有重要影响。

　　3. 知识经济将推动高校科技管理人员进行工作模式创新。高校是国家创新体系的主要组成部分，发挥着知识创新、技术创新、知识传播的重要功能。高校开展科技创新活动不仅仅是为了取得创新成果，更重要的是通过创新活动提高师生的素质和创新能力，以及探索新的创新组织和创新模式。因此，高校开展科技创新活动更应注重创新源头的培育，注重创新的发展过程，成为新学科、新形式、新人才的发源地，以源头创新推动社会进步。提高高校创新能力需要建立有效的运行机制。现代科学技术飞速发展，科技管理模式也在加速变化。固定的科技组织形式往往不能完成一项科技创新，人们开始提出组织创新和动态管理，开始注重创新各要素的协同关系，探索有利于科技创新的新的管理机制，构建有利于校内机构协同的权益机制。根据协同理论，一个系统朝着有序方向发展的必要条件是，系统内各要素能不断按一定分工协同工作。没有协同，系统也就趋向衰亡。创新要素的协同包括学科协同、机构协同、方法协同等。为了维持高校内科研机构的长久创新能力，高校科技管理人员就必须为科研机构和科研人员提供良好的发展环境，保证其健康成长。我们知道，科学技术研究活动不是经济活动，仅仅有资金的支持来保证科技活动的运转是不够的，科学还要与政治、文化等多个领域发生联系，要获得多方面的支持，科学家必须关心那些关系到科学生存和发展的政治制度、经济制度、社会形态等。在学校内部，科学技术的发展还需要获得一定的行政权力支持。权力是一个人或群体具有引导或影响他人或群体的态度或行为的能力。高校科技管理人员是学校管理人员的重要组成部分，代表学校行使科技管理权力，有责任、有义务帮助科研人员协调好各种关系，保证科技成果产生最大的经济、社会效益。

　　4. 知识经济将推动高校科技管理人员进行工作方法创新。高校科技管理创新是为实现管理目标、保证管理活动顺利开展而进行的，包括优化工作方式，拓宽管理途径，丰富管理手段等。在高校科技管理中，许多决策是通过或可以通过科技管理人员集体研究决定的，科研机构也可以参与讨论，以做出有利于科技发展的决定。这是保证和激励科研机构作为独立的科研主体不断发展和扩张的一种方法。在高校，总是有比较成功的科研组织，它们的知识和经验传播对提高整个高校科研能力和水平具有重要意义。因此，高校科技管理人员进行工作创新，离不开管理方法的创新。要创新高校科技管理方法，使管理在科学技术工作中发挥其"效益"，就应该扬弃一些传统的管理方法。比如将"刚性管理"与"柔性管理"相结合，将"定量管理"与"定性管理"相结合，同时变"封闭管理"为"开放管理"，不断促进高校科技管理方法的科学化，使高校的科技管理工作最大限度地促进科技的创新和发展，保证科研成果不仅有较高的技术水平，还有科学性、需求性、实用性和时效性。

二、加入 WTO① 增加了高校科技管理人员专业化建设的紧迫性

高等学校承担着教学、科研、为社会服务等多重职能，其中科研水平的高低反映着高校的核心竞争力，它既是一所高校生存与发展的必要条件，也是一个国家发展经济的有力保证。特别是我国已经正式加入 WTO，面临着来自国际市场的激烈竞争，科技创新成为取得竞争优势的关键因素，我国对科技的需求将急剧增长。在新形势下，高校科技管理如何适应 WTO 全新的发展秩序和竞争法则，对我国的科技进步有所贡献，在经济发展中有所作为，是摆在高校科技管理人员面前的重大课题。

（一）"入世"与我国高校科技发展

1. SCM② 协议和 TRIPs③ 协议与高校科技的关系。世界贸易组织为全球提供了一套国际公认的贸易规则，规范着占世界贸易总额 90% 以上的贸易活动及与之相关的投资措施、服务贸易和知识产权保护。我国加入世界贸易组织之后，必须遵守 WTO 协议。在 WTO 的所有协议中，与高校科技管理最为密切、影响最直接的是"补贴与反补贴措施协议（WTO Agreement on SCM）"和"知识产权协议（TRIPs）"。④ 补贴与反补贴措施协议对不同

---

① WTO 是 World Trade Organization 的缩写，意思为世界贸易组织。
② SCM 是 Subsidies and Countervailing Measures 的缩写，是补贴与反补贴措施的意思。
③ TRIPs 是 Trade – Related Aspects of Intellectual Property Rights 的缩写，意思是与贸易有关的知识产权协议。
④ 王少青. 入世对地方高校科研环境影响的探讨 [J]. 绍兴文理学院学报，2002，（5）：82 – 84.

类型的研究与开发及其合法成本等进行界定，在此基础上对 WTO 成员国政府补贴不同类型的研究与开发项目做出明确的数量规定，尤其对涉及产业竞争的研究与开发项目补贴制定了严格的限制。政府对研究与开发的补贴被分成了 3 类：禁止的补贴（"红灯"条款）、申诉的补贴（"黄灯"条款）和不可申诉的补贴（"绿灯"条款）。政府或公共机构对教育或研究机构进行与产业或商业无关的、以增加一般科学和技术知识为目的的基础研究的补贴不在限制之列；对商业性研究与开发的"产业研究"和"前竞争开发活动"，政府或公共机构的补贴不得超过合法成本的 50% 至 75%；超出"前竞争开发阶段"的研究（指 R&D 中前竞争开发阶段后的部分）补贴不在保护之列。知识产权协议表面上只涉及与贸易有关的知识产权，实际上，它是一个包含了全部知识产权内容的协议。知识产权主要由两大部分组成：一是工业产权，包括专利权和商标权等；二是著作权等。知识产权协议涉及 7 个方面，分别是著作权、商标权、地理标志、外观设计、专利、集成电路布图设计和未公开信息的保护权（即商业秘密）。

2. "入世"改变着高校科技创新经费来源。受传统计划经济体制的影响，我国政府的科技计划一直是支持技术创新的重要手段，企业迄今仍未成为技术创新的真正主体。

我国目前正在实施的各类科技计划，按经费支持方式可分为以国家财政拨款经费支持为主的指令性计划，和以国家金融机构贷款与承担单位自筹资金为主的指导性计划两大类。其中，国家自然科学基金、国家重点基础研究项目等计划是与商业 R&D 无关的基础研究计划；而我国的科技攻关计划、高技术研究发展计划、火炬计划、星火计划、科技成果重点推广计划、技术开发重点项目计划、技术创新计划、社会发展科技计划、重点新产品计划、重点工业性试验项目计划以及重大产业化项目计划等，均属于 SCM 协议约束管制范围，受"黄灯"条款和"红灯"条款的制约。这样，高校通过承担国家科技计划项目获取经费的渠道，可能会逐步减少并受到严格的限制。高校自行转化科技成果的积极性将由于产业化计划的萎缩而下降，可获得的纵向开发经费将有所减少。

但同时国外大型企业和跨国公司为开发适合中国的产品和技术，将拿出一定的经费与国内高校和大型企业开展科技合作，高校可望获得一部分经费支持。另外，国内企业要参与市场竞争和国际竞争，就必然要重视和加大 R&D 投入，高校只有积极转变科技发展观念，抓住 WTO 带来的经济发展和企业技术创新需求，使高校科技创新与企业需求紧密结合，才能拓宽经费渠道，才能实现跨越式发展。

3. "入世"提高了对知识产权保护的要求。世界银行 1998 年的发展报告中不无忧虑地指出："因为知识和技术成了国家之间和公司之间的战略武器，所以在主要知识生产过程中的技术民族主义抬头，日益限制外国人参加科学会议和公共资助的研究项目。"① 由此可见，自主知识产权非常重要，自主知识产权与核心技术紧密相关，不仅直接关系到高校、企业和经济组织的生存发展，而且关系到一个国家的竞争力。加入 WTO 后对我国知识产权方面的影响是非常严峻的，其实质是对我国科技创新能力的影响，而目前由于我国自主知识产权少，与世界先进水平有巨大差距，加入 WTO 后这种差距已更加明显，并在许多技术领域受制于人。我国进入发达国家市场的产品不能存在知识产权问题，否则会引起纠纷、遭到报复或被起诉。高校是我国知识创新的主体之一，是知识的辐射源、生长点。经济的发展和企业产品的升级换代将更多依靠科技进步和科技创新，企业将逐步从传统上对政府的依赖转向对具有强大科技实力的高校的依赖。高校科技人员在开展研究与开发工作，尤其是对外交流合作时，必须按照 TRIPs 协议的规则来进行操作，知识产权的保护已变成加入 WTO 后科技经济领域一件十分重要的事情。高校的知识产权保护较之以前更为严格。外来技术的专利申请保护，未申请专利的技术被无偿使用，技术侵权等案例及纠纷的出现将不可避免，这一情况应引起高度关注。

4. "入世"加剧了对科技人才的竞争。加入 WTO 后，高校科技人员获得了更多与世界各国科技合作的机会，中国也成为国内外争夺人才的中心。伴随着我国经济逐步国际化，原有的人事管理和工资制度将难以稳住人才，特别是高层次的科学技术研究人才。更多的跨国公司或企业来我国设立研究机构或研究中心，他们一般都具有强大的经济实力和较好的研究环境，对高层次科研人才具有很大的吸引力。再加上国家短期内还不可能大幅度增加对高校的科技投入，使高校本来就相对稀缺的高级科技人才流向跨国公司的可能性大大增加，或者变相为外国公司所用。高校作为国家创新体系的重要组成部分，知识创新系统将面临高层次人才短缺的困境，而缺乏一流的人才，很难有一流的科技成果。

5. "入世"增加了高校科技成果转化的机会。WTO 允许成员国政府

---

① 转引自李荔，孙友松等．中国加入 WTO 后高校科技发展的新思路 [J]．科技与管理，2004，(2)：124.

对产业 R&D 进行补贴的领域仅限于应用研究和初试阶段，不包括中试和产业化阶段，因此，我国现行的科技计划如攻关计划、开发计划和科技政策超出了 WTO 的规则允许范围，需要进行重大修改和调整。中试和产业部分的产业 R&D 是企业技术创新的直接源泉，为提高企业竞争力，企业对 R&D 的投入将有所增加，而现阶段，企业技术创新只能依靠高校与科研院所才能有所突破；高校只有依靠企业，才能使研究、开发转化为现实生产力。所以产、学、研的结合既可发挥企业发现具有商业价值的 R&D 项目的能力和资金优势，又可充分利用高校所拥有的人才、设备和科研能力等方面的资源，满足企业对高科技成果的需求，为高校提供经费支持和中介场所，符合高校自身发展的需要，从而使科技、教育、经济找到结合点。因此，从某种意义上说，加入 WTO 促进了高校科技创新与企业需求的紧密结合，为推动产、学、研合作，加速科技成果转化提供了契机。

（二）"入世"后高校科技管理人员面临的新课题

1. 观念较为陈旧，视野不够开阔。我国"入世"已经 8 年多了，其对我国的影响也慢慢显现出来。但大多数高校还没有清醒地意识到"入世"对高校科技带来的机遇与挑战。高校科技管理人员的全球意识还比较弱，视野不够开阔，这将严重影响高校的科技水平上层次、上台阶。加入 WTO后，高校科技管理人员应转变原有观念，把科技管理的重要性和紧迫性提升到前所未有的高度来认识。只有将学校的科技管理工作做好了，才能发挥出高校巨大的人才优势和学科综合优势，才能真正提高高校的原始创新能力和整体科技实力，才能显示出高校的办学特色，建成在某些学科或领域有较强国际竞争力的高水平大学。因此，科技管理人员要从本校的、本省的、国内的视野转向以全球的视野来审视本校的科研水平、科技实力、科研优势和管理水平。

2. 与 WTO 相关的知识比较欠缺。从上面的陈述看，WTO 的一些条款与高校科技息息相关，给高校科技发展带来了很多有利的条件，尽管也会带来一些负面影响，但总的来说是机遇大于阻力。如果要增加学校的科技创新能力，除了要有一流的科研人员，一流的科技管理人员也是必不可少的。只有通过科技管理人员科学有效的管理，才能实现学校科研人力、物力、财力等资源的最佳配置、最佳组合和发挥出最大效益。所以，要想搞好高校的科技创新工作，必须重视高校科技管理人员专业化建设，组织好他们对 WTO 相关知识的学习。高校科技管理人员工作的好坏，直接关系着高校科技工作的发展。因为他们是高校科技管理的执行人员。"入世"

后，进一步提高科技管理人员的地位和素质，不断提高他们的科技管理创新意识，是搞好高校科技工作的重要保证。高校科技管理人员的创新意识表现为对创新人才的积极支持，对原创性科技萌芽的大力保护，对创新项目的鼎力推荐等。

3. 组织能力有待进一步提高。"入世"后，科研团队的重要性越来越突出，这就对高校科技管理人员的组织能力提出了新要求。他们需要根据科技发展的形势，通过对多个科技成果、科技项目或科技项目负责人的有机组合，形成新的更具特色、更具规模、更有显示度的大项目，使科技项目通过高校科技管理人员的组织和对科技队伍的整合，形成更有竞争力、更上档次的科技攻关团队。在此过程中，高校科技管理人员首先要推荐、选择好团队带头人或战略科学家：既能统率整个"兵团"协同作战，又能充分发挥部下的创造性和主动性，使团队中的每个成员都认识到，团队科研任务的完成是每个成员自身价值的体现与自身发展的需要。在管理创新过程中，要注重发挥青年科技工作者的作用。他们创新意识强，思维敏捷，渴望自我价值的实现，在团队内提倡将集体的成功和个人的成功结合起来，让团队中的每个人都清楚自己的科研发展道路，并能在工作中找到自己合适的位置。高校科技管理人员要为团队中每个成员创造良好的生活环境和学术氛围，解除他们的后顾之忧，这样才能留住人才，才能保持人才队伍的稳定，才能有科研团队长期、稳定的发展，才能保证科技创新的成效。

4. 管理工作还没有与国际接轨。尽管我国加入了 WTO，但高校科技管理工作还没有完全与国际接轨。要改变这种状况，高校科技管理人员必须加强科技管理的力度，进一步调动项目负责人科研组织管理的积极性，赋予项目负责人更大的项目支配权，在高校科技管理工作中进一步实行和落实项目负责人责任制。这是提高科研效益实行目标管理的有效举措，是进行高校科技管理机制改革的积极探索。在科技管理工作中应充分信任项目负责人，使其做到责、权、利明确。从根本上保证项目负责人顺利完成科研项目，取得创新性科技成果。

总之，高校科技管理人员只有在科技管理工作中坚持求实创新的观念，充分利用我国加入 WTO 的有利条件，进一步提高科技管理水平，向科技管理创新要效益，靠科技管理创新上水平，才能使高校的科技创新与高校的科技管理创新做到相互促进，同步发展。

第三节　大学科技园区生机盎然

一、大学科技园的内涵与特征

大学科技园目前在国内外还没有一个统一的定义。1986 年，在美国召开的首届国际科学公园学术讨论会认为，大学科技园是指那些已经存在或者已经规划了一定区域和建筑并用于科学研究和发展的机构，同大学建立了联系或正在合作的、大学和工业合作能促进风险产业的开发和经济发展的或者能促进大学与工业的转移和产品的商业化的园区。① 2001 年 5 月，在北京召开的全国大学科技园工作会议上，与会人员认为，大学科技园是以大学特别是研究型大学为依托，以转化科技成果、孵化高新技术企业、培养复合型人才为主要任务的科技企业孵化器组织形式，是在新经济迅速兴起的大背景下大学职能的延伸，是大学教学和科研工作联系社会的桥梁，孵化高新技术企业的基地，培养创新创业人才的场所，创新要素资源会聚结合的中心。许静等人认为，大学科技园是以研究型大学为依托，利用大学的智力、技术、实验设备、文化氛围等综合资源优势，通过包括风险投资在内的多元化投资渠道，在政府的政策引导和支持下，在大学附近区域建立的从事技术创新和企业孵化活动的高科技园区。② 秦昕等人认为，大学科技园是以高校和科研院所为依托，以高新技术企业为龙头，走产、学、研一体化之路，实现一定区域快速发展的经济社会组织。③ 由此可见，大学科技园至少有以下五个主要特征：受政府直接或间接的引导和支持；以高等学校特别是研究型大学为依托；走产、学、研合作创新之路；以转化科技成果、培养复合型人才、孵化高新技术企业、推动本国、本地区高科技和经济发展为主要目的；一种全新的经济社会组织。

---

① 林烨. 浅谈外国大学科技园对我国高校创办大学科技园的启示 [J]. 中国科技产业，2002，(7)：15.
② 许静，高文. 西部开发，我为你找到新的支点——访西安交通大学科技园有限公司总经理田惠生教授 [J]. 科学学与科学技术管理，2001，(5)：25.
③ 秦昕，陈士俊等. 关于中国大学科技园建设的若干思考 [J]. 科学管理研究，2002，(2)：51.

二、大学科技园在我国的发展背景与作用

（一）大学科技园的建设历程

1999 年 7 月，国家科技部、教育部决定在政府层面上联合开展推动大学科技园发展的工作，并组织召开了大学科技园发展战略研讨会。1999 年 8 月，中共中央、国务院颁布的《关于加强技术创新，发展高科技，实现产业化的决定》明确提出，"高等学校要充分发挥自身人才、技术、信息等方面的优势，鼓励教师和科研人员进入高新技术产业开发区从事科技成果商品化、产业化工作。支持发展高等学校科技园区，培育一批知识和智力密集、具有市场竞争优势的高新技术企业和企业集团，使产学研更加紧密地结合"①。1999 年 9 月，成立了全国大学科技园工作指导委员会；1999 年 12 月，批准了 15 个国家大学科技园建设试点。2000 年 1 月，在沈阳召开了国家大学科技园试点工作会议，会议部署了国家大学科技园的试点工作。2001 年 5 月，正式批准 22 家大学科技园为国家大学科技园。按《国家大学科技园"十五"发展规划纲要（草案）》要求，在"十五"期间，重点建设 100 个左右服务功能健全、管理运行规范的大学科技园，其中 50 个左右成为起示范作用的国家大学科技园，20 个左右成为特色鲜明、优势突出的国内一流大学科技园，若干个成为在国际上有重要影响的大学科技园。到 2004 年，由国家科技部和教育部认定建成和在建的国家大学科技园有 44 个，依托高等学校 104 所。② 而到了 2008 年 5 月，经科技部和教育部认定的国家大学科技园达到 80 个。③

（二）大学科技园能有效加速高新技术产业化

当今世界，知识和技术的更新速度日益加快，科技成果商品化、产业化的周期大大缩短。科技创新能力将成为未来经济和社会发展的主导力量。智力资源将是推动社会生产力发展最重要的要素资源。各国综合国力的竞争，将更加突出地表现为知识创新、技术创新和高新技术产业化的竞争。

我国拥有普通高等学校 2000 多所，凝聚了大量高层次人才，历来是我国研究开发的重要力量。随着科技、教育体制改革的深化和知识经济的发

---

① 中共中央、国务院关于加强技术创新，发展高科技，实现产业化的决定［N］. 中国青年报，1999 - 8 - 25.

② 大学科技园国际论坛在津开幕［N］. 中国教育报，2004 - 10 - 21.

③ 创建有中国特色的大学科技园［N］. 光明日报，2008 - 5 - 12.

展，高等学校在我国研究开发体系中的地位与作用越来越重要。据统计，"十五"期间，高等学校承担了"973"计划立项总数的54.5%，仅前4年，就承担了国家自然科学基金面上项目立项总数的77.9%，重点项目的56.2%，① 取得了一大批研究成果，解决国民经济和社会发展重大科技问题的能力不断增强，为我国科技发展做出了重要贡献，同时也为发展高新技术产业提供了良好的基础。但是，由于受思想观念和客观环境的制约，蕴藏在高校中的智力优势远未得到充分发挥，成果转化渠道不畅，产业发展未取得应有的效果。因此，依托高校学科齐全、人才荟萃、成果累累、信息通畅的优势兴办大学科技园，为科技人才创新、创业提供平台，促进高等学校丰富的智力资源与其他社会资源的优化组合，是国内外实践证明了的推动高新技术成果转化的有效途径。因此，积极创造条件大力兴办大学科技园，把蕴藏在高等学校中的智力资源激活、解放出来，变人才和技术优势为产业和经济优势，对于加速我国高新技术产业发展，培育新的经济生长点，提高综合国力和国际竞争力，具有重要战略意义。

三、高等学校与大学科技园的关系

高等学校与大学科技园之间的关系通过合作体现出来。直接参与大学科技园运行的主体主要有三个：政府、高等学校和企业。目前，大学科技园管理模式可分为三类：高校管理型，政府部门管理型和政府、高校、企业组成的联合机构管理型。由政府规划兴建的大学科技园多采用政府管理型模式进行管理。高校管理型由高校设立专门机构和人员管理大学科技园的运作。如清华大学科技园，学校成立了科技园规划建设委员会，负责宏观指导科技园的发展，协调科技园与有关部门的关系。清华大学科技园发展中心作为清华科技园全资企业法人，代表清华大学进行科技园的规划、建设、开发、经营与管理。②公司管理型采用董事会经理负责的企业管理制度，即把大学科技园看作是一个独立经营管理的公司，董事会由政府、企业、大学及律师组成，负责科技园的发展等重大决策，一般不干预园区的具体业务。公司由专职经理和聘用的职员负责日常工作。如北京大学科技园，北大科技园实行企业化运作。北大和北大资源集团于2000年9月注资1亿元人民币，成立北大科技园建设开发有限公司。该公司是北大科技园

① 宗河. 国家创新体系（大学）框架基本形成 [N]. 中国教育报，2006 - 1 - 9.
② 曹斌，孙莉等. 国内外大学科技园发展模式比较研究 [J]. 科技管理研究，2003，(3)：92.

建设、开发、经营和管理的主体。公司实行董事会领导下的总经理负责制，按现代企业制度和市场化机制运行。① 可以看出，高校和大学科技园可以相互支持，相互促进，共同发展，是一种互动关系。

（一）高校对大学科技园的建设和发展具有强有力的推动作用

高校是科教兴国的强大生力军，把学校的教学、科研工作与社会经济发展紧密结合，是时代发展的客观需要，是高校改革和发展的重要方向，是高等学校教育功能在新形势下的一种延伸，是我国研究型大学向世界一流大学迈进的必然要求。第一，高校可以为科技园源源不断地提供人力资源、技术资源、信息资源、设备资源、创新思维资源等，创造优越的环境，提高科技园孵化企业的效率和质量。第二，科技园可以利用高校这块招牌，充分发挥科技园的群体效应和集聚效应，以加快自身的建设和发展。

（二）大学科技园对高校的发展和改革起着支撑和促进作用

兴办大学科技园是高校自身改革和发展的重要方向。大学科技园是大学教学、科研与社会经济发展结合的窗口，是深化科技和教育体制改革，推动科技、教育与经济结合的重要措施。第一，大学科技园可以为高校师生创新创业提供全方位、全过程的优质服务，通过参与园区企业的研究开发和技术创新的实践活动，学校师生将理论与实践有机地结合起来，这样既丰富了教育教学内容，提高教育质量和科研水平，又有利于高校培养符合社会需要的高科技创新创业人才。第二，科技园可以在高校的教育教学和科研工作与社会经济发展之间建立起良性循环的关系，引导、促进高等学校的人才培养、学科建设，加快改革开放的步伐。第三，高校将知识和技术源源不断地输送到科技园内高科技企业，孵化成功的高科技企业出园后，又不断地将高新技术扩散到社会各个领域，推动国家各行各业的新技术革命和产业结构的升级，从而有利于强化高校成为国家高新技术产业发展的核心作用，提升它们在国家和社会中的地位和作用。第四，高校通过与科技园合作，有利于增加大学的收入，增强经济实力，从而为改善学校办学条件提供物质保证。实践证明，我国大学科技园虽然起步比较晚，且先后不一，但在各级政府的统筹规划和支持下，经过高校及科技园的努力工作，取得了很好的经济效益，仅 22 个国家级大学科技园内的企业，2000年就实现销售收入 257 亿元，比 1999 年的 134 亿元增长 92%。② 极大缓解

---

① 曹斌，孙莉等.国内外大学科技园发展模式比较研究［J］.科技管理研究，2003，(3)：92.
② 周济.历史性的跨越［N］.中国教育报，2002－7－11.

了我国高校办学经费匮乏的"老、大、难"问题。

四、大学科技园发展需要加强高校科技管理人员专业化建设

（一）高校科技管理人员需要提高科技转移、转化的能力

高等学校是我国实施科教兴国战略的强大生力军，始终与国家"同呼吸，共命运"，在改革开放以来的 30 多年中，始终践行着"科学技术是第一生产力"和"发展高科技，实现产业化"的伟大理想，但由于各种原因，高校潜在科技优势还没有完全转化为现实科技优势，科技的优势还没有完全转化为市场胜势。这其中，提高高校科技管理人员的知识和能力显得尤为重要。唯有如此，才可以缩短科研成果转化的周期，降低科研成果转化的难度，减少风险，加快实现高新技术产业化。据统计，截至 2002 年 10 月底，44 家国家大学科技园吸引社会资本投资累计 279 亿元，园内在孵企业累计转化省级以上科技成果 1860 项，获专利授权 1923 项，开发新产品 4116 个。① 这些新产品利用大学科技园创造的优越环境，其中有相当一部分已变成市场上走俏的商品，由于这些商品的带动，形成了一批颇具特色的产业，将高校潜在的科技优势转化为现实科技优势，科技优势转化为市场胜势。我国作为一个发展中国家，在工业技术水平和人口素质上与发达国家还存在不少差距。要想全面贯彻落实科教兴国的战略思想，迅速赶超发达资本主义国家，就必须通过科技管理人员把学校的科研力量调动起来，因为高校是我国高新技术很重要的创新源头。

（二）高校科技管理人员需要提高管理水平和专业服务意识

首先，提高管理水平，增强专业服务意识，可以形成更有利于高校科技发展的内外部环境。对于高校与企业或者政府合作的大学科技园，高校科技管理人员要发挥协调和谈判的作用，对于高校独立开办的大学科技园，科技管理人员要发挥经营和指导的作用。

其次，加强创新服务意识。高校科技管理人员从事的是创新的实践，应加强自身修养，不断提高自身素质，这是大学科技园发展的重要前提条件。大学科技园是企业文化与高校文化的结合地，在制定有利于企业发展的各项优惠政策方面与传统孵化器有所不同。高校有自己的资源优势，如科研水平和科研人才、实验室、图书馆、科研设备、高校人员环境等，把

---

① 李岚清. 李岚清教育访谈录 [M]. 北京：人民教育出版社，2003.56.

这些优势转变成为对企业发展有利的优惠政策是传统孵化器所不具备的，这也是大学科技园孵化器的最大特点之一。

最后，完善融资服务意识。高校科技管理人员应积极引进各种支持创新的基金及投资资金。一方面，充分利用政府基金，如国家对小企业的创新支持基金，鼓励校办企业或与学校有科技合作关系的企业申报；另一方面，积极联络、引进国内民间风险资金来促成高校科技项目的产业化，同时还要引入银行、保险等有关资金，这样就可以形成多渠道的融资体系。

总之，现代科学技术的发展、科技全球化的形成，我国加入世界贸易组织带来的规则变化，知识经济的大潮扑面而来，信息技术的飞速发展，大学科技园建设的如火如荼，以及科教兴国战略和创新型国家建设的实施，都从宏观上给高校科技管理带来了机遇与挑战，都要求高校科技管理队伍加强自身的专业化建设。随着社会的不断发展，高校科技管理的重要性越来越被人们所认识。套用曾绍元先生的话，科技管理很重要，但科技管理人员更重要，因为科技管理制度需要科技管理人员去制定和执行……高校科技管理人员是提升大学科技的重要力量之一。发挥广大科研人员的积极性固然重要，但是发挥学校科技管理人员的重要作用同样不能忽视……没有高水平的科技管理队伍，要抓好高校科技是不可能的。[①] 高校科技工作日趋复杂，以前那种机械、手工、上传下达式的管理方式已不适应管理需要，迫切需要一支既具有科学管理知识又了解现代科技发展趋势的专业化的高校科技管理队伍，使高校的科技管理真正达到科学化、信息化、高效化、创新化的要求，从而进一步推动高校科技事业的又好又快发展。因此，高校科技管理人员只有努力提高自身素质，树立创新意识和提高创新能力，才能在工作中不断地提出有价值的新设想、新目标，以更好地完成高校科技管理工作。

---

① 曾绍元. 高校行政人员论 [M]. 北京：北京师范大学出版社，1993. 15.

第三章　高校科技管理人员专业化建设的发展演变

第一节　科技管理专业的产生和发展

一、专业与管理专业的出现

最早出现的一些专业，历史学家称之为"自由专业"（Liberal Professions）和"博学专业"（Learned Professions），社会学家称之为"身份专业"（Status Professions），其他学者称之为"4 个伟大的传统专业"，[1] 这就是人们所熟知的医生、律师、牧师和教师专业。这些专业可以追溯到 13 世纪，是一个个由中世纪欧洲大学孵育而成长的结盟，然而，至少到 18、19世纪才开始承载特定的"专业"意蕴。[2]

在 19 世纪，资本主义工业化的职业结构在英国和稍后的美国取得了进一步发展，逐渐形成盎格鲁—美利坚模式（Anglo - American）。这时，重组或新形成的中产阶级职业为了取得专业称号进行着不懈努力，因为这一称号一方面和传统博学专业的绅士身份联系在一起；另一方面，它的利他主义和知识化的内涵给予取得免除劳动市场竞争的保护（国家特许权）以合法性。[3] 这是因为教育资历在英国所起的作用相对较小这个特殊原因造成的。[4]

---

①　Kimball, B. A. The "True Professional Ideal" [M]. Cambridge (Mass.): Blackwell Publishers, 1992. 5 – 6.

②　Kimball, B. A. The "True Professional Ideal" [M]. Cambridge (Mass.): Blackwell Publishers, 1992. 19.

③　Freidson, E. Professionalism Reborn: Theory, Prophecy, and Policy [M]. Cambridge: Polity Press, 1994. 18.

④　[美] 斯科特·拉什，约翰·厄里. 组织化资本主义的终结 [M]. 征庚圣等译. 南京：江苏人民出版社，2001. 240.

　　像这样职业在经济活动中寻找保障和特权地位的现象，主要发生在奉行自由市场经济的国家，如英国和美国。在这些国家，政府奉行懒惰公平的哲学，对市场干预较少。专业组织通过与政府和大学合作，依靠对"准专业人员"的资格控制和认定，确定市场需要的专业知能。① 一种职业要想获得社会的承认和国家的保护，必须把同业人员组织起来，培训自己的成员，以实际行动赢得社会信誉。专业组织在与政府和大学谈判关于任职资格或者专业合格水平的时候，往往扮演"倡议者"的角色，竭力保护专业成员的利益。② 在这一过程中，职业成员的忠诚和身份被紧密地和他们的职业及职业组织联系在一起。与其他国家不同，专业称号在这些国家意味着一个成功职业（类似于中世纪欧洲大学孵育而成的身份专业）的身份，专业群体成了英、美官方职业分类目录中的一部分，并随着社会的发展缓慢地往这一群体中补充新的成员。③

　　欧洲大陆的情况则与上述模式有明显不同，尤其在专业人员的资格认证、训练和雇佣活动中，国家的干预比较积极。④ 传统的身份专业在结构重组中保持了它们的职业优势，而新出现的中产阶级职业并没有要求将它们确认为专业以取得身份和获得市场保护 —— 这样一个具有专门制度特征的保护伞称号对他们不起作用。⑤ 然而，这些职业身份和社会保障的获得在于其成员的学位——取得国家控制的高等精英教育的学位，由此奠定学位持有者在有关职业（公务员和其他技术、管理职业）中的精英地位。⑥ 鉴于此，欧洲大陆专业的进化和专业化的开展就卷入了一个国家中心（State – centered）模式⑦，而不似发生在盎格鲁—美利坚国家的那种专业

① Evetts, Julia. Professionalization and Professionalism: Issues for Interprofessional Care [J]. Journal of Interprofessional Care. 1999, (2), Vol. 13: 121.

② Evetts, Julia. Professionalization and Professionalism: Issues for Interprofessional Care [J]. Journal of Interprofessional Care. 1999, (2), Vol. 13: 121.

③ Reader, W. J. Professional Men: the Risk of the Professional Classes in Nineteenth Century England [M]. New York: Basic Books, 196. 146 – 166. 207 – 211.

④ Evetts, Julia. Professionalization and Professionalism: Issues for Interprofessional Care [J]. Journal of Interprofessional Care. 1999, (2), Vol. 13: 121.

⑤ Hygher, E. C. The Sociological Eye: Selected Papers [M]. Chicago: Aldine, 1971. 387 – 388.

⑥ Freidson, E. Professionalism Reborn: Theory, Prophecy, and Policy [M]. Cambridge: Polity Press, 1994. 18.

⑦ Rueschemeyer, D. Comparing Legal Professions Cross – nationally: From a Professions – centered to a State – centered Approach [J]. American Bar Foundation Research Journal, 1986.

中心（Profession – centered）模式。①

进入 20 世纪，专业人员的数量和专门性职业在同步增长。"专业，以前形成的单元，已经被划分、划分、再划分。每一个分裂开来的部分已经强大得相当于其最初的母体专业"。② 因为，"如果一个专业适应了某种社会需要，功能本身也会朝着专业化的方向发展。"③ 对于上述情形，沃金斯（J. Watkins）等人做了一个恰当的注释："从历史发展的角度，我们看到了一个专业的序列：传统的专业由于不断分化，在数量上增长，同时，通过一个专门化过程或响应商业、社会价值和技术进步的变化，新的专业出现。"④ 管理专业在 20 世纪出现并逐渐被社会所接受。怀特利（Whitely）、托马斯（Thomas）、马索（Marceau）曾说，"如同'一战'一样，'二战'爆发时，管理工艺由丑小鸭变成一种白天鹅式的高贵的管理专业的设想似乎还是很遥远的事。"⑤ 直到第二次世界大战后情况才发生了变化，1947 年英国管理学会成立。在 1995 年的著述中，沃金斯和德鲁利（L. Drury）还根据诞生的先后，进一步将专业人员划分为如表 3 – 1 所示的 5 大类。⑥

表 3 – 1　　　　　　　　　社会状态和出现的专业

社会状态	出现的专业
前工业化社会	律师、牧师、医生
工业化社会	工程师、化学师、会计师
福利社会	教师、社会工作者
企业化社会	管理人员、商务人员
后工业化社会	知识管理者

① Torstendaiil, R. Approaches to Theories of Professionalism ［A］. In：Burrage, M., & Torstendaiil, R. （Eds）. Professions in Theory and History：Rethinking the Study of the Professions ［C］. London：Sage, 1990.

② Kimball, B. A. The "True Professional Ideal" ［M］. Cambridge （Mass. ）：Blackwell Publishers, 1992. 308.

③ ［法］涂尔干. 社会分工论 ［M］. 渠东译. 北京：三联书店, 2000. 229.

④ Watins, J. W. , Drury, L. , et al. From Evolution to Revolution：The Pressures on Professional Life in the 1990s ［M］. Bristol：University of Bristol, 1992.

⑤ ［美］斯科特·拉什，约翰·厄里. 组织化资本主义的终结 ［M］. 征庚圣等译. 南京：江苏人民出版社, 2001. 240.

⑥ Watins, J. W. , Drury, L. The Professions in the 1990s ［A］. In：Clyne, S. Continuing Profesional Development：Perspectives on CPD Practice ［C］. London：Kogan Page Limited, 1995. 27.

这些人员从事的专业"主要体现在政治、经济、社会事务、管理、科学研究、工程技术、文学艺术、教育和医疗卫生等方面，其专门化、脑力化和创造性都比较高"。① 根据沃金斯和德鲁利的划分，前工业社会的专业是牧师、医生和律师。他们拥有处理人类在早期社会三大压倒性任务（灵魂、健康和正义）的知识。前工业化社会的专业大致在 18 世纪发展成熟，享有国家的特许权支持，这些专业代表了当时最有威望的人群。伴随着工业革命的发生和发展，工业化时代培育出一批拥有将农业经济转换成工业经济知识的专业：土木和机械工程师、工业化学师、会计师和金融师职业；而在 20 世纪下半叶，随着重新强调市场经济的价值，又加快了管理专业的发展。② 如，在过去的近 20 年里，管理咨询在发达国家和一些发展中国家估计平均每年以超过 20% 的速度增长。③ 在科研领域，科技管理人员的工作就带有咨询服务和知识管理的性质。在当今时代，管理具有全球地域范围内的重要性。对此，库伯指出，"管理影响着历史进程"。④

管理专业的发展与管理教育密不可分。通过管理教育，培养了一大批具备专业知能的人才。应该说，管理教育的实施推动了管理专业的飞速发展，因为"每种职业群体都试图通过现代的大学将知识的生产和生产者的生产结合起来并以此增强自身的市场力量"。⑤

第二次世界大战结束后，管理教育更是蓬勃发展起来，这主要源于两次世界大战中美国企业的所有权和经营权明显分离所产生的对企业管理人员迅速膨胀的需求。1958 年卡耐基基金会和福特基金会各自的综合研究报告不约而同地明确了管理教育的实务性质，主张加强学生的定量分析能力，并基本形成了后来影响颇广的结构化的课程体系。杰劳斯克（Jaraushch）将发生在美国的这些进步总结为："职业化最终与教育相互促进，不断提高入门标准，使课程内容和教学方式更科学，通过各种考试来

---

① 周川."专业"散论 [J]. 高等教育研究，1992，(1)：79.

② Watins, J. W., Drury, L. The Professions in the 1990s [A]. In: Clyne, S. Continuing Profesional Development: Perspectives on CPD Practice [C]. London: Kogan Page Limited, 1995. 27 –28.

③ 赵康. 专业、专业属性及判断成熟专业的六条标准 [J]. 社会学研究，2000，(5)：30 –33.

④ Kubr, M. Management and Consulting: a Guide to the Profession [M]. Geneva: ILB, U. N., 1986. 11.

⑤ [美]斯科特·拉什，约翰·厄里. 组织化资本主义的终结 [M]. 征庚圣等译. 南京：江苏人民出版社，2001. 224.

提高学术要求。"①

从世界范围看，20 世纪 30 年代形成科学高潮，40 年代形成技术高潮，60 年代形成生产高潮，同时普遍重视科技管理。世界先进国家的科技发展史证明，科技管理工作搞不好，科技就上不去，生产就很难发展。② 这之后的七八十年代，管理教育再次进入空前的蓬勃发展时期，特别是增加了科技管理教育的内容。

二、科学学的产生

科学学是在现代科学技术革命的历史条件下产生和发展起来的一门新兴学科。它萌芽于 20 世纪 30 年代，发展于 60 年代以后，70 年代才在我国受到重视并开始介绍和研究。③ "科学学是把科学技术的研究作为人类社会活动来研究的，研究科学技术活动的规律，它与整个社会发展的关系。"④ 国外学者对科学学的含义有不同的看法，把科学学研究的范围也似乎定得很宽广。一般认为，科学学是研究科学技术的本质、结构及其发展规律的科学。由于科学技术既是一种认识现象，又是一种社会现象，因此，科学学研究的内容无疑应包括上述两个方面。这就构成了科学学理论体系的两个重要分支，即科学技术体系学和科学社会学。科学技术体系学主要研究现代科学技术的体系、结构、层次、演变和各门学科相互渗透与综合发展的规律。科学社会学主要研究现代科学技术的社会功能以及在不同社会条件下科学技术发展的规律。这些就是人们常说的理论科学学。

过去科学学不研究技术，现在国外已出现一种关于科学与技术的研究，称为"Science and Technology Studies"，我国有学者主张译为"科学技术学"，并认为这是一个大学科群，包括科学技术史、科学技术哲学、科技社会学、科技决策与管理、科技文化学、科技传播学等分支。有人建议把科学技术学定为一级学科。⑤ "马克思主义的哲学认为十分重要的问题，不在于懂得了客观世界的规律，因而能够解释世界，而在于拿了这种对于

---

① ［美］斯科特·拉什，约翰·厄里. 组织化资本主义的终结 ［M］. 征庚圣等译. 南京：江苏人民出版社，2001. 225.

② 王野平，宫书堂. 科技管理 ［M］. 长春：吉林人民出版社，1984. 2.

③ 万君康. 科技管理教程 ［M］. 武汉：湖北科学技术出版社，1985. 27.

④ 钱学森. 论系统工程 ［M］. 长沙：湖南科技出版社，1982. 189.

⑤ 林德宏. 科技哲学十五讲 ［M］. 北京：北京大学出版社，2004. 12.

客观规律性的认识去能动地改造世界。"① 这就是说，我们不能够只研究科学学，而且还要应用科学学。按照科学学的规律来管理科学技术和发展科学技术就称之为应用科学学，或者叫科技管理学。因此，科学学是现代科技管理的理论基础。

三、科技管理学的诞生

科技管理作为一门科学，是伴随着现代科学技术的进步和发展而出现的。科技管理是人类科学研究活动发展的产物。从严格意义上讲，科技管理是在 19 世纪末期由于科学研究从个体性活动向社会性活动的转变而产生的。进入 20 世纪，随着科学研究活动日益广泛而深入的发展，在前苏联、美国、英国和法国等比较发达的国家中，科技管理的规模越来越大，管理在科学研究活动中的重要性也越来越显著，对科技管理活动本身的研究也逐渐开展起来。20 世纪初以来相继产生的管理科学和科学学，为科技管理学的产生打下了重要而直接的基础。科技管理学既是科学技术哲学的分支学科，也是管理学的分支。② 第二次世界大战后，出现了科学技术蓬勃发展的新形势。正是这一新的发展形势，提出了科技管理工作实现科学化的问题，各个方面都加强了管理理论和实践的探索与研究，一门新的学科——科技管理学就应运而生了。③

（一）科技管理学产生的原因

首先，科技管理学是科学研究活动越来越社会化的产物。马克思指出，科学是"生产的一些特殊的形态，并且受生产的普遍规律的支配"。④ 19 世纪末期以前，绝大多数的科学研究活动都是以个人的小生产形式进行的。哥白尼观察天体，牛顿进行力学上的推理和演算，门捷列夫排列元素周期表，一个人就行了。随着社会生产发展的需要和科学研究活动规模的扩大，以英国剑桥大学卡文迪什实验室和美国爱迪生研究所的建立为起点，专门的科学技术研究机构在 19 世纪末期陆续出现。从此，有组织的科技活动发展起来，科学研究从个体活动逐渐变为社会性活动。这种发展趋势到第二次世界大战时，扩大到国家规模，并且在随后的年代里日趋明显。目前，国家机构已经成为科学研究活动的主要组织者和科研经费的主

---

① 毛泽东选集（第一卷）［M］. 北京：人民出版社，1991. 292.
② 林德宏. 科技哲学十五讲［M］. 北京：北京大学出版社，2004. 12.
③ 康荣平，王俊儒等. 科研管理学概论［M］. 沈阳：辽宁科学技术出版社，1985. 1.
④ 马克思恩格斯全集［M］. 北京：人民出版社，1979. 121.

要提供者。在有些方面，科学研究组织和机构的社会化程度已经超出了国界。例如，设在维也纳的国际应用系统研究所，是由 17 个国家参加建立的；还有，设在瑞士和法国边界上的欧洲核子研究中心，是由德国、法国、英国、意大利等 12 个国家联合投资建起来的。① 它现在有 20 个成员国，近 3000 名雇员，建有世界上最大的强子对撞机，来自 80 多个国家和地区的约 7000 名科学家和工程师参与了它的建设。② 总之，科学研究活动的规模变得如此巨大，内容日趋复杂多变，那种传统的主要靠个人才能和靠经验的管理方式，已经远远不能满足科学发展的需要。于是，专门的组织管理部门开始分化出来并日益扩大，科技管理活动也成为人们探讨和研究的对象，并逐渐发展成一个专门的学科——科技管理学。由于科学也要"受生产的普遍规律的支配"，所以在科技管理学产生的过程中，研究生产管理一般规律的管理科学自然就成为它的一个基础理论学科。同时，科技管理学的产生也使管理科学体系又增加了一个新成员。

其次，科技管理学是现代科学高度分化、高度综合化、整体化的结果。科学是人类对客观世界运动规律不断深化的认识过程。自从人类产生以来，人们在改造自然界的过程中，在处理人们之间相互关系的过程中，逐渐增加了对自然界和社会的认识，积累了大量的经验和知识，又经过不断的总结和科学的抽象，逐渐形成了各种学科的知识体系。随着人类实践的不断扩大，认识能力的不断提高，知识的不断深化，科学研究领域的分化越来越细。以经济学为例，从 17 世纪中叶至 19 世纪初的一门古典政治经济学，发展到现在有政治经济学、工业经济学、农业经济学、商业经济学、劳动经济学、物资经济学、财政学、金融学等几十个分支学科。

科学发展的过程中，在学科不断分化的同时，又逐渐出现了各学科间不断综合的趋势。这种综合趋势的明显化，始于 19 世纪中叶。到 20 世纪初，科学的分化与综合两种趋势都在加快。从 20 世纪 30 年代起，在现代科学的发展中，综合的趋势已占主要地位，而学科的继续分化已实际上成为综合化趋势的一种表现形式，因为新学科的不断出现正在消除各学科之间的传统界限。例如技术经济学、人体工程学、社会医学、科学学、城市学、管理科学、环境科学、人口学等都是既非"纯"自然科学，又非"纯"社会科学的综合性学科。总之，日益增多的边缘学科和综合学科的出现，促成了学科的彼此渗透。

---

① 康荣平，王俊儒等. 科研管理学概论 [M]. 沈阳：辽宁科学技术出版社，1985.3.
② 欧洲大型强子对撞机正式启动 [EB/OL]. 新华网，2008 - 9 - 10.

数学在各门学科中的广泛应用,使各门学科在方法上互相沟通起来;一系列横断学科——控制论、信息论、系统论等——的产生揭示了科学领域间的联系,促进了科学知识的整体化;自然科学与社会科学的相互渗透不断加强……这些发展和变化导致了现代科学发展的整体化趋势,它意味着门类繁多的各门科学日益相互渗透,紧密地联系在一起,每一学科都是在与整个科学体系的密切联系中向前发展,单一学科突进的孤立发展已经非常困难。换句话说,由于科学的自身发展趋于整体化,如果不对各种科学学科和各种技术的诸类活动进行有计划的指挥、协调,那么,任何重要的学科和课题研究都是不能正常发展的。这些正是科技管理学产生的客观原因之一,同时也带动了科技管理学的诞生。

最后,科技管理学产生,还由于科学在社会结构中地位的变化。一方面,近几十年来科学的生产职能在不断扩大,已经在很大程度上变为直接的生产力,科学技术已经成为社会生产中一个重大的主导性部门。它的发展速度直接关系到社会发展的速度。这既从客观上促进了对科学事业的管理,以适应社会发展的需求,还使科学研究活动从自由选题状态进入根据社会的需求来决定研究方向和课题的状态。从另一方面讲,由于科学与社会关系的日益密切,离开了社会其他领域的发展,科学也不可能有发展。因此,科学发展既是一个自体结构的辩证发展过程,也是一个社会过程。科学的发展除了取决于自身发展的某些规律之外,更重要的是取决于社会发展的规律。科技管理学是研究人类社会活动的一个领域——科学技术研究及其管理的科学,从本质上讲,它是一门社会科学。

(二)科技管理学的性质:交叉性

科技管理学是一门交叉科学,交叉性是其自然本性。法国物理学家马克斯·普朗克曾经讲过,科学是一个不可分割的内在整体。它之所以被分割为单独部门,不是取决于事物的本质,而是取决于人类认识的局限性,实际上,存在着从物理学到化学并通过生物学到人类学的社会科学链条,这是任何一处都不能被打断的链条。① 科技管理学是由管理学和科学学交织组合而成的一个有着生命灵动的活的有机体,其联合的本质既不是物理学意义上的混合,也不是化学意义上的化合,而是生物学意义上的媾和,是人类学和社会学意义上的融合。

科技管理是对科研进行管理的专门性活动或管理科研的专门化活动,是科研活动和管理活动交叉结合派生的活动。一方面,它是对科学技术研

---

① 张书.学科的两大系统及其转换[J].系统科学学报,2001,(3).

究的管理，其中，"科技"是对"管理"的限定，组成介宾词组，表明它是以科技活动为对象的管理活动的一个分支或专门领域；另一方面，它又以"管理"为施动者，以"科技"为受动者，组成动宾结构，也即管理科技，表明两者之间的相互依存和不可分离性。"管理"标明了其共性和普遍性，"科技"标明了其个性和特殊性，它们既具有各自的独立与独特性，又共同构成现代意义上的管理科技的专门性活动。

由于科技活动有着自己的本质和特点，因而科技管理活动不可能完全是工业管理或者一般管理理论在科技领域的复制和翻版。追根溯源，现代意义上的科技管理活动，首先必须以科技活动的独立存在为前提，因为科技管理首先是对科技的管理，科技活动不存在，科技管理活动也就不存在。

总之，对于科技管理学而言，如果没有管理学和科学学的"结婚"，它是生不下来的，同样，如果没有管理学和科学学的哺育，它也是长不大的。科技管理学是科学迅速发展、社会生产发展和社会结构变化的必然产物。同时，科技管理核心课程的形成，使培养专业化的科技管理人员成为可能。

四、科技管理专业的发展

（一）科技管理专业组织的形成

20 世纪 50 年代末，英国成立了科研管理者协会（Research Administrators' Group Network，RAGNET），2004 年更名为科研经营者与管理者协会（Association of Research Managers and Administrators，ARMA）。协会以高等学校为依托，与其他相关组织进行合作。在国内的合作伙伴有：社会科学研究协会（Association of Research Centers in Social Science，ARCISS），大学行政管理人员协会（Association of University Administrators，AUA），大学科研与工业联合/知识转化协会（Association for University Research and Industrial Links/Institute of Knowledge Transfer）等。随后，美国成立美国大学科研管理者协会（NCURA）和国际科研管理者协会（SRA）。协会的目的是：促进科技管理人员专业发展，提高科技管理的效率和效益。为了进行科技管理协作，交流科技管理经验，很多区域性科研管理者协会先后成立。1995 年，欧洲科研管理者协会（The European Association of Research Managers and Administrators，EARMA）在意大利成立。协会的宗旨是，联合欧洲各国科技管理者协会，使之成为欧洲一流的科技管理论坛。全球性的科技管理网络在实施之中，这也是国际科研管理协会网（The International Network Research Management Societies）的主要任务。这些专业组织有一些共同的特点：独立性；非营利性；培训科技管理人员；举办科技管理论坛；出版科技管理刊物；有自己的组织章程。

（二）科技管理教育与培训

美国把它在第二次世界大战后的经济迅速发展归结为两个因素：一是科学技术的迅速发展及其成果的扩大应用；二是科学组织管理工作经验的成熟。目前国际上很多科技先进的国家十分重视科学的组织管理工作，下力量专门培养科技管理人员，并且还形成了许多与此相关的学科。高校设置科技管理专业符合所在国家的高等教育法律规定，受到相关法律的保护。这为准科技管理人员从业提供了专业知能保障。管理专业可以分为许多分支专业，例如公共管理、工商管理、工程管理、农业管理和科技管理等（二级专业）。有些学校把科技管理作为工商管理或者工程管理下面的三级专业。例如哈佛大学把科技与运筹管理放在了商学院，我国的东北大学把科技管理与科技政策放在了文法学院行政系；有些学校把科技管理放在科学技术史（一级学科）下面，如广西民族学院，专业为科技战略与科技管理；1997年科学学与科技管理变为一级学科。目前，复旦大学、福州大学、大连理工大学等多所高校获得了科学学与科技管理硕士点；2003年，大连理工大学设立科学学与科技管理博士点，2004年东北大学设立科技管理与科技政策博士点。

在科技管理人员培训方面，科技管理者协会发挥了巨大的作用。他们每年都要举办交流会和培训班，提前公布培训内容。以欧洲科研管理者协会为例，他们公布的2005年的年会与培训课程、时间如表3-2所示①：

表3-2　　　　欧洲科研管理者协会2005年年会、培训课程与时间

日期 ＼ 月份	1	2	5	6	7	11
年会	16 - 18					
国际项目管理基础知识		2 - 3				10 - 11
项目风险管理			9 - 10			14 - 15
如何成功立项					11 - 12	
有效谈判				2 - 3		
大项目协作			11			16

---

① 参见 http://www.earma.org/events/2005 - 2 - 23.

　　除了科技管理者协会提供培训机会外，目前大学也提供科技管理、教育行政管理等相关学科的专业教育。美国科技管理培训除了学历教育外，继续教育、在职培训也十分活跃。针对上岗后科技管理人员的实际需要，各大学开设各种短期培训，形式灵活，教育方法多样。从培训内容看，目前美国科技管理培训已从过去单纯强调某一学派，发展为在培训内容方面兼容并收，让受训者全面系统掌握科学管理、民主管理、科层组织和开放系统等各种理论流派。

　　（三）科技管理专业的法律保障

　　20 世纪 60 年代以后，各国在推进科技强国的同时，非常重视从法律和政策上对科技管理进行规定。美国在这方面的法律有《国家科学基金法案》、《国家科技政策、组织和优先领域法》、《美国法典》、《国内税收法》等。美国国家科学基金会于 1950 年根据《国家科学基金法案》成立。它的全部职能有 11 块，其中第 9 条规定，提出和支持学校和非营利性组织的科学和工程活动，并可根据总统的指示支持其他机构的此类活动。根据美国《国内税收法》第 501 条 C 款规定，可以享受所得税豁免的机构均属非营利性机构。在科技统计、制定政策时，有时为了方便，把既不属于政府体系，也不属于大学或企业体系机构，并且从事科研活动的，单独归为一类，称为"其他非营利性机构"。这类机构又可以分为 3 种，一种是资助科研活动的，一种是承接、从事各种科研活动的，第三种是从事支持科研相关学术活动的，众多的专业学会、协会等多属于此类组织，科技管理专业组织也不例外。作为非营利机构的科技管理专业协会掌握和使用的科技资源绝对数量并不大，但"各种专业学会、协会等，在联络科技人员、交流科技信息、传播科技知识方面，起着难以替代的重要作用"。根据《美国法典》第 501 款和国内税收局的有关规定，只要是非营利机构，并且从事的是"公益性科研活动"，就可以享受免税待遇。1993 年 3 月和 1994 年 4 月英国先后制定出台了促进科技发展的两个标志性文件《实现我们的潜能——科学、工程与技术战略》和《政府资助的科学、工程与技术展望》，1998 年 12 月和 2000 年 7 月，英国政府又先后发表了《我们竞争的未来——构筑知识经济》和《我们的未来——面向 21 世纪的科学与创新政策》，这些白皮书说明英国对科技发展的重视。特别在《我们的未来——面向 21 世纪的科学与创新政策》中，政府比以前更强调各部门对相关科技发展的协调与管理。① 美国和英国的例子说明，在当今世界，科技管理

---

　　① 中国国际科技合作网（http://www.cistc.gov.cn/2005 - 3 - 23）.

专业得到了越来越多的重视，科技管理活动也受到了法律和政策的保障。

第二节 国外高校科技管理人员专业化建设的历程

一、高校科技管理专业产生

高校科技管理专业的出现是历史发展的必然。但是，它的出现并不是一蹴而就的，而是社会政治、经济，特别是高校科技发展的需要。由于科学技术的进步，科技管理的重要性日益突出，高等学校是科学研究的中心，特别是在基础研究中的地位越来越重要，同时，高校又是创造和传播知识的场所，科技管理教育和培训使科技管理专业趋向成熟。搞好科技管理人员专业化建设，是世界上发达国家一条共同的成功经验[①]。这是因为，社会背景、时代范式的内涵与特定职业的专业化之间有一种规律性的联系。高校科技管理专业有自己的独特知识性质和实践功能。这种特殊性与特定时代的专业观之间的契合度直接影响着它的专业化命运。"特定的时代总是适合于特定的职业发展成为专业，我们可以把这个时代称为职业专业化的关键期。"[②] 20 世纪 50 年代以来，随着科学技术的日新月异，知识经济、信息技术、经济和科技全球化的共同影响，高校与科技的关系更加密切，高校科技管理人员也慢慢从管理人员中分化出来，高校科技管理人员专业化建设面临着难得的发展机遇。

（一）社会分工：高等学校科技管理专业产生的前提

在人类历史进程中，社会的分工和由此带来的社会分化是社会发展的重要形式之一。随着社会政治、经济、文化和科技的发展和进步，人类从事的各种活动不断复杂化，劳动和技能的专业化程度越来越高，以至于不能简单地通过一般的社会化来获得。专业化的过程和程度使整个社会的职业文化系统，特别是社会的相互联系发生了微妙变化。社会内部的分工以及个人被相应地限制在特定职业范围内，这是专业化形成的专业因素，也是专业化形成的首要动因。

所谓分工，就是按不同技能或社会要求把社会活动分成既互相独立又

---

① 上海世界科学社.科技管理［M］.上海：上海交通大学出版社，1985.1.

② 朱新卓.教师专业化的现代性困境［J］.高等教育研究，2005，（1）：48.

相互依存的若干领域，然后把社会成员分配到不同的领域中去，从而开展既互不相同又互相补充的劳动方式。"社会容量和社会密度是分工变化的直接动因，在社会发展的过程中，分工之所以能够不断进步，是因为社会密度的恒定增加和社会容量的普遍扩大。"① 人类活动方式的日益复杂和知识的不断积累必然导致社会分工。涂尔干认为，如果把整个社会看作是一个有机体，那么，劳动分工便是这个有机体的最基本的社会现象。社会不断分化出各种职业分工，同时，又整合在一个有机体内，"分化"与"整合"构成了社会进化的基本内容。"有了分工，个人才会摆脱孤立的状态，而形成相互间的联系；有了分工，人们才会同舟共济，而不一意孤行。总之，只有分工才能使人们牢固地结合起来形成一种联系，这种功能不只是暂时的在互让互助中发挥作用，它的影响范围是很广的。"② 他还认为，由于社会的分化，每个人都按照社会的分工执行这种特定的或专门化的职能，这种分工或分化使每个人都在一定程度上必须依赖其他人，由此形成社会统一体。在这种有机团结中，每个人的个性不仅可以存在，而且也成为与其他人相互依赖的基础和条件。"因为人类要想生存下去，就必须具备新的发展条件。只要个人之间的社会关系广泛地建立起来，他们要想维持他们的地位，就必须沿着专业化的道路发展。"③

因劳动对象的区别、工具的分化和劳动者的特点而分为不同的职业、部门和领域，"在前现代社会中以一种松散的形式组织起来的活动模式，随着现代性的出现，变得更为专门化，更为精确"。④

高等学校科技管理专业是从高校行政管理中逐步分化出来的。它的出现同样是高校工作日益复杂化和人类知识不断积累的结果，也与高校教育（行政）管理专业的逐步成熟密切相关。

19世纪末以前，由于教育活动和管理活动均未独立出来，所以还没有专门意义上的教育管理活动。⑤ 高校管理的历史和高校管理人员的角色有直接关系，因为不同的角色有不同的知识、能力、技能的要求。研究高校管理的历史就很有必要研究其管理人员角色在不同阶段的特点，并探讨由此而产生的各个历史时期高校管理的特点。

第一阶段，"业余型"高校管理人员阶段。所谓"业余型"高校管理

① ［法］埃米尔·涂尔干. 社会分工论［M］. 渠东译. 北京：三联书店，2000. 219.
② ［法］埃米尔·涂尔干. 社会分工论［M］. 渠东译. 北京：三联书店，2000. 24.
③ ［法］埃米尔·涂尔干. 社会分工论［M］. 渠东译. 北京：三联书店，2000. 295 - 296.
④ ［英］吉登斯. 现代性与自我认同［M］. 赵旭东等译. 北京：三联书店，1998. 19.
⑤ 杨天平. 论教育管理学的性质［J］. 教育研究，2005，（1）：19.

人员阶段，是指高校管理仅作为教师或学生的业余工作的高校发展时期。这个阶段的特点是：处于早期学院时代，高校规模小且组织结构简单；教育管理只作为一种业余活动，而非主业；管理人员是教师或学生的代表，没有专门的办公场所，也不会离开原来的教学或研究岗位。高校管理人员的头衔是名誉性的，管理工作依靠教师或学生集体决策。"学校的管理人员"通常都是教学人员，他们同意花一定的时间从事管理工作，其余时间仍然从事课堂教学工作。在高校中，所谓的管理人员没有太大权力，决策权掌握在集体手中，管理行为也相对简单，教师或学生利用业余时间就可以很好的完成一些管理事务。[1]

第二阶段，"挂职型"高校管理人员阶段[2]。所谓"挂职型"高校管理人员阶段，是指在高校管理成为高校专门工作的初期，从教师中产生的高校管理人员在一定时期内从事管理工作后，还会恢复为原来的教师身份，管理工作只是具备一定条件的教师的一段临时性工作。这一阶段的特点是：高校组织进一步发展，处于规模扩大时期，高校管理人员类似于现在我们常说的"双肩挑"人员。高校管理人员的来源还是校内学者，学术事务和管理工作同等重要。与"业余型"阶段相比，该阶段的高校管理人员精力和时间的投入要多一些，行政管理事务成为从事管理工作者的工作量，但如果不担任管理人员还可以继续做教师。伯顿·克拉克对挂职型的行政管理人员曾做过生动的描述："他们的办公室不大，与基层有密切联系，成员是兼职的，一些教授轮番入住满是灰尘和催人入睡的角落。"[3] 在欧洲的传统大学里，高校管理人员是由高级教学人员选举的（教授会），并对他们负责。任职一定时间后，这些"挂职型"的管理人员又重返教学和科研岗位。

第三阶段，"商业型"高校管理人员阶段。在 20 世纪前 10 年，商业思想注入了人们的生活，高校也不例外。人们要求学校少花钱多办事。泰勒的科学管理思想不仅影响了工业界，而且也影响了教育行政管理。这一阶段的特点是：高校的行政事务变多，权力也变大，以校长为首的少数人员已不能完成学校日益复杂的管理任务，于是管理人员从教师中分离出来，管理工作开始由全日制的管理专家来担任。第一次世界大战后，高校中管理人员的数量进一步扩大，企业管理方法被应用到高校中。高校组织

① 李爱民. 大学管理人员身份地位的历史变迁 ［J］. 高教探索，2005，（3）：27.
② 李爱民. 大学管理人员身份地位的历史变迁 ［J］. 高教探索，2005，（3）：27.
③ ［美］伯顿·克拉克. 高等教育系统 ［M］. 王承绪译. 杭州：杭州大学出版社，1994.

的变化要求管理工作由受过专门训练的人担任，于是高等教育管理日益成为一种职业，一种新的阶层——"管理群体"在高校出现。为了有效地管理一所庞大的、具有多种职能并发挥多种作用的高校，一部分专职的管理人员开始出现，负责高校的日常行政管理。在高校众多的建筑物中也出现了一种新的建筑物——"行政楼"，管理人员越来越和教师、学生及其他人员不同。① 但他们还缺乏高等教育管理理论的指导。就像英国学者阿什比所言，"人们总以为像高等教育管理这样一种重要专业，对于实际工作者必然有了一些指导原则，但有关大学管理的著作实在少得可怜。工业管理和公共事务管理的课本虽然很多，但可供大学管理方面参考的却很少。"②

第四阶段，"专业型"高校管理人员阶段。所谓"专业型"高校管理人员阶段也就是高校管理工作的专业化阶段。其特点是：高校规模的扩大和日益复杂化，使得传统的高校管理方式面临着越来越多的挑战；高校学生群体中既有全日制的适龄青年，又有大量非全日制的成人学生；高校开放程度日益提高，高校与社会和政府的交往越来越频繁，还与许多企业建立了合作伙伴关系。高校内部管理事务开始错综复杂。科层管理的思想影响着高校管理体制。正如克拉克·克尔所指出的，行政管理在维持大学整体化方面的作用日益突出，因为"行政任务的发展永远是行政管理官僚制度化的适宜土壤"。③ 20 世纪 30 年代，教育管理已逐步成为一个专业④。随着 20 世纪 50 年代"理论运动"的兴起，教育管理理论真正确立了自己的地位。⑤ 教育管理已开始跨进科学的门槛。⑥ 随着管理科学不断完善，要求管理者不仅要懂科学管理，而且要懂得组织理论、领导理论，提出的要求更高了。

"正如高深学问的发展需要专门化一样，在学院和大学的日常事务方面也需要知能的专门化。事务工作和学术工作必须区别开来，因为每一方

① 李爱民. 大学管理人员身份地位的历史变迁 [J]. 高教探索，2005，(3)：27.
② [英] 阿什比. 科技发达时代的大学教育 [M]. 滕大春等译. 北京：人民教育出版社，1983. 93 – 94.
③ [美] 斯蒂尔曼. 公共行政学（上册）[M]. 李方等译. 北京：中国社会科学出版社，1988. 80.
④ 杨天平. 论教育管理学的性质 [J]. 教育研究，2005，(1)：19.
⑤ 秦晶晶. 科学观的"涨落"与教育管理领域的发展 [J]. 外国教育研究，2005，(2)：60.
⑥ 杨天平. 论教育管理学的性质 [J]. 教育研究，2005，(1)：20.

面都有它自己的一套专门的知识体系。"① 管理人员越来越了解他们在高校行政管理部门的工作，即使他们中的大多数人是教授，他们也极少重返教学岗位。随着教育成为一项大事业，管理人员文化与教师、学生文化的分离，原来由兼职人员占据的小规模的高校行政管理部门"逐渐变得庞大起来，逐步为全日制官员所占据"。"行政工作的专业化，在美国，在院校这一级特别坚定"。② 由于专业管理人员取代了教授兼职，导致一套独立的规则和一种独特的利益的出现。"行政管理人员不再主要由教学人员担当，他们有充足的理由把教授和学生充其量看作是缺乏理解的人，甚至是制造麻烦的人和敌人"。③ 目前，即使在有着"教授治校"悠久传统的欧洲，高校管理人员也向着专业化方向发展，教师的权力遭到削弱。其实，在世界范围内，传统上教师的权力正在被削弱，已有的管理模式也发生了变化。如在英国，"在关键的决策领域"，"开业教授"将被"专职的专业官员所取代"。"在院校一级以上的许多协调分层将会强烈地出现这种专业化。因为高级行政人员需要能应用于许多较大和较复杂的高教系统的技能，和适应从高层观察的思想"。④ "专业型"高校行政人员的出现不是偶然的，这是社会发展和管理理论发展对高校产生的双重影响的结果。

　　以上是从高校发展的历史脉络来审视高校管理人员的演变过程，这从西方那些历史比较久远的高校发展史中可以发现其演变轨迹。当然，这几个阶段之间并没有明确的界限，只是后一个阶段出现了前一个阶段不具有的新特点。实际上，世界上很多国家的高校，受社会政治、经济、文化等各方面的影响，其管理人员身份和地位的演变并不一定都遵循了这样的过程，而是各有其自身的特点。

　　随着社会分工的不断加快，也由于管理专业、管理教育的发展，教育行政管理、科学学、科技管理等学科性专业的日渐成熟，高校科技管理专业也初露端倪。高校科技管理的职能，包括规划、组织、用人、指挥、实施和控制都得靠人去做，即由科技管理人员去制定、贯彻执行和实施监

---

① ［美］约翰·布鲁贝克. 高等教育哲学 ［M］. 王承绪等译. 杭州：浙江教育出版社，1987. 33 - 34.

② Moodie, G. Authority, Charters and the Survival of Academic Rule ［M］. 127 - 135. 转引自伯顿·克拉克. 高等教育系统 ［M］. 王承绪等译。杭州：杭州大学出版社，1994. 165.

③ ［美］伯顿·克拉克. 高等教育系统 ［M］. 王承绪等译. 杭州：杭州大学出版社，1994. 121.

④ ［美］伯顿·克拉克. 高等教育系统 ［M］. 王承绪等译. 杭州：杭州大学出版社，1994. 165.

督。① 高校科技管理属于高校管理的一部分，高校科技管理人员也是高校管理人员的重要组成部分，因此，高校管理人员发展的历史可以从一个侧面反映科技管理人员的发展过程，尽管前者产生的历史较早。

科学研究领域的分化使得科研机构、科研人员、科研方向日益庞杂，它们之间的组织协调显得越来越重要，需要有专门的管理人员从事这项工作。在"有关科学和学术的组织中，决策权普遍分散在整个组织中，而且如果要保持组织的统一，必须使这些决策相互协调……因为过去对这类组织的分析极少，现在高等学校的行政人员就不得不暗中摸索他们在专业方面应遵循的原则。"② 德国和英国高校是较早重视科技管理的国家之一，也是产生科技管理人员较快的国家。这与两个国家的科技管理政策和体制密切相关。在洪堡思想的影响下，德国的大学开始身兼两任，既要教书，又要进行科研。科研是当时高等学校的重要组成部分，尽管当时没有成立专门的科技管理机构，但是，科技管理的萌芽已在高校行政管理专业中孕育。在随后的发展过程中，德国高校逐步形成了自己的科技管理体制。大学一般实行校、系、研究所（教研室）三级管理。学校一般设有评议会以管理学术、科研事务，决定建立、改建和撤销研究机构，确认一般性经费数额，决定科研的原则性问题。③

19 世纪 70 年代，英国经济迅速发展，向海外的扩张大幅度展开，科研人才的需求十分紧迫，而大学教育难以满足形势的需要。这时，在教育界又爆发了一场论战。这次论战的焦点在于大学的职能。英国的守旧派坚持大学的职能只是传授知识，尤其是古典学科和文科，反对理科教学，更反对开展科研。以赫胥黎为首的一批科学家批判了旧传统，强调理科的重要性，着重指出大学既是传授学问，又是创造知识的地方，因此科研也必须成为大学的责任。在德国影响下的这次论战，是对牛津、剑桥的挑战，是对 19 世纪新建的并以为地方经济服务为主旨的技术大学的鼓舞，为 20 世纪大学教育的发展确立了双重职能的方向。1915 年以后，科研逐步在大学站稳了脚跟。高校科研管理部门与科技管理人员随后出现，数量慢慢增加。

英国内阁中设有科技部、教育部、贸工部及国防部。科技部下设 5 个委员会，分管农业与食品、经济与社会、医学、自然环境、科学与工程。以科学与工程委员会最大，其经费约为其余 4 个委员会的总和。这些委员

① 薛天祥. 高等学校科研管理［M］. 上海：华东师范大学出版社，1987. 202.
② ［英］阿什比. 科技发达时代的大学教育［M］. 滕大春等译. 北京：人民教育出版社，1983. 94.
③ 吴岩. 中国大学科技体制改革论［M］. 北京：京华出版社，2000. 63.

会制订各自的科研规划，提出各种专业研究方向。各高等学校的系和研究所根据规划，提出申请，进行竞争，中标者就签订合同，获得专项科研经费。

高等教育基金会和科研委员会对大学和学院的拨款合称"双渠道制"（见图3-1）。科研委员会不定期对大学的科研成果进行评比。开展科研评估主要有两个目的：确保公共基金使用的透明度和责任心；基金管理委员会能够有选择地向研究质量高的学院拨款。科研评估采用同行评审的方式，由各领域资深专家进行，最后根据他们的专业技能、专门知识和专家经验做出评判。基金管理委员会根据评出的等级向大学和学院分配研究基金。①

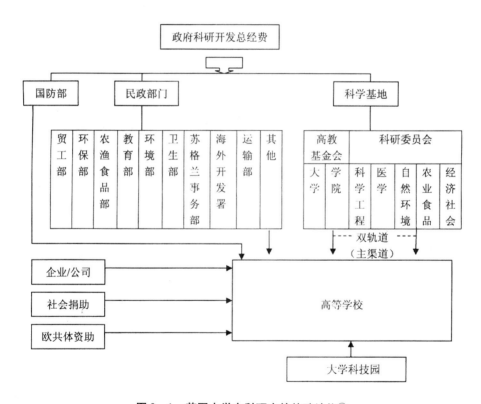

图3-1 英国大学在科研中的特殊地位②

① 周倩. 英国高等教育的评估机制与法律保障 [J]. 理工高教研究, 2005, (1): 16.
② 张泰金. 英国高等教育: 历史·现状 [M]. 上海: 上海外语教育出版社, 1994. 239-240.

可以看出，英国的科研体制决定了高等学校必须通过竞争才能得到更多的科研资源。在高校内部，科研人员负责确定研究的项目、计划的制订，决定科研的进度和项目的结题时间等。但如何才能得到项目和科研经费，需要科技管理人员提供重要服务。这时，高校的科技管理特别是科技管理人员的水平显得尤为重要。为此，英国的高等学校校务委员会专门成立科技管理机构，负责科研计划及经费的审批并有建议权和提供咨询。①

从德国和英国高校科技管理人员产生的历史看，随着科技的进步，高校科技管理专业逐步独立出来，分工更加明确。"但科学和学术的管理是一门需要新技术的新专业，不加改变的应用部队、教会或者政府建立的那套老的管理方法，显然是不够的。"②科技管理人员的身份也在逐步发生变化。高效率的科技管理必须在整体规划下明确分工，在分工的基础上进行有效的综合。"由协作和分工产生的生产力，不费资本分文，这是社会劳动的自然力。"③在高等学校科技管理分工中，主要体现在两方面：

1. 按学科及其构成进行专业分工。学科的发展不再是数、理、化、天、地、生这些基本门类，而是分支纷杂，乃至有二级分支、三级分支等。现代的科学研究不可能再是全能研究了，即使是具有巨大能力的机构也是如此。不仅每个学科要分工研究，而且同一学科不同的研究机构也应有所侧重，进行特色研究。由此产生的结果是，高校科技管理人员不可能对每一个学科都进行管理，需要有专门特长的管理人员根据学科类别进行合理分工，才能产生大的经济和社会效益，才能使所在学校的科学技术研究水平走在其他学校的前列。在高校的科技管理机构中，最简单的分工是自然科学管理和社会科学管理部门的分工（有的高等学校单独成立这两个科研管理机构），在这两大部门分工的基础上，科技管理人员还要有更细的分工，有的负责人文学科，有的负责社会学科，有的负责横断学科等。

2. 根据作业程序进行专业分工。这种分工在高校科技管理部门的不同层次深入进行。现代高等学校已不再是传统意义上的高等教育机构，而是包括了研究发展、成果转让、知识产权与专利、技术服务、大学科技园、科技预测、科技信息、科技规划、科技控制等部门。每一个阶段都需要不同角色的科技管理人员参与。以科技规划为例，它包括三个阶段、七个

① 吴岩. 中国大学科技体制改革论［M］. 北京：京华出版社，2000. 52.

② ［英］阿什比. 科技发达时代的大学教育［M］. 滕大春等译. 北京：人民教育出版社，1983. 93.

③ 中央编译局. 资本论（第一卷）［M］. 北京：人民出版社，1975. 423.

步骤①:

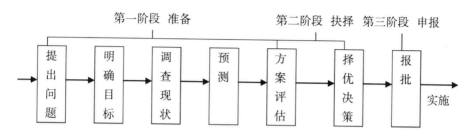

图3-2 高等学校科技规划阶段

在第一阶段,提出问题就是要求高校抓住时机,顺应时代发展,确定学校科技发展重点。相应地,科技管理人员要有观察社会和科技发展的敏锐目光,以及准确判断和战略决策的能力。

明确目标,就是要确立学校科技发展的目标。目标也有不同的层次。但是目标一旦确定,整个学校的科技规划就会围绕它而展开。这要求科技管理人员熟悉学校的科研水平和科研资源,使目标切实可行。

调查现状要求科技管理人员对本校科技规划对象的各构成部分以及有关情况进行系统的调查,以掌握国内外同行的有关信息资料和准确信息,摸清学校科技的发展水平、潜力和实际能力以及存在的问题,建立相关的"信息库"。

预测就是要求科技管理人员配合科研人员、教师,对未来的研究工作、科技发展趋势、社会效果、经济效益等做出判断。高校科技规划制订得如何,与科技管理人员和科研人员的预测关系甚密。

评估要求科技管理人员在汇总调查和预测的基础上,经过系统分析,设计出规划的方案,邀请有关专家、教师、科研人员对它的科学性、先进性和可行性进行评价。随后进行修改、完善,提出完善的方案。

第二阶段是科技规划的决策阶段,是编制程序的关键性环节。择优决策必须有几个方案供选择,这是有效决策的先决条件。科技管理部门提交主管科技的副校长审阅,经由学校学术委员会讨论,最后由校长审定。

第三阶段是审批、备案阶段。经过学校主管领导审定的科技规划需要科技管理人员报请上级主管部门批准备案。

由此可见,科技规划涉及院系科技管理人员、科技(研)处不同部门

① 薛天祥.高等学校科研管理 [M].上海:华东师范大学出版社,1987.77.

的工作人员、主管科技的校领导等，不是一两个科技管理人员能完成的。在目前的高校科技管理中，科技管理人员既有横向分工，也有纵向分工。

（二）管理理论：高校科技管理人员专业化建设的加速器

高等学校科技管理专业是社会分工的结果，但管理理论加速了这种分化，使之更快地朝专业化的方向发展。

1. 从工业管理理论到结构主义。对工业管理活动做出主要贡献的是泰勒（Frederick Taylor）、法约尔（Henri Fayol）和古利克（Luther Gulick）。泰勒考虑的主要问题是组织的生产力，把人看成了经济动物。他的重点在车间一级的生产，而法约尔转而注意管理人员，特别是高级管理人员。他引出了目前众所周知的一些管理因素——计划、组织、指挥、协调和控制，并相信工业和政府的行政管理人员可以据此提高他们组织的效率。[①]"二战"后，利克特（Rensis Likert）非常关注组织中的人际关系。他提出了四种组织形式：剥削的极权主义的、仁慈的极权主义的、咨询性的和参与性的。有效的组织近似于参与性的。这些组织有如下特点：高度的合作行为，组织结构和处理纠纷的相互作用和技能，以及不必求助于行业的权力机构可动员和协调员工的能力。巴纳德（Chester Barnard）对有关行政管理的研究做出了贡献，但他之所以在人际关系学派的群体中占有一定的地位，部分原因是他坚持认为，组织从其本性来说就是合作经营。[②] 正如同工业管理的机械性质似乎是出现和发展人际管理的一个因素一样，过度的人际关系活动也引出了对组织结构更为严谨的看法。韦伯（Max Weber）提出了科层组织的特征：（1）劳动明确分工以便实行专业化；（2）职位组成的职权等级结构；（3）一个明文规定的条例和规章制度；（4）高级职员方面的客观定向；（5）组织中的职业性雇佣。[③]

2. 科层组织思想对教育行政管理的影响。在教育中如同在其他组织中一样，在第二次世界大战结束时，人际关系理论中的一些极端观点处于日益衰落的状况。安德森（Anderson）在《教育中的官僚体制》一书中提出了经验数据和概念分析，以表明在对学校组织进行实际观察时可以看出，这些组织在许多方面是同韦伯提出的科层结构概念相符合的。在提出对学校进行控制的要求，或在学校组织变得更为复杂的情况下，科层组织就发展了。格利菲斯（Griffiths）根据学校组织的科层结构或体制的性质提出了

① 东西方教育丛书编委会. 教育管理［M］. 北京：教育科学出版社，1992.1.
② 东西方教育丛书编委会. 教育管理［M］. 北京：教育科学出版社，1992.2.
③ 东西方教育丛书编委会. 教育管理［M］. 北京：教育科学出版社，1992.3.

一个行政管理理论。他的假设之一是行政管理的首要职能是尽可能有效地控制决策过程。经过对决策进行分析，他提出过程中的六个步骤：（1）认识问题，即为问题下定义和限定范围；（2）对问题进行分析和估价；（3）确立据以判定解决方案的准则或标准；（4）收集数据；（5）制订和选出优先的解决方案并事先进行测试；（6）实施优先的解决方案。这一过程显然是一个合理的过程，也是一个受控制的过程。虽然他承认，行政管理人员的决策必须和教师合作，但很明显，行政管理人员应制定这一过程并加以调节。1950 年至 1970 年，科层体制或结构主义是教育行政管理采用的主要观点。20 世纪 80 年代后这些观点仍然很重要，然而，结构主义"同管理运动或民主观点不同，它并没有吸引一些有献身精神的学生。结构主义观点中几乎没有什么内容可以引起激情。尽管有这种缺乏热情的情况，或许甚至并没有意识到目前有关行政管理的主要观点已经改变，学校组织中的等级制度已经变得比较明显，规章更为明确，专业化更为普遍"。①

3. 大学组织机构的部门化与科技管理专业的出现。古典管理理论主要注重深思熟虑地设计程序，而不是考虑那些不协调行动的相互影响。在传统的管理理论中，结构的作用及其相互关系主要由办公工作说明书和组织机构图表来规定。基本概念是分工、操纵幅度和层次结构。在层次结构的金字塔顶点是一位最高行政长官。为达到本组织明确的目标，合理的做法是清楚划分责任。同样，韦伯认为，合法合理的科层结构（官僚体制）是一种理想的类型，强调了上下有别的等级制度和管辖权。按韦伯的意见，由科层结构管理人员执行行政管理是一种最有效的管理形式。他们训练有素，根据规章条文办事，受上级支配，完全可保证合理、连贯地达到组织的目的。为增强合理性与可靠性，行政管理人员注重在在职人员之间、在职人员与公众之间建立一种超然的、非个人之间的关系，以保证任何在职人员的个人影响降到最低。而科层制作为一种组织原则，"赋予工具理性在人类事务中至高无上的地位"，② 它恰好迎合了事务性工作对效率追求的需要。因此，行政事务从学术事务中分离出来并实行管理职能的专门化，决定了高校的科层管理不仅是必然的，而且是长期的。③ 我们自然会发现，高等学校的管理与韦伯有关科层结构特点的说明相一致。学校行政管理人员通常分工明确，是一种有职有权的等级制度。行政管理部门通常制定一

① 东西方教育丛书编委会. 教育管理［M］. 北京：教育科学出版社，1992.7.

② 查理·福尔柯. 追求后现代［A］. 后现代精神［C］. 王成兵译. 北京：中央编译出版社，1998.126.

③ 姚加惠. 现代大学的科层管理及其改造［J］. 高等教育研究，2005，（6）：13.

系列的规章制度，而且一般根据技术条件来雇佣。

　　尽管高校存在着"专业人员反对科层结构管辖的趋向"，但"恰当的行政管理可缓和这种（紧张）气氛"。① 受管理理论的影响，加之人类知识总量的增长、科学技术的进步，高校的行政管理部门由较早的教授会、教学管理部门、学生管理部门等发展得越来越庞大。例如在美国的密歇根大学，行政管理机构就多达40余个。② 早在1893年涂尔干就预言："政治，行政和司法领域的职能越来越呈现专业化的趋势，对科学和艺术来说也是如此。"③ 以美国的纽约大学为例，行政管理人员专业化现象在20世纪90年代中期已非常明显。1994年，学校的行政管理人员分为专业人员（2864人），办公室职员和技术人员（5060人），服务和辅助人员（1702人）。1989年到1994年，这三类人员的结构悄悄地发生了变化：教师人数增长了9.3%，行政管理人员增长了4.4%。但是，专业管理人员的人数增长迅速，而服务和辅助人员却减掉不少（见图3-3）。"这种变化是学校行政管理人员专业化的结果。"④

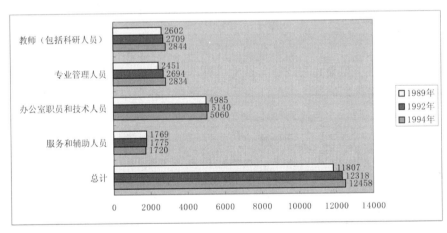

图3-3　1989—1994年美国纽约大学教职工人员数量变化图⑤

　　① 东西方教育丛书编委会. 教育管理 ［M］. 北京：教育科学出版社，1992.53，54.
　　② Sporn, Barbara. Adaptive University Structures ［M］. London and Philadelphia：Jessica Kingsley Publishers，1999.132.
　　③ ［法］埃米尔·涂尔干. 社会分工论 ［M］. 渠东译. 北京：三联书店，2000.3.
　　④ Sporn, Barbara. Adaptive University Structures ［M］. London and Philadelphia：Jessica Kingsley Publishers，1999.92.
　　⑤ Sporn, Barbara. Adaptive University Structures ［M］. London and Philadelphia：Jessica Kingsley Publishers，1999.92.

"为了加强大学对科研工作的管理,'一战'以后高校纷纷建立院校'研究处',使大学科研管理工作更趋于正规化、科学化和制度化。"① 由此,高校专业化科技管理人员的规模越来越大。

(三)教育培训:高校科技管理人员专业化建设的基础

专业现象在美、德、英、法等国家已经被关注了一百多年。作为社会学的一个分支,专业社会学也已有半个多世纪的历史。一个世纪以前,涂尔干在其著作中就提出:"在高等社会里,我们的责任不在于扩大我们的范围,而在于使它们不断集中,使它们朝着专业化的方向发展。"② 对于高校科技管理人员来说,专业知识和技能是他们得以专业化的基础,是自己职业的标记。因为,在现代社会里,特别在不同的专业之间,知识的表达常常通过符号或专门性的术语,而不是人类日常生活的语言。"学术已经达到了空前的专业化的阶段,而且这种局面会一直持续下去。无论是就表面还是就本质而言,个人只有通过最彻底的专业化,才有可能具备信心在知识领域取得一些真正完美的成就"。③ 由此产生了所谓的"知识专业化"现象:现代社会是专业分工越来越细的社会,通才毕竟是少数,专才才是大多数。

高校科技管理人员专业化需要经过专门的教育、训练或者培训。专业知识和技能是不同专业间权力的象征,专门的教育机构是他们获得专业知能最好的组织形式,系统的课程安排是获得专业知能的保证。社会学家福柯、华勒斯坦等人就用有关知识和权力的空间化来描述专业化。当今把学习活动以各门学科组织起来的形态,被福柯视为是"规训"体系权力机制运作的结果。这里的"规训"又译作"学科规范",以表明比较含蓄、隐蔽的教育和知识权力。高校科技管理人员要掌握的知识与其他专业相比,有自己的独特性,这种"知识一旦能够应用地区、区域、移植、移位、换位这样的术语来描述,我们就能够把掌握知识作为权力的一种形式和播撒权力效应的过程"。④ 他们认为,专业化的过程就是由同业人员组成的社会群体"生产"知识,服务社会的过程。专业知识带来权力。

从学科的角度看,高校科技管理专业是管理专业、教育(行政)管理

---

① 陈孝彬. 外国教育管理史 [M]. 北京:人民教育出版社,1996.170.
② [法]埃米尔·涂尔干. 社会分工论 [M]. 渠东译. 北京:三联书店,2000.359.
③ [德]韦伯. 学术与政治:韦伯的两篇演说 [M]. 冯克利译. 北京:三联书店,1998.23.
④ [法]福柯. 权力的眼睛——福柯访谈录 [M]. 严锋译. 上海:上海人民出版社,1997.205.

专业、高等教育管理专业、科技管理专业等共同作用的产物。如果说高校科技管理人员的专业身份是身体的躯壳，那么，高校科技管理的专业知识和技能则是身体的血和肉。职业生活是当今人类社会最重要、最基本的生存状态。"对于我们社会的绝大多数成年人而言，职业通常是人们的首要身份"。① 在职业专业化的过程中，人们需要各种知识和技能。学科就是按照学术知识划定的一个空间。美国社会学者哈里曼（Robert Hariman）曾说："要建立一门学科，首先得要确定一个特定的研究空间，最好就是使该项研究跟社会某个管理领域联系起来。"② 而在这当中，高等学校成为知识空间化的最佳体现。高等学校不仅是学科规范系统的核心机构，更是空间界划的典型。知识被分成部门、学院、学系以及学科、次学科，甚至课程和图书馆书架上书籍的编排次序等不同的范畴。在哈里曼看来，社会可以根据不同的特定空间来加以区别，每个特定空间都有其特定的管理方式，由特定的知识体系支撑着。人们对于各个"空间"的陈述给以不同的学科名称：家庭经济学、教育学、管理科学、医学、殡仪科学、社会学、刑罚学、精神病学、人类学、社会工作学等。③ 由此可见，高等学校科技管理必须有自己的知识体系，也就是说，必须在知识的空间分化中占有自己的一席之地。要维持专门分化的空间，就要发展出一种以专门训练、特殊知识、管理技能、专业伦理规范，以及献身于一种特定生活方式为主的文化。在高校科技管理人员专业化建设的过程中，"规范化"教育和培训就成为核心。

（四）专业组织：高校科技管理人员专业化建设的依托

正如高校行政管理人员专业成长的经历一样，大致说来，高校科技管理人员专业化经历了四个阶段。

第一阶段："家长制"的高校科技管理人员。高等学校最早成立的科研机构，其中有的是依靠科技专家筹款建立的，他们理所当然地成为科研带头人和科技管理者。由于社会生产的分散，科学研究作为一种社会分工，也是分散的个人研究。当时的科学研究完全是大学教授和科学家们个人的兴趣和爱好。这就是高等学校科技管理的第一阶段，"二位一体"的原始科技管理方式。也就是说，这时的科学技术活动是科学家个体或者带上几个助手独立进行的。因此，有人把这种科学技术研究称作"自由职

① ［美］戴维·波普诺. 社会学［M］. 李强等译. 北京：中国人民大学出版社，1999. 97.
② ［美］麦克洛斯基. 社会学的措辞［M］. 许宝强等译. 北京：三联书店，2000. 260.
③ ［美］麦克洛斯基. 社会学的措辞［M］. 许宝强等译. 北京：三联书店，2000. 262－264.

业",还没有成为社会的一个独立体制。

第二阶段:"硬专家"式高校科技管理人员。随着资本主义"竞争转化为垄断。生产的社会化有了巨大的进展。就连技术发明和技术改进的过程,也社会化了"。① 这时科学技术的研究方式发生了变化。科学家开始了某种形式的社会协作,由个体变为集体,需要有专门的组织管理者来加强科技工作的计划、组织、指挥和协调,于是就出现了科学技术专家来管理科学研究,也称"硬专家"式的管理。"硬专家"式的科技管理人员相当于企业管理中的经理。科学家既担任研究机构的行政负责人,又是学术带头人,他们大都是高校的研究所选拔或者招聘的,像英国剑桥大学的卡文迪什实验室历届主任,几乎都是该学科领域的学术权威。第一任主任是麦克斯韦,曾被爱因斯坦认为与伽利略、牛顿、法拉第在物理史上占有同等重要的地位。以后的几届主任,如瑞利曾在气体密度的研究工作中卓有成效,并发现了氩气;发现电子的汤姆逊用他自制的气体导电仪,证实了原子可分论;卢瑟福提出了元素天然性衰变理论;曾同他人一起获得1977年诺贝尔物理奖的模特教授,领导卡文迪什实验室近二十年,他把固体物理研究部发展成为一个规模庞大的现代化实验室。

"家长制"和"硬专家"式的科技管理阶段可以称为传统科学技术管理阶段,主要特点是依靠管理者个人的才华和经验来进行,没有形成系统的管理方法和理论。

第三阶段:"软专家"式的高校科技管理人员。20世纪50年代以来,由于现代科学技术的飞跃发展,科学技术研究的规模越来越大,学科的分化越来越细,而科学技术研究课题却越来越复杂和综合,开始了所谓的"大科学"时代。这时,传统的科技管理方式已经不能适应现代科学技术和社会发展的需要。科研人员虽然是某一科学领域的佼佼者,但并不等于具有同样的组织和管理才能。在高等学校院系和研究所中,有大量的用人、理财、编制计划、处理人与人之间的关系等工作要做,于是就出现了一些既了解科学技术而又懂得经济、熟悉现代管理理论的"软"专家担任科技管理人员。如美国研制原子弹的"曼哈顿"工程,多所大学和研究机构参与其中。当时并没有选用学术水平极高的三位诺贝尔奖金获得者,而是选用了不知名的物理学家欧本海默担任研制总指挥。关键在于欧本海默"知识面广,善于团结人,有组织才能……",格罗夫斯少将如是说:"他完成了交给他的使命,而且完成得很出色。我们永远不会知道,是否有其

① 列宁选集(第二卷)[M].北京:人民出版社,1995.592.

他人能比他做得更好，或者做得一样好。"①

第四阶段：专业化的科技管理人员。"软专家"式的管理方式的出现使科学技术管理摆脱了传统管理方式，进入到了现代科技管理阶段。近几年来，随着现代科学技术的广泛渗透，科学研究的规模更大，国际间的交流与合作越来越多。以美国大学为例，在有些研究领域，由于科研设备日益复杂和昂贵，科研人员和科技管理人员日益增多，在大学中出现了很多的独立研究机构，有些大学甚至在校外设立研究机构或者研究中心，从事研究的专职人员越来越多，而且研究机构和研究中心都是跨学科的，从而集中了不同学科、不同专业的科技人员共同致力于综合性的研究课题。跨学科研究已成为目前大学研究发展的一种重要方向。例如，麻省理工学院设立的地球科学研究中心、生命科学研究中心、材料科学研究中心、空间科学研究中心等；伊利诺斯大学设立的微电子中心、生物技术中心、材料研究实验室、先进科技研究所等。这些研究机构由学校科技管理人员代表校长进行领导和管理。② 在重点高等学校多达几十名科技管理人员为科研人员、科研机构服务。③ "美国政府有些部门甚至将自己建立的某些重要实验室，也委托给大学代为管理。"④ 由此，高校单靠"软"专家个人的组织管理能力远远不能适应现代科学技术和社会发展的要求，迫切需要一支由现代科学技术管理学理论武装起来的专业化科技管理队伍，作为科研人员和广大教师的"智囊团"、"思想库"和"参谋部"。

高校科技管理人员首先是一个业缘群体（业缘群体以共同的职业为结缘纽带⑤），是以科技管理职业活动为生存、发展方式联结而成的人类聚合体，即由从事高校科技管理工作的人所组成的人群，它是高校行政管理专业不断分化，管理活动的专业化程度日渐提高的产物。一方面，随着科学技术的发展，高校科研活动的开展，需要从高校行政管理人员中抽调、选拔一部分人参与科技管理。他们原有的知识和技能很多不能直接使用，必须通过专门的学习来获取，这就需要专业机构进行培训。另一方面，随着高校行政事务的复杂化，使一部分成员完全脱离了教育教学，专门从事科技管理工作。这样，专业化的科技管理活动从混杂一体的高校行政管理活

① 夏禹龙. 领导科学基础 ［M］. 南宁：广西人民出版社，1983.17.

② 朱斌，靳晓明等. 美国科学技术 ［M］. 北京：专利文献出版社，1999.250.

③ 朱斌，靳晓明等. 美国科学技术 ［M］. 北京：专利文献出版社，1999.248.

④ 朱九思. 序——兼谈科教兴国的两个问题. 参见沈红. 美国研究性大学形成与发展 ［M］. 武汉：华中理工大学出版社，1999. Ⅴ.

⑤ 傅松涛. 教育社会学新论 ［M］. 保定：河北大学出版社，1997.20 −37.

动中分化出来，成为一部分学校成员专门从事的职业活动。高校科技管理人员的职业群体在慢慢扩大，专业组织的雏形也慢慢形成。为了追求专业的地位，为了实现成员的专业发展，20世纪50年代后期，高校科技管理专业组织在欧美大量出现（第六章详述），也出现了科技管理专业资格认证制度。随着科学技术分支越来越细，学科分化越来越多，每个科技管理方向的知识日益丰富，高校科技管理专业内部也在改进，整个行业的专门性和独立性也随之强化。

（五）专业章程与伦理：高校科技管理人员专业化建设的规范

高校科技管理专业组织都有自己的组织章程和伦理规范，对高校科技管理人员进行管理和约束。福柯把"规范化训练"看成是现代社会权力技术的核心。[①] 社会学家把人们在特定环境下被要求如何行动、如何思考、如何体验的期许称为规范。[②] 规范引出了一种标准化的高等学校科技管理教育和高等学校科技管理专业团体，在组织一种全国性高校科技管理专业和能够统一的、标准的高校科技管理人员的努力中，它得到确立；同时，在使科技管理过程标准化的努力中，它得到确立。高校科技管理专业规范规定了科技管理人员活动的方向、方法和式样。没有这些规范，就无法保证他们活动乃至生存的合理性、协调性、有序性、共同性和目的性。许多社会学理论，特别是帕森斯的"社会行动理论"假定：社会规范是既定的，个人通过社会化将其内化并依据规范行动。[③] 大部分社会规范都与人们的社会地位及所承担的社会角色密切相关，或者与特定的时期有关。专业组织规范是特殊的、具体的，它受到特定情况的限制，但通常被认为是专业人员行动的指针，决定一个人在特定的情况下应该做什么，不应该做什么。[④] 作为拥有一定社会地位和身份的高校科技管理人员，必须有一套由其身份地位所规范的社会心理与社会行为范式，这种心理与行为范式集中体现于职业形象之中；个体又通过职业形象的塑造，在心理与行为上去符合相应的社会心理和社会行为范式。[⑤] 也就是说，高校科技管理专业要正常运作，就必须强化它的专业组织规范。现代社会越来越走向知识性，知识成为关键资源，未来社会将越来越多地依赖知识管理者，专业人士将

① ［法］福柯. 规训与惩罚：监狱的诞生［M］. 刘北成等译. 北京：三联书店，1999. 207.
② ［美］戴维·波普诺. 社会学［M］. 李强等译. 北京：中国人民大学出版社，1999. 70.
③ 杨善华. 当代西方社会学理论［M］. 北京：北京大学出版社，1999. 107.
④ ［美］戴维·波普诺. 社会学［M］. 李强等译. 北京：中国人民大学出版社，1999. 71.
⑤ 朱德全. 试论教师形象设计的多维性［J］. 高等师范教育研究，2000，（6）：40.

成为社会劳动力的主体。高校科技管理人员作为受过正规教育、具有专业知能的工作者，在现代社会里扮演着科技管理代言人的角色，他们以这种身份参加社会资源的生产和分配，当然就应对其进行规范要求。

（六）国家通过制定相关法律法规对高校科技管理专业进行保护

1915 年，英国政府在创建科学及工业研究部的白皮书中指出："所有科研的很大部分必须在已得国家资助的大学和学院里进行，从事科研的合格的青年人员的提高与培训也只能依赖公共教育系统"。这就为英国大学在科研中的特殊地位奠定了基础，也为大学科技管理人员的发展提供了契机。1987 年英国政府发表了以《迎接挑战》为题的高等教育改革白皮书，1988 年通过了教育改革法，1991 年公布《高等教育：一个新的框架》，这些法律、法规体现了科学研究的重要性，同时对大学的科技管理人员提出了更高的要求：高校科技管理人员要使科研活动更好地与工业、商业挂钩，在科研人员和企业之间架起桥梁，使科研及技术成果较快地转入生产。通过高校科技管理人员、科研人员的共同努力，英国高校获得的科研经费从 1979—1980 年度的 11.85 亿英镑增加到 1987—1988 年度的 12.87 亿英镑。1991 年的白皮书明确提出：高等院校要为"在职人员提供业余学习班"。科研经费的竞争机制使高校对科技管理人员越来越加以重视。① 德国、日本、法国高校中多数科技管理人员属于国家公务员，有专门的公务员法保护他们的权利。

二、国外高校科技管理人员专业化建设的历史经验

从国外高校科技管理人员建设的历史进程看，高校科技管理人员专业化建设不仅是必要的，而且是必然的趋势。

1. 高等学校在科技发展中显示出越来越重要的地位是科技管理人员专业化建设的催化剂。从国外发展的历史看，很多国家都相当重视高等学校的科学技术研究，因为高校不仅汇集着众多的科学家、众多的研究人员，而且有着重要的智力支持、研究保障和学科优势。高校承担的项目，无论是基础研究、应用研究还是实验发展研究，都在与日俱增。这不仅要求高校科技管理人员量的增长，还要求管理效率的提高。更为重要的是，要适应这种变化，高等学校科技管理人员必须及时更新管理知识，提高科技管

---

① 张泰金.英国的高等教育：历史・现状［M］.上海：上海外语教育出版社，1994.109 – 124.

理能力。

2. 日益激烈的科学技术研究资源的竞争是高校科技管理人员专业化建设的推动力量。无论是在全球，还是在国内，或者是在高校内部，如何获取更多的科学技术研究项目，如何获得更多的科研经费，如何更多地转让科技研究成果，如何更多地获得专利，如何有效地保护知识产权等，不仅要求高等学校科技管理人员有获取科学研究信息的敏锐性、判断力，还要求高校科技管理人员熟悉科学研究的规律和发展趋势，熟悉国家的科学技术研究政策，熟悉科学技术研究的法律法规。

3. 科技管理理论和科技管理学科的形成是高校科技管理人员专业化建设的技术支撑。20 世纪 50 年代以后，科技管理理论吸收了科学管理理论、行为管理理论、科层管理理论、教育管理理论等，也受到科学学、科学政策学等学科的影响，科技管理理论逐渐发展和成熟。科技管理课程成为高等学校课程的一员，科技管理学科慢慢在高校站稳脚跟，科技管理专业人员后备力量逐步壮大。

4. 高校科技管理人员的专业知能来源和提升逐渐有了可靠保障。高等学校、科技管理专业组织提供的教育和培训不仅体现在学科教育的系统性上，而且体现在培训内容的时代性上；不仅体现在专业教育的规范性上，而且体现在培训的长期性上。这些教育和培训是科技管理人员专业成长最重要的组成部分，正如鲁迪所说："它提供了高质量的专业训练，实现了工业化时代所要求的较早的专门化。"①

5. 高校科技管理专业组织越来越多，影响也越来越大，组织活动有章可循，组织行为受到专业伦理规范的约束。有些国家既有全国性、区域性的专业团体，也有依照学科门类成立的科技管理人员专业组织，还有行业性的科技管理人员专业组织。这些组织定期开展活动，如年会、讨论会，或者是培训活动，一方面提高科技管理人员的专业知能，一方面解决高校科技管理中的普遍性问题。更主要的是，它可以有效保护科技管理人员的合法权益。

6. 高校科技管理人员通过管理创造了重大的经济和社会效益，这是他们生存的根本，也是专业化建设受到重视的重要原因。管理就是协调，高校科技管理人员协调校内和校外科技管理部门之间的关系、协调学校和企业之间的关系、协调科研人员之间的关系、协调各种科研资源的利用与分配。通过协调，人员得以合理分配，项目得以合理整合，资源得以合理利

----

① 转引自贺国庆. 德国和美国大学发达史［M］. 北京：人民教育出版社，1998. 185.

用，成果得以合理开发。管理就是效益，通过高校科技管理人员的有效管理，使科技成果较快地转化为生产力，为社会创造重大的经济效益。

7. 高校科技管理人员的专业发展逐步法制化和制度化。像上面提到的日本和德国，高等学校的科技管理人员属于国家公务员，他们的资格、选拔、晋升、进修等在公务员法上都有明确规定，权利和地位能够得到充分保护。

第三节　我国高校科技管理人员专业化建设的历程

新中国成立 60 年来，高校的科技管理人员专业化建设与高校科技工作的发展密切相关，经历了不同的历史阶段，有受到重视的时候，也有被忽视的时候，也有十年"文革"几乎完全中断的时候。大致可以分为六个阶段。

一、起步阶段（1949—1955）

新中国成立后，高等学校成为新中国高等教育的主力军。1950 年 7 月，教育部《第一次全国高等教育会议的报告》提出，"我们的高等学校必须进行系统的基本的科学理论知识的教育，必须进行科学研究工作。" 1952 年成立了高教部，部长马叙伦 1953 年指出，"在加强教学工作的基础上，密切结合教学逐步开展科学研究。"据不完全统计，1953 年底至 1954 年秋，开展科学研究的高校有 52 所，约占当时高校总数的 1/3。1954 年 3 月，中共中央在对中国科学院党组报告的批示中提出，"全国高等学校集中了大量的科学研究人员，为发挥这部分力量，为提高高等学校教学的科学水平，必须在高等学校开展科学研究工作。高等教育部应当从现在起，在与教学工作相协调的前提下，有步骤地积极地推动和组织这项工作。"为配合中央指示，高教部编印了《论高等学校科学研究工作》一书向全国发行。中央的这个批示，对高等学校科学研究起到了很大推动作用。从 1954 年秋到 1955 年秋，开展科学研究的高校有 98 所，约占当时高校总数的 1/2；参加科研的教师 10590 人，占教师总数的 27.3%。① 学校专门的科

---

① 参见教育部科学技术司. 中国高等学校科技 50 年［M］. 北京：高等教育出版社，1999. 3 - 5.

技管理机构逐渐设立。如1954年2月复旦大学成立研究部，下设研究科，有人专门负责学校的科学技术研究管理工作。① 但当时高校没有专门的科研经费，开展科学研究，或从专业设备费、机要专业开办费中解决一些，或者依靠协作单位支持。在这种情况下，高校科研难以有大的发展，科技管理人员专业化建设更没有受到重视，虽然有一些方针性的指导意见，但由于各方面、各部门存在不同意见，在高教系统也未能有效地贯彻执行。

二、关注阶段（1956—1961）

正如朱九思先生所言，"1956年，国家制定12年科研规划，将大学列为国家科研的一个方面军，大学才开始考虑科研问题。"② 这也给高校科技管理机构的设置提供了契机。关于我国统一的科学研究工作系统的设想由四个部分组成，即中国科学院、产业部门的研究机构、高等学校和地方性研究机构。可以看出，高等学校排在第三位，这与"各个高等学校的科学力量，占全国科学力量绝大部分"③ 的状况是不相适应的。1956年以后，高校科学技术研究在起伏变动中有所发展。1957年的反右扩大化极大地震动了知识分子；1958年的大跃进、国民经济调整、高教工作六十条等，都对高校科技工作产生了很大影响。1959年，国家科委、教育部召开会议，充分讨论了高等学校科学研究工作的方针、任务和组织领导等方面的问题。会议指出，高等学校是科学战线的一个方面军，开展科学研究，是高等学校的重要任务之一，是提高教师水平、丰富教学内容，使理论与实际更加紧密结合，从而提高教学质量的重要途径。要统一领导、全面安排、归口管理。④ 1961年12月份召开的部分直属高等学校科研处处长座谈会上，要求高校科技管理部门在深入调查研究、总结经验的基础上，拟定各高等学校科学技术研究长远规划。科技管理人员的工作幅度在逐渐扩大，但流动性还比较强。如在1957年，复旦大学撤销研究部，成立教学科学部，研究科受其领导。⑤

---

① http://www.dst.fudan.edu.cn/about.htm/2005-12-1.

② 朱九思. 序——兼谈科教兴国的两个问题. 参见沈红. 美国研究性大学形成与发展 [M]. 武汉: 华中理工大学出版社, 1999. II.

③ 毛礼锐. 中国教育通史 [M]. 济南: 山东教育出版社, 1989.116.

④《中国教育事典》编委会. 中国教育事典（高等教育卷）[M]. 石家庄: 河北教育出版社, 1994.183.

⑤ http://www.dst.fudan.edu.cn/about.htm/2005-12-1.

1962—1965 年是高校科技工作第一个良好的发展时期。1962—1963 年间，中央做出了重要决策，使高校科研纳入了国家计划，不仅在国家科学规划中得到了反映，而且在国家科学预算拨款中开列了户头。大学开始在我国科学事业中以一个方面军的姿态显示其强大的生命力，某些研究领域的研究工作进入了世界先进行列。1962 年 10 月，为了加强高等学校科学研究工作，教育部专门发出了《追加高等学校科研人员编制》的通知。通知明确指出，科学研究的管理、辅助人员要相对稳定，一般不要轻易调动。①

1963 年 1 月，教育部召开高校科研会议，直属高校主管科学研究工作的校（院）长、科研处长等 100 多人参加。会议对高等学校科学研究的方针、任务、研究方向、选题原则、组织管理、科研机构、领导体制等一系列问题作了明确规定。② 根据会议精神，一些高校强化了科技管理机构，如 1964 年 3 月，复旦大学撤销教学部、科学部，成立社会科学处、自然科学处、教务行政处。③ 在这一时期，我国高校科研得到了较为稳定的支持，获得了迅速的发展，结出了丰硕成果，也为高校科技管理工作创造了好的环境。

三、受挫阶段（1966—1976）

政治对高等教育的影响在"文革"十年中达到登峰造极的地步，高校科研工作步入严重受挫阶段。1966 年开始"停课闹革命"，"在学校管理方面否定'学校必须由懂得业务的专家管理'，……由工人宣传队领导学校，由工农兵学员'上、管、改'。学校中的一切管理制度被取消"。④ 高等学校停办，科学研究和管理工作自然无法开展。1971 年部分高等学校恢复招生，多数高校从 1972 年开始正式招生。在缺乏经费、仪器以及经常受到干扰的极其困难的情况下，高等学校的教师和科研人员、科技管理人员仍然坚持进行了一些科研工作，取得了一些科研成果。如复旦大学在这一

---

① 《中国教育事典》编委会. 中国教育事典（高等教育卷）[M]. 石家庄：河北教育出版社，1994. 186.

② 参见教育部科学技术司. 中国高等学校科技 50 年 [M]. 北京：高等教育出版社，1999. 16 – 21.

③ http://www.dst.fudan.edu.cn/about.htm/2005 – 12 – 1.

④ 高奇. 中国高等教育思想史（第二版）[M]. 北京：人民教育出版社，2001. 408.

时期,在教育革命组下面设立了分管科研的小组。① 但总的来说,十年
"文革"对高等学校科研工作的破坏是极其严重的,我国与世界先进科技
水平之间本来就不小的差距又进一步拉大了。在这十年,高校科技管理人
员专业化建设几乎陷于瘫痪。

四、恢复阶段(1977—1980)

1976 年,高校科技工作进入了十年"文革"重创后的恢复阶段。1977
年 8 月,邓小平主持召开科学与教育工作座谈会。他特别指出,要抓一批
重点大学,将它们办成教育与科研两个中心。同时,邓小平同志也认识到
为科研和教学工作服务的重要性,提出"要为科研工作者和教育工作者创
造条件,使他们能够专心致志地从事科研、教育工作"。因为一些科研人
员到处跑器材,耽误事情,浪费时间,是一种很大的损失,一定要有一批
人搞服务工作。服务工作"也是一门学问,也需要学习,也能出人才,不
钻进去是搞不好的"。②

1978 年 3 月,邓小平在《在全国科学大会上的讲话》中指出,科技管
理工作"要有分工负责,要从上到下建立岗位责任制。这样,工作才能有
秩序,有效率,才能职责分明"。③ "但是,应该承认,怎样科学地组织管
理和领导好社会主义的科学技术事业,我们面前还有很大的未被认识的必
然王国。不改变这种状况,就很难取得大的成就,就不会有主动权。"④

随着高校恢复发展,行政管理人员的教育工作受到重视。同时,随着
科学技术研究在高校地位的确立,高校科技管理工作也得到恢复。1980
年,教育部发出《关于加强高等学校干部教育的意见》。⑤ 文件提出高校行
政管理人员教育工作的方针是:以马列主义、毛泽东思想为指导,以解决
我国"四化"建设中的问题为中心,学习有关理论和实践知识,培养一支
懂得马克思主义基础知识和党在新时期的方针、路线、政策,坚持社会主
义道路,具有专业知识,富于创新精神的干部队伍,并从中造就一批管理

① http://www.dst.fudan.edu.cn/about.htm/2005-12-1.
② 中共中央文献编辑委员会.邓小平文选(第二卷)[M].北京:人民出版社,1994.56.
③ 《中国教育事典》编委会.中国教育事典(高等教育卷)[M].石家庄:河北教育出版社,1994.97.
④ 《中国教育事典》编委会.中国教育事典(高等教育卷)[M].石家庄:河北教育出版社,1994.99.
⑤ 《中国教育事典》编委会.中国教育事典(高等教育卷)[M].石家庄:河北教育出版社,1994.20.

专家。文件提出，要创办短期培训班，普遍轮训高等学校行政管理人员。有条件的高等学校，要举办行政管理人员进修班，组织行政管理人员跟班听课和参加业余学习。

此后，高校科技管理人员踏上了专业发展的阳光之路。如在 20 世纪 70 年代末，上海交通大学等高校针对"各级科研管理干部的观念、知识水平与科研改革和发展的需要存在不小差距，当时科研管理干部缺少管理理论知识，有些还认为理论是远水不解近渴，理论不解决实际问题。…… 习惯于深陷事务，'没有时间'学习有关管理知识"的情况，率先开展了教育、科研改革，全国很多院校"纷纷去取经，当时门庭若市，应接不暇"。①

五、发展阶段（1981—1984）

与经济的快速发展相适应，我国高校科技工作步入快速发展阶段。1981 年以后，"两个凡是"的影响逐步被清除，经济建设越来越明显地成为国家的中心任务。并不是说此后再没有来自"左"或者"右"的方面的对经济建设的干扰，但这些干扰已不足以动摇以经济建设为中心的战略决策。

由此，科技工作的重要意义自然而然地凸显出来。1982 年，中共中央提出了新的科技方针。对于高校科技工作，中央要求组织"教育科研生产联合体"，实行教育科研生产三结合，加强与产业部门和研究单位的联系与合作。这一时期，为了保护知识产权，同时也为了有效落实国家的科技方针，教育部于 1982 年 8 月在北京举办了第一期"专利讲习班"。参加人员为教育部直属高等学校和部分省市教育厅（局）的科技管理人员。他们在专利讲习班学习了专利基础知识和专利文献检索知识。② 这是国家较早对高校科技管理人员进行的专业知识和能力培训。1984 年和 1985 年，为了培养高校专利代理和专利管理人才，教育部派出科技管理人员分别赴日本、美国、法国、英国、联邦德国和瑞士等国进修专利代理和专利审查业务，考察了有关专利机构、大学和科学研究机构，通过学习，基本上弄清

① 课题组（组长吴荫芳）. 高等学校科研管理研究会发展回顾与展望［R］. 西安，2005. 2.
② 《中国教育事典》编委会. 中国教育事典（高等教育卷）［M］. 石家庄：河北教育出版社，1994. 196.

了几个国家专利人才的培养制度、途径和方法。① 同时在国内还与有关单位共同举办了"专利申请代理培训班"、"全国专利文献检索学习班"、"专利干部法律研究班"、"许可证贸易讲习班"等培训班。通过派人出国学习和举办各种培训班,为高校培训了专利代理和专利管理人才。②

20世纪80年代初,哲学社会科学、人文社会科学研究也慢慢受到重视。1983年,全国第二次教育科学规划会议召开,期间成立了中国高等教育学会。③ 1984年,教育部科技司还专门成立软科学学科评审组,对高等学校提出的申请项目进行同行评议。

新形势、新情况、新任务又对高校科技管理人员提出了新的要求。开展科技管理研究成为教育部和高校的共识。1983年底、1984年初教育部开始给予科研经费支持科技管理研究。1984年12月,教育部和四川省高教局在成都召开了高校科技管理研讨会。这是改革开放后研讨高校科技管理工作的第一次专门会议。出席会议的除教育部、四川省高教局、科委、广东省高教局的代表外,还有全国44所高等学校的代表,这些学校包括综合性、理、工、农、医、师院校,分布在北京、上海、天津、吉林、辽宁、山东、山西、陕西、甘肃、四川、湖北、江苏、安徽、浙江、广东、福建16个省、直辖市。87名代表中绝大多数是科技管理干部,④ 这为高校科技管理人员进行学习、交流,为有效改革高校科技管理、推动科研工作迅速发展,打下了坚实的基础。

六、开创阶段 (1985—)

1985年是我国科技、教育发展史上非常重要的一年,中共中央做出了教育体制改革的决定,高校科技、教育格局从此开始了重大变革。《中共中央关于科技体制改革的决定》中,明确规定了"高等学校担负着培养高级专门人才和发展科学技术文化"的双重职能,提出"高等学校和中国科学院担负着基础研究和应用研究的重要任务",以后又陆续提出高等学校

---

① 《中国教育事典》编委会. 中国教育事典(高等教育卷)[M]. 石家庄:河北教育出版社,1994.203.

② 《中国教育事典》编委会. 中国教育事典(高等教育卷)[M]. 石家庄:河北教育出版社,1994.205.

③ 《中国教育事典》编委会. 中国教育事典(高等教育卷)[M]. 石家庄:河北教育出版社,1994.198.

④ 课题组(组长吴荫芳). 高等学校科研管理研究会发展回顾与展望[R]. 西安,2005.2.

应根据国家总体部署，把科技力量有效地组织到为国民经济服务的主战场，同时保持精干力量稳定持续地进行基础研究和高技术研究与开发；要从实际出发，因校因学科因地制宜，有计划、有重点、分层次、分类型安排科技工作。为了使高等学校转让科学技术有所遵循，教育部制定了《教育部部属高等学校科学技术转让实行条例》，1986 年 6 月颁布试行。科技管理人员必须掌握高校研制开发的新的科学技术成果和先进技术在应用推广中实行有偿转让的原则，必须对高校科研成果的所有权问题和有偿技术转让的计酬与收益分配等问题熟练掌握。1987 年，《国家教育委员会关于改革高等学校科学技术工作的意见》指出，"要选拔既懂科学技术又有较高政策水平和管理能力并热心于管理工作的干部充实科学技术管理队伍。对于长期从事科学技术管理工作的人员，要根据岗位工作需要，本人的水平和贡献大小，妥善解决其相应的技术职务问题。"对高校科技管理人员资格提出这么具体的要求，在我国还是首次。同时，也初步为高校科技管理人员专业化建设指明了方向。

1985 年中国高等学校科研管理研究会成立，揭开了高校科技管理人员专业化建设的新篇章，为科技管理人员专业化建设提供了重要的发展契机，它是全国性学术团体中会员队伍最大、网络组织最齐的成员之一。在刚开始的十多年里，高校科研管理研究会开展了大量的工作，会员发展到6000 多人，团体分会 27 个，组织了 7 次全国性的学术讨论会。会员共提交论文近千篇，对提高科技管理人员的理论水平和业务素质、推动高校体制改革起到了十分重要的作用。[①] 同时，研究会 1987 年创办了会刊《研究与发展管理》，这是我国高校科研管理领域唯一的一份刊物。

1992 年 8 月高等学校社会科学科研管理研究会成立。研究会的宗旨是：团结与组织高等学校和教育行政单位社会科学科研管理工作者，以马克思主义为指导，紧密联系高校社科管理实际，研究、总结、交流、推广国内外高校社会科学管理的理论、方法和经验，探索高等学校社会科学管理的规律，为提高社会科学管理人员素质与管理水平，推动高等学校社会科学管理的现代化、科学化，促进高校社科研究的繁荣和发展服务。研究会配合国家教委社科司、各省市自治区教委和高等学校开展了不少调研、培训等活动。[②]

---

① 阙维明，张炳钰等. 学会（研究会）要在改革中求发展 [J]. 研究与发展管理，1997，(5)：5.

② 吴同瑞. 回顾与展望 [J]. 思想理论教育导刊，1996，(1)：11.

1995 年的《中华人民共和国教育法》规定学校及其他教育机构的管理人员实行职员制度，1998 年的《中华人民共和国高等教育法》规定高校管理人员实行职员制度。2000 年，为了探索高校管理队伍建设的新思路和新机制，教育部开始在全国部分高校启动职员制度试点工作，[①] 相应的配套政策也在制定中。高校行政管理人员（包括科技管理人员）的法律地位和身份的解决初露端倪。

20 世纪 80 年代，高校科技管理学科建设问题提上日程。80 年代中期是我国科学学研究的繁荣时期，几十所大学开设了科学学研究的教学工作，多所大学招收了研究生，[②] 部分学校也设立了科技管理方向。末期出版了梁其健、姜英编著，华中师范大学出版社 1987 年 5 月出版的《高校科研管理概论》，率先对高等院校科学研究事业的管理进行了全方位的审视和探讨，针对高等学校的特点，特别是当时科技体制改革的新形势，全面、系统地论述了高等学校科研管理工作。作者认为，高校科研管理工作是一项系统工程，且注意到系统的层次性和各个子系统之间的关系，并试图为这个系统及其子系统的运行建立一套行之有效的理论原则和系统方法，为科研管理理论的发展，尤其是为高校科研管理理论的发展奠定了基础。薛天祥任主编、唐安国任副主编，1987 年 10 月由华东师范大学出版社出版的《高等学校科研管理》一书，作为国家教委哲学社会科学"六五"研究计划的课题，从高等教育管理学的角度，对高校科研管理进行了研究，是一部不可多得的、富有理论建树的著作。该书分为四个部分：①学校科研管理的理论。阐明高校科研管理的基本概念和研究方法，分析高校科研的特点，概述高校科研的管理原则；②高校科研管理的内容；③高校科研管理的途径与方法；④高校科研管理者的管理。对高校科研管理进行全方位研究的学术专著还有许多，如周达谦、余年生著，云南大学出版社出版的《高校科研发展探索》；陈震、赵经贵主编的《高校科技管理》等。[③] 这些书包括前面我们分析的几部学术专著，为高校科技管理科学的发展，提供了理论指导。

---

① 马陆亭. 高等学校的分层与管理 [M]. 广州：广东教育出版社，2004，234 – 235.

② 宋伟，孔繁仕. 科研管理若干问题研究 [J]. 河南大学学报（社会科学版），1999，(3)：112 – 113.

③ 宋伟，孔繁仕. 科研管理若干问题研究 [J]. 河南大学学报（社会科学版），1999，(3)：111.

第四节　目前面临的严峻形势与存在问题

从历史的角度看，高等学校科技发展面临着机遇，但更多的是挑战。对于科技管理人员来说，肩上的担子更重了，任务更艰巨了。无论是国内还是国外，高校科技管理人员专业化建设都存在或多或少的问题。

一、高等学校科技管理面临的严峻形势

当前，高校科技面临着来自国际、国内的诸多外部挑战，同时还面临着来自内部的诸多问题。高校科技和管理部门如何积极应对这些挑战，是高校能否抓住机遇，实现科技跨越式发展的根本。

（一）缺乏稳定的科研经费投入考验着高校科技管理

我国高校科技面临着科研资源特别是科研经费短缺的严重挑战，这与科技管理不无关系。首先，相对于国家创新系统的其他两个执行主体而言，高校科技研发经费偏低。美国、日本高校获得的研发经费分别占研发总量的 14.9% 和 14.5%，英国更是高达 21.4%，而我国 2002 年高校研发经费仅占 10.3%，为独立科研机构科研经费的 38%。① 其次，随着我国企业研发创新能力逐步增强，企业对高校科技投入的相对减少也对高校科技发展带来了新的挑战。高校如何通过科技管理获得更多的科研经费值得关注。

（二）科技资源整合不足制约着高校科技的创新潜力

高校科技管理的一个重要功能就是整合各种科技资源，挖掘科技创新潜力。伴随着现代科技发展综合化、一体化的新特点和新趋势，高校科技要实现重大发展，就必须具备承担更多国家重大科技项目的能力，具备促进重大技术成果的集成创新的能力。但是，目前我国高校科技发展面临的突出问题就是高校科技资源分割，力量过于分散，科研队伍整合困难，利用效率较低。高校科技管理的作用没有充分发挥。

（三）成果转化率低限制着高校技术创新能力的实现

近几年来，许多重点高校都设置了管理科技成果转化的科室，这是因

---

① 薛澜，何晋秋等. 高校科技：发挥优势寻求突破 [N]. 中国教育报，2005 – 1 – 7（4）.

为当今科技在世界经济增长中所做的贡献越来越明显，发达国家的经济增长中75%以上都是靠科技进步来实现的。日本、美国的科技成果转化率已达80%。我国高校科技成果转化率低，技术转让和专利出售能力薄弱。高校每年通过鉴定的科技成果有1万项左右，科技成果转化率仅为10%至15%，呈现出"成果多、转化少、推广难"的现象。科研项目数、科研经费数、发表论文数、鉴定成果数等指标是高校科技管理工作追求的主要目标，但对科研成果是否具有产业化前景以及如何加强成果转化关注不够。

（四）工作定位不清影响着高校科技活动的平衡与优化

高校科技管理部门负责制订学校的科技规划，准确定位相当重要。目前，高等学校在国家创新系统内的作用定位尚不够明确。高校与其他创新执行主体，特别是与独立科研机构之间的关系未理清，未充分发挥两者的相对优势。另外，高校科技系统内尚未形成层次清晰、基础研究和应用开发协调发展的科研结构。部分高水平研究型大学在基础研究领域的主体地位尚未确立。许多地方高校在科学研究方面存在误区，忽视了地方、区域经济建设和社会发展的需求。

（五）组织和管理体系滞后制约着高校科技效率的提高

目前，高等学校科技管理体制、运行机制、组织方式上存在的一些问题制约着高校的科技水平和效益。首先，高校在科研组合方式及工作方式上仍需创新。其次，一些高校科技管理方式滞后，高水平、专业化的科技管理队伍缺乏。再次，高校科研评价体系和激励机制有待完善，尚未充分考虑不同层次、不同定位的高校科研工作的特点，以适应高校科技发展的新形势。

随着高校科技的发展，科技管理的业务量在不断增加，管理的层次和机构也在发展，容易造成机构的臃肿和管理流程的复杂，这种由于"多层管理、多头领导、政出多门"的传统"等级式"的管理模式，导致了管理信息冗余，准确性差；有决策权的科技管理人员没掌握足够信息，掌握足够信息的没有决策权；信息资源部门化且历史数据不易查找等缺陷，从而很难满足现代管理的功能需求。目前，把决策权和执行权统一起来尚有难度。

二、高校科技管理人员专业化建设存在的主要问题

在高校科技管理面临严峻形势的情况下，尽管一些临时性的方法可以改善这种状况，但从长远的发展看，高校科技管理人员专业化建设才是根

本的出路。对照专业标准，还存在不少问题需要今后着力解决：

（一）教育和培训有限，课程方案不甚合理，专业发展有阻碍

高校科研管理研究会在培训科技管理人员方面承担着重要职能。自1985年成立以来，研究会共举办研讨班、培训班30余次，据不完全统计，有3000名左右高校科技管理人员参加。研究会培训组先后由复旦大学唐之教、华东师范大学薛天祥、北京科技大学刘月娥等人担任组长。其中薛天祥教授主持的时间最长，从1988年到1997年共10余期，正值我国高校科技体制、高等教育体制重大变革时期，参与科技管理人员最多，影响范围甚广，课程设置基本能满足需求。资料表明，自1990年到1995年，由全国高校科研管理研究会培训组主办，《研究与发展管理》编辑部协办，先后在黄山太平国家科委技术市场培训中心和广西师大举办了七期培训班，参加的高校科技管理人员共有五百余人，教育部科技司领导多次亲临培训班讲课。培训课程包括三个方面，一是介绍当前国家科技发展的形势和方针政策；二是介绍与科技管理相关的理论与方法，如科技管理经济学、技术论、高新技术管理、实用快速决策分析以及税收知识等；三是高校科技发展中遇到的一些热点与难点问题探讨，如高校科技如何面向市场经济、科技成果评价与转化、知识产权保护等。既有较为稳定的课程，也有根据形势需要开设的课程。每一期培训班还都安排讨论会，由各校相互交流介绍工作经验，探讨共同遇到的问题，达到了取长补短的效果。[①] 这些活动为高校科技管理人员专业化建设起到了积极的推动作用。

但是，高校科技管理人员接受培训的形式还比较单一，课程方案也是如此，大多是报告，系统的、长期的、理论性较强的课程计划凤毛麟角。这不仅不利于他们的专业发展，也影响到了他们参与培训的积极性。

影响高校科技管理人员接受继续教育的一个重要原因是高校没有相应的制度，也没有专门的部门和人员负责。哈佛大学科研处有专门的专业培训办公室（参见第四章），美国的Fox Valley理工学院设有教育与培训委员会，专门制订学校教职工的正式教育计划，并指导它的实施。它的培训采用自上而下的方式，管理人员在金字塔的上部（见图3-4）。

① 全国高校科研管理研究会五年来先后培训高校科技管理人员近五百人 [J]. 研究与发展管理, 1995, (4): 39.

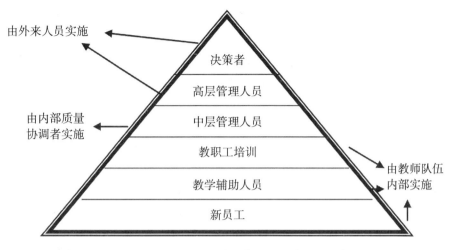

图 3 - 4 Fox Valley 理工学院第一阶段的教育与培训

通过第一阶段的教育与培训，学校各级组织的成员对全面质量管理有了一个了解，第二阶段（见图 3 - 5）向学校各层次人员提供更加专业化的课程，以便管理者、教师和教学辅助人员进一步学习各自在全面质量管理过程中的作用和任务。①

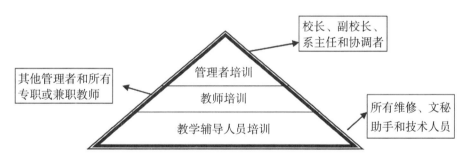

图 3 - 5 Fox Valley 理工学院第二阶段的教育与培训

与美国高校相比，我们的差距比较明显，而且从上面的数据看，我国目前有 2000 多所普通高等学校，通过全国高校科研管理研究会组织，只有3000 名左右的高校科技管理人员受到过培训，而且是在 20 多年的时间内完成的。

---

① 贾志兰，杜作润. 国外高校改革探析 ［M］. 上海：上海大学出版社，2001. 50 - 52.

（二）学科建设开始萌芽，前进道路还很曲折

高校科技管理人员受到的教育培训少还有一个关键原因，那就是高校科技管理学科还没有获得独立的地位。进入 20 世纪 90 年代后，我国科学学研究出现了停滞不前的状况。怎样才能使科学学研究再度繁荣，成为众多研究者关心的问题。从历史发展的经验看，科技管理不仅可作为科学学理论的应用学科，同时管理学理论、运筹学、决策论、系统论都是它的理论基础。尤其是现代管理学，已经成为一门重要学科。到目前为止管理科学经历了科学管理—行为科学—管理科学几个阶段。管理科学是自然科学和社会科学的结合部。它在促进社会、经济、科技的协调发展，优化生产力诸要素的配置，提高劳动生产率及支持合理决策等方面都起着重要作用。20 世纪 90 年代中期以前曾对科技管理的学科属性进行过讨论：科技管理是否可以算作一门学科？回答是毫无疑问的。这个时期我国对学科进行了调整，大学科由原来的 8 个增加到 9 个，增加了一个管理学。管理学又分为工商管理、行政管理、教育管理、行为管理、科技管理、研究与发展管理等诸多二级学科。尽管科技管理与企业管理之间有较大区别，但任何管理都存在着计划、组织、人事、领导、控制五大功能，核心都是协调。企业管理追求的是最大效益，科研管理追求的是最佳效果，其机制是一致的。

科技管理在半个多世纪的发展中，已经发展成为一门科学。① 1992 年 11 月 1 日国家技术监督局发布中华人民共和国国家标准学科分类与代码（GT3/T 13745－92），在 58 个一级学科中有 "管理学（630）"，二级学科为"科学学与科技管理"（630·35），三级学科为"科技管理学（630·35·50），实施的日期为 1993 年 7 月 1 日。② 1999 年国务院学位委员会管理科学与工程评议组确立了 6 个二级学科领域，明确了"管理科学与工程"的学科内涵。它们是：管理科学（狭义）与决策科学，系统工程，工业工程，信息管理与信息系统，工程管理，科技管理（MOT）。③ 科技管理终于走入大学课堂，许多大学设置了科技管理专业。

高等学校科技管理学同样属于交叉新兴学科，可以吸收众多学科的营养，有着良好的生长点，但它又有着较大的弱点。无论是国内或者国外，

①　丁福虎. 高校职员制度下的科技管理队伍建设 [J]. 研究与发展管理，2002，(1)：27.
②　国家技术监督局. 中华人民共和国国定标准学科分类与代码 [M]. 北京：中国标准出版社，1993.
③　马庆国. "管理科学与工程"的学科定位与人才培养 [J]. 高等教育研究，2005，(12)：70.

科技管理学这一学科已经站稳脚跟，高校科技管理学科发展面临着良好的机遇，但它到底应该属于哪一学科才最合理呢？

它可以属于管理学的范畴：管理学（一级学科）——科学学与科技管理学（二级学科）——高校科技管理学（三级学科）。

高校科技管理学还可以划分在教育学的二级学科高等教育学之中，高等教育学又可划分出高等教育管理学，其中可划出高校科技管理学，即教育学（一级学科）——高等教育学（二级学科）——高校科技管理学（三级学科）。

高校科技管理学还可以设立在科学技术哲学之下：科学技术哲学（一级学科）——科技管理学（二级学科）——高校科技管理学（三级学科）。

高校科技管理学要吸收数学、社会科学等有关成果，建立自己的理论体系。因此，如何把高校科技管理当作一个独立的学科来界定，看来应该成为科技管理研究者关注的一个重要问题。为了使这一学科早日出现，科技管理研究者应该从一般的经验性总结的研究中跳出来，对科研管理的研究对象、研究方法、基本概念等进行深入的探讨和研究。随着越来越多的研究成果的出现，高校科技管理学必将成为一门独立的学科。20多年前，还有人认为，教育科学的基础是心理学，而心理学还停留在哲学思辨阶段，没有完全进入实验阶段，因而不承认教育科学的科学性，更不要说对高等教育学和高等教育管理学的认识了。然而，仅仅过了10余年时间，高等教育学不仅已经成为一门独立的学科，而且出现了众多分支学科，形成了一个庞大的学科群。"在高校设置科技管理专业，培养专门人才，目前不但有需要，而且已有条件。"① 因此，相信高校科技管理也将会成为一门独立的学科。

高校科技管理的学科建设直接影响着科技管理人员的专业化建设。近几年来，全国高校科研管理研究会对此做出了很大的努力。在其2005年学术年会的征文提纲中就有"高校科技管理学的学科建设"这一课题。②

（三）高校科技管理专业组织相对独立，伦理规范有待加强

我国现有的高校科技管理专业组织主要有高等学校科技管理研究分会（原全国高等学校科研管理研究会）和高等学校社会科学管理研究分会。它们分属教育部科技司和社科司，又都属于高等教育学会的二级分会。存在的主要问题是，高校科技管理专业协会还属于依附型组织，没有完全独

---

① 课题组（组长吴荫芳）. 高等学校科研管理研究会发展回顾与展望［R］. 西安，2005.2.

② http：//www. cutech. edu. cn/keyanguanli/2005－2－23.

立，尚处于"依附型"阶段；从世界范围看，高校科技管理专业组织大都有自己的组织章程，但科技管理伦理规范比较薄弱。

（四）保障高校科技管理专业的法律体系尚不健全

高校科技管理人员的专业发展尽管有《中华人民共和国高等教育法》、《中华人民共和国教师法》等作为保障，但是，法律条文都不甚明确。譬如，教师的权利和义务、资格和任用、考核和待遇、奖励和法律责任等在教师法上都有明确的规定，而对于其他人员措辞较为含糊，只用了"学校和其他教育机构中的教育教学辅助人员，其他类型的学校的教师和教育教学辅助人员，可以根据实际情况参照本法的有关规定执行"。在我国，高校科技管理人员不属于国家公务员，不受公务员法等相关法律的保护，因此，有关方面的法律法规建设有待加强。

（五）高校科技管理人员的服务意识不强

管理也是服务，但大多数高校科技管理人员没有照此去做，表现出的是服务精神不够。正如核医学专家王世真所言："……本是为科教一线服务的单位职能部门有时却只起到管、卡、压的作用，使早已被拖得心力交瘁的科学家雪上加霜，陷入许多人为的、意想不到的困境，不得不拿出大部分精力和时间去应付，劲不能使到刀刃上。"① 在专业化成熟与否的判断标准上，专业人员能否创造明显的社会、经济效益也是一条。笔者认为，高校科技管理人员的专业知能来自于教育与培训，教育与培训的组织来自于高校和专业协会，专业协会的健康发展需要取得独立的地位，需要严格按组织章程和伦理规范办事，伦理规范义务性的规定较多，属于"软约束"，专业人员的权益真正得到保护，需要得到法律层面上的规定。这些也是专业人员创造社会效益和经济效益的基础，因而，笔者接下来将对高校科技管理人员的教育与培训课程方案、模式，专业组织及其章程与伦理规范，制定法律以保障其权利、身份、地位进行较为系统地论述。

---

① 王世真. 科教管理要求高效率［N］. 光明日报，1998 - 6 - 30.

第四章 高校科技管理人员专业化建设的课程方案

第一节 高校科技管理人员的素质与专业发展

讨论高校科技管理人员专业发展以前，有必要回顾一下近几年对高校科技管理人员素质的分析，因为素质提高和专业发展是两个既有联系又有区别的概念，专业发展是素质提高的重要内容，素质是专业发展在广度上的拓展。人们在谈论素质的时候，往往也包含有专业发展的意思。

一、有关高校科技管理人员素质的文献综述

素质原本是心理学上的一个名词，其含义是指人的心理状态的生理条件，主要是人的先天感觉器官和神经系统方面的特点。现在"素质"已广泛应用，说明人和各种组织的现实状态。这里的素质泛指专业人员的道德、思想、知识、能力和身心诸要素在一定时间内的状态。其中，专业人员的专业知识和能力素质是专业发展的核心，专业道德和思想素质是专业发展的基础，身心素质是专业发展的保障。因此，对于高校科技管理人员来说，素质是完成工作所必须具备的，也与自身的专业发展密不可分。

（一）对高校科技管理人员素质的关注程度呈总体上升趋势

综合素质的提升是高校科技管理人员专业发展的落脚点。在探讨高校科技管理人员专业化建设的问题上，有关科技管理人员素质培养的论文最多。在中国期刊网上分别以"科研管理"、"科技管理"加上"素质"进行篇名检索，从1994年到2006年共有73篇论文涉及科技管理人员的素质，其中直接针对高校科技管理人员的有48篇，占总数的66%。

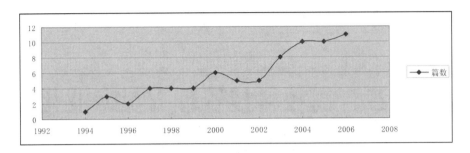

图 4 - 1　1994—2006 年科技管理人员素质论文走势

如果对 1994—2006 年间的数据进行统计，可以发现，进入 21 世纪后，对高校科技管理人员素质的关注程度明显增大。1994 年到 1999 年六年间共有 10 篇论文，2001—2006 年六年就有 33 篇（见图 4 - 2）。这与我国加入世界贸易组织和科学技术高速发展密切相关，也与政府、社会对科技管理人员建设的重视程度相一致（见图 4 -1）。

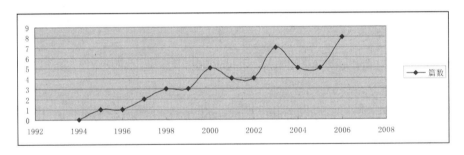

图 4 - 2　1994—2006 年高校科技管理人员素质论文走势

（二）论文反映出的高校科技管理人员素质的内容虽大同小异，但也与时俱进，体现出科技管理专业的属性

以上述论文作基础，把 1995—2004 年间不同作者对高校科技管理人员应具备的素质作一下梳理，可以看出不同时期的观点（见表 4 -1）。

表 4 - 1 1995—2004 年间论文中反映出的高校科技管理人员应具备的素质

作者	年份	基本观点
赵元元	1995	1. 正确的理解和执行能力；2. 较宽的知识面；3. 系统管理的计划平衡能力；4. 市场经济头脑；5. 动态管理能力①
吴建明	1997	1. 为社会服务的观念；2. 广博的知识；3. 多方面的能力；4. 熟练操作计算机；5. 较高的政策理论水平和勇于奉献的精神②
郑晓燕	1998	1. 思想品德素质；2. 文化知识素质；3. 组织管理素质；4. 社会协调素质③
沈宁泽等	1999	1. 思想品德素质；2. 合理的知识结构；3. 较强的管理能力；4. 良好的体格条件④
普燕萍	2000	1. 良好的品德修养；2. 基本的知识；3. 一定的管理能力；4. 必要的市场观念；5. 强烈的信息意识和效益意识⑤
朱建成	2000	1. 良好的思想道德素质；2. 较高的组织管理水平；3. 合理的知识结构；4. 较强的开拓创新能力；5. 鲜明的民主法制观念⑥
孙红梅	2001	1. 信息前瞻意识；2. 创新意识；3. 终身教育意识；4. 服务意识；5. 科研兴校意识⑦
娄延宏等	2003	1. 较高的思想道德；2. 较好的业务能力；3. 全面的知识结构和良好的学习习惯；4. 一定的科学管理水平；5. 有创新思维和认识能力；6. 有组织能力和协调能力⑧
刘玉琴	2004	1. 崇高的敬业精神；2. 高尚的职业道德；3. 扎实的学科专业知识；4. 信息管理能力；5. 实际管理能力；6. 协调能力⑨

---

① 赵元元. 提高高校科技管理队伍的素质与管理效能［J］. 科技管理研究，1995，（5）：45 - 47.

② 吴建明. 谈高校科研管理职能的转变及其对管理者的素质要求［J］. 思想理论教育导刊，1997，（5）：17 - 18.

③ 郑晓燕. 高校科研管理人员综合素质浅析［J］. 德州学院学报，1998，（4）：55 - 57.

④ 沈宁泽等. 刍议高校科技管理人员的素质［J］. 内蒙古科技与经济，1999，（S1）：132 - 133.

⑤ 普燕萍. 高校科技管理人员素质小议［J］. 云南科技管理，2000，（3）：31.

⑥ 朱建成. 21 世纪高校科研管理干部素质浅议［J］. 广州师院学报，2000，（6）：84 - 84.

⑦ 孙红梅. 高校科研管理干部素质的若干思考［J］. 科技·人才·市场，2001，（2）：22 - 23.

⑧ 娄延宏等. 创新体制下高校科研管理人员的素质［J］. 理论界，2003，（6）：154.

⑨ 刘玉琴. 论高校转型时期科研管理人员素质［J］. 沈阳电力高等专科学校学报，2004，（3）：84 - 86.

　　考察上述作者提出的高校科技管理人员应具备的专业素质，我们会发现很多内容是共同的：一是知识素质；二是能力素质；三是思想素质；四是道德素质。但是，不同年代有不同的时代背景，因而也体现出不同的内容。1995 年，我国要加快社会主义市场经济建设，赵元元提出，高校科技管理人员要有市场经济头脑。1997 年，随着高校科研为社会服务力度的加大，吴建明提出高校科技管理人员要具有社会服务的观念。1998 年，随着高校科技体制改革的进一步深化，高校和企业、公司的交流与合作增多，郑晓燕提出高校科技管理人员要具有社会协调素质，走向厂矿企业，使科技含量较高的基础成果转化为现实生产力。1999 年，沈宁泽等人提出高校科技管理人员还要具有良好的体格条件。在原有素质要求的基础上，普燕萍在 2000 年提出，高校科技管理人员要树立效益观念，加强财务监督，经费要用在刀刃上，使有限的研究经费发挥出更大的作用。对研究成果要注意知识产权保护，促使成果的转化和有偿使用，以获取最大的经济效益和社会效益。同年，朱建成还提出了高校科技管理人员要有鲜明的民主法制观念；另一方面，维护高校与环境之间各种社会关系的协调稳定已成为高校生存和发展的基础，这就需要高校科技管理人员学习法律，会运用法律手段对高校和社会的关系加以调整，对于高校科研有关的社会行为加以规范和控制。管理也是服务，潘启亮和孙红梅 2001 年分别指出，高校科技管理人员要为广大科研人员、教师和学校服务。同时，随着知识社会的到来，知识更新的速度越来越快，终身学习的理念在世界广为传播。孙红梅在文中还特别强调，高校科技管理人员要有终身教育的意识。2003 年娄延宏等人撰文指出，高校科技管理人员要养成良好的学习习惯，这样才能不断提高理论水平和认识能力，掌握先进的管理思想、管理方法和技术手段。近几年来，高校科技管理学科建设呼声日高，刘玉琴 2004 年指出，高校科技管理人员要有扎实的学科专业知识和高尚的职业道德。上述内容也是高校科技管理专业标准所要求的。

　　（三）高校科技管理人员的专业发展

　　专业发展是个体的、内在的专业化提高。在高校科技管理人员专业化的进程中，专业发展更多地关注科技管理人员的专业知识、专业能力的提高，[①] 因此，高校科技管理人员专业发展可以定义为，为改善科技管理专业知识、技能和态度的过程和活动，"是提升自己人生价值的过程，在此基础上造福人类，造福社会，是个人价值和社会价值的结合和统一"。[②] 这

---

　　① 王建军. 课程变革与教师专业发展［M］. 成都：四川教育出版社，2004. 17.
　　② 《教育发展研究》编辑部. 校长专业化与校长培训——陈玉琨教授访谈实录［J］. 教育发展研究，2005，（9）：16.

是高校科技管理人员专业化建设最重要的组成部分。现在，高质量的专业发展处于加强高校科技管理人员的素质教育与培训建议的中心。不管高校内部科技管理制度如何改革，科技管理组织如何构成，科技管理人员专业知能的更新都应该是发展的根本。对此进行强调，不只暗示着高校科技管理人员从事工作所具有的知识和技能的不足，重要的是要表明，科技管理人员的素质必须与新出现的知识基础保持同步，并准备好用这些知识来不断更新他们的观念和操作技术。如果高校要满足日益复杂的社会需要，必须采取一些得力措施，这是因为：

1. 高校科技管理人员专业发展是一个有目的的过程。强调高校科技管理人员的专业发展是一个有目的、有意识的过程，是为了带来积极的变化和合理的、有意识的专业规划。有些人认为，专业发展是一系列盲目的、没有明确指向或意图的不相关的活动，事实并非如此，真正的专业发展是由明确远景指引的，一个有目的和规划目标的活动过程。这些目的决定了专业发展的原则，通过这些原则，内容和材料得到了选择，过程和程序得到了开发。①

一旦明确了专业发展的目的和目标，我们就更加容易判断需要收集何种类型的信息以证明目标是否实现，也更容易处理那些可能发生的意料之外的后果。然而，如果没有明确的目的和目标，我们就很难判断是否正取得进步，甚至很难判断进步的有效指标是什么。②

然而，根据调查，几乎所有高校都没有科技管理人员专业发展的计划，更谈不上预先设定明确的目的或者目标。但是，调查显示了一种好的趋向：很多高校有促进科技管理人员专业发展的想法。为了实现这一目的，笔者提出如下建议：

第一，制定明确的专业发展目标。在与专业发展有效性相关的所有变量当中，明确目标也许是最重要的：实施专业发展的课堂或者学校实践能给科技管理人员带来什么样的结果。这也是所谓"结果驱动"的专业发展的前提。③

第二，确保设定的目标有价值。并非所有的目标都同等重要或者有同等价值。但是，必须采取一定的措施以确保专业发展目标有价值，并被所有参与专业发展的高校科技管理人员认为是重要的，同时，如果把科技管

---

① Guskey, T. R. Evaluating Professional Development [M]. Thousand Oaks: Corwin Press Inc, 2000. 18

② Branham, L. A. An update on staff development evaluation [J]. Journal of Staff Development, 1992, (4): 24-28.

③ Sparks, D. Results-driven staff development [J]. The Developer, 1996, (2).

理人员的专业发展同学校的使命关联起来，那将是朝着目标迈出的积极的第一步。

第三，对专业发展过程进行评估。在美国，有这样一条政策，教师和学校管理人员每年必须有一定的专业发展经历，或积累一定的专业发展学分，以便维持他们的工作和专业资格。[①] 如果高校科技管理人员把他们的任务仅仅看作是满足基于时间的命令时，他们倾向于用这样的话来考虑专业发展："我如何凑够时间？"而不是"我需要什么来完善自己的工作？我如何得到它？"[②] 为了避免专业发展走过场，必要的评估指标和措施是不可少的。

在设定专业发展目标的过程中，许多人关注讲授者或培训者所期望的内容。这对于高校科技管理人员专业发展当然是重要的，但是，我们还应关注他们希望做些什么，他们的学习和行为会带来什么样的结果。这可以为学员提供合作学习所需要的知识和开展工作所必要的技能。有人反对专业发展目的或者目标的规范化，认为该过程减少了学习选择。但应该认识到，任何形式的专业发展都不是也不应该是盲目的随意过程。专业发展是为了带来多层次、完善的、有目的、有意识的过程。要使努力有效，需要专业发展方向明确，重点突出，而这两点正是通过对具体目的和目标的表述得来的。[③]

2. 高校科技管理人员专业发展是一个持续的过程。知识扩展几乎发生在每一个学科领域和学科分支。高校科技管理是一个动态的专业领域，其知识基础也在不断的变化和发展。那么，科技管理人员就应关心如何学习，如何营造出有效的学习环境，如何设计出学习的结构和程序。为了与新出现的知识和技能保持同步，各个层次的科技管理人员在整个专业生涯当中都必须成为连续不断的学习者，必须不断地分析所做事情的有效性，反思当前的工作实践，适时进行调整，以持续地探索新的选择和完善机会。

如果把专业发展看作是一年当中发生三四天的特殊事件，将极大地限制高校科技管理人员的学习机会。但是，如果把专业发展看作是一个融入工作的持续过程，那么每天都会有多种不同的学习机会。这些机会可以发生在工作中、阅读专业期刊或杂志中、观察中以及与其他管理人员的谈话中。问题在于如何利用、把握机会，并恰当地运用。

---

① Guskey, T. R. Evaluating Professional Development [M]. Thousand Oaks: Corwin Press Inc, 2000. 13.

② McDiarmid, G. W., David, J. L., et al. Professional development under KERA: Meeting the challenge [M]. Lexington, 1997.

③ Guskey, T. R. Evaluating staff development begins by identifying its purpose [J]. The Developer, 1997, (a): 3.

3. 高校科技管理人员专业发展是一个系统的过程。在高校科技管理人员专业发展中，短期培训是必不可少的。但如果仅仅局限于此，那么这种形式的零敲碎打、小打小闹对专业发展起不到太大的作用。真正的专业发展是一个系统的过程，不仅要考虑到跨越更长时间段的变化，而且要考虑到组织的各个层次。实施这种策略也与专业发展的目的相匹配。以往不太成功的原因往往是这种观点得不到学校高层或教育行政部门的支持，也没有为更多的人所理解。

如果没有一个系统的策略，即使高校科技管理人员专业发展在个体方面做得不错，组织变量也可能会影响或者妨碍结局的成功，使努力付之东流。同时，要使专业发展取得成功，必须把个体明确的愿望与成功所必需的组织特点和观点相结合。否则，如果个体层面上的变化得不到组织层面上的鼓励和支持，即使最有希望的改革也可能失败。因此，在高校科技管理人员专业发展中，必须采用既考虑个体发展又考虑组织发展的明确而又系统的专业发展策略。"当用系统的眼光看待专业发展时，它不仅仅被看作是个体方面的完善，而且是组织解决问题和自我更新能力方面的完善……如果个体学习和组织变化得不到同时解决和相互支持的话，那么一个领域的收益可能会被另一个领域连续不断的问题所抵消。"①

系统的专业发展不仅体现在高校科技管理人员可以获得工作所需要的知识和技能，而且体现在它会影响到其接触的科研人员、教师和客户。这将使他们的科学技术研究受益，或者使他们在科技成果转化中受益。把专业发展看作一个系统过程是对传统观点的一次变革。对于高校科技管理人员来说，这次变革应该是一次重要的范式转换，需要他们以新的和不同的方式来思考专业发展。

（四）高校科技管理人员专业发展的要素

经过调查发现，高校科技管理队伍主要由两部分人组成，一部分是从教学、科研或者其他岗位转到科技管理岗位上。这些人往往缺乏对管理的浓厚兴趣，缺乏出色的科技管理能力，缺乏科技管理者应具备的知识结构。另一部分是多年从事科技管理工作的人员，但其中很多人长期埋头于工作，局限于传统的管理方法，无暇顾及管理规律、管理科学的研究。近几年来，一些高校的科技管理人员已经开始重视科技管理方面的研究，但总体上还是不够的。例如，在这次调查中，即便是高校高层次的科技管理工作者，往往也只对一些科技管理需要掌握的专业知识有所了解。

---

① Sparks, D. , Hirsh, S. A new vision for staff development ［A］. ln Alexandria. VA：Association for Supervision and Curriculum Development ［C］. 1997，（4）：40－57.

根据专业标准，高校科技管理人员专业发展应着重优化四个要素：科技管理专业知识；科技管理能力；科技管理专业伦理；服务意识。在专业发展的终极指标处理上，我们在每一个要素的基础上，列出被选择项目，采用专家咨询法，供高校科技管理专家进行筛选（见图4-3）。

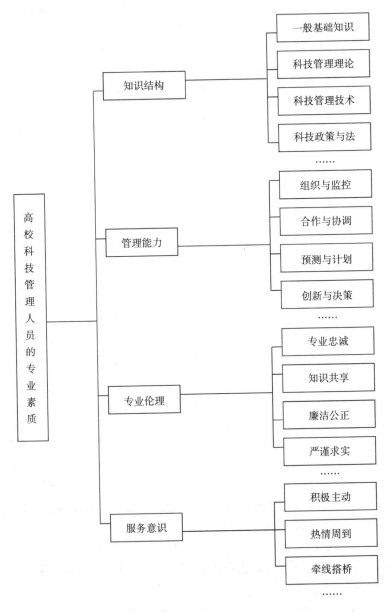

图4-3 高校科技管理人员专业发展要素结构图

关于知识结构，笔者经过咨询，着重于从科技管理人员岗位需要的必备知识考虑，分成了四个部分：一般基础知识；科技管理理论；科技管理技术；科技政策与法。每个部分由若干课程组成。总计 22 门（见图 4 - 4）。

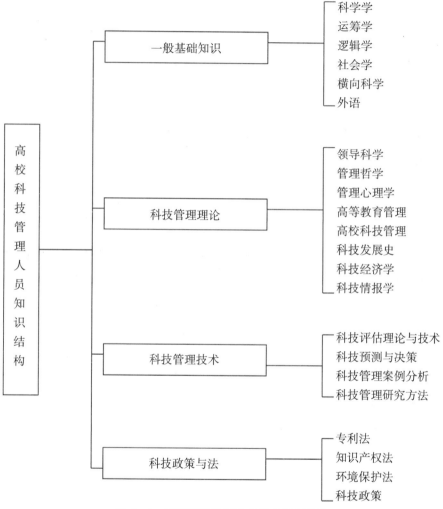

图 4 - 4　高校科技管理人员专业知识结构

二、有关高校科技管理人员专业发展方面的调查与比较

（一）1994—1995 年的文献数据

1. 专业结构。曾世雄等人对广东省 10 所高校的科技管理人员作过一

次调查，其中国家部委属院校 5 所，省属 4 所，市属 1 所；综合大学 4 所，工科院校 2 所，农业院校 3 所，高等师范院校 1 所。调查认为，高校科技管理人员的知识结构虽有所改变，但仍不够合理。特别是科技管理知识和技能比较薄弱（见表 4 - 2）。①

表 4 - 2　　　　　　高校科技管理人员的专业结构　　　　　　单位：%

调查对象	专业结构				参加科技管理前所从事的工作				
	理工农医	经济管理	文科	其他	教学科研	行政管理	推广经营	学生	其他
处级	88.9	0.0	11.1	0.0	92.6	7.4	0.0	0.0	0.0
科级	84.6	7.7	0.0	0.0	61.5	20.5	5.1	5.1	7.7
一般	69.2	12.8	10.3	7.7	38.4	23.1	7.7	23.1	7.7
总体	80.0	7.6	9.5	2.9	61.0	18.1	4.8	10.4	5.7

2. 职业态度。张勉对全国中央和地方所属 44 所高等学校的科研管理人员作了调查，内容涉及高校科研管理人员自身素质和培养使用的基本情况。② 调查认为，少数科研管理人员的潜力有待开发，社会责任感有待加强。因为从对科研工作的满意度调查的结果看，不满意和非常不满意的占被调查人数的 8.5%（见表 4 - 3），满意程度感觉一般的占到了 46.8%。从是否希望调任其他工作的调查结果看，不希望和非常不希望的只占 19.6%，希望和比较希望的占到了 32.6%（见表 4 - 4），其中 40 岁以下的占到了 36.9%。这说明，在一部分科技管理人员中，尤其是青年科研管理人员，由于受多种因素影响，不满意从事科研管理工作，社会责任感不强，讲究个人实惠，不安心科研管理工作。

表 4 - 3　　　　　　对从事工作的满意度与工作投入的多寡度

选项	人数	百分比
非常满意和比较满意	63	44.7%

① 曾世雄等. 广东高校科技管理干部队伍现状分析 [J]. 研究与发展管理，1994，（2）：52 - 53.

② 张勉. 当前高校社会科学科研管理队伍现状的调查报告 [J]. 高等师范教育研究，1995，（4）：67 - 68.

续表

选项	人数	百分比
满意程度感觉一般	66	46.8%
不满意和非常不满意	12	8.5%
全身投入和投入比较多	111	77.7%
投入较少	13	22.3%

表4-4　　　　　　　　**是否希望调任其他工作的结果**

选项	人数	百分比
希望与比较希望	45	32.6%
无所谓	66	47.8%
不希望和非常不希望	27	19.6%

（二）2004—2005年的调查数据

1. 专业结构的变化。在笔者的第二次调查中，通过对有效问卷（322份）的分析，高校科技管理人员的专业结构有了一定变化（见表4-5）。

表4-5　　　　　　　　**高校科技管理人员的专业结构**

调查对象	专业结构			
	理工农医	经济管理	文科	其他
处级	57.1%	9.5%	28.6%	4.8%
科级	53.8%	7.7%	38.5%	0.0%
一般	70.4%	18.5%	11.1%	0.0%
总体	62.3%	13.1%	23.0%	1.6%

说明：总共333份问卷中有11份没有回答，占总人数的3.3%。

通过与1994年的数据比较，可以发现，经过10年的发展，高校科技管理人员专业结构呈如下变化趋势：

第一，理工农医专业背景的科技管理人员尽管所占比重仍然很大，但与1994年相比已有较大改观。在高校科技管理中，这种现象既与理工农医科研项目占多数相一致，也与近几年国家加强哲学社会科学、人文社会科学研究有关。专业结构正趋向合理化。

第二，有管理专业背景的科技管理人员增加明显。主要集中在工商管理、教育管理、工程管理、技术经济管理等专业。但是，所占比例仍然较小。在今后的科技管理人员专业结构调整中，应充实这方面的人才。

2. 职业态度的变化。在关于科技管理人员对自己工作的满意度的调查中，我们增加了满意或者不满意的原因一项，想从中发现他们的思想变化（表4－6、表4－7、表4－8）。主要结论有：

第一，高校科技管理人员对职业的满意程度有所提升，从1994年的44.7%提高到2004年的63.2%，上升了将近20个百分点。这表明科技管理人员的工作稳定性在增加。

第二，多数科技管理人员对所从事工作有了正确的职业态度。在选择"满意"和"比较满意"的人群中，有81.7%的人认为科技管理工作"能创造经济和社会价值"和"富有挑战性"。

第三，但是，对科技管理工作感觉一般和不满意的人数仍然占相当比重。究其原因，有41.6%的人认为"科技管理没有发展前途"，25.8%的人认为"科技管理工作比较单调"，12.4%的人认为"科技管理工作付出多回报少"。因此，在高校科技管理工作中，要创造条件，为科技管理人员提供专业、职务、职称等发展的机会，丰富科技管理工作的内容。

表4－6　　　　　　　　对从事科技管理工作的满意度

选项	人数	百分比
非常满意和比较满意	195	63.2%
感觉一般	97	31.4%
不满意	17	5.4%

说明：总共333份问卷中有24份没有回答，占总人数的7.2%。

表4－7　　　　　　　　对工作满意和比较满意的原因

选项	人数	百分比
能创造经济和社会价值	90	46.4%
科技管理工作富有挑战性	69	35.3%
从事科技管理工作比较实惠	8	3.9%
其他（含未回答者）	28	14.4%
回答问卷总人数/累计百分比	195	100%

表 4 - 8　　　　　　　　对工作感觉一般和不满意的原因

选项	人数	百分比
科技管理没有发展前途	47	41.2%
科技管理工作比较单调	29	25.4%
科技管理付出多回报少	14	12.3%
其他（含未回答者）	24	21.1%
回答问卷总人数/累计百分比	114	100%

　　3. 学历结构。学历结构一定程度上反映着高校科技管理人员的专业知能水平，在对学历结构的调查中，专科及以下高校科技管理人员还占有相当的比重（见表 4 - 9），因此，对科技管理人员的继续教育和培训显得比较重要。

表 4 - 9　　　　　　　　高校科技管理人员的学历结构

学历	人数	百分比
博士研究生	23	7.4%
硕士研究生	64	20.4%
本科	171	54.6%
专科及以下	55	17.6%
回答问卷总人数/累计百分比	313	100%

　　说明：总共 333 份问卷中有 20 份没有回答，占总人数的 6.0%。

　　4. 知识结构。对于高校科技管理人员的知识结构，经过调查发现，在列出的 20 门课程中，每一门课程被系统学习过的比重是不一样的（见表 4 - 10）。

表 4 - 10　　　　高校科技管理人员系统学习过的课程所占的比重

课程	百分比	课程	百分比
外语	16.2	科技管理研究方法	3.8
科学学	9.2	管理哲学	3.8
管理心理学	8.5	科技经济学	3.8

课程	百分比	课程	百分比
专利法与知识产权法	8.5	运筹学	3.1
社会学	6.9	科技发展史	3.1
环境保护法	6.2	科技评估理论与技术	2.3
高等教育管理	5.4	科技预测与决策	2.3
逻辑学	4.6	科技管理案例分析	2.3
高校科技管理概论	4.6	科技情报学	0.8
领导科学	4.6	横向科学	0.0

可见，在上述课程中，外语、科学学、社会学、管理心理学、高等教育管理、专利法与知识产权法以及环境保护法占的比重较大，也就是说，这些课程被科技管理人员系统学习的人数较多。那么，高校科技管理人员希望学习的课程又是什么呢？是否与系统学习过的课程一致呢？（见表4-11）

表4-11　　　　高校科技管理人员认为应该系统掌握的课程

课程	百分比	课程	百分比
专利法与知识产权法	9.6	科技情报学	4.9
外语	7.5	高等教育管理	4.7
高校科技管理概论	7.0	科技经济学	4.1
科学学	7.0	运筹学	3.6
科技评估理论与技术	6.5	逻辑学	3.4
科技预测与决策	6.2	社会学	3.1
管理心理学	5.9	科技管理案例分析	3.1
管理哲学	5.9	横向科学	2.3
科技管理研究方法	5.7	科技发展史	2.3
领导科学	5.2	环境保护法	2.1

从上述两表的前10门课程来看，高校科技管理人员已经系统学习过的课程和认为应该系统学习的课程还是有出入的。主要表现在：

第一，高校科技管理人员认为应该系统学习的课程更贴近工作实际。

像专利法和知识产权法、高校科技管理概论、科技评估理论与技术、科技预测与决策等，这些课程在实践工作中就能用到。

第二，高校科技管理人员认为应该系统学习的课程更能体现基础性。对于高校科技管理，外语、科学学、管理心理学、管理哲学、科技管理研究方法和领导科学这些课程是开展好工作的基础。

三、高校科技管理人员专业发展的有效载体：教育培训课程

课程的概念种类繁多，笔者比较赞同约翰逊的看法，即课程是指一种发展和创造的过程，主要通过师生参与而使意义、精神、经验、观念、能力等生成的过程。[①] 它包括活动课程和学科课程。活动课程是指"为指导学生主要获得直接经验和即时信息而设计的一系列以教育性交往为中介的学生主体性活动项目及方式"。[②] 如各类学术报告、学术沙龙、学术会议、科研课题、媒介质（DVD、VCD、录像带、网络课堂）等。而学科课程是指各类系统化了的科目的总称，旨在使学生获得某一领域长期积淀而成的系统知识。[③] 课程是高校科技管理人员专业发展的有效载体，本书的课程方案就包括上述两类课程。通过学习，高校科技管理人员可以增长专业知识，优化专业能力，改善专业道德，提高服务水平。

（一）高校科技管理人员专业发展课程的层次性

高校科技管理人员专业发展有很多实现途径，每一种途径都有自身的特殊性。因此，根据实现途径的不同，设计出不同层次（如硕士、博士）、不同类别的课程十分必要。高校设立的科技管理专业课程应将科学知识加以系统组织，使教材依一定的逻辑顺序排列，学生（员）可以在学习中掌握一定的基础知识、基本技能。高校和其他组织设立的非专业的教育培训课程应打破主观性的桎梏，以学员的兴趣、需要和能力为基础，结合他们的工作实际开设课程。这样做可以调动科技管理人员的参与性和积极性。这两种形式的课程设计各有利弊，可以根据实际情况，灵活运用（见表4－12）。

---

① Johnson, M. Definition and Models in Curriculum Theory [J]. Educational Theory, 1967, (2): 130.

② 李臣. 活动课程研究 [M]. 北京：教育科学出版社, 1998. 61－66.

③ 罗尧成. 我国研究生教育课程体系研究 [D]. 华东师范大学博士论文, 2005. 110.

表4-12 专业教育课程与非专业教育培训课程的差异①

类别	专业教育课程	非专业教育培训课程
认识论	知识本位	经验本位
方法论	分析	综合
教育观念	社会本位论	个人本位论
知识的传递方式	间接经验	直接经验
知识的性质	学术性知识	现实有用的经验性知识
课程的顺序	逻辑顺序	非逻辑顺序
课程的实施	重学习的结果	重学习的过程
教学组织形式	班级授课制	灵活多样
学习结果	掌握基本知识和技能	更能胜任新任务的挑战

（二）高校科技管理人员专业发展课程：知识本位和经验本位并重

知识的分化和学科门类的增多给高校和其他教育培训组织课程的选择提供了多种可能性。加之学校教育在时间上有所限制，自然就产生了对学习内容的选择问题。

课程意义上的知识价值比较，通常暗含一种假设：把人的一生划分为两个不同的阶段。一个是学习阶段，另一个是生活阶段。学习阶段是生活阶段的预备。为了生活，人们需要在预备阶段学习到尽可能多的有用知识。②

另一观点将人生视为一个不断生长的连续过程，生活按其本来意义贯穿于人的一生，其中学校教育是生活的一部分，而不是作为生活的预备独立于生活之外。③

在现代教育理论界，关于"知"与"行"、"德"与"才"、"知识"与"信念"、"知识"与"能力"的争论使得课程的抉择显得异常复杂。其实，在信息急剧增长的现代社会，知识总量以及知识增长的速度迫使每个社会成员终身学习或者终身接受教育，才能生存和发展。知识的增长已使社会逐渐演变成为一种学习型的。在这种背景下，高校科技管理人员专业发展课程应以培养终身学习的态度和习惯，掌握各种学习方法和策略，

---

① 参考了施良方. 课程理论 [M]. 北京：教育科学出版社，1996. 279.

② [英] 斯宾塞. 教育论 [M]. 胡毅译. 北京：人民教育出版社，1962，56.

③ [美] 杜威. 民主主义与教育 [M]. 王承绪译. 北京：人民教育出版社，1990. 23.

具有利用各种教育资源的能力为目标。

　　由于我国高校科技管理专业还处在萌芽阶段，大量的"准专业人员"还比较少，教育培训的课程还不太成熟，科技管理人员专业发展的机会也比较少，因此，在目前条件下，知识本位和经验本位的课程应并重。

第二节　高校设置的科技管理专业教育课程

一、美国麻省理工学院科技管理与政策专业课程

　　麻省理工学院科技管理与政策专业（TMP 和 TPP）设在工程学院系统工程系，分为硕士和博士两个阶段，硕士毕业授予科学硕士（SM）或者工商管理硕士（MBA），学生在修完规定学分（110 个左右）的基础上，再多修至少 24 个学分（总共 134 个学分），就可以获得不同方向的两个硕士学位（方向有科技管理和科技政策），博士毕业授予哲学博士（PH. D）。①

　　（一）科技管理与政策专业的使命

　　麻省理工学院科技管理与政策专业的使命是，为工程师、从事研究以及有人文学科背景的学生提供综合化的教育，使之能够负责任地执行各种科技政策，组织、领导科技工作，推动科技发展，为人类发展谋福利。②具体的目标是，一要具备专业知能，能够处理社会中出现的种种科技问题；二要以实际应用为导向；三要以经验为依托，有承担最为困难的系统问题的勇气；四要具备领导才能，带领其他人共同进步。③该专业特别强调了未来的科技管理人员在制定科技规划战略、执行科技政策和推动科技发展方面应具有的领导才能。这是因为，首先，作为科技管理人员，不仅要有处理科技问题的方略，更为重要的是要有执行和处理问题的能力，能力和意愿都会在执行科技政策上发挥作用；其次，科技管理特别需要知识型的领导风格——综合能力和处理复杂问题的能力强。因此，学习科技管理和政策专业需要跨学科的知识，最好是科技领域和应用社会科学领域的结合，如经济学、管理学和政治科学等。④

---

① http://www.tppserver.mit.edu/index.php? idnum=63/2005-3-25.
② http://www.tppserver.mit.edu/index.php? idnum=34/2005-3-30.
③ http://www.tppserver.mit.edu/index.php? idnum=36/2005-3-30.
④ http://www.tppserver.mit.edu/index.php? idnum=34/2005-3-30.

（二）科技管理与政策专业计划

科技管理与政策专业是一个交叉学科，系统工程系的达瓦·纽曼（Dava J. Newman）教授为其负责人。在系统工程系学科群的支持下，麻省理工学院科技管理与政策专业还以斯隆管理学院为依托，利用其学科优势开展教学。同时，学生的专业拓展课程由人文和社会科学学院以及城市研究与规划系共同承担。①

科技管理与政策专业课程编制的原则是，一是围绕学生的专业能力发展，重点是科技管理、科技开发和执行科技战略以及科技政策的能力；二是共享课程资源，科技管理与政策的学生可以学习生产领导（Leader For Manufacturing, LFM）和系统设计与管理（System Design and Management, SDM）专业课程；三是浓缩课程，向校外提供远程教育，有利于其他高校学生学习。对于科技管理与政策专业的博士研究生，开设课程的目的，一是拓宽，即在政策科学、管理科学和科技领域扩宽学生的知识面；二是加深，即在前者至少两个领域中进一步深入研究。②

科技管理与政策专业包括很多学习模块，如科技政策与科技政策分析、组织设计、领导科学（可供校内外在职和非在职人员选修）、科技史与科技法律评价等。目前，系统工程系正在建立一个科技管理与政策研究中心，面向拥有自然科学、工程学和社会科学的学生，为他们建立科研保障机制，向他们提供最新的科技进展情况。他们把这项工作戏称为"接生员"，对新科技带来的问题和状况进行分析，提出有效的科技政策和科技计划。对于博士项目，他们打算成立科技政策研究所，与国际研究中心进行合作研究。首要的目的在于提高科技管理与政策专业学生的理论和实践水平，其他的目标还包括：通过在实践和应用方面的培养，使学生在面对未来科技发展时研究出相应的对策；随着科技的发展，新领域的不断出现，对学生进行宽口径的培养。③

（三）科技管理与政策专业课程（硕士研究生）（见表 4 - 13）

---

① http：//www. tppserver. mit. edu/index. php？ idnum = 37/2005 - 3 - 30.

② http：//www. tppserver. mit. edu/index. php？ idnum = 37/2005 - 3 - 30.

③ http：//www. tppserver. mit. edu/TPPStrPlan. pdf/2005 - 6 - 27.

表 4 - 13   科技管理与政策专业课程（修订本）①

范围	课程编号	课程名称
基础课程	ESD. 10	科技管理与政策引论
	ESD. 801	领导发展
	ESD. 811	科技政策实践
	ESD. 80	科技政策研讨
研究方法	ESD. 71	系统工程分析与设计
	××.××××	研究方法课程（限选课）
专业课程	ESD. 103	科学技术与公共政策
	ESD. 132	法律、科技与公共政策
	15. 011	商业决策的经济学分析
	ESD. 140	组织构建
系统工程课程	根据研究方向选修系统工程与政策相关课程	
论文	ESD. THG	论文

具体地讲，课程可以分为 6 个部分，第一部分为综合性核心课程，指的是科技管理与政策引论。共计 12 个学分。主要内容包括：设定待办事项，解读问题，框定争论条件，用公式表达和分析，执行政策并对结果进行评价。分析框架建立在经济学、市场学、法学、商学和管理学之上。研究方法包括成本和收益分析法，随机风险评价法和系统动态分析法。主要训练包括，发展学生处理科技与社会相互作用问题的技能，模拟练习，案例研究，多元价值观背景下团队构建，高误差练习，多重复杂性联系以及价值交易练习等。该课程主要强调谈判、团队构建、组织动力、多角色参与下的管理和领导科学。

第二部分是核心模型和框架课程（Core Models and Frameworks）。共计 45 个学分。包括应用微观经济学、组织构建、法律、科技与公共政策以及科学技术与公共政策 4 门。应用微观经济学主要讲述微观经济学原理在管理决策时的应用。主要课题包括：需求，成本和剩余分析，竞争性和非竞争性市场行为，市场力量的来源和利用，博弈理论和竞争战略，商业和公共决策应用。反托拉斯政策和政府的规章制度也在讨论之列。组织建构也

---

① http://www.tppserver.mit.edu/2005_changes/TPP_Curriculum_AY2005 - 06.html/2009 - 1 - 10.

称系统工程设计，主要对大型、综合、复杂而又开放的系统进行设计。系统与社会、政治、经济有着千丝万缕的联系。课程对系统定性和定量分析的概念进行解析，突出系统性特点，衡量系统绩效，阐释关键术语（如可持续、平等、机动和可达性等）。法律、科技与公共政策主要学习法律和科技变革的关系，法律、经济和科技变革对科技政策的影响。科学技术与公共政策主要分析科学技术、公共政策和商业交互发展中暴露出的问题。案例主要来自反托拉斯和知识产权方面，健康与环境政策方面，国防采购与战略方面，战略贸易与工业政策方面，研究与发展基金方面等。

第三部分是研究方法课程，学生至少要修够 15 个学分。主要课程包括系统工程分析与设计、科研设计与方法论、统计理论与数据分析、高级统计学、社会科学研究方法、财政理论、系统动力学、运输系统学、应用技术学、工程风险收益和系统动力学（工程师必读）11 门。

第四部分为辅修课，共 6 个学分。主要包括，实习研讨、科技与政策研究研讨（必修）以及领导发展 3 门课程。

第五部分为方向课程，共 30 个学分。每位学生要选修至少 3 门与自己研究方向有关系的科技管理与政策或者社会科学方面的研究生课程。学校建议的课程有：环境规划与设计的战略分析，工业生态学，能源系统与经济发展，全球气候变化，经济、科技与政策和空间政策 5 门。另外，学院还提供航空学、生物科技、建筑工程、发展学、电力学、能源学、环境与可持续发展、材料学、通信学、运输学 10 个专业 86 门课程供有兴趣的学生选修。

第六部分为论文。学生要修学科技管理与政策研究研讨课，参加者有学生、教师和邀请的客人，讨论科技管理与政策的新问题和新进展。

二、台湾交通大学科技管理专业课程

科技管理研究所设在管理学院，培养科技管理专业博士研究生和硕士研究生。

（一）科技管理专业硕士研究生修学要求（见表 4-14）

表4－14　　　　　　　科技管理研究所硕士班修学规定①

应修学分数	42学分（含3学分硕士论文研究）
应修（应选）课程及符合毕业资格之修课相关规定	一、修满四门先修课程：统计学、经济学、管理学、会计学，或其他相似课程通过抵免，但不列入毕业学分 二、本所必修及必选课程如下： 1. 必修课程9学分： （1）国际营销（3学分）；（2）企业政策与策略管理（3学分）；（3）财务策略与管理（3学分） 2. 必选课程3学分：一门数量方法相关课程（见备注） 三、专长领域（12学分，分4组，学生选定一组后，由其中任选4门课） 1. 产业分析与科技策略 （1）产业分析与创新；（2）新兴科技产业与两岸竞合策略；（3）宏观策略管理；（4）科技政策与国家创新系统；（5）产业组织与科技法律；（6）高科技营销管理；（7）技术评价 2. 科技企业经营管理 （1）企业评价与价值管理；（2）技术评价；（3）高科技营销管理；（4）技术预测与评估；（5）创业与创业投资；（6）科技企业价值策略；（7）产业分析与创新 3. 科技管理模式与仿真 （1）数学模式；（2）科学计算；（3）高科技产业管理模式；（4）半导体产业技术最佳化理论；（5）人工智能；（6）常微分方程；（7）偏微分方程；（8）技术评价；（9）技术预测与评估 4. 一般科技管理。科管所开授的所有相关课程 四、科技管理专题研讨（每学期必修，前三学期每学期1学分，第四学期0学分） 五、硕士论文研究（3学分） 六、选修12学分。选修学分中6学分得以本校或外校相关研究所学分申请抵免，外籍生选修本所以外开授之课程可由所务会议通过 七、通过毕业论文口试，并交送毕业论文
备注	一、数量方法课程包括：研究方法、多变量分析、实验设计、回归分析、时间序列、作业研究、科学计算或由所务会议认可之其他计量课程择一门修习。

①　http://www.mot.nctu.edu.tw/cin/course/index3.asp/2005－6－27.

（二）科技管理专业博士研究生修学规定

博士研究生最少须修满 36 个课程学分，其中本所课程至少 7 门（21 学分）。硕士班必修、必选及先修课程均为博士班的先修课程。申请先修课程学分抵免须填写《博士班先修课程抵免申请书》向所里提出申请。博士论文研究 3 学分、博士专题研讨 3 学分。直攻博士学位者至少须修满 60 学分（包含硕士班已修之学分数）。博士班研究生应修习课程由其论文指导教授决定。博士班研究生修业期间必须选修四学期本所专题研讨（博）课程，若不及格可申请增修一门本所 3 学分课程替代，第一年每学期修课不得少于 6 学分。①

（三）科技管理专业开设的硕、博课程（见表 4 – 15）

科技管理专业博士和硕士研究生开设 70 多门课程，其中选修课程 50 门多门。

表 4 – 15　　　　　　　　　　科技管理专业课程②

序号	课程名称	序号	课程名称
1	科技产业分析	15	光电产业之竞争策略
2	科技企业价值之策略个案与实证	16	管理学
3	科技管理导论	17	统计学
4	SOC 产业科技法律	18	知识经济与科技政策
5	中小企业经营与管理	19	大陆高科技产业发展与投资
6	通讯科技企业经营管理	20	硕士论文研究
7	台湾高科技产业管理议题	21	博士论文研究
8	创新技术研发管理	22	创新与研发管理
9	企业评价与价值管理	23	科技产业跨国契约谈判与审核（一）
10	多目标决策分析	24	营销管理
11	芯片应用系统简介	25	智慧财产权③（一）
12	国际企业	26	创业育成
13	国际营销	27	科技策略与政策（一）
14	产业价值策略：理论与实证	28	科技策略与政策（二）

① http：//www. mot. nctu. edu. tw/cin/course/2007/c1/2009 – 1 – 10.

② http：//www. mot. nctu. edu. tw/cin/course/2007/c3/2009 – 1 – 10.

③ 即知识产权。

续表

序号	课程名称	序号	课程名称
29	科技产业财务策略（二）	49	危机与决策管理
30	决策分析（一）	50	企业智慧财产管理
31	策略联盟和技术移转	51	高科技营销管理
32	通讯产业专题（一）	52	创新技术研发管理
33	预测与评估专题（一）	53	商业技巧与科技企业管理典范
34	研究方法	54	产业竞争与组织经营
35	高科技创业投资	55	技术评估与预测
36	3C产业经营与管理	56	科技前瞻与政策
37	科技管理专题研讨（硕一）	57	经济学
38	科技管理专题研讨（硕二）	58	宽带网络及信息产业知识经营管理
39	科技管理专题研讨（博一）	59	数字科技产业之策略规划及经营通讯产业知识经营管理
40	科技管理专题研讨（博二）	60	兵法与竞争优势（Ⅰ）
41	模糊理论与决策分析	61	兵法与竞争优势（Ⅱ）
42	产业分析与创新	62	硅导计划专题之系统芯片产业之策略研究
43	科技管理与法律	63	创业与创业投资（IMBA）
44	财务策略与管理	64	宏观策略管理
45	研发机构之知识管理	65	两岸经济发展
46	通讯科技与服务管理（一）	66	企业购并
47	企业政策与策略管理	67	亚州产业发展现况与投资
48	创业与创业投资	68	台湾产业发展专题研究 通讯科技与服务管理（二） 大陆产业发展现况与投资 定量企业模型 新兴科技发展 数字科技产业 两岸经济发展

（四）师资队伍

该研究所专任教师包括：6 名教授级（岛内教授 5 名，其中 1 名为讲座教授），副教授 7 名，助理教授 7 名。校内支持教师 7 名（3 名教授、4 名副教授）。另有非任职于本校的兼任教师多位。

此外，师资另含全校跨校、联大资源共享，鼓励本所学生跨所、跨院、跨校修选名师课程，使学生接受名师观念启发，满足学生受教权与求知的欲望，提升学生的能力与水平。预定请一位国际名师教授学生之基本课程，走向双语教学。①

三、台湾清华大学科技管理专业课程

（一）科技管理专业（EMBA）的宗旨②

该专业 1999 年成立，原设置于工业工程与工程管理学系，自 2001 年正式转入科技管理学院，科技管理研究所为其执行单位，科技管理研究所所长为执行长。

为推动回流教育政策，满足业界及研究机构对于人才培育与生涯发展的需求，更基于科技管理者因职务上的需要，往往需再充实科技管理方面的相关知识，通过 EMBA 可提供高级管理人员有机会获得"教育部"承认的科技管理硕士学位。

通过 EMBA 硕士班的开设，能充分发挥学校邻近高科技产业园区及工业技术研究院之策略性地理位置，借此建立学校与产业界交流与互动的机会，对于促进校企合作及提升产业竞争力皆有帮助。

（二）科技管理专业 EMBA 教学目标③

第一，小班制教学。学生将受惠于清华重视小班制与导师制的教学方式，上课时，教师着重讨论与学生的互动。

第二，求学与休闲并重。考虑到学员多为高级主管，平时工作量大，生活紧张，又需花不少时间在求学上，几乎无闲暇时间，故此，学院定期举办户外教学。

第三，修课自主化。学生需修习 49 学分（包含硕士论文 4 学分）方可毕业，除必修课程 21 学分外，其余选修课程，除该院规划开设之外，若有需求，可经由学生 10 名以上联署开课。学生有充分的自主权，可修得想修的知识。

第四，新兴科技与人文并重。除管理学门类的课程，立足于优秀的科

---

① http://www.mot.nctu.edu.tw/cin/faculty/index1.asp/2005 - 6 - 27.

② http://www.nthu.edu.tw/stm/2005 - 6 - 29.

③ http://www.nthu.edu.tw/stm/2005 - 6 - 29.

技与理工学术环境，与其他理工学院系所合作，开出许多最新的科技课程，加上已发展成熟的人文社会学院，以及以新创立的清华科技与社会研究中心为基础，这种完整的学术科技整合，将强化 EMBA 坚实的发展基础。

第五，校际联合相互支持。学院于 2002 年 1 月 21 日正式与政治大学 EMBA 签署合作协议，彼此教学资源共享，共同规划合作研究，学生可有更多的选择。还积极与北京清华大学及其他大陆大学接洽，多次安排学生与教师之互访行程。

第六，邀请学术界与业界之优秀教师。除科管院师资外，还积极邀聘业界的专家担任学院 EMBA 兼任教授。

第七，推广教育学分班。设立科技管理 EMBA 硕士学分班①，让更多的管理人员就读。今后考上学院的 EMBA，可依相关规定抵免学分数。

第八，全面化角色定位。不仅考虑企业面的观点，也将政府、高校的角色纳入，并以知识性、前瞻性及全球化设定为 EMBA 的定位。

（三）科技管理专业课程规划②

1. 台湾清华大学科技管理 EMBA 专业共开设 8 门必修课，17 门选修课。分为基础管理课程、核心管理课程、科技管理课程等（见表 4 - 16）。

表 4 - 16　　　　　　　　EMBA 科技管理专业课程

基础管理课程			
课程名称	学分	课程名称	学分
组织与管理	3 选	会计学	1 选
经济学	1 选	统计学	1 选
核心管理课程			
课程名称	学分	课程名称	学分
科技行销③	3 必	管理信息系统	3 必
财务管理	3 必	科技人力资源管理	3 必
科技管理课程			
课程名称	学分	课程名称	学分
科技与产业专题	3 必	生物科技与生技产业	3 选
奈米科技④	3 选	全球经济	3 选

① 相当于大陆的同等学历申请硕士学位班。
② http：//www.nthu.edu.tw/stm/2005 - 6 - 29.
③ 即科技营销。
④ 即纳米科技。

续表

课程名称	学分	课程名称	学分
制造电子化	3 选	设计原理与方法	3 选
项目管理	3 选	企业电子化	3 选
信息技术策略应用	3 选	产业服务管理	3 选
知识管理	3 选	高科技产业法律	3 选
研究方法	3 必	技术策略	3 必
策略管理	3 选	论文	4 必

2. 科技管理硕士班课程。学生毕业需修满 45 学分，撰写一篇硕士论文（6 学分）。先修课程 3 门，必修课程 6 门，选修课程 20 门（见表 4 - 17）。必修课程和选修课程均为 3 学分/门。

表 4 - 17　　　　　　科技管理硕士研究生班课程①

课程类型	课程名称	课程类型	课程名称
先修课程	经济学	选修课程	项目管理
	会计学		科技扩展与移转
	统计学		电子企业
必修课程	组织理论与管理		国际企业
	生产与制造管理		电子商务
	行销管理		科技发展与政策
	财务管理		知识管理
	技术策略		产业经济
	研究方法		著作权法
选修课程	科技人力资源管理		财务与成本分析
	创新与研发管理		科技创新与专利法
	全面质量管理		技术与社会
	智慧财产权		管理会计
	科技管理与法律		策略管理
	技术评估与预测		

① http://www.nthu.edu.tw/stm//2005 - 6 - 29.

（四）科技管理专业定位（见图4-5）

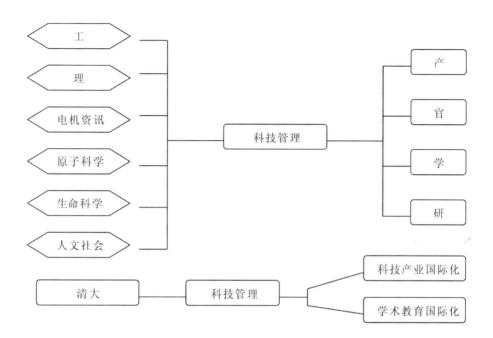

图4-5　台湾清华大学科技管理专业定位①

四、我国大陆高校开设的科技管理专业课程

（一）科技管理专业培养目标

我国大陆开设有科技管理专业硕士点和博士点，分别设置在管理科学与工程、哲学、科技哲学史等学科门类下面。部分学校的培养目标见表4-18。

表4-18　　国内部分高校开设的科技管理专业培养目标

学校名称	培养目标	学位设置
复旦大学	毕业生主要从事高等院校和科研机构的教学、研究及科技管理工作②	硕士、博士

① http://www.nthu.edu.tw/stm/2005-6-29.

② http://www.gs.fudan.edu.cn/new/intro/w07.html/2005-4-5.

续表

学校名称	培养目标	学位设置
大连理工大学	随着科学技术对经济社会的影响日益扩大，目前我国企业、高等学校、科研机构、公共事业部门和政府相关部门对科技管理方面的高层次人才有着广泛的需求。本专业培养从事企事业单位科学技术管理研究与实践的高水平人才①	硕士、博士
北京科技大学	为各级科技与教育行政部门和研究机构、教育机构培养既懂科技与教育，又懂管理的复合型、高层次的专门人才②	硕士、博士
上海交通大学	本学科主要面向经济、科技、计划、环境等管理部门及高等院校，培养既有一定科学技术理论素养，又有一定科技管理能力，同时还掌握必要的科技预测、分析、策划和决策的复合型高级研究和管理人才③	硕士

（二）科技管理专业课程

1. 天津大学科学与社会研究中心科技管理专业（硕士）设在科学技术哲学下面，开设有 16 门课程，其中，学位课程 4 门，选修课程 12 门（见表 4 – 19）。

表 4 – 19　　　　　　　　科技管理专业培养课程④

课程名称	学时	课程类别	课程名称	学时	课程类别
科学技术哲学名著研读	90	学位课	当代西方科技哲学评介	30	选修课
科学技术思想史	40	学位课	科技进步与经济增长	20	选修课
科学论与技术论	40	学位课	高新技术开发与产业化	20	选修课
科学方法论与技术方法论	40	学位课	科技发展与环境保护	20	选修课
科学学与科技管理	30	选修课	科技发展与伦理	20	选修课
科技发展战略与政策	30	选修课	科技创新与知识经济	20	选修课
科学创造学与创造性教育	30	选修课	国际技术转让与合作	20	选修课
科技与社会的系统研究	30	选修课	技术管理：教程与国际案例	40	选修课（双语）

① http://www.shss.dlut.edu.cn/xibie.asp? id = 19/2005 – 4 – 23.
② http://www.ustb.edu.cn/wenfa/keg.htm/2005 – 6 – 29.
③ 上海交通大学研究生院．上海交通大学研究生培养方案（2004）．109.
④ http://www.tju.edu.cn/colleges/sociology/rw/kjyj.htm/2005 – 4 – 24.

2. 上海交通大学科技管理专业设在科学史与科学哲学系，1996 年获得硕士学位授予权。共开设 19 门课程，学制两年半，总学分 32 分，其中学位课学分 19 分。半脱产硕士研究生经申请批准其学习年限可延长半年至一年（见表 4 - 20）。①

表 4 - 20　　　　　　　　科技管理专业课程设置

课程类别	课程编号	课程名称	学分	备注
学位	G09002	马克思主义经典著作选读	2	必修
学位	G09003	科学社会主义理论与实践	1	必修
学位	G14001	基础英语	3	必修
学位	G14002	专业英语	1	必修
学位	X09010	自然辩证法研究	4	
学位	X09011	科技思想史	3	
学位	X09012	科技社会学	3	
学位	X09013	科技管理学	3	
学位	X09014	生态环境管理	3	
非学位	F09003	科技经济学	2	
非学位	F09013	计算机应用	3	
非学位	F09022	科学哲学	2	
非学位	F09023	技术哲学	2	
非学位	F09024	当代科技发展前沿问题	2	
非学位	F09025	科技法学	2	
非学位	F09026	技术创新	2	
非学位	F09027	预测与决策	2	
非学位	F09029	生态经济学	2	
非学位	S09001	学术报告会	2	必修

上海交通大学科学史与科学哲学系有专职教师 11 人，兼职教师 18 人（见表 4 - 21）。

---

① 上海交通大学研究生院. 上海交通大学研究生培养方案（2004）. 109 - 110.

表 4-21 上海交通大学师资概况①

姓名	职称	学历及专长
江晓原	教授	博士生导师、科学史博士，天文学史
孙毅霖	教授	理学硕士，科学哲学
关增建	教授	博士生导师、科学史博士，物理学史
纪志刚	教授	博士生导师、科学史博士，数学史
钮卫星	教授	博士生导师、理学博士，天文学史
董煜宇	副教授	科学史博士，天文学史
王 媛	副教授	科学史博士，建筑学史
吕旭龙	讲师	科学史博士，科技哲学
王延峰	讲师	科学史博士，科技哲学
吴新忠	讲师	哲学博士，科技哲学
闫宏秀	讲师	哲学博士，科技哲学
卞毓麟	兼职教授	上海科技教育出版社编审，近现代天文学史
常 青	兼职教授	同济大学建筑系主任、博士生导师，建筑学史
陈美东	兼职教授	中国科学院自然科学史研究所研究员，古代天文学史
戴念祖	兼职教授	中国科学院自然科学史研究所研究员，物理学史
樊民胜	兼职教授	上海中医药大学教授，性医学史
郭贵春	兼职教授	山西大学校长、博士生导师，科学哲学
郭书春	兼职教授	中国科学院自然科学史研究所研究员，数学史
廖育群	兼职教授	中国科学院自然科学史研究所副所长、研究员，医学史
刘 兵	兼职教授	清华大学博士生导师，物理学史、科学史理论
罗桂环	兼职教授	中国科学院自然科学史研究所研究员，农学史
谭德睿	兼职教授	上海博物馆研究员，冶金学史
汪前进	兼职教授	中国科学院自然科学史研究所研究员，地理学史
王渝生	兼职教授	中国科学技术博物馆馆长、研究员、博士生导师，数学史
吴家睿	兼职教授	中科院上海生物化学研究所研究员、博生士导师，生物学史

① http://www.shss.sjtu.edu.cn/Teacher/teacher.aspx/2009-1-15 和 http://www.shc2000.com/0405/kxsjs.htm/2005-5-1.

续表

姓名	职称	学历及专长
周嘉华	兼职教授	中国科学院自然科学史研究所研究员，化学史
辛元欧	兼职教授	上海交通大学教授，造船学史
盛宗毅	兼职教授	上海交通大学教授，冶铸学史
严燕来	兼职教授	上海交通大学教授，冶铸学史

3. 厦门大学科技政策与管理专业方向课程①。厦门大学科技政策与管理专业方向（硕士）学分要求共 32 学分，其中公共学位课 8 学分，专业学位课 12 学分，选修课 12 学分（见表 4-22）。

表 4-22　　　　　　课程设置（不包括公共学位课）

序号	课程编码	课程名称	课程类型	学分	是否双语教学	任课教师（职称）
1	010852201	科学技术史	学位	3	否	乐爱国副教授
2	010852202	马克思主义原著选读	学位	3	否	陈喜乐教授
3	010852203	自然辩证法研究	学位	3	否	陈墀成教授
4	010852204	科技政策与管理	学位	3	否	陈喜乐教授
5	010852205	科学哲学	选修	2	否	曹志平教授
6	010852206	科学社会学	选修	2	否	欧阳峰教授
7	010852207	科技法学	选修	2	否	贺威副教授
8	010852208	中国哲学原著选读	选修	2	否	詹石窗教授
9	010852209	数理逻辑	选修	2	否	黄朝阳副教授
10	010852210	外国哲学原著选读	选修	2	是	陈嘉明教授
11	010852211	专业外语	选修	2	是	周建漳教授
12	010852212	第二外语	选修	2	是	

---

① http：//www. phi. xmu. edu. cn/showinfo. asp？i_id＝127/2009－1－15.

五、高校开设的科技管理专业课程比较与启示

（一）相同之处

对美国和我国台湾、大陆高校开设的科技管理专业课程进行比较后发现，有下面一些相似之处：

1. 专业培养层次较一致。培养层次主要集中在硕士研究生阶段。我国高校从20世纪80年代初分别在管理科学与工程、科技哲学史和科技哲学下面设立科技管理专业。2003年大连理工大学国内最早在其管理科学与工程学科下自主设立了科学学与科技管理专业博士点。

2. 课程培养目标很相似。通过课程学习，科技管理专业的毕业生就业的部门主要集中在企业、高校、科研院所，从事的主要职业是科技管理工作、科技管理研究或者科技管理教育。

3. 课程类型具有多样性。高校开设的科技管理课程一般分为必修课程、核心课程、学位课程、基础课程、选修课程等。学生需要修完专业规定的学分，并通过论文答辩或者评审方可毕业。

4. 课程内容具有交叉性。科技管理专业本身是一个交叉学科，用到经济学、管理学、教育学、哲学、科技哲学史等多学科的知识与支持，开设的课程吸收了这些学科的营养。

（二）不同之处

1. 在课程设置上，美国和我国台湾地区高校比较重视研究方法课程的教学，设置数量也比较多，像台湾交通大学规定，硕士研究生申请学位，至少选修一门研究方法课程。我国大陆高校在这方面比较薄弱，应该增加研究方法的课程（见表4－23）。

表4－23　　　　　　　　　研究方法课程的比较

学校名称	研究方法课程数目	修学要求
麻省理工学院	11（分为2类）	1门必修，1门选修
哈佛大学①	18（分为4类）	至少选修4门

---

① http：//www.hbs.edu/doctoral/programs/tom/course.html/2005－3－25.

续表

学校名称	研究方法课程数目	修学要求
台湾交通大学	7	选修（至少选修1种）
台湾清华大学	1	必修
台湾政治大学①	2	先修基础课程
天津大学	0	
厦门大学	0	
上海交通大学	0	

2. 在课程数量上，美国和我国台湾地区高校科技管理专业开设多于我国大陆，特别是选修课程。以硕士研究生开设的课程为例，可以看出其中的差距（见表4-24）。选修课程数量多可以增加学生选择的余地，开拓知识面，大陆高校可以根据实际，逐步增加。

表4-24 　　　　　**高校开设课程数目比较（硕士阶段）**

学校名称	课程数量
麻省理工学院	100多门，其中限选课程5门，任选课程86门
哈佛大学②	90多门，其中选修课程70门以上
台湾交通大学	70多门，其中选修课程50多门
台湾政治大学③	38门，其中选修课程31门
台湾清华大学	29门，其中选修课程20门
天津大学	16门，其中选修课程12门
上海交通大学	19门，其中选修课程10门
厦门大学	14-15门，其中选修课程8门

3. 在课程类型上，美国和我国台湾地区高校的课程类型较为多样化，增加了灵活度，不同类型也有不同要求，我国大陆高校在这方面则比较单一（见表4-25），值得学习借鉴。

---

① http://www.tim.nccu.edu.tw/ch.htm/2005-6-27.

② http://www.hbs.edu/mba/pdf/HBS_1_Learning.pdf/2005-3-25.

③ http://www.tim.nccu.edu.tw/ch.htm/2005-6-27.

表 4 – 25　　　　　　　　　　　课程类型的比较

学校名称	课程类型
麻省理工学院	基础课程、研究方法课程、专业课程、系统工程课程
哈佛大学①	选修课程、必修课程、学科课程、研究方法课程、学位课程
台湾清华大学	先修课程、基础课程、核心管理课程、科技管理课程
天津大学	学位课程、选修课程
上海交通大学	学位课程、非学位课程
厦门大学	学位课程、选修课程

4. 在课程功能上，美国和我国台湾地区高校课程的实践性、操作性较强，我国大陆高校侧重思辨性、理论性。一是因为，前者专业多设置在管理科学门类下面，硕士阶段多为 MBA 或者 EMBA，而我国大陆很多高校设置在科技哲学或者科技哲学史门类下面；由此产生的第二个原因就是任课教师的学术专长有很大不同。以上海交通大学和台湾交通大学的师资（无论是专职教师还是兼职教师）比较，可以清楚地看出，上海交通大学的任课教师多集中于科技史和科学哲学领域（见表 4–21），而台湾交通大学的师资多集中于管理、经济与工程方向（见表 4–26）。科技管理专业的显著特点是其实践性，只有经过学科、师资调整，我国大陆高校的专业设置现状才能得到根本改观。

表 4 – 26　　　　　　　　台湾交通大学师资概况②③

职称	姓名	最高学历及学位	所任课程
专任教授	刘尚志	美国得州理工农工大学博士/台湾大学法律学士	科技法律专题、产业竞争与组织经营、智慧财产权
专任教授	洪志洋	美国得州理工大学管理学博士	期货与选择权、财务策略与管理、高科技投资、企业评价与价值管理、大陆产业发展现况与投资、科技产业财务策略专题

---

① http://www.hbs.edu/doctoral/programs/tom/course.html/2005 – 3 – 25.

② http://www.reg.aca.ntu.edu.tw/college/search/gradshow.asp? gid = 012023.

③ http://www.mot.nctu.edu.tw/cin/faculty/2005 – 6 – 27. 另有 4 位兼职教授刘宜欣、唐丽英、李义明、吴逸蔚情况不详。

续表

职称	姓名	最高学历及学位	所任课程
专任教授	徐作圣	美国匹兹堡大学分析化学博士	科技企业国际化经营、企业政策与策略管理、科技政策与国家创新系统、高科技营销管理、产业分析与创新、知识经济与科技政策、科技策略与政策专题
专任教授	虞孝成	美国佐治亚理工学院工业及系统工程博士	通讯科技与服务管理、创业与创业投资、通讯科技管理专题
专任教授	袁建中	美国纽约州立大学水牛城分校电机计算机工程博士	项目管理、技术评估与技术预测、创新与研发管理、创业育成、大陆产业发展现况与投资
兼任教授	曾国雄	日本大阪大学经济学博士	多目标决策分析、习惯领域与决策、模糊理论与决策分析、研究方法、科技管理专题研讨
兼任教授	郑武顺	美国西北大学化学博士	新兴科技发展、纳米科技
兼任教授	李钟熙	美国伊利诺伊工学院博士	新兴科技发展、科技及产业发展政策、企业研发管理及国际合作
兼任教授	史钦泰	美国普林斯顿大学电机博士	创新技术研发管理
兼任副教授	欧嘉瑞	台湾交通大学交通运输研究所博士	中小企业经营与管理、产业分析、创新研发管理、科技管理
兼任教授	卓训荣	美国宾夕法尼大学运输工程博士	运输信息、数学模式
助理教授	林亭汝	英国剑桥大学管理学博士	策略管理、国际企业管理、环境技术创新与企业竞争力、国际营销管理、国际经济
兼任教授	陈光华	美国华盛顿大学国际企业及行政学院硕士、犹他大学管理学院硕士	行销管理、国际企业管理等
兼任教授	王淑芬	美国休斯敦大学财务博士、台湾交通大学管理科学研究所硕士	企业购并、企业价值分析、证券投资、公司财务管理、期货选择权

续表

职称	姓名	最高学历及学位	所任课程
兼任教授	王克陆	美国西北大学管理学院财务博士	投资学、财务规划与管理、银行管理、金融市场、选择权、国际网络金融
兼任副教授	吴宗修	美国弗吉尼亚大学博士	工程经济、工程力学、系统仿真
兼任副教授	沈华荣	台湾交通大学管理博士	会计学、成本会计、管理会计
兼任教授	魏哲和	华盛顿大学电机博士	数字通讯及信号处理、编码技术
兼任教授	李建中	"国防"大学博士	兵法与竞争优势、兵法与策略管理
兼任副教授	吕克明	美国华盛顿大学系统科学与数学系博士	经营管理、通讯网路、软件工程
兼任副教授	承立平	美国北伊利诺伊大学经济学博士	经济学原理、产业经济学、信息经济学、管理经济学、交易成本理论、网络经济学、科技经济学、大陆高科技产业发展、创新育成管理、技术前瞻
兼任教授	李铁民	美国卡内基梅隆大学计算机博士	高科技创投
兼任副教授	陈劲甫	哈佛大学决策科学博士	决策分析、多准则决策、作业研究、国防决策管理、危机管理、专业伦理与决策、策略管理、净评估、军事战略专讨、国际冲突与危机管理、论文专讨
兼任副教授	左俊德	美国得克萨斯大学经济学博士	产业经济、科技政策、国际企业管理
兼任副教授	刘汉兴	美国加州伯克利大学电机系博士	电信与数据通讯、光纤传输和用户回路传输、网络管理与作业支持系统

5. 在课程的交叉性和互补性上，我国大陆高校也有借鉴之处。美国和我国台湾地区的高校体现得很充分。如在前面提到的麻省理工学院，虽然其科技管理与政策专业课程以系统工程系和斯隆管理学院为主，但学生的

专业拓展课程由人文和社会科学学院以及城市研究与规划系承担。另外，学院还提供航空学、生物科技等 10 个专业的课程供学生选修。在台湾清华大学，科技管理专业课程由科技管理学院、工业工程与工程管理学系、电子资讯系、原子科学系、生命科学学院、人文社会科学学院的教师共同承担。

第三节　高校科技管理人员继续教育培训课程

一、高等学校为科技管理人员提供的继续教育培训课程

（一）哈佛大学科技管理人员培训课程

1. 科技管理人员的概况：

（1）学校层面。哈佛大学自 2005 年以来，每年获得的纵向科研经费均超过 5 亿美元，获得的横向科研经费超过 1 亿美元。其科技管理主要采用的是垂直管理。学校由教务长管理科研工作和科技开发工作，财务副校长分管科研工作，助理副校长（主管科研）具体负责科研工作（见图 4 - 6）①。科技处共有工作人员 90 余人。在美国的大学，如何帮助科研人员申请到科研经费，科技成果如何开发、转让和调配，是科技管理的重要内容。

---

① 说明：1. 哈佛大学的科研管理主要有两个部门，科研管理办公室（相当于我国的计划科、成果科、综合科、项目科等的综合）和科技开发办公室（相当于我国的知识产权科、技术转让科和科技开发科等的综合）。我国高校上述两个部门多是合在一起的，美国很多高校是分离的，为了比较的方便，我们把二者合一，称为科技处（参见 http：//www. vpf - web. harvard. edu/budget/factbook/current_facts /vpf. html/2009 - 1 - 15）．

2. Associate vice president，在这里姑且翻译为助理副校长．据咨询许美德教授，其级别仅次于副校长，但高于院系、机关等二级单位的负责人．

3. 结构图请参阅 http：//www. vpf - web. harvard. edu/osr/support/OSR% 20org% 2012 - 14 - 04. pdf 和 http：//www. techtransfer. harvard. edu/OTTLstaff. php？Group = Trademark/2005 - 5 - 23.

4. 原来哈佛大学设有科技与商标认证办公室（OTTL），负责商务开发、校企合作、技术转让等事务．医学院有专门的科技认证和企业资助科研管理办公室（Office of Technology Licensing and Industry - Sponsored Research，OTL）．最近合并在一起，称"科技开发办公室"（Office of Technology Development，OTD），负责科技开发、转移和调配．参见 http：//www. techtransfer. harvard. edu/about/team/2009 - 1 - 15.

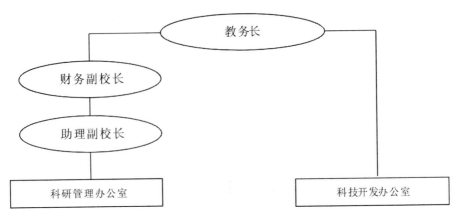

图4-6　哈佛大学科技管理示意图

科研管理是最大的部门，包括：办公室、成本分析与监管办、财务办、项目管理办、战略规划与特别项目办、科研管理培训（专业发展）办等。项目管理办下设事务处理及培训科、生命科学项目管理科、哲学社会科学项目管理科、研究生项目管理科、科研质量评估事务科，财务办下设医学项目管理科、公共健康项目管理科、经费科和办公室。[①] 共有工作人员60余人，采用的是按院系、学科进行分工管理。科技开发办公室共有34人，其中专业人员20人，管理人员14人。

（2）院系层面。一些院系的科研管理人员也非常多。以哈佛医学院为例，它设有科研监管办公室（Office of Research Compliance）、科研课题保护办公室（Office for Research Subject Protection）、科技开发办公室（Office of Technology Development）以及科研项目管理办公室（Ofice of Sponsored Programs Administration），共有30余人。

哈佛大学科技管理人员的学历整体比较高，科技管理的经历也比较丰富。以科技开发办为例，20名专业工作人员中，15名拥有博士学位。[②] 从医学院的原科技认证与企业科研经费管理办公室的工作人员的基本情况可见一斑（见表4-27）。

---

① http://www.vpf-web.harvard.edu/osp/pdfs/OSPOrgChart152009.pdf /2009-3-10.

② http://www.techtransfer.harvard.edu/about/team/2009-1-15.

表4-27 哈佛大学医学院科技认证与企业资助科研管理办公室人员基本情况一览[1]

人员	学历	经历
办公室主任 O. Prem Das	麻省理工学院化学系哲学博士（Ph. D.）	斯隆·凯特林癌症中心工业事务办公室副主任； 纽约泰瑞堂坎大斯药学所商业开发部主任； 在一家生物科技公司工作若干年，开始任科研部主任，后来成为公司主席和代理执行长官，曾经在生物芯片领域做商业开发咨询师
商业开发部主任 K. Gordon	卫斯理大学哲学博士（Ph. D.） 耶鲁大学生物系博士后	在科技认证办公室任职，主管校企科研合作； 先后在 NovaNeuron 公司，Mitokor 公司和阿波罗生物医药公司任高级管理人员
科技认证管理师 M. Fenerjian	哈佛大学细胞与发展生物系哲学博士（Ph. D.） 萨克福大学法学院法学博士（J. D.） 麻省总医院分子生物学博士后 布兰蒂斯大学生物系博士后	在 Banner&Witcoff 律师事务所主管专利申诉
高级科技主管 K. H. Levin	加利福尼亚大学微生物学哲学博士（Ph. D.） 芝加哥大学博士后 芝加哥大学工商管理硕士（MBA）	曾做过若干年风险资本投资分析师； 在辉瑞公司和强生公司主管商业开发和认证； 在 Ontogeny 公司从事治疗学研究
科技认证助理 L. McNabb	加利福尼亚大学药理学哲学博士（Ph. D.）	在加利福尼亚科技转让中心实习，从事战略市场分析和非保密性科技成果发布； 现主要负责材料技术转移协议的草签

---

[1] http://www.hms.harvard.edu/otl/about_otl/whoweare.html/2005-5-23.

续表

人员	学历	经历
科技认证管理师 H. F. Oettinger	加利福尼亚大学细胞与微生物学哲学博士（Ph. D. ） 加利福尼亚大学运筹战略学工商管理硕士（MBA） 哈佛大学医学院博士后	在生物医药公司任职，主管商业开发和市场营销 在迪亚克林公司工作，分子免疫技术首席调研师 在德勤公司任职，负责管理咨询 在 Proteome 公司负责商业开发
专利管理人员 J. Maher	哈佛大学文学学士	在 Hale and Dorr 公司知识产权部做律师助理
办公室协调员 J. Georgia	波士顿大学文学学士	在哈佛临床医学研究所做项目协调员

2. 学校层面提供的科技管理人员培训课程。面对如此庞大的科技管理人员队伍，哈佛大学非常重视对他们的培训，而课程则是其中的重要组成。培训的目的是使科技管理人员共同分享专业知识和技能，跟上时代对科技管理的挑战。哈佛大学科技处提供的培训课程主要包括 12 门（见表4－28）。现在又把课程分为 4 类，一是网上课程，二是方法和技巧课程，三是报告书和指南方面的课程，四是其他方面的培训课程。①

表 4－28　　　　　　　　哈佛大学科技管理人员培训课程②

序号	课程名称	序号	课程名称
1	科研管理案例研究	4	科研经费划拨政策
2	科研经费终止与基金失效审核	5	科研经费配置管理中的缺陷：案例研究
3	科研账目审核	6	科研经费是否合法：高校和政府的观点

---

① http：//www. vpf－web. harvard. edu/osp/quick_links/training. php#Online_Courses/2009－3－20.

② http：//www. vpf－web. harvard. edu/osr/support/support_main. shtml/2005－3－12 和 http：//www. vpf－web. harvard. edu/osr/support /sup_tra_resources. shtml/2005－3－23.

续表

序号	课程名称	序号	课程名称
7	科研经费配置程序评论	10	成本会计标准基础
8	科研经费配置：管理人员应该了解什么	11	人文科研项目管理
9	科研设备与管理成本基础知识	12	健康保险的便利与责任法案（隐私规则）

3. 院系为科技管理人员提供的培训课程。哈佛大学的院系是承担科学研究的基地。由于科技管理人员众多，他们提供的科技管理培训较为系统，也更有针对性。我们还以哈佛大学医学院为例，它们安排的课程如表4-29 和表4-30 所示。

表4-29 哈佛大学医学院科技管理教育与培训课程（2003 年秋季—2004 年春季）①

课程名称	星期	日期	时间	地点
科研管理论坛	二	10/7/2003	9：30-10：30am	Countyway-Minot 房间
科研经费划拨	四	10/30/2003	1：30-3：30pm	MEC250 房间
科学研究中的责任管理	五	10/31/2003	9：30-10：30am	Goldenson122 房间
科研档案管理	四	11/13/2003	10：00-12：00pm	MEC448 房间
科研成果报告	二	11/18/2003	10：00-11：30am	Cannon 房间（C 栋）
科研立项可行性预测	四	11/20/2003	10：00am-12：00pm	Countway-Minot 房间
科研分工与大项目协作	三	12/3/2003	11：00am-2：00pm	MEC250 房间
科学研究中的责任管理	五	12/5/2003	9：30-11：30am	Goldenson122 房间
科研管理论坛	二	1/13/2004	9：30-10：30am	GH-Faculty 房间
经费申请与配置管理案例	二	1/20/2004	10：00am-12：00pm	地点待定
科研审核问题研究	二	2/20/2004	10：00-11：30am	地点待定
科研管理论坛	二	4/13/2004	9：30-10：30am	GH-Faculty 房间
科研管理论坛	二	6/15/2004	9：30-10：30am	Countway-Minot 房间
备选课程（待定）				
培训与事业发展经费管理	12/2003 或者 1/2004			

① http：//www. hms. harvard. edu/spa/docs/HMS-ASPIRE_Program_Schedule_of_Classes_for_Fall_03-Spring-04. pdf.

续表

课程名称	星期	日期	时间	地点
联邦科技管理文件	1/2004 或者 2/2004			
成功获取科研经费	1/2004 或者 2/2004			
科学的同行评议	1/2004 或者 2/2004			
申请报告基础知识	2/2004			
科研经费管理基础	3/2004			

表 4 - 30　　哈佛大学医学院科技管理人员教育与培训课程（2005 年 1—6 月）①

课程名称	星期	日期	时间	地点
科研管理案例研究	二	1/11/2005	10：00 - 11：30am	Countway 图书馆 Minot 房间
科研管理论坛	二	1/18/2005	9：30 - 10：30am	Countway 图书馆 Minot 房间
科研分工与多项目科研基金管理	二	2/8/2005	9：30 - 11：00am	TMEC 250 房间
科研申请基础知识（1）	四	2/17/2005	10：00 - 12：00 am	TMEC250 房间
科研申请基础知识（2）	二	3/15/2005	10：00 - 12：00 am	TMEC250 房间
财务基础知识（1）	四	3/31/2005	9：30 - 11：30 am	TMEC250 房间
财务基础知识（2）	四	4/14/2005	10：30 - 12：30am	TMEC250 房间
培训资金申请与管理	四	5/12/2005	1：00 - 4：00pm	Armenise 楼 Amphitheater 教室
科研审核问题	二	5/26/2005	9：30 - 11：30am	TMEC227 房间
联邦科技管理文件	四	6/16/2005	10：00 - 12：00am	TMEC227 房间

表 4 - 31　　哈佛大学医学院科技管理人员教育与培训课程（2009 年 4 月）②

课程名称	星期	日期	时间	地点
科研资助项目基础知识	一	4/6/2009	1：00 - 4：00pm	TMEC209 房间
项目资金管理（1）	四	4/16/2009	1：00 - 4：00pm	TMEC324 房间
项目资金管理（1）	一	4/27/2009	1：00 - 4：00pm	TMEC209 房间

---

① http：//www. hms. harvard. edu/spa/training/docs/aspire_sched_05. pdf.

② http：//www. hms. harvard. edu/spa/training/schedule. shtml/2009 - 3 - 20.

通过上面三个科技管理人员教育与培训课程表，可以发现 2009 年和 2005 年的课程表与 2003—2004 年的课程表相比有 4 个特点：

第一，时间更为集中。2003—2004 年的时间安排得比较凌乱，有周二、周四、周五，还有待定的。而 2009 年集中在周一和周四，2005 年集中到周二和周四，便于科技管理人员安排自己的工作和学习。

第二，地点更为固定。2003—2004 年科技管理人员的学习地点变化比较大，一不小心就可能弄错，这会给学习带来很大的不便。2009 年和 2005 年的学习地点基本上固定在两个地方。

第三，课程有一定变化。一个部门的科技管理人员相对固定，课程必须有一定的变化，不然就会失去吸引力；另外，国家的科技政策每年也会有相应变化，联邦科技管理文件这门课也会有新的内容。

第四，学习时间变长。2009 年的学习时间为 3 个小时，而 2003—2005 年多为 2 个小时。

（二）我国高校为科技管理人员提供的培训课程

1. 上海某大学为科技管理人员提供的课程

（1）科技管理人员概况。从学校层面上看，上海某大学的科技管理部门分为科技处和文科建设办公室（见图 4 - 7）。科技处包括计划一科、计划二科、知识产权科、科技开发部、科技成果科、军工办、技术转移中心、技术装备院和综合科。文科建设办包括发展规划科、计划成果科、学术交流科和办公室。为了和哈佛大学的科技管理人员进行比较，表 4 - 32 介绍了上海某科技管理部门的人数和分工。表 4 - 33 介绍了知识产权科、科技开发部和技术转移中心人员基本情况。

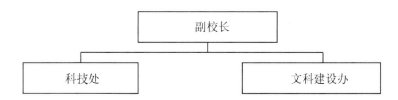

图 4 - 7　上海某大学科技管理示意图

表4-32   上海某大学科技管理部门人数及分工①

部门	科别	人数	分工
科技处	计划一科	4	纵向（国际各部委基金、公关和计划项目）、军口（国家、军队与国防建设相关联的项目）
	计划二科	5	上海市科研项目、基金申报与管理及科研项目的实施、监督、检查、验收和结题等全过程监控管理
	知识产权科	5	专利申请材料审核、法律把关、咨询、申报、统计、宣传
	科技成果科	5	成果登记、汇总、统计、报奖等
	科技开发部	4	与各省市、企业集团的沟通、联络；校企合作建议和申请政府的重大科技攻关项目；校企共建联合研究中心管理；校企合作项目的组织洽谈、协调与管理；科技合同的审定与规范管理
	技术转移中心	2	学校高新技术及成果的推介与转移；科技项目的筛选、孵化；组建企业；企业融资及其他服务
	军工办	1	总装备部和国防科工委项目，军工工业集团科研项目，国防军工科研生产横向项目，国防科技重点实验室基金
	技术装备学院	3	不祥
文科建设办	发展规划科	1	文科学科、规划与基地建设
	计划成果科	1	文科项目、成果管理
	学术交流科	1	学术交流
	办公室	1	科研经费管理，行政工作

表4-33   知识产权科、科技开发部和技术转移中心人员基本情况②

岗位	学历	专业	从事工作及经历
科长A	本科	会计	主管技术转移，曾从事科研经费管理，20多年科技管理经验
科长B	本科	物理	主管与省市企业集团的沟通联络；校企合作建议；校企共建联合研究中心；校企合作项目的组织、洽谈、协调与管理；曾任计划一科科长，上海师范大学科技处处长助理，从事科技管理约25年

① 分工参考了 http：//www. kejichu. sjtu. edu. cn/intro/jg. asp/2005 - 3 - 23.

② 从事工作参考了 http：//www. kejichu. sjtu. edu. cn/intro/jg. asp/2005 - 3 - 27.

续表

岗位	学历	专业	从事工作及经历	
科长 C	本科	材料	主管专利申请、材料审核以及专利法律把关。曾担任材料科学与工程学院教师	
科员 A	大专	财会	从事技术转移工作。曾在上广电集团工作，从事科技管理约10年	
副科长	硕士	管理	负责科技合同的审定和规范管理；参与学校与地方政府和企业建立科技合作关系；学校高新技术及成果的推介与转移。曾任中学教师，从事科技管理约6年	
科员 B	本科	机械	从事省校合作基金、企业科研基金组织申报与管理。从事科技管理约4年	
科员 C	本科	计算机	学校科研成果、技术信息的采集、整理、编辑以及接待来访；收集并发布技术需求、招标信息以及难题信息。曾任电信学院教师，从事科技管理约6年	
调研员	本科	机械	曾任机械学院党总支副书记，高新办副主任。从事科技管理约15年	
科员 D	大专	不祥	从事科技管理约20年	专利申请咨询；申报专利材料审核；统计宣传、专利奖励申报；专利法律审核等
科员 E	硕士	法律	从事科技管理约3年	
科员 F	本科	文化产业管理	从事科技管理约4年	

（2）比较与启示——与哈佛大学。通过与哈佛大学科研管理部门的比较，可以有以下启示：

第一，哈佛大学科技管理人员项目、经费申请与管理部门分工是以院系、学科划分为依据的，上海某大学是以横向为依据的。以院系为单位（可以称为对下）进行科研管理有自己的优势，科技管理人员能够很快、又能够深入地熟悉院系的科研情况，包括科研人员的研究特长、项目进展、经费使用等。横向设置科室（可以称为对上），能够使管理人员与国家级、省部级、地区级、企业等科技管理部门保持好关系。可见，两种管理方式对科技管理人员开展工作来说各有利弊。在科技管理人员比较多的情况下，前者可以借鉴。

第二，哈佛大学知识产权、科技开发、技术转让管理人员学历较高，有博士学位者达到近70%，上海某大学只有8%。改善技术含量较高部门科技管理人员的学历结构是高校应着力强化的方面。

第三，以哈佛大学医学院科技认证与企业科研经费管理办公室为例，有校企工作经验的人占到了总人数的85%，上海某大学只有9%。今后在引进科技管理人员时，我国高校应考虑适当增加这方面的人才。

第四，不只是哈佛大学，西方很多国家高校的科技成果转移部门是和科研管理处一样独立设置，这一方面说明重视科技成果转化，另一方面说明科技成果多。我国高校科技成果转移科（很多高校没有单独设置）是科技（研）处的一个部门，这并不能说明我们的科研成果少，但很可能影响科技成果转化成效。建议像"985"这样国家重点建设的大学，独立设置科技成果转移部门，有效提高学校的科技成果转化率。

第五，哈佛大学设置有科技管理人员专业发展部门，由主管负责。从已有的资料看，我国没有一所大学的科技管理机构设置了专门的科技管理人员培训部门。这是我们应当关注并虚心学习的。

据教育部安排的研究课题报告显示，我国高校虽然每年取得的科技成果在6000—8000项之间，但真正实现成果转化与产业化的还不到10%，[①]而美国则在80%以上。《中国高校科技成果转化调研报告》统计显示，"缺乏懂管理及能开拓市场的人才"排在其他因素之首（见图4-8）。上述比较在一定程度上可以解释我国科技成果转化率为什么这么低。提高科技成果转移的效率一方面需要提高知识产权、科技开发、技术转让等方面管理人员的专业知识水平，另一方面需要有更多的熟悉校企合作的人才，这样做可以最大限度地保护学校和科研人员的利益。这也提醒高等学校重新认识培养懂管理善于开拓市场的科技管理人员的重要性。

图4-8　对当前影响本单位科技成果转化主要因素排序[②]

2. 我国高校为科技管理人员开设的培训课程

（1）根据这次调查，提到的并为科技管理人员提供课程的高校主要有

① 吕诺. 我国高校科技成果转化率不到10% [N]. 中国青年报, 2005-1-12.
② 王波, 胡涵锦等. 中国高校科技成果转化调研报告 [J]. 华东科技, 2004 (3): 11.

湖南大学、东南大学、西北师范大学、中国人民大学、哈尔滨理工大学、大连交通大学、石河子大学和上海交通大学，占被调查高校的50%（见表4-34）。

表4-34　　　我国部分高校为科技管理人员提供的培训课程

校名	课程名称
湖南大学	知识产权法、高校科技管理理论、方法
东南大学	科研管理、科技情报学、人事管理
西北师范大学	高教管理、国家科研管理政策、"三个代表"思想
中国人民大学	行政管理、科研评价、科研管理流程、科研统计
哈尔滨理工大学	项目管理、科研计划申请
大连交通大学	科研项目管理
石河子大学	科技管理、统计学、管理学
上海交通大学	科技管理、科技合同、专利

（2）比较与启示——与哈佛大学。与哈佛大学为科研管理人员开设的培训课程比较看，我们还有不足，主要表现在：

第一，我国高校为科技管理人员开设的课程比较少。一般高校开设3—4门，哈佛大学无论是学校层面上，还是学院层面上，都在10门以上。高校科技管理分工日益复杂，我国应适当增加课程数量以满足不同类型科技管理人员的需求。

第二，哈佛大学的科技管理人员培训课程较为稳定，并根据实际情况适当增减，培训的时间也相当稳定，每年都进行，相比之下，我国高校为科技管理人员开设课程的计划性不强，随意性大。今后，我们应当制订出可行的课程培训计划，开设、筛选出更为合理的课程。

第三，从观念上讲，上述情况也从一个侧面反映出我国高校对科技管理人员的培训重视程度不够，这可能是教育培训落后的根本原因，也是科技管理人员专业发展的一个障碍。高校领导应像对待科研人员一样，从"科教兴国"的战略高度重视科技管理人员的教育培训。

第四，从课程内容上看，哈佛大学更为前沿，也更为具体，有利于科技管理工作实践，我国高校开设的课程较为笼统，针对性弱，有些甚至与科技管理关系不大。编制出紧密联系高校科技管理工作实际的课程是当务之急。

3. 院系为科技管理人员开设的课程

（1）调查结果显示，我国高校院系层面为科技管理人员提供培训课程的没有一所。

（2）比较与启示——与哈佛大学。尽管院系为科技管理人员开设课程的高校比较少，但哈佛大学医学院为我们提供了一个范例。不仅课程种类多，而且持续时间长、有计划性，这为科研实力强、科技成果多、产出价值大的高校院系提供了参考。

二、科技管理专业组织为科技管理人员提供的课程

（一）美国大学科研管理者协会课程

美国大学的科研处与很多科研管理者协会有密切的关系，如美国大学科研管理者协会、国际科研管理者协会、政府关系协调理事会（Council on Government Relations，COGR）、美国大学协会（Association of American Universities，AAU）等，很多学校或者科研管理人员也是他们的会员。科技管理人员可以参加科研管理协会的培训，享有很多专业发展的机会。

美国大学科研管理者协会每年都为全国高校的会员提供一定数量的培训课程（见表4－36、表4－37）。为了会员学习方便，培训会选择不同的地点进行，如2005年4月、5月和6月的培训分别安排在了波特兰、纳什维尔［美国田纳西州首府］和克利夫兰。如果高校有特别要求，他们会把课堂搬到校园。

最近，协会的师资结构发生了一些变化，形成了专、兼职结合的教师队伍（见表4－35）。

表4－35　　　　　美国大学科研管理者协会专兼职教师一览①

专职教师	基本情况	专职教师	基本情况
基础班		高级班	
Cindy White	贝尔蒙特大学科研处处长	Mike Anthony	华盛顿大学管理会计与分析办执行主任
Dave Richardson	宾夕法尼亚州立大学助理副校长、科研处处长	Robert Barbret	密歇根大学科研处处长

---

① http://www.ncura.edu/content/educational% 5Fprograms/workshops/fundamentals/faculty/和/spaii/faculty/2009－1－15.

续表

专职教师	基本情况	专职教师	基本情况
基础班		高级班	
Barbara Gray	瓦尔多斯塔州立大学科研经费资助与合同办主任	Mark Daniel	Dana-Farber 癌症研究所科研与财务副所长
Greg Foxworth	德州农工大学助理副校长，科研处处长	Peter Dunn	普渡大学副教务长兼科研处处长
Bruce Morgan	加利福尼亚大学助理副校长，科研处处长	Stephen Erickson	波士顿学院科研监管与知识产权办主任
Patti McCabe	斯坦福大学科研处培训与发展办主任	Jerry Fife	范德比尔特大学科研财务副校长
Jerry Pogatshnik	东肯塔基大学科研助理副校长、研究生院院长	Jilda Garton	佐治亚理工学院主管科研和科技合作助理副教务长
Bob Andresen	威斯康星大学科研处处长助理	Todd Guttman	俄亥俄州立大学主管科研监管助理副校长
Jamie Caldwell	洛约拉大学健康科学项目办主任	Erica Kropp	马里兰环境科学研究中心临时行政副主任
Toni Lawson	马里兰大学科研处主任助理	Kim Moreland	威斯康星大学助理副校长兼科研处处长
Tracey Fraser	加利福尼亚理工学院项目中期管理人员	Mary Ellen Sheridan	芝加哥大学助理副校长兼科研处处长
Tommy Coggins	南卡罗来纳大学科研处处长		
Toni Shaklee	俄克拉荷马州立大学科研助理副校长		
Denise Clark	马里兰大学科研助理副校长		
Tim Reuter	贝尔蒙特大学科研成本监管办执行主任		
基础班兼职教师	基本情况	基础班兼职教师	基本情况
Mike Anthony	华盛顿大学管理会计与分析办执行主任	Jan Madole	蒙大拿大学科研处处长
Sara Bible	斯坦福大学财务管理高级副主任、科研办主任	Garry Sanders	纽约州立大学主管科研和科研基金助理副校长
Ann Holmes	马里兰大学行为与社会科学学院财务管理主任	Jill Tincher	迈阿密大学医学院医学项目高级主管

1. 短期课程。基础班课程面向高校及其附属机构没有多少经验的科技管理人员开设，包括科研项目申请书管理人员，科研项目管理人员，科研经费资助与合同管理人员，院系、资料室、中心、研究所管理人员及其他科技管理人员。基础课程内容较为宽泛，主要提供的是普通科技管理知识（见表 4 - 36）。

表 4 - 36　　　2005 年美国大学科研管理者协会科研管理基础班课程（三天）[①]

课程名称	任课教师
科研项目管理：组织与功能	1. P. Webb，斯坦福大学科研处处长，NCURA 理事会理事。从事科技管理 18 年，先后在加利福尼亚洛杉矶大学、加利福尼亚大学和西北大学从事科技管理工作，曾任 NCURA 秘书长。
科研管理的法律体系	2. M. Anthony，加利福尼亚大学校外科研基金核算处主任，NCURA 西区高校科研成本核算储主席。从事科技管理 30 多年，曾在科内尔大学，亚利桑那大学和罗彻斯特大学从事科技管理工作。
A - 21 条款概论：成本问题	
经费配置服务：科研报告与预算改良	3. P. Whitlock，北卡罗兰纳大学科研处处长，NCURA 理事会理事，SRA 南区理事会主席，从事科技管理 18 年。
A - 21 条款：科研设备与管理成本估价	4. T. Wilson，发现同盟公司（科技管理诊断和咨询）财务处处长，NCURA 第五区副主席，从事科技管理 24 年。曾任得克萨斯大学安德森癌症中心科研资助与合同部主任，贝勒医学院科研处处长。
经费方案提交、复审与谈判	5. P. Hawk，俄勒冈州立大学商务办公室科研成本分析师，NCURA 会务委员会主席。曾任俄勒冈健康与科学大学科研处副处长，从事科技管理 20 多年。
电子科研管理	6. D. Mayo，加利福尼亚理工学院科研处副处长，NCURA 第 6 区主席。从事科技管理 20 多年。
科研经费配置：财务与管理制度	7. S. Hansen，南伊利诺伊大学研究生科研管理办公室主任，副教授，NCURA 理事。曾在芝加哥纽贝里图书馆从事科研工作，1981 年开始任南佐治亚大学科研处处长助理，后来任南伊利诺伊大学科研项目科主任。
科研可行性论证方法与科研经费分配	8. A. Selwitz，肯塔基大学科研合作办主任，1978 年开始从事科技管理和教育工作。
科研结项与审核	9. S. Bible，斯坦福大学科研成本分析与管理办公室主任。从事科研管理与科研管理培训 10 余年。

① http://www.ncura.edu/conferences/fundamentals/#Overview/2005 - 6 - 23.

　　高级班课程主要面向有若干年工作经验的科技管理人员。课程内容集中而且有一定深度。授课方式采用讲授与讨论、案例研究相结合的方式。与基础课程班相比，一个显著不同的地方是，高级班增加了科技管理论坛，供科技管理人员研讨和交流（见表4－37）。

表4－37　　2005年美国大学科研管理者协会科研管理高级班课程（三天）①

课程名称	任课教师
科研立项合法性问题研究	1. B. Boice，纽约州立大学科研基金会常务副主席和财务主管，NCURA理事会财务主管，曾任第二区秘书长。有20多年的财务管理经历。曾任科研合同与捐赠管理办公室副主任。
科研课题制定、复审与提交中的问题	2. S. Erickson，波士顿学院科研处处长。从事科研管理25年。曾在哈佛大学工作13年，NCURA前任主席。
科研经费审核与谈判	3. C. Hansen，加利尼亚大学（伊尔文校区）主管科研的副校长，NCURA现任秘书长，西区主席（兼任秘书长和财务主管），专业发展委员会主席。从事科研管理近30年。曾在私营企业和加利福尼亚大学（洛杉矶校区）工作多年。
科研经费管理（I）	4. C. Howard，约翰霍普金斯大学副教务长。从事科技管理20多年。曾任Brandeis大学科研项目经费核算办公室主任，达特茅斯学院科研经费捐赠与合同管理办公室副主任。
科研管理论坛	5. G. Liders，罗彻斯特大学主管科研的副校长。NCURA时事通讯编辑，第二区财务主管兼秘书长。
科研经费管理（II）	6. R. Seligman，加利福尼亚理工学院科研处处长，科技管理人员教育与培训组（高级班）组长。曾任加利福尼亚大学（洛杉矶校区）科研项目合同管理办公室主任，NCURA主席，时事通讯编辑等。从事科技管理25多年。7. A. Trangrdi－Hannon，宾夕法尼亚大学科研经费审计与法规处处长，国家健康研究所科研管理人员培训中心主席。从事科研管理20多年。8. J. Yongers，得克萨斯大学健康科学研究中心科研经费捐赠管理办公室主任，NCURA时事通讯编辑。从事科技管理和教育工作27年。

　　无论是基础班的学员还是高级班的学员，修完这些课程可以获得相应

① http://www.ncura.edu/conferences/spaII/2009－1－12.

的继续教育学分。修完基础课程和高级课程的学员可以获得 1.7 个继续教育学分，由国家继续教育管理中心（Continuing Education Unit，CEU）颁发证书进行确认。另外，学员经过登记还可以获得专业继续教育（Continuing Professional Education，CPE）学分，由国家会计委员会全国理事会（National Association of State Boards of Accountancy，NASBA）授予。按照规定，修学 50 分钟折合一个 CPE 学分。基于此，完成基础班的科技管理人员总共可以获得 16 个学分，其中 7 个为专业知识学分，9 个为管理知识学分；完成高级班的科技管理人员总共可以获得 16 个学分，其中 12 个为专业知识学分，4 个为管理知识学分。

2. 网络课程。如果科技管理人员没有外出学习的时间，可以在网上学习。美国大学科研管理者协会每年会组织 3—4 次网络授课。提前公布上课的时间、课程名称、任课教师以及听课对象（见表 4 - 38）。科技管理人员可以根据自己的实际有选择地听课。

表 4 - 38　　　　　　　　2004 - 2007 年科技管理人员部分网上课程①

课程名称	日期/时间	任课教师	听课对象
成本分担中的问题	2007 年 2 月 16 日，星期五	Dennis Praffath，马里兰大学科研捐资与合同管理办主任 Amanda Snyder，马里兰大学科研捐资与合同管理办职员	1. 负责受赠前管理的人员 2. 部门和事务管理人员 3. 负责受赠后管理的人员
科研立项未通过审核，如何挽救？	2005 年 3 月 31 日，星期四 12:30 - 2:00（东部时间） 11:30 - 1:00（中部时间） 10:30 - 12:00（山区时间） 9:30 - 11:00（太平洋区时间）	P. Hawk，俄勒冈州立大学商务办公室科研成本分析师 J. Fife，范德比尔特大学助理副校长（主管科研）	1. 本科院校的科研管理人员 2. 院系和部门科研管理人员 3. 科研资金管理人员

① http://www.ncura.edu/meetings/oep/2009 - 1 - 10.

续表

课程名称	日期/时间	任课教师	听课对象
有效科研申请报告开发	2005 年 3 月 24 日，星期四 时间同上	T. Callahan，西肯塔基大学科研处副处长 P. Napier，西肯塔基大学科研处副处长 M. Norman，中田纳西州立大学科研处处长	1. 本科院校科研管理人员 2. 院系和部门科研管理人员 3. 高级科研管理人员 4. 科研资金管理人员
出口管理法基础知识	2005 年 2 月 3 日，星期四 时间同上	E. Kropp，马里兰大学环境科学中心科研管理与发展办公室主任 A. Bowden，马里兰大学法规办法律顾问	1. 院系和部门科研管理人员以及商业管理人员 2. 高级科研管理人员 3. 学校科研人员 4. 采购人员
有效科研申请报告：理论与实践	2004 年 9 月 23 日，星期四 时间同上	西北大学科研处负责人	1. 院系和部门科研管理人员以及商业管理人员 2. 高级科研管理人员 3. 科研财务管理人员 4. 学校研究人员
如何通过科研立项合法性审查：定量的研究	2004 年 6 月 10 日，星期四 时间同上	L. Wade，得克萨斯大学医学部科研处执行处长 P. Whitlock，北卡罗来纳大学科研处处长	科技管理人员
如何避免科研经费配置管理中的漏洞：通过案例寻求解决办法	2004 年 4 月 1 日，星期四 时间同上	P. McCabe，斯坦福大学科研处培训与发展部主任 E. Mora，哈佛大学科研处处长 W. Schumi，明尼苏达大学助理副校长（主管科研）	科技管理人员

续表

课程名称	日期/时间	任课教师	听课对象
临床试验：全过程管理方法	2004年1月22日，星期四时间同上	S. Anderson，咨询师 P. Cook，耶鲁大学科研经费捐赠与合同管理办公室执行主任 L. Hackett，耶鲁大学病理系临床部主管	科技管理人员

2003年的课程还包括合作与大学文化：大学与企业合作中的知识产权问题；院系科研管理人员的工具：基础管理与财务管理策略等。

3. 媒质课程。为了方便高校科技管理人员自学，美国大学科研管理者协会把许多课程制作成了媒质。科技管理人员可购买协会提供的 DVD、VCD 或者录像带，根据自己的时间，自主安排学习。[①]

（二）美国大学科研管理者协会分会提供的课程

美国大学科研管理者协会根据区域不同成立了 7 个分会。各分会每年召开一次年会，会议时间各区也不相同，以 2005 年为例，一区召开年会的时间是 5 月 15—18 日，二区召开的时间是 4 月 17—19 日；主题也不一样，一区的主题是：A－133 审核条款出现的问题和其他热点话题（Emerging A－133 Audit Issues and Other Hot Topics）[②]；二区的主题是：科研管理：生命，自由与领导（Research Administration：Life，Liberty and Leadership）（见表 4－39）。但共同的是，每个区都有一个专业发展委员会，里面有项目委员会（Program Committee）负责制定年会主题和培训课程。因为时间比较短，而且不同的会员有不同的需要，因此，分会同时开设不同的课程，让大家有选择的余地。

---

① http：//www. ncura. edu/conferences/videoseries/2005/2005－6－29.

② http：//www. web. mit. edu/osp/www/ncura/reg1_presentations. htm/2005－6－29.

表 4 – 39　　　　　二区（中亚特兰大地区）NCURA 分会 2005 年会课程①

时间	课程名称	课程类别	主讲教师
4 月 17 日 1:00 – 4:00pm	影响别人的关键性策略	普通	E. Kamm EK，集团领导发展咨询中心执行主席
1:00 – 4:00pm	科研稽查：直面联邦资助机构	政策	J. Giffels，马里兰大学副校长助理，科研整合与利益协调处处长 J. Simons，马里兰大学科研合同与资金管理办公室主任
1:00 – 4:00pm	准备高效科研申请报告	实践	B. Saxon，Wistar 研究所科研处处长 L. McDaid，托马斯·杰斐逊大学科研处副处长
4 月 18 日 10:45am – Noon	教学型大学在科研中的竞争：通过有说服力的科研申请书赢得资助	实践	M. Lennon，马里兰圣母马利亚学院科研基金协调处处长 M. Byran – Peterson，纽约州立大学科研处处长 C. Gary，罗彻斯特理工学院联合生产研究中心副主任
10:45am – Noon	重新审视 OMB21 条款	实践	A. Lawson，马里兰大学科研管理与发展办公室副主任
10:45am – Noon	政府关系理事会动态	普通	B. Hardy，政府关系理事会副主任
10:45am – Noon	科研资助：下一轮联邦预算	政策	K. Koizumi，美国科学进步协会研究与发展预算和政策规划办公室主任
1:30 – 3:00pm	临床研究中科研依从与合同竞争	政策	A. Mills，爱因斯坦护理中心科研处处长 K. Bradley，托马斯·杰斐逊大学临床试验中心主任
1:30 – 3:00pm	潜在性科研合同开发：内部、外部和上级	实践	H. Benze，约翰·霍普金斯大学科研项目管理办公室副主任 M. Dunne，纽约大学科研项目管理办公室主任

① http://academic.shu.edu/grants/ncura_region_ii/spring2005/index.html/2005 – 3 – 29.

续表

时间	课程名称	课程类别	主讲教师
1:30 - 3:00pm	教学型大学科研成功案例	普通	M. Cole, 哲学博士, 维拉诺瓦大学主管科研项目的副教务长助理
1:30 - 3:00pm	电子科研管理	实践	K. Forstmeier, 宾夕法尼亚州立大学科研信息系统办公室主任
3:15 - 4:45pm	国家卫生研究所动态	普通	C. Alderson, 国家卫生研究所科研经费政策部执行主任
3:15 - 4:45pm	两种视角——一个目标:企业与大学互动论	政策	A. McKeown, 马里兰大学助理科研副校长、科研管理与发展处处长 E. Pieters, 宾夕法尼亚大学科研协议与服务办公室副主任 L. Witkin, Hewlett - Packard 公司大学关系部项目经理
3:15 - 4:45pm	科研人员发展——成为有吸引力的人	普通	K. Lyons, 哲学博士, 托马斯·杰斐逊大学科研合作中心副主任
3:15 - 4:45pm	从理想到现实:电子科研管理	实践	B. Kirby, 国家卫生研究所电子科研管理系统开发主持人 D. Bozler, 国家卫生研究所电子科研管理软件系统研究主持人
4月19日 9:15 - 10:30am	有效科研报告开发	实践	J. Taylor, 休伦咨询集团高等教育部部长
9:15 - 10:30am	国家科研基金会动态	普通	J. Rom, 国家科研基金会科研基金计划协调与分析、预算、财务与科研资金管理办公室副主任
9:15 - 10:30am	科研资金合同协商:目前的困境	政策	C. Williams, 罗彻斯特大学高级科研管理人员
9:15 - 10:30am	科研管理新进展	实践	L. McDaid, 托马斯·杰斐逊大学科研处副长
10:45am - Noon	科研管理实践与政策(研讨)		全体参加

（三）我国科研管理服务机构为科技管理人员提供的培训课程

1. 高校科研管理研究会为科技管理人员开设的课程。高校科技管理研究分会（原全国高校科研管理研究会）自成立以来，开办了多次科技管理人员培训班，一定数量的科技管理人员接受了培训。但是，由于种种原因，自 2002 年以来，这种培训就几乎停止了。2002 年 10 月 21 日—25 日，研究会组织的科技处长暨科技管理骨干培训研讨会在北京科技大学举行，参加这次会议的有来自 50 多所高校的部分科技处处长及科研管理人员共计 80 多人。这次培训研讨会邀请了国家有关科技工作管理部门的领导，结合高校科技工作的特点，向与会人员讲解国家有关科技政策及管理工作要点；还邀请了科技资产经营、技术合同、技术创新等方面的专家学者进行专业知识讲课，以提高高校科技管理队伍素质及管理水平（见表 4 - 40）。

表 4 - 40　　　　　全国高等学校科研管理研究会 2002 年培训课程①

课程名称	授课人员
高校科技工作的形势及对科技管理干部的要求	教育部科技司领导
WTO 规则及加入 WTO 给科技工作带来的机遇与挑战	高等学校科研管理研究会邀请的部分高校领导和科技管理专家
加入 WTO 后我国知识产权保护面临的问题与对策	
技术合同法律事务	
科技资产经营	
基础研究及科学基金的有关问题	
创新工程与科技成果转化	

2. 高校社会科学管理咨询服务中心开设的课程。根据教育部《全国普通高等学校人文社会科学研究"十五"规划纲要》关于"各级教育管理部门和高等学校应定期组织有关管理业务和学科知识的培训，提高科技管理人员的理论素质和科学管理水平"的要求，受教育部社政司委托，高校社会科学管理咨询中心于 2005 年 5 月 23 日—27 日在浙江杭州举办了第 1 期全国高校人文社会科学研究管理培训班。② 来自教育部的领导和一些院校的科技管理专家是讲授者（见表 4 - 41）。

---

① http：//www. cutech. edu. cn/keyanguanli/000001. asp/2005 - 6 - 22.

② http：//www. sinoss. net/sinoss_admin/webfiles_show. asp？ id = 159/2005 - 6 - 1.

表 4 –41　　　　　　　全国高校社科管理人员培训班日程

时间	内容
5 月 23 日（星期一）	报到 主持人：北京师范大学 范立双
5 月 24 日（星期二）	上午： 1. 8：00 – 8：30 开幕式 2. 8：30 – 10：00 教育部张东刚（社政司科研处）处长：人文社会科学项目管理与高校人文社会科学发展 3. 10：00 – 10：10 休息 10：10 – 11：40 中国政法大学张保生副校长：科研组织与科研发动
	下午： 1. 2：00 – 3：30 浙江大学社科部罗卫东部长：大学科研微观组织的重组与再造 2. 3：30 – 3：40 休息 3. 3：40 – 5：10 北京师范大学社科处周作宇处长：大学战略管理与高校人力资源开发
	晚 6：00 会餐
5 月 25 日	上午： 1. 8：30 – 10：00 华东师范大学社科处许红珍处长：科研管理面面观 2. 10：00 – 10：10 休息 3. 10：10 – 11：40 教育部袁振国副司长：以管理创新推动高校哲学社会科学的繁荣发展
	下午： 2：00 – 4：00 高校社科网培训
5 月 26 日	参观交流
5 月 27 日	离会

（四）中美高校科研管理专业组织课程设置的比较与启示

通过我国高等学校科技管理研究会、高等学校社会科学管理咨询服务中心与美国美国科研管理者协会以及下属分会提供的课程进行比较，可以看到以下不同：

1. 从课程形式上看，美国大学科研管理者协会提供的有年会课程、短期课程、分会课程、网络课程、录像课程等，我国高校科技管理专业组织提供的课程类型主要集中在短期课程，其他类型的课程我们已具备技术条件，可以开发。

2. 从课程传授上看，美国科研管理者协会可以把课堂搬到有需求的高校进行，灵活性很强；我国高校科技管理研究专业组织还没有这样的先例，但可以尝试。

3. 从课程安排上看，美国科研管理者协会采用的是"横纵式"，即同一时间有不同的课程安排，不同的时间有不同的课程安排；我国采用的"纵式"，即按时间的推移有不同的课程。在实践中，可以将二者结合。

4. 从课程效果上看，接受过美国科研管理者协会课程培训的人员，可以拿到相应的继续教育学分，作为将来晋升或者聘用的资本；我国没有这方面的要求，但已有人提出，如吴荫芳认为，科技管理人员学习后，应进行考核，考核结果作为考绩、升职的依据。①

5. 从课程分类上看，美国科研管理者协会提供的课程分类比较明确，即分为实践课程、政策课程和普通课程；我国高校科技管理专业组织开设的课程则比较笼统，对课程进行分类符合科技管理人员的实际需求。

6. 从课程、教师上看，比较突出的特点，一是美国科研管理者协会聘用的教师比较固定，二是教师大多长期从事高校科技管理，担任一定的职务，如主管科技的副校长、科研处长等。此外，又根据实际需要聘请基金会、企业或者其他机构的科技管理专家讲授。我国高校科技管理研究会设有培训组，但授课教师主要集中在高校和教育行政管理部门，流动性大，今后可适当改进，提高科技管理经验丰富、理论功底深厚的高校科技（研）处长的专业水平，使之成为授课的主角。

7. 从课程内容上看，美国科研管理者协会提供的课程既坚持了与时俱进，又比较稳定；我国高校科技管理专业组织提供的课程有时过于基础，有时形势政策性太强。美国大学科研管理者协会提供的网络课程和短期课程以及媒质课程集中体现了这样一个特点：问题集中，针对实践。就像协会指出的，培训课程的"主要目的在于帮助高校科技管理人员重点解决科研管理中的关键性问题（Critical Issues in Research Administration）"。由于我国高校科技管理人员的科技管理基础知识比较薄弱，建议在重视基础提高的前提下，突出解决实际问题的课程。

8. 从课程计划上看，美国国家科研管理者协会每年都会举办四次左右的培训，计划性较强；我国高校科技管理研究会刚开始是每两年举办一

---

① 吴荫芳. 高等学校科研管理研究会发展回顾与展望［R］. 2005. 12.

次，2002年以后几乎就停止了。不仅培训的次数少，而且计划性不强，应深入调查，总结原因，增加培训的吸引力，增加培训的频率。

9. 从课程数量上看，美国科研管理者协会及其分会提供的课程比较丰富；我国高校科技管理专业组织提供的课程不仅数量少，而且比较单一，可以通过选拔优秀教师，开设多类型的课程。

10. 从课程承办上看，不仅美国科研管理者协会提供大量的课程，而且其各个分会也提供多样的课程；我国除了高校科研管理研究会提供一些课程之外，各个省级、行业科技管理研究会一般仅限于年会的总结和科研领导的工作交流活动等，培训的作用应加强。

11. 从课程对象上看，美国科研管理者协会网络课程对听课对象进行了划分，有的面向本科院校的科技管理人员，有的面向院系和部门的科技管理人员，有的面向高级科研管理人员，也有的面向科研资金管理人员，针对性比较强。一方面我们可以适当开发一些网络高校科技管理课程，另一方面可以有组织、按计划地对高校科技管理人员分类进行培训。

第四节　高校科技管理人员专业发展课程方案

方案是指进行工作的具体计划或对某一问题制定的规划。课程方案是指有目的地对各种相关课程的组合制定规划。构建适合我国高校科技管理专业人员发展的课程方案包括三种，即高校科技管理专业教育课程体系，高校科技管理人员培训课程方案和高校科技（研）管理专业组织培训课程方案。

一、高校科技管理专业教育课程体系的构建

体系是指若干事物相互联系而构成的一个整体，侧重于从整体上来看待一个事物。广义的课程体系是指在一定的教育价值理念指导下，将课程的各个构成要素加以排列组合，是各个课程要素在动态过程中统一指向专业培养目标实现的系统。[①] 在西方，"Program"是一个与课程体系接近的词。"在美国，专门化的教育是通过主修不同方向的课程来进行的。其组织方式以及隐藏在这种组织方式背后的指导思想与我国有很大区别。但不

---

① 罗尧成. 我国研究生教育课程体系研究［D］. 华东师范大学博士论文，2005.13.

管怎样，从形式上看，'主修'和'专业'都是由不同的课程组织来实现的。"① 从这里可以看出，高校科技管理专业课程体系是指一定的课程组织，是培养高校科技管理人才的主要方式和途径。

柯林斯认为，专业是"一种拥有强有力法人资格和界限的职业，这种资格和界限是通过颁发证书和垄断开业条件的正规教育而得以强化的。"② 显然，任何职业知识只有转化为大学的学科和专业，并获得证书和文凭的证明，才能获得更高的社会认可度。这也说明，专业区别于职业在于它具有非同寻常的高深知识和复杂技能——每一个专业都有一个科学的知识体系。这个科学体系就是高校中的学科性专业，它对于职业性专业至关重要。伯顿·克拉克指出，"在社会的所有劳动分工中，什么行业的训练内容是在高等教育中进行的，什么行业及其相关思想和方法体系就被确定为先进的。"③ 赵康发展了一个关于专业科学知识体系的描述性结构模型（见图4-9)④。

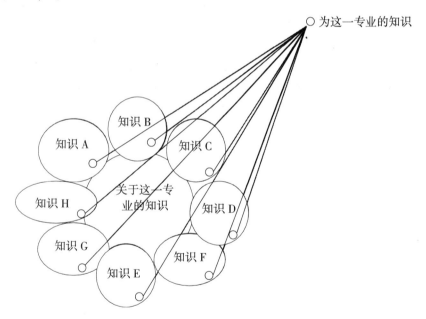

图4-9 专业科学知识体系的描述性结构模型

① 王伟廉. 高等教育学 [M]. 福州：福建教育出版社，2001. 136.
② 转引自 [美] 莫林·T. 哈里南. 教育社会学手册 [Z]. 傅松涛等译. 上海：华东师范大学出版社，2004. 291.
③ [美] 伯顿·克拉克. 高等教育系统：学术组织的跨国研究 [M]. 王承绪等译. 杭州：浙江教育出版社，1994. 13.
④ 赵康. 专业、专业属性及判断专业的六条标准 [J]. 社会学研究，2000 (5)：34.

根据图 4 - 9，一个专业的科学知识体系结构犹如一棵向日葵的脸盘，中心部分代表了关于"这一专业的知识"（About the profession），周围的叶片（知识 A - H）代表了"为这一专业的知识"（For the profession）。当然叶片的数量会随着专业的不同有所增减。"关于这一专业的知识"是专业的核心知识，一般落入与该专业同名的单一科学（学科）领域，通常由这一科学领域内的总体知识加上几个分支学科的知识构成。相对于教育（教师）、法律（律师）和管理（管理人员）专业，"关于这一专业的知识"分别是教育学及其分支学科、法学及其分支学科以及管理学及其分支学科。"关于这一专业的知识"是从事这一职业的人们进行实践的必备知识，舍此无法科学地工作。它的存在奠定了一个职业的专业地位，并以此与其他专业相区分。

然而，从事某一个专门性职业的人仅具备关于这一专业的知识仍然是不够的，职业实践处在一个开放的社会大系统中，必须具备这一系统内与这一职业相关联的各个方面的知识。职业实践深入某一个特定领域，例如管理实践深入高校科技管理领域，还必须具备这一特定领域的知识。"为这一专业的知识"由此成为一个专业科学知识体系的一部分。"为这一专业的知识"是开展专业实践的辅助性知识，往往落入许多个科学（学科）领域，通常由这些科学领域内的总体知识和/或关联的分支学科知识所构成。相对于管理专业，"为这一专业的知识"可以是经济学、会计学、财政学、统计学、营销学、法学、政治学、教育学、社会学、计算机科学、工程学、咨询学、管理心理学和管理哲学等，具体结构如何，依赖于各个分支管理专业的实践需要。

像第一章所提到的，高校在发展专业科学知识体系方面扮演着重要角色。专业科学知识体系的系统化（发展成课程）、结构化（组合成专业课程计划）、合法化（课程和计划获得确认的过程）和传承（传授给准专业人员——学生）主要是在高校完成的。

（一）高校科技管理专业教育课程的目标

关于课程目标，美国的奥利瓦认为，课程目标就是"用具体化的、可以测量的术语表述的取向或者结果。课程设计者希望学生在完成一个特定学校或者学校系统的课程计划后，达到这一取向或者结果。"[1] 黄政杰认为，课程目标是"课程设计的方向或指导原则，是预见的教育结果，是学

---

[1] Oliva, P. F. Development the Curriculum (3rd) [M]. Boston & Toronto: Little, Brown and Company, 1992. 260 - 261.

生经历教育方案的各种教育活动后必须达成的表现"。① 廖哲勋认为，课程目标是一定学段的学校课程力图最终达到的标准。② 靳玉乐认为，课程目标是指特定阶段的学校课程所要达到的预期结果。③ 因此，根据上述学者的认识，课程目标的实质其实就是"学生学习要达到的既定结果"。从美国和我国台湾地区、大陆高校科技管理专业的设置看，培养的层次限于硕士研究生（包括 MBA 或者 EMBA）和博士研究生（包括 DBA）。笔者赞成这种设置方法，因为，本科生教育主要体现的是"通才"，其目标是使学生掌握专业的基本知识和技能。而硕士和博士阶段主要是强化方法训练、能力选练和知识创新。与培养"通才"的目标相对应，本科教育的课程内容比较注重专业知识的基础性、系统性和广博性，以形成学生坚实的知识基础和培养学生的知识迁移能力。研究生教育则更关注知识的专业性与前沿性。高校科技管理专业研究生教育可以建立在公共管理、工程管理、营销管理、会计、统计、财政、财务管理、人力资源管理、教育管理等本科专业基础之上。从第二节可以看出，美国高校的科技管理专业侧重于企业的科技管理，台湾和大陆的课程目标是为企事业单位和高等学校培养科技管理人才。但从开设的课程看，涉及高校科技管理的课程极少。设置高校科技管理专业课程，要在借鉴国外和我国台湾地区研究生教育相关做法的基础上，结合实际情况进行。

目前的研究生教育包括学术型和专业型两种学位类型。近些年来，专业学位教育在我国得到较快发展。借鉴美国的经验，高校科技管理专业既可以是学术型的也可以是专业型的。笔者认为，应该以专业型和研究生层次为主，在高校设立高校科技管理专业硕士。条件成熟时，可以设置高校科技管理专业博士。专业的主要目标应定位于为高校和教育行政管理部门培养所需的科技管理专门性、应用型人才。

（二）设置高校科技管理专业课程应坚持的原则

根据专业科学知识体系的结构模型，由于高校科技管理专业本身的特殊性，加之我国对专业课程设置有特殊的要求，因此，设置高校科技管理专业课程应坚持以下原则。

1. 综合课程与分科课程相结合，以分科课程为主的原则。综合课程是把同一性质的学科或者不同性质的学科有机地结合成为一种具有新质结构

---

① 黄政杰. 课程设计［M］. 台北：台湾东华书局，1991. 186.

② 廖哲勋. 课程学［M］. 武汉：华中师范大学出版社，1991. 84.

③ 靳玉乐. 现代课程论［M］. 重庆：西南师范大学出版社，1995. 155.

的课程。分科课程重视以学科为中心设计课程，强调知识的分门别类。分科课程的好处是，各门课程界限明确，逻辑性强，便于教师进行讲授和学生的学习。缺点是忽视了知识的整体性，不利于学生的全面发展。综合课程的好处是，便于学生对整个学科知识有概括性的了解。但其缺点也很明显，学生的专业知识可能不够深入，不利于实际问题的解决。

2. 必修课程和选修课程相结合，选修课程以量大面宽为导向的原则。教育环境是每一个个体生命存在的共同的和共生的场域；教育生境是环境中纳入主体的视野并能够被利用的部分，共处于一个教育环境中的个体生命都有各自不同的生境。必修课程为人的发展提供了一个教育的环境，而对个体真正发挥作用的是教育的生境。从第二节的比较可以看出，我国大陆高校开设的科技管理专业课程中，选修课的比重是相当少的。"人的知识发展是主体的建构过程"。① 因此，学习过程中唯有充分发挥个人的主体性和积极性，认识才能获得持续不断的发展。选修课程数量的多少意味着研究生选择权的大小。"选择"能够"使人'在教育之中'"，② "人的真正的变化在自我选择中"。③ 由此可见，选修课程的作用是绝对不能忽视的。

3. 理论课程与实践课程相接合，侧重于实践课程的原则。从第二节我国大陆高校科技管理专业课程设置的情况看，理论课程占了绝大多数。根据调查，"实践能力"是当前研究生比较欠缺的。目前的课程体系在联系实际、培养能力方面不能令人满意。④ 一项大规模的研究生教育质量的抽样调查结果表明，课程内容应用性的平均分数为 3.29 分，表明课程内容在应用性方面明显不足。⑤ 理论课程与应用课程紧密联系，但"学习过程存在一种从属的应用性活动"。⑥ 实践是产生理论的源泉，也是理论的要求。

4. 体现课程的交叉性。高校科技管理学一方面体现了科技管理学与高等教育管理学的交叉，各门自然科学之间的交叉，各门工程技术学之间的交叉，科学技术与哲学的交叉，科学技术与社会科学、人文科学的交叉，自然与社会的交叉，管理科学与科学学的交叉等。要认真地对高校科技管理学进行研究，都不可能只应用到一个学科的知识。⑦

---

① ［瑞］皮亚杰. 发生认识论原理 [M]. 王宪钿等译. 北京：商务印书馆, 1981. 16.
② 孙迎光. 主体教育理论的哲学思考 [M]. 南京：南京大学出版社, 2003. 156.
③ 孙迎光. 主体教育理论的哲学思考 [M]. 南京：南京大学出版社, 2003. 273.
④ 罗尧成. 我国研究生教育课程体系研究 [D]. 华东师范大学博士论文, 2005. 112.
⑤ 谢安邦. 研究生教育质量保证体系 [R]. 全国学位与研究生教育发展中心"十五"立项课题. 转引自同上.
⑥ 陈兴明. 重视高校课程编制过程的研究与管理 [J]. 云南教育, 2003 (21)：39.
⑦ 参考林德宏. 科技哲学十五讲 [M]. 北京：北京大学出版社, 2004. 12.

（三）高校科技管理专业课程应注意的问题

通过与美国和我国台湾地区高校科技管理专业课程的比较，我们有了一些启发，比如课程应与科技管理人员的实际相结合，应增加研究方法的课程等。在这里，还有三个问题应引起重视。一是公共外语课，二是公共政治理论课，三是公共计算机课。这是我国研究生教育中的必修课，但这些公共课是目前研究生最为不满意的一类课程。① 因此，必须对此进行一定程度上的改进。

1. 取消公共外语课，用高校科技管理专业外语课取而代之。在高校硕士生培养方案中，公共外语课程为 3 学分以上，约占必修课程学分的 1/6。公共外语教学占用了很多时间，但效果并不明显。研究生阅读专业外文资料的能力差，外文表达能力差。因此，建议用专业外语课取代公共外语课。

2. 扩充政治理论课内容，不局限于《马克思主义经典著作选读》、《科学社会主义理论与实践》、《自然辩证法》。课程教学由"单课式"向"板块式"（讲座制）转变。课程教师由单一型的授课教师改为多位教师各扬所长的形式。

3. 公共计算机课程在本科教育阶段就是必修课，研究生对基本的计算机知识已经掌握。因此，为了避免重复，建议把计算机知识应用到其他课程当中，既学习计算机专业知识，又学习科技管理专业知识。比如可以开设电子科研管理（ERA）、SPSS（社会科学研究统计）软件操作实践等。

（四）构建高校科技管理专业课程方案的设想

根据上述专业课程体系设计的原则，借鉴美国和我国大陆以及台湾地区高校设置科技管理课程的经验，结合大陆研究生教育的实际情况，笔者尝试提出高校科技管理专业的课程方案，它包括公共课、专业基础课、专业课，分为必修课、限选课和任选课。按照专业社会学的观点，公共课应属于"为这一专业的知识"，专业基础课和专业课应属于"关于这一专业的知识"。

硕士研究生的课程包括 2 门公共必修课，2 门专业基础必修课，3 门专业必修课（如果细分，还可以从高校科技管理概论里面分出自然科学研究管理概论和社会科学研究管理概论两门课）。美国哈佛大学的科技管理与运筹学专业（MBA）硕士生必修课为 11 门，台湾交通大学科技管理专业必修课程为 7 门，台湾清华大学科技管理专业必修课程为 8 门，天津大学科技管理专业学位课程为 5 门，上海交通大学的必修课程为 5 门。但是，

---

① 罗尧成. 我国研究生教育课程体系研究［D］. 华东师范大学博士论文，2005.108.

上海交通大学要求学位课程分数必须超过 19 分，也就说必须从选修课中再修读 1—2 门以上才能达到要求。因此，这里把必修课程定为 8 门是比较合适的（见表 4 - 42）。但仅仅这样还不够，因为必修的"关于这一专业的知识"的课程与哈佛大学相比，与台湾交通大学、清华大学相比是比较少的（因为他们没有公共政治课）。学生还必须从限选课里选修至少 2 门（专业基础课 1 门，专业课 1 门），从选修课里选读至少 1 门，取得学分后方可申请学位。

表 4 - 42　　　　　　　高校科技管理专业课程（硕士研究生）

课程类别	课程名称	备注	课程类别	课程名称	备注
公共政治课	政治理论课 I	必修	专业基础课	国际贸易	选修
	政治理论课 II	必修		计算机应用	选修
专业基础课	科技管理研究方法	必修		工程管理	选修
	高校科技管理专业英语	必修		市场学	选修
	科技思想史	限选		营销学	选修
	科技社会学	限选		领导学	选修
	科技经济学	限选		运筹学	选修
	高等教育管理学	限选		谈判学	选修
	教育组织行为学	限选		战略学	选修
	管理哲学	选修	专业课	高校科技管理概论	必修
	管理心理学	选修		高校科技管理史	必修
	科学哲学	选修		电子科研管理	必修
	技术哲学	选修		高校科技管理伦理学	必修
	统计学	选修		科技政策与法律	限选
	会计学	选修		高校科技成果行销	限选
	经济学	选修		科技公共关系学	限选
		选修		当代科技发展前沿问题	限选

　　博士研究生的课程包括 1 门公共政治必修课，2 门专业基础必修课，4 门专业必修课（见表 4 - 43）。

表 4 - 43　　　　　高校科技管理专业课程（博士研究生）

课程类别	课程名称	备注	课程类别	课程名称	备注
公共政治课	政治理论课	必修	专业基础课	科学哲学	选修
专业基础课	高校科技管理专业高级外语	必修		技术哲学	选修
	科技管理高级研究方法	必修		统计学	选修
	知识管理	限选		科学技术与社会	选修
	项目管理	限选		会计学	选修
	高等学校行政	限选		经济学	选修
	高校科技管理概论	限选		国际贸易	选修
	高校自然科学研究管理	限选		计算机应用	选修
	高校社会科学研究管理	限选		工程管理	选修
	电子科研管理	限选		市场学	选修
	科技政策与法律	限选		营销学	选修
	高校科技成果行销	限选		领导学	选修
	科技公共关系学	限选		运筹学	选修
	当代科技发展前沿问题	限选		谈判学	选修
	科技思想史	选修		战略学	选修
	科技社会学	选修	专业课	高校科技管理预测与决策	必修
	科技经济学	选修		高校科技发展与规划	必修
	高等教育管理学	选修		高校科技管理前沿问题	必修
	教育组织行为学	选修		高校科技管理比较研究	必修
	管理哲学	选修		高校科技管理伦理学	限选
	管理心理学	选修		高校科技管理组织与领导	限选

　　美国麻省理工学院科技管理专业博士研究生必修课程为 10—13 门，哈佛大学科技管理专业（DBA）博士研究生必修课为 12 门左右，台湾交通大学科技管理专业博士研究生必修课程为 7 门。在美国，平均取得博士学位的时间大约为 6—7 年，我国一般为 3—4 年。因此，这里把必修课程定为 7 门是比较合适的。同样，笔者认为仅仅学习 7 门课程是不太够的，因为必修的"关于这一专业的知识"的课程与麻省理工学院、哈佛大学相

比，与台湾交通大学相比数目尚少（因为这些学校没有公共政治课）。建议学生从限选课里选修至少 2 门，从选修课里选读至少 1 门，取得学分后方可申请学位。

二、高校科技管理人员继续教育培训课程方案

（一）继续教育培训课程设计的思想

对于继续教育培训课程的设计方案，有人提出两种模型，一种是传统课程模型，另一种是以学习者为导向的课程模型（The learner – led curriculm model）（见图 4 – 10 和图 4 – 11）。

传统课程模型重视考试，只是按照标准模式进行灌输，没有考虑到学习者以前的知识和能力基础，理论与实践脱离比较严重。

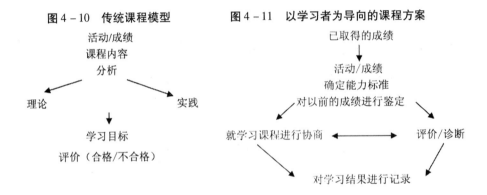

图 4 – 10　传统课程模型

活动/成绩
课程内容
分析

理论　　　　实践

学习目标
评价（合格/不合格）

图 4 – 11　以学习者为导向的课程方案

已取得的成绩

活动/成绩
确定能力标准
对以前的成绩进行鉴定

就学习课程进行协商　◄──►　评价/诊断

对学习结果进行记录

以学习者为导向的课程模型以学习者以往的学习情况为基础，通过举办者和学习者的协商，确定学习的课程和所要达到的目的。评价、诊断和以往学习成绩的鉴定是三个重要环节。这就要求把单纯强调传授知识的教学技巧转向强调课程评价、课程设计和如何促进学生知识和能力的增长。①（见图 4 – 12）

这两种方案各有所长，各有所短。传统培训课程模式适合有丰富经验的高校科技管理人员进行理论强化，缺点是没有顾及学习者的个人情况；学习者培训课程模式适合实际问题的解决，因为科技管理人员一般是带着问题上课的，缺点是众口难调。但是，如果采用个别和集中相结合的培训

① McGinty, Jean & Fish, John. Further Education in the Market Place ［M］. London：Routledge, 2001. 57 – 58.

计划，第二种方式显然更有优势，因为这种计划既满足了培训内容的传授，又满足了科技管理人员个体的需求，但教师的任务比较繁重。

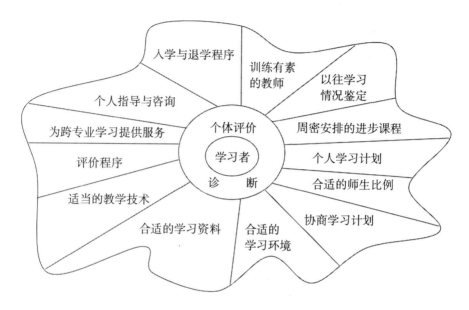

图 4 - 12   学习者导向课程方案涉及的要素①

（二）高校层面的科技管理人员继续教育培训课程方案

从调查结果看，我国大约 50% 的高校对科技管理人员进行了不定期的培训。培训的课程不尽相同。笔者认为，科技管理人员在 20 人以上以及入围"211"工程的大学，应该有培训计划和稳定的课程安排。培训课程有自己的特色，参照上述继续教育培训课程的设计思想，结合哈佛大学校内设置的科技管理人员培训课程，我国高校设置培训课程应该注意这样几个问题：

1. 课程的层次性。高校科技管理人员工作年限各不相同，有经验丰富的，也有新手。课程应有难有易，以便于科技管理人员有选择的听课。这样也不至于全体管理人员都停下工作进行学习。

2. 课程的部门性。从大的分类看，高校科技管理一般可以分为人文和哲学社会科学研究管理和自然科学研究管理，管理的内容有所不同。即便是同属于人文和哲学社会科学研究管理，其中的分工也会有所不同。课程

---

① McGinty, Jean & Fish, John. Further Education in the Market Place［M］. London：Routledge, 2001. 105.

设置时顾及一下部门性，针对性和效果会更好一点。

3. 课程的时间性。哈佛大学医学院科技管理人员培训课程授课的时间一般安排在周二和周四。我国高校一般也有固定的业务学习和政治学习时间，可以把授课时间集中于此。

4. 课程的变化性。如果学校每年都进行科技管理人员的培训，那么培训课程应该有一定的变化，可以是课程类型的调整，可以是课程内容的更新，也可以是课程难度的改变。注重变化性，才有吸引力。

5. 课程的操作性。高校内部的科技管理人员培训课程应该与他们的工作岗位紧密联系起来。培训教师应该有丰富的科技管理经验，使学员接受培训后，工作能力、知识水平得到改善，工作效率得到提高。

鉴于我国的实际情况，笔者认为高校层面上对科技管理人员开设一定量的培训课程就可以了，毕竟像哈佛大学在医学院为本院科技管理人员开设课程的高校少之又少。在调查的基础上（见本章第一节），结合哈佛大学的经验，高校可以为科技管理人员开设如下培训课程（见表 4 - 44）：

表 4 - 44　　　　　　　　高校可为科技管理人员开设的培训课程

课程类别	序号	课程名称	课程类别	序号	课程名称
普通课程	1	科学研究中的责任管理	岗位课程	14	科研立项可行性预测
	2	高校科技管理案例研究		15	科研分工与大项目合作
	3	知识产权法		16	科研项目审核
	4	专利法		17	高校科技经费管理
	5	WTO 条款与高校科研		18	科研项目、经费申请基础知识
	6	电子科研管理		19	高校科技成果转移中的法律问题
	7	科研公关		20	高校科技成果转移的程序与合同
	8	高校科技管理概论		21	科研预测
	9	科技政策		22	高校科技评估的理论与技术
	10	科技英语		23	高校横向课题的管理
	11	当代科技前沿		24	校企科技合作
岗位课程	12	高校科技档案管理		25	大学科技园管理
	13	高校科技成果管理		26	高校纵向课题的管理

以上课程可以分为普通课程和岗位课程。所谓普通课程，就是所有科技管理人员都应该有所了解的课程，岗位课程就是与科技管理人员从事工作接近的课程。

（三）高校科技管理专业组织培训课程方案

我国目前有高校科技管理研究分会和高校社会科学管理研究分会，各省市还有相应的科技管理研究会。科技管理人员无论多寡，所有高校都可以参加上述专业组织开设的培训课程。但从了解到的情况看，这些年科技管理培训的吸引力在下降，原因与课程内容单调、形式单一不无关系。从问卷调查的结果看，科技管理人员对培训内容还是有一定看法的（见表4-45）。因此，在今后的教育培训中，应增加高校科技管理理论、方法和科技方针、法规方面的课程。

表4-45　　　　您认为科技管理人员培训的内容应以

选项	人数	百分比
应以科技管理理论和方法为主	130	40.0
应以了解科技方针政策法规为主	78	24.0
应以相互研讨、切磋为主	57	17.5
以获取国家主管部门信息为主	60	18.5
问卷回答的总人数/累计百分比	325	100.0

说明：总共333份问卷中有8份问卷没有回答，占总人数的2.4%。

通过与美国大学科研管理者协会开设的课程比较，笔者提出以下改进建议：

1. 课程形式多样化。信息化社会的到来，为媒体课程提供了便利。我国高校科技管理专业组织可以把一些基本的科技管理专业知识制作成光盘、录像带等，供广大科技管理人员和高等学校有选择的使用。时效性较强的课程邀请专家讲授，在网上直播。

2. 课程学分制度化。高校科技管理人员在一定的时间内必须参加一定形式的培训或者教育，获取一定的继续教育学分，与其职务晋升、职称评定、岗位聘用和创先评优等挂钩。

3. 课程分类明晰化。高校科技管理专业组织的培训课程可以分为基础课程、政策课程和实践课程，便于科技管理人员根据自己的需要进行选修。

4. 课程内容实用化。高校科技管理专业组织提供的课程不同于专业课程，应该与科技管理人员的工作联系紧密，可操作性要强。

5. 课程安排合理化。高校科技管理专业组织安排的课程应符合高校科技管理的时间要求，一般来讲，每年的上半年，各种各样的课题申报比较多，科技管理人员比较忙，而暑假和下半年则时间相对充足，有利于课程计划的实施。

6. 课程数量充裕化。我国高校科技管理专业组织提供的课程数量较少，而且偏重于政策，今后应提供足够多样化的课程。

7. 课程教师稳定化。高校科技管理专业组织应该聘用一支稳定的科技管理专家队伍，一要来源广，不局限于高校，可以来自教育行政管理部门，可以来自企业，也可以来自科研院所；二要经历丰富，可以有高校科技管理的经验，可以有企业工作的背景，可以有科学研究的体会，可以从一般科技管理人员到高级科技管理人员；三要知识渊博，科技管理不仅要知道如何做，而且要知道为什么这样做；四要能力强，课程教师不仅要求本人的科技管理能力优秀，而且表达能力要出众，能把自己的知识、能力和经验传授给受训人员。

8. 课程传授灵活化。一些重点大学的科技管理任务比较重，科技管理人员很难抽出较长的时间外出接受培训，高校科技管理专业组织可以根据这些高校的要求把课堂搬到大学校园。

9. 课程承办规范化。无论是全国性的高校科技管理专业组织还是地方性的科技管理专业组织，都应当承办科技管理人员的培训任务，因地制宜开设课程，而且应该有计划性。

10. 课程教学"纵横化"。采用这种方式，高校科技管理专业组织可以同时开设多门课程。当然，这种方式建立在课程类别划分、安排合理的基础之上。

据此，我国高校科技管理专业组织（全国性的专业组织和各省级专业组织可以根据实际情况选择）可以为科技管理人员开设如下课程（见表4-46）：

表 4-46 　　　高校科技管理专业组织可为科技管理人员开设的课程

序号	课程名称	序号	课程名称
1	国家社会科学、自然科学研究立项动态	13	专利法解读
2	教育部社会科学、自然科学研究立项动态	14	科研项目协作
3	部委社会科学、自然科学研究立项动态	15	成功立项策略
4	省市（厅局）社会科学、自然科学立项动态	16	科研管理的组织与职能
5	科技管理专业伦理	17	学校科研规划
6	国家、省市科技政策	18	科研资源开发
7	校企科研合作的实践	19	科研立项公关
8	大学科技园建设的理论与实践	20	科研成果转移中的问题与对策
9	当代科技发展前沿问题	21	科研项目合法性审核
10	知识产权法	22	科技预测与决策
11	科技管理信息化	23	科技评估的理论与实践
12	国外科技管理的经验		

在上述课程中，有科技政策方面的，有科技管理实践方面的；有宏观的，也有微观的，但都紧密结合了高校科技管理的实际需要。有两点应引起注意，一是开设了高校科技管理专业伦理课程，这是为了改善科技管理人员的专业操守；二是开设了科研项目的合法性审核。这一点在我国科研立项中是一个比较薄弱的管理环节，有关方面的法律法规建设也没能跟上。是否不违反动物保护法，是否不违反环保法，是否有违于人类的发展等，这些美国高校科技管理的内容值得学习。

第五章 高校科技管理人员专业化建设的教育模式

"继续教育，通常是指大学后的成人再教育。在我国，通常是指大学后在职的专业技术和管理人员的再教育。"① 但把继续教育的对象限定在"大学后"，未免有些狭隘。继续教育在学历起点上应是辩证的、不断发展的，从这个意义上讲，继续教育可以理解为，根据社会与人的成长需要，对从业人员实行的促使其职（专）业发展的有目的、有计划以及有组织的教育活动。在系统科学中，模式是指客观事物系统的整体运动形式和方式。它是根据观察所得，加以概括化的框架和结构，围绕某一主题涉及的各种要素和它们之间的相互关系提供一种完整的结构，一般还包括可供实施的程序和策略。② 从而，继续教育模式也就是为提高在职人员的知识、技能等方面的水平而开展的各种教育训练活动的方式组合及其相互关系。首先，继续教育的对象是在职专业人员；其次，继续教育的目的是提高在职人员的知识、技能等方面的水平，这是因为，在科学技术飞速发展的今天，各行各业的在职人员都需要不断更新自己的知识，提高自己的能力；最后，继续教育模式不是多种教育训练活动的简单总和，而是教育训练活动的不同层次要素间的有机组合。只有那些产生正面效应的组合且固定下来作为一种形式推行实施才能称为继续教育模式。在此基础上，高校科技管理人员继续教育模式可以理解为，在高等院校范围内，对科技管理人员进行的以提高专业发展水平，改善科技管理质量为主要目标的教育训练活动的方式组合及其相互关系。

---

① 叶忠海. 大学后继续教育论 [M]. 上海：上海科技教育出版社，1997.1.
② 刘丽俐. 中小学教师继续教育培训模式研究 [M]. 北京：中国人事出版社，2003.1.

第一节　继续教育：推进专业化建设的重要途径

一、高校科技管理人员专业发展需要合适的继续教育

对于高校科技管理人员而言，继续教育的具体目标是：更新知识，拓宽知识，优化知识结构，改善工作技能，为提高原有岗位水平或者转换新的岗位较为系统地学习专门知识。

20 世纪 80 年代末 90 年代初，继续教育这个概念传入我国后，对于接受过不同形式高等教育以后的工程技术人员、科研人员、医务人员、管理人员、教育人员以及其他各类专业人员的继续教育在我国得到相当的重视，也进行了比较广泛的实践。不仅提高了各类劳动者的素质，也对国家社会、经济建设以及科技发展做出了重要的贡献。[①] 事实上，20 多年来，我国对高校科技管理人员进行教育和培训的发展还是较为迅速的。其表现就是，涉及不同岗位的管理人员，涉及不同层面的管理人员，各类学校和机构广泛参与，教育水平和层次兼备，等等。

然而，倘若相比国家科技创新、经济变革、人才标准变化的新要求，并比照国际上一些大学的科技管理人员继续教育发展的水平，我国高校科技管理人员的继续教育就显得有些滞后、迟缓。主要表现在：

第一，从调查的情况看，16 所高校中，只有 5 所高校的科技（研）处领导回答本校有专门的科技管理人员培训计划，就是在这 5 所高校中，科技管理人员的回答也并不与领导的回答一致，有的回答"没有"，有的回答"不清楚"。在对一所大学的科研处处长的访谈中，就科技管理人员的培训计划，他在问卷上的回答是"有"，而其他副处长的回答是"没有"，这引起了我的兴趣。当我索取培训计划时，他道出了实情，学校没有专门的科技管理人员培训计划。这说明，高校对科技管理人员继续教育还鲜见有专门的发展计划或者方案。更缺乏对科技管理人员继续教育实施比较严格的制度化管理。

第二，从地方上和国家层面上来讲，对高校科技管理人员继续教育课

[①]　高志敏等. 终身教育、终身学习与学习化社会［M］. 上海：华东师范大学出版社，2005. 230.

程的开发、现代信息传播技术的利用，以及国际合作方面尚未较大面积地投入专门的研究与运作。

第三，对包括科技管理人员在内的高校行政管理人员的继续教育成果认定尚未形成有效的评价制度，与现行的用人制度，包括晋升、提拔、转岗等，尚未形成有效的配套格局。在这次调查中，有超过90%的高校在问及"科技管理人员选拔、考核、晋升等方面贵校有专门的制度吗？"答案均为"无"或者是"不清楚"。因此，加强高校科技管理人员的继续教育是紧迫的。

二、高校科技管理人员接受继续教育是终身教育思想的体现

"继续教育已不同于以弥补不足为目的的成人教育或传统的在职培训，而是秉承终身教育的理念，有着自身教育的特殊性。"[1] 终身教育应该是个人或者诸集团为了自身生活水准的提高，而通过每个个人的一生所经历的一种人性的、社会的、职业的过程。这是在人生的各种阶段及生活领域，以带来启发及向上为目的，并包括全部"正规的"、"非正规的"及"非正式的"学习在内的、一种综合和统一的理念。[2] 日本学者持田荣一认为，终身教育是教育权的终身保障，是专业和教养的统一。[3] 可以看出，终身教育是对现行教育制度的一种超越和升华，贯穿于人的发展的一生，既能促进个人的全面发展，又能促进社会整体的持续发展和全面进步。《学会生存——教育世界的今天和明天》认为，终身教育并不是一个教育体系，而是建立在一个体系的全面组织所依据的原则，而这个原则又是贯穿在这个体系的每个部分的发展过程之后之中的。[4] 这些原则包括：

第一，要保证教育的连续性，以防止知识过时；

第二，使教育计划和方法适应每个社会的具体要求和创新目标；

第三，在各个教育阶段都要努力培养新人，使之能适应充满进步、变化和改革的生活；

① 时伟. 当代教师教育论 [M]. 合肥：安徽教育出版社，2004. 47.

② Thibalult, A. Les princiles andragogiques de l'activité educative [M]. Université de Montréal, 1985. 74.

③ [日] 持田荣一. 终身教育大全 [M]. 龚同等译. 北京：中国妇女出版社，1987. 11.

④ 联合国教科文组织. 学会生存——教育世界的今天和明天 [M]. 北京：教育科学出版社，1996. 223.

第四，大规模地调动和利用各种训练手段和信息，这种训练和信息超出了对教育传统定义和组织形式的限制；

第五，在各种形式的行动（技术的、政治的、工业的、商业的行动等）和教育目标之间建立密切的联系。

在这些原则的基础上，可以建立多种多样的模式。① "国家21世纪教育委员会"的报告对"终身教育"的这些原则有所发展：终身教育是人的不断建构，是人的知识和技能的不断构建，是人的判断力和行为的不断构建。它使人不断地认识自己，认识社会和自然环境，并在劳动世界社会中发挥作用。它把正规教育和非正规教育融合在一起，把发展潜在能力和获得新技能结合在一起。②

那么，终身教育应该承担何种责任？根据终身教育思想代表人物的观点，它应包括：第一，组织适当的机构和方法，帮助人们在一生中保持学习和训练的连续性。当你想要做某一件事情而必须更新自己的知识和技能时，它就在你身旁给予帮助。第二，培养每个人通过多种形式的教育在真正意义上和充分的程度上成为自己发展的对象和手段。这种教育包括学校教育、职业培训和社会文化教育，或者与之相适应的正规教育、非正规教育和非正式教育等形式，以求自身的知识、技能、情感结构体系趋向发展和完善，达到自我价值的实现。③

按照终身教育的概念、原则及职责，高校科技管理人员进行终身学习是其专业生涯的一部分，是应该经历的一种社会的、职业的过程。在此过程中，他们不仅能够进行经验上的积累，也能更新自己的知识结构，提高专业技能，适应时代发展对岗位工作的要求，适应发展、进步、变化和改革的社会。但是，正如终身教育所要求的条件，社会必须为他们接受终身教育提供各种训练的手段和信息，建立各种教育机构之间的联系。克罗普利提出，作为终身学习者，应该：对学习与真实生活之间的关系具有强烈的意识；认识到终身学习的必要性；对进行终身学习具有强烈的动机；具有有利于终身学习的自我概念；具有进行终身学习所必需的各项技能。

这些技能包括：以一种现实的方式确定个人目的的能力；善于应用已经掌握的知识；有效评价自身学习的能力；确定信息的能力；善于运用不

① ［法］朗格朗. 终身教育引论［M］. 周南照等译. 北京：中国对外翻译出版公司，1985. 65.

② 李玢. 世界教育改革走向［M］. 北京：中国社会科学出版社，1997. 199－200.

③ 转引自眭依凡等. 大教育：21世纪教育新走向［M］. 南昌：江西教育出版社，1996. 291.

同的学习策略，善于在不同的场所进行学习；利用图书馆或者媒体等学习辅助手段的技能；利用和解释来自不同学科领域的材料的能力。①

因此，在今日急剧变化的社会中，知识总量猛增，高校科技管理人员应有强烈的学习动机，认识到接受终身教育的必要性，根据实际选择适合自己的学习方式和方法，激励自己获取终身所需要的全部知识、价值、技能与理解，并在任何任务、情况和环境中有信心、有创造地应用它们。

三、高校科技管理人员继续教育需求的问卷调查

由于高校科技管理队伍是由相当专业水平的人组成的，其专业化过程是一个继续教育的过程，因此，科学合理的继续教育和培训模式就显得非常重要。

您参加过科技管理培训吗？回答的情况如表 5 - 1 所示：

表 5 - 1

选项	人数	百分比
参加过	208	65.3
没有参加过	111	34.7
回答问卷的总人数/累计百分比	319	100.0

说明：总共 333 份问卷中有 14 份问卷没有回答，占总人数的 4.2%。

如果参加过科技管理培训，培训的次数为多少？回答的情况如表 5 - 2 所示：

表 5 - 2

选项	人数	百分比
1 次	71	35.3
2 次	74	36.8
3 次	34	16.9

① 转引自［美］克里斯托弗·K·纳普尔，阿瑟·J·克罗普利. 高等教育与终身学习［M］. 徐辉，陈晓菲译. 上海：华东师范大学出版社，2003.44.

选项	人数	百分比
4 次	5	2.5
5 次及以上	17	8.5
回答问卷的总人数/累计百分比	201	100.0

说明：总共 208 份问卷中有 7 份问卷没有回答，占总人数的 3.4%。

这次调查表明，高校科技管理人员从事科技管理的平均时间为 5.8 年。结合表 5 - 1 和表 5 - 2，可以发现，在接近 6 年的科技管理生涯中，只有 65.3% 的科技管理人员接受过培训，其中有超过 70% 的科技管理人员只接受过 2 次以下的培训，而 34.7% 的科技管理人员没有接受过科技管理培训。① 造成这种状况可能的原因有，一是高校重视程度不够，缺乏组织与管理；二是高校科技管理人员工作任务繁重，无暇顾及；三是没有合适的培训机构、培训地点或者培训内容。显然，一、三两个原因最为关键。

如果参加过科技管理培训，是校内培训还是校外培训？回答的情况如表 5 - 3 所示：

表 5 - 3

选项	人数	百分比
校内培训	36	17.7
校外培训	168	82.3
回答问卷的总人数/累计百分比	204	100.0

说明：总共 208 份问卷中有 4 份问卷没有回答，占总人数的 1.9%。

从接受过科技管理培训的人员回答的情况看，校外培训占绝对多数。好处是，高校科技管理人员有更多的机会接触外校同行，取长补短；不足是，他们需要脱离工作岗位，这势必影响学校工作。

如果参加过科技管理培训，培训的时间为多长？回答的情况如表 5 - 4 所示：

---

① 有这样一个现象，科技（研）处、社科处等科技管理部门的人员接受培训的比例高，院系科技管理人员接受培训的比例低，科级及以上科技管理人员接受培训的比例高，以下人员接受培训的比例低，科技管理工作时间长一些的接受培训的比例高，时间短的相对低。

表 5－4

选项	人数	百分比
两周以内	147	73.1
一个月	22	10.9
三个月	12	6.0
半年	15	7.5
一年以上	5	2.5
回答问卷的总人数/累计百分比	201	100.0

说明：总共 208 份问卷中有 7 份问卷没有回答，占总人数的 3.4%。

从表 5－4 可以发现，73.1% 参加的是两周以内的科技管理培训，只有 2.5% 的科技管理人员参加过一年以上的教育培训。这说明，一方面，从校方和培训方看，短期培训可能是较好的培训形式；另一方面，系统的、长期的教育培训需要加强。

在被问及学习管理科学知识的内容时，调查结果如表 5－5 所示：

表 5－5　　　　　　　　您认同的观点有

选项	人数	百分比
科技管理人员虽然已经熟悉一门专业知识，但仍需要学习管理科学知识	259	82.2
科技管理人员虽然未学过管理科学知识，但可以在实践中学，不必专门进修管理科学知识	17	5.4
科技管理人员如果有机会进修管理科学知识，应该抓住机会，如果没有机会，应该自学	26	8.3
科技管理与一般行政管理差不多，不进行管理科学知识学习也可以	13	4.1
问卷回答的总人数/累计百分比	315	100.0

说明：总共 333 份问卷中有 18 份问卷没有回答，占总人数的 5.4%。

有 259 名科技管理人员认为虽已熟悉一门专业知识，仍需学习管理科学知识，占问卷的 82.3%。说明绝大多数科技管理人员希望得到合适形式的继续教育。在第四章曾经提到，调查人员中有超过 17% 的科技管理人员只有专科及以下学历，调查对象中学过管理科学的人员只占极小的比例。为高校科技管理人员提供学历教育是必要的，重点是提供科技管理专业教育，相应地，课程改革也势在必行。

在被问及继续教育的形式时，调查结果如表 5 - 6 所示：

表 5 - 6   **您赞成哪种形式的继续教育**

选项	人数	百分比
学历教育	48	15.2
岗位学习	144	44.6
脱产进修	54	17.1
反思—自修	35	11.1
远程教育	38	12.0
问卷回答的总人数/累计百分比	316	100.0

说明：总共 333 份问卷中有 17 份问卷没有回答，占总人数的 5.1%。

144 名科技处管理人员认为可以在自己的岗位上，通过科研管理研究，不断自学管理科学知识，占有效问卷的 44.6%。11.1% 的科技管理人员赞成自修，12% 的科技管理人员赞成远程教育。可以看出，多数高校科技管理人员赞成在职提高。

在对科技管理人员进行教育培训以多长时间为宜的问题上，调查结果如表 5 - 7 所示：

表 5 - 7   **对科技管理人员进行教育培训，您认为适宜的时间是**

选项	人数	百分比
1—2 周的短期培训和研讨	102	32.8
一个月左右的培训和研讨	135	43.5
三个月左右的培训和研讨	32	10.3
进行一年以上的学习	42	13.4
问卷回答的总人数/累计百分比	311	100.0

说明：总共 333 份问卷中有 22 份问卷没有回答，占总人数的 7.1%。

102 人赞成脱产进行 1—2 周的短期培训和研讨，135 人赞成脱产进行一个月左右的培训和研讨，只有 32 人赞成脱产进行三个月左右的培训和研讨，分别占有效问卷的 32.8%、43.5% 和 10.3%。说明绝大多数科技管理人员赞成一个月以下的培训。但是，也有 13.4% 的人赞成一年以上的学习，这部分人几乎都是赞成学历教育的科技管理人员。如果和表 5－4 做一个比较，可以发现，从高校科技管理人员的角度看，和现状不同（目前高校科技管理人员的培训时间 73.1% 集中在两周以内）的是，赞成一个月左右培训的人占了多数。培训时间可以从 1—2 周适当向一个月左右进行调整。

在培训地点的选择上，结果如表 5－8 所示：

表 5－8　　　　　　　　　在培训地点选择上，您认为合适的是

选项	人数	百分比
校内培训	102	32.8
省（市）内培训	135	43.5
省（市）际培训	32	10.3
出国培训	42	13.4
问卷回答的总人数/累计百分比	311	100.0

说明：总共 333 份问卷中有 22 份问卷没有回答，占总人数的 7.1%。

表 5－3 显示，目前接受校内培训的比例是 17.7%，校外培训的比例是 82.3%，和表 5－8 比较，可以发现，支持校内培训的人数还不少，占到了 32.8%。这一方面说明，在本校进行培训的资源有限；另一方面说明，在本校进行培训很有潜力。

高校科技管理岗位不同，岗位目标、职责和工作方式各不相同，对管理人员的要求也不一。为了适应高校科技管理人员专业化建设的要求，要针对不同层次、不同对象的科技管理人员实施不同的继续教育模式。根据以上的问卷调查和分析，以及哈佛大学的经验（见第四章），对高校科技管理人员的继续教育可以采取学位学历教育和非学历学位教育两种类型。① 学位学历教育可以分为本科教育、硕士教育和博士教育三个层次；非学历

---

① 台湾学者张明辉提出了教育行政管理人员的专业成长方式主要为正式和非正式专业成长。他认为，从时间而言，有工余进修，部分办公时间进修及全时进修；就形式而言，有个人专业成长和团体专业成长。未来可能出现更为多元化的方式，如网络社群（通过网络分享经验及相互讨论新知，或者与大学中的系所合作，以远距学习方式提供学位或学分进修课程）；跨国学习；行动研究；企业研修；成长团体等。参见张明辉. 教育行政人员的专业成长 ［A］. 台湾教育学会，台湾师范教育学会. 教师专业成长问题研究 ［C］. 台北：学富文化事业有限公司，2004. 116－118.

学位教育可以分为校本培训模式、区域培训模式、研究班培训模式、反思——自修模式和远程网络培训模式五种。这些方式能够照顾到培训对象的多样性、教学内容的针对性和管理制度的适应性。①

四、建立高校科技管理人员继续教育的保障机制

落实课程方案需要政府、高校、专业组织在政策、制度、技术上进行保障。

1. 各级教育行政部门、高等院校，要切实提高对高校科技管理人员专业化建设紧迫性的认识，从战略发展的高度，关注、实施高校科技管理人员的继续教育工作。根据科技创新、经济变革、人才标准变化的新形势、新要求，高校应制定出科技管理人员继续教育的发展计划或者方案。

2. 建立以全国性高校科技管理专业组织为主，国家——地方——高校三级教育管理机构及其协同互动机制，分级领导、组织、管理和实施高校科技管理人员的继续教育工作。

3. 理顺和规范经费投资渠道，加大经费投入力度。本着"成本共担，成果共享"的原则，高校科技管理人员专业化建设所需继续教育经费可由政府、单位和管理人员按比例共同承担。其中各级教育主管部门和高等院校要加强对高校科技管理人员专业化建设的投入，保证对培训机构的经费投入，不断改善办学条件，加强培训机构的教师队伍建设；保证经批准参加继续教育的科技管理人员，培训学习期间的工资福利待遇、学费、差旅费的足额和有效落实。

4. 建立、完善高校科技管理人员继续教育制度，形成有效的激励机制和约束机制，确保高校科技管理人员专业化建设工作进入良性的循环状态。健全和完善岗位责任制，制定相关规章制度，如外部的各级领导岗位责任制，内部的高校科技管理人员岗前培训制度、在职学习制度、进修制度等，实行目标管理，建立科学的考核办法和标准，把科技管理人员的专业化建设同科技管理人员的责、权、利密切结合起来，把目标落实到每个管理人员，在突出工作实绩的同时，把继续教育同其年度考核、评优、晋级（职称）、晋升（晋级）等结合起来，充分调动科技管理人员参加继续教育的积极性和自觉性，使科技管理人员的继续教育成为高校科技管理人员专业化建设的重要举措，以增强科技管理的向心力，稳定管理队伍，提

高管理的质量和效率。

5. 形成高校科技管理人员继续教育的办学系统。高校应成为科技管理人员继续教育的主要阵地，发挥科技管理专业组织的作用。这些机构要积极开发和建设现代远程教育网络，提高高校科技管理人员继续教育的效益。充分利用和开发现有的卫星电视和有线广播电视网资源，形成卫星广播电视网和计算机培训网相结合的现代远程教育网络，发挥现代教育技术和信息技术等多种媒体特有的优势，扩大受训规模，为实现全员培训提供有利条件，提高培训质量和效益。

6. 深入研究，开发高校科技管理人员继续教育课程，充分利用现代信息传播技术，着力创新继续教育的手段和方法，并扩大省际间的合作与交流，特别是加强同发达国家高校的学习与交流，积极学习国外高校的先进经验，从而进一步促进和提高我国高校科技管理人员专业化建设的水平。

第二节 高校科技管理人员学位学历教育的形式

一、学位学历教育的需求

在问及科技管理人员有无必要进一步提高学历（学位）层次时，在回答问卷的人中有 90.5% 选择了"有必要"。这其中，在对科技管理人员进行学位或学历教育，以何种方式和内容为主的问题上，结果如表 5－9 所示：

表 5－9　　　　科技管理人员接受继续教育较为合适的方式是

选项	人数	百分比
攻读管理科学或者高等教育学方面的学士、硕士或者博士	129	43.4
攻读以科技管理为方向的硕士、工商管理硕士或者博士	67	22.6
参加管理科学或者高等教育学方面的研究生课程班	86	28.9
参加成人教育、自学考试或者远程教育，学习科技管理、高等教育管理或者其他管理学方面的专业	15	5.1
总人数/累计百分比	297	100.0

说明：总共 333 份问卷中有 36 份问卷没有回答，占总人数的 10.8%。

有129人选择在职攻读管理科学的硕士、博士学位，67人选择在职攻读以科技管理为方向的硕士、工商管理硕士学位（MBA）或者博士，而86人选择了参加管理科学或者高等教育学方面的研究生班，15人选择了参加成人教育、自学考试或者远程教育，学习科技管理、高等教育管理或者其他管理学方面的专业。这个结果一方面印证了高校科技管理人员管理科学、科技管理或者高等教育学方面基础知识的缺乏，迫切希望得到改善的愿望，又从一个方面反映了他们提高学历、学位层次需求类型的多样化。结合调查结果和高校的实际情况，科技管理人员可以选择学位学历的适合层次接受继续教育。

二、学位学历教育的形式

（一）本科教育

本科教育可以分为两种：一种是专科层次上的提高教育。约17%的专科学历的科技管理人员适合这种形式的教育。选择专业时应首选有管理专业的学校，这里可以学习到普通的管理知识；其次选择与科技管理有关的专业，如情报专业、档案专业、信息管理专业、统计学专业、经济学专业、法律专业等。管理的基本原理具有普适性，科技管理人员可以结合实际工作，活学活用。第二种是双学位教育。调查显示，只有约13%的科技管理人员学习过与管理、经济专业有关的知识（见第四章）。因此，具有其他专业的科技管理人员适合第二学士学位教育。通过学习管理、科技、高等教育等方面的知识，结合自己的本专业，会使他们各方面的能力得到较大的提高。

（二）硕士教育

硕士教育可以分为三种形式：一种是硕士学位班。具有同等学历的科技管理人员通过科技管理或者管理学课程的学习，修满规定的学分，可以拿到研究生班结业证书。如果通过国家外语统考和专业课程统考，通过硕士论文答辩还可以拿到管理学硕士学位；这种形式教育的优势是，入门比较容易，学习时间比较自由，一般四年之内就可毕业。但它对外语水平要求高一些。第二种是专业硕士学位班。现在有工商管理硕士学位班（MBA），公共管理硕士学位班（MPA），还有教育硕士（MEA）。建议有上述专业硕士教育的高校以及有科技管理专业教育的高校提供这种形式的教育。第三种是硕士研究生班。这种教育形式的特点是：课程安排比较科学，学习也较为系统。在学习管理专业、科技管理专业等课程的同时，还可以学习到很多公修课程。但它的要求比较高，如需要撰写较高水平的学术论文，遵守严格的学术规范，参加定期的考试、考核等。

（三）博士教育

目前博士教育分为三种形式：第一种是专业博士。有些学校开设了管理专业博士、教育专业博士。华东师范大学、北京大学、华中科技大学和厦门大学等高校开设了教育专业博士（EDD）。开设的方向主要有高级教育行政、高等学校管理、比较教育管理等。但它的教育对象主要是各高校处级以上领导干部，收费也比较高。第二种是学位博士。有管理学或者高等教育学博士授予权的单位招收少量这类学生。它要求一定的博士课程学分，主要是通过外语考试和博士论文答辩。有科技管理专长并具备学术潜力的人员才有这种机会。第三种是博士研究生教育。目前一些院校开展了科技管理学博士研究生层次的教育。它需要严格的选拔考试。无论是管理专业、教育管理专业或者是法学专业，都要求学生进行较高水平的学术训练。譬如，教育专业博士生（EDD）和教育学博士生教育（PHD）很大的区别在于一个侧重实践，一个侧重理论。

三、提供科技管理专业教育的高校

全国有 30 多所高校设立了科技管理专业（见表 5 - 10），培养的层次包括本科、硕士和博士。这为高校科技管理人员接受专业教育提供了可能。内蒙古师范大学 2001 年组建科学史与科技管理系，同年招收本科生。其培养目标之一便是为教育等事业单位、企业或者行政管理部门提供从事科技管理的专门人才。① 前文提到，大连理工大学人文社会科学学院科学学与科技管理研究所② 2003 年率先在全国高校建立了科学学与科技管理学科博士点。该学科从整体上研究科学技术活动的规律、特点和社会功能，以及科技体制、科技管理、科技战略与政策等问题的学科，为国家各级政府、企事业科技进步决策与技术创新活动提供理论依据，对加速科技与经济的结合，推动科技进步及向现实生产力的转化，实施科教兴国战略具有

---

① 参见 http://www.shc2000.com/article0/nmjj.htm/2005 - 07 - 09.
② 该研究所现有教授 5 人，研究员 2 人，其中博士生导师 7 人（其中兼职导师 1 人），副教授 2 人，讲师 2 人。在高新技术产业园区建设、技术创新体系与管理、科学技术知识体系、科技与可持续发展以及科学计量学等方面形成了自己的特色和优势，正成为我国科学学与科技管理研究的重要中心之一，也是我国培养科学学与科技管理高层次高素质人才的重要基地。参见 http://3stm.dlut.edu.cn/Introduction.asp? cclassid =1/2009 - 01 - 09.

重要的意义。

表 5-10 全国设立科技管理专业的部分高校①

校名	院系	二级学科	专业方向	学位
山东大学	文史哲研究院	科学技术哲学	科技政策与科技管理	硕士
南京农业大学	经济与贸易学院	技术经济及管理	科技管理	硕士
	人文学院	科技政策与科技管理	科技政策与科技管理	博士
南京航空航天大学	经济与管理学院	科技与教育管理	科学技术管理	博士
南昌大学	人文学院	科学技术哲学	科技哲学与科技管理	硕士
广西民族学院	科学技术史研究室	科技战略与科技管理	科技战略与科技管理	硕士
同济大学	经济与管理学院	科学技术管理	科学技术管理	硕士、博士
上海理工大学	管理学院	科技管理	科技管理	硕士
浙江工业大学	政治与公共管理学院	科学技术哲学	科学决策与科技管理	硕士
北京科技大学	文法学院	科技与教育管理	科技决策与管理、教育管理决策、科技与教育信息管理、科技与教育人力资源管理等。	博士
中国科学技术大学	科技哲学部	科学技术哲学	科技政策与科技管理	硕士、博士
上海交通大学	高等教育研究所	科技与教育管理	科技管理	博士
	人文与社会科学学院	科学技术哲学	科技管理	硕士
武汉理工大学	管理学院	企业战略与科技管理	企业战略与科技管理	硕士、博士
河北工业大学	管理学院	技术经济及管理	科技创新管理	硕士
中国科学院	科技政策与管理科学研究所	技术管理、科技宏观管理	科技政策与科技管理	硕士

① 根据各高校网站内容整理而成。

续表

校名	院系	二级学科	专业方向	学位
大连理工大学	人文社会科学学院科学学与科技管理研究所	科学学与科技管理	科学学基础理论 、知识科学与知识管理、科学计量学与科学、企业技术创新管理、科技法学与知识产权管理、科技政策与发展战略科学技术与可持续发展管理	硕士
	科学学与科技管理研究所	科学学与科技管理	科技管理、知识管理与高等教育管理	博士
华中科技大学	管理学院	技术经济及管理	科研组织管理、技术创新管理、科技政策、计划与项目管理、科技指标与科技统计学	硕士
中科院研究生院	管理学院	科技管理与技术创新	科技管理与技术创新	博士
东北大学	文法学院	科学技术哲学	科技管理与科技政策理论研究、科技发展战略与规划研究、比较科技政策研究、科技法研究	硕士、博士
东南大学	人文学院	科学技术哲学	科技政策与管理、科技进步与社会发展、科技经济理论与应用	硕士
	经济管理学院	科技管理	科技管理、经济与科技管理	博士
复旦大学	哲学系	科学技术哲学	科技决策与管理、科学、技术与社会 、科学、技术与大众传媒 、创新与发展研究等	硕士、博士
湖南大学	马克思主义学院	科学技术哲学	科技政策与管理	硕士
吉林大学	哲学社会学院	科学技术哲学	科技创新政策与管理研究	硕士
天津大学	社会科学与外国语学院科学与社会研究中心	科学技术哲学	科学技术管理、科学技术政策、科学技术创新、科技与社会	硕士
西安建筑科技大学	人文学院	科学技术哲学	科学技术与管理、科学技术与社会、科学技术与经济、知识管理等	硕士
厦门大学	哲学系	科学技术哲学	科技政策与管理	硕士、博士
中国农业大学	人文与发展学院	科学技术哲学	科技政策分析与技术创新 管理、科学技术发展规划与计划等	硕士
中国人民大学	哲学系	科学技术哲学	科技发展战略和政策	硕士、博士

续表

校名	院系	二级学科	专业方向	学位
福州大学	管理系	科技管理	科技管理	硕士
北京理工大学	人文社会科学学院	科学技术哲学	科学技术管理学	硕士
哈尔滨理工大学	经济管理学院	科技管理	科技管理	硕士
重庆大学	贸易及行政学院	科学技术哲学	科技政策与科技管理	硕士
内蒙古师范大学	科技史与科技管理系	科学史与科技管理	科学史与科技管理	本科、硕士

四、建议开展高校科技管理专业教育的学校

从表 5 - 10 可以看出，科技管理专业教育侧重于服务企业、商业部门，涉及教育或者高校科技管理的只有北京科技大学、大连理工大学、南京航空航天大学、上海交通大学等少数高校。高校科技管理有别于企业等部门的科技管理。为了更有针对性地对高校科技管理人员进行教育，这里尝试提出高校科技管理专业的构建。高校科技管理专业属于交叉型、应用性的专业，涉及管理科学与工程、教育经济与管理、科技哲学、科技史、高等教育学等学科。

1. 从拥有管理科学与工程、教育经济与管理学、科技哲学、科技史、高等教育学等专业硕士点的高校中建构高校科技管理专业。其中设立管理科学与工程专业的高校有 109 所，设立教育经济与管理学的高校有 40 所，设立科学技术哲学专业的高校有 50 所，设立科技史专业的高校有 21 所，设立高等教育学专业的高校有 37 所。[①]

采用管理科学与工程或者教育经济与管理 + 科技哲学或者科技史 + 高等教育学的方式确定设立高校科技管理专业的学校有 23 所（见表 5 - 11）。

表 5 - 11　　　　设立高校科技管理专业较为理想的高校（I）

校名	校名	校名	校名	校名
北京大学	复旦大学	华东师范大学	南京大学	厦门大学
北京师范大学	华中科技大学	华南师范大学	南开大学	浙江大学

---

① 参见武书连. 挑大学，选专业 [M]. 北京：中国统计出版社，2005. 432. 434. 421. 399. 427.

校名	校名	校名	校名	校名
东南大学	湖南大学	华中师范大学	上海交通大学	中南大学
大连理工大学	武汉大学	吉林大学	沈阳师范大学	中山大学
武汉理工大学	西安交通大学	清华大学		

2. 从已经拥有科技管理的高校中设立高校科技管理专业。采用科技管理专业＋高等教育学或者教育经济与管理的方式确定设立高校科技管理专业的学校有 17 所（见表 5－12）。

表 5－12　　　　　　设立高校科技管理专业较为理想的高校（Ⅱ）

校名	校名	校名	校名	校名
北京大学	复旦大学	重庆大学	大连理工大学	厦门大学
北京科技大学	华中科技大学	北京理工大学	上海理工大学	天津大学
东南大学	湖南大学	中国人民大学	上海交通大学	吉林大学
武汉理工大学	东北大学			

3. 从表 5－11 和表 5－12 可以综合出设立高校科技管理专业的高校共计 30 所（见表 5－13）。这些高校可以依托本校的管理、科技、教育、经济等学科资源联合开设，培养高校科技管理专业人才，也为高校科技管理人员接受专业教育提供理想平台。

表 5－13　　　　　　　　设立高校科技管理专业的高校

校名	校名	校名	校名	校名
北京大学	复旦大学	华东师范大学	南京大学	厦门大学
北京师范大学	华中科技大学	华南师范大学	南开大学	浙江大学
北京科技大学	东北大学	重庆大学	北京理工大学	中国人民大学
东南大学	湖南大学	华中师范大学	上海交通大学	中南大学
大连理工大学	武汉大学	吉林大学	沈阳师范大学	中山大学
武汉理工大学	西安交通大学	清华大学	上海理工大学	天津大学

五、高校科技管理人员学位学历教育的理想结构

由于高校科技管理专业人员的学历不同、专业不同、水平不同、级别不同、岗位工作不同，在对他们进行学位学历教育时，本科教育、硕士教育和博士教育既有学历层次的划分、教育类型的划分、学习专业的不同，也有教育对象的区别（见图 5 - 1）。这是一个开放的结构，主要考虑到专业相关性和高校科技管理人员的内部分工。随着科学技术的不断发展，科技管理的分工越来越细，不同的岗位需要受过不同层次教育的管理人员去完成。

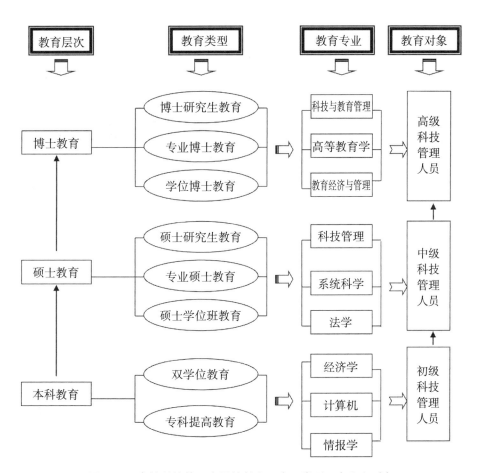

图 5 - 1　高校科技管理人员的教育层次、类型、专业和对象

六、高校科技管理人员学位学历教育实施的原则和途径

由于学位学历教育持续时间长，为了不影响正常工作的开展，结合上面的调查分析，高校科技管理人员学位学历教育要坚持两个原则：一是就近原则，如果本地高校或者本校能够提供合适的专业，最好在本校或者是本地高校进行在职学习；二是跨学科教育原则，科技管理人员在自己专业的基础上，学习与科技管理有关的专业。如果选择在职学习，在实施的途径上，还可以有函授、自学考试等方式。当然，有条件的高校可以让科技管理人员离岗脱产进行系统学习；当地教育资源少的高校，也可以把科技管理人员送到外地学习。

无论是哪种形式的学位学历教育，它的基本目标是培养有较高马列主义水平，能坚持四项基本原则，有较坚实的科技管理和相关学科的理论基础，能运用数学、统计学、计算机以及各种现代化管理手段进行科技管理，具有一定研究能力的科技管理人员。当然，对各种层次的教育要求并不完全相同，因而在组织学习上也有一定的区别。各高校科技管理部门应根据本校科技管理人员的学历结构进行科学规划、总体安排。

第三节　高校科技管理人员非学历学位教育形式

非学历学位教育形式主要指的是培训模式。传统的科技管理人员培训形式以脱产培训为主。在培训过程中，培训者一般是行业的专家，他们在培训时处于中心地位，其任务就是将知识（概念、程序、模式等）清楚、准确地传授给受训人员，而受训者就是听专家讲解，吸收专家的知识，以便日后在科技管理中运用这些知识。

正如上面调查问卷显示的那样，高校科技管理人员赞成岗位培训的达到44.6%，而赞成进修的只有17.1%。但是，脱产或者非脱产培训不能简单地说孰优孰劣，关键要根据高校科技管理的实际情况，根据科技管理人员的需求，根据学校科研发展的要求进行确定（见图5-2）。

传统的高校科技管理人员培训的主要目标是使科技管理人员获得新的理论知识，并以新理论带动管理的改变。因此，在培训过程中是以传统的

培训方式——讲授为主，以知识的传授和技能的掌握为着眼点，培训者处于支配地位，接受培训的科技管理人员则处于次要的、被动的地位。这种培训模式，不但不能适应现代社会对科技管理人员素质的要求，更不能满足他们作为培训学习主体的需要，也不可能为他们的可持续发展打下良好的基础。因此，探讨新型的科技管理人员培训模式极为必要。

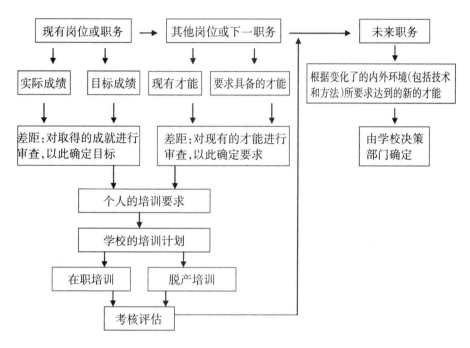

图 5 - 2　高校科技管理人员的培训程序①

一、以提高科技管理人员素质、促进高校科技管理发展为目的的校本培训模式

（一）校本培训的概念及特点

1. 概念。校本的原义有三个：一是为了学校，意指要改进学校实践、解决学校所面临的问题；二是在学校中，即学校自身的问题要由学校中的人来解决；三是基于学校，意指从学校出发。归根结底，一切以学校为本。② 科技管理人员的校本培训指的是源于学校科技管理工作发展的需要，

---

① 图表设计参考了刘彩凤. 培训管理［M］. 深圳：海天出版社，2003. 128.

② 郑金洲. 走向"校本"［J］. 教育理论与实践，2000，（6）：11.

由学校科技管理部门发起和规划，通过全体科技管理人员学习科技理论和政策，通过讨论，旨在解决日常科技管理中大量的问题，促进科技管理人员的专业发展，满足科技管理工作需要的模式。

2. 特点。第一，针对性强。校本培训最大的特点是培训的需要产生于高校科技管理的实践，培训的场地主要也是在任职学校。这使得任职学校经常处于培训活动的中心，能够充分调动任职学校的积极性，而且能够理论联系实际，最大限度地为学校服务，为科研人员服务。

第二，时效性强。由于培训的地点在科技管理人员任职的学校，他们能够将培训所获应用于管理实践。学校也能够及时对科技管理人员的培训情况进行检查、考核、评估，可以将意见、建议吸收，对教学进行改进。

第三，形式多样。校本培训的方式不拘一格，能够使培训目标易于达到，培训具有很强的实效性，而且还能够保持学校正常的教学、科研活动。结合高校科技管理工作的实践，我们认为校本培训模式可以利用学校业务学习的时间，二至四周进行一次，也可以利用暑假进行一至二周左右的集中培训，培训的对象是科技（研）处、社科处、文科处（办）等全体管理人员。

（二）校本培训与全面提高科技管理人员素质

科技管理人员素质最基本的构成部分为：专业知识、管理技能和道德修养。对科技管理人员进行的培训，主要目的是为了改善他们的专业水平，由此促进学校科技管理工作的改革和发展。因此，在培训过程中，主要是围绕培养科技管理能力、更新科技管理知识、进行专门化的训练和再训练而进行的。校本培训能够充分利用其自身优势达到以上目的并全面提高科技管理人员的素质，从而使学校的科技管理环境得到优化，管理水平得到提高。

首先，校本培训课程的针对性，有助于促进科技管理人员的自我完善。校本培训以校为本，以满足每个科技管理人员的需要为出发点，培训内容大都是各个高校根据各自实情，自主设计，自行开发的，教材大多属于经验性的东西，一般符合本校工作实际的需要。

从第四章表4-45可以看出，130人认为培训内容应以科技管理理论和方法为主；78人认为应以了解科技方针政策法规为主；57人认为以获取国家主管部门信息为主；60人则认为应以相互研讨、切磋为主。由此可见，科技管理人员对培训的要求是非常明确的。因此，在开设培训课程时，必须考虑科技管理人员的需要，多开设科技管理理论、方法和科技方针、政策、法规为主的课程。比较理想的情况是，科技管理人员在培训前后可以参与设计培训的内容和课程，对于出自校方需要而开设的课程，也完全有权根据自己的实际情况做出选择。

其次，校本培训方式的多样性，有助于科技管理人员提高职业的专业化程度。作为一种职业，科技管理人员既要不断充实或更新科技管理理论，又要注重这些理论与自身实践的密切联系，使自己的职业不断专业化。因此，培养和提高科技管理的实践能力非常重要。而一般的离岗（职）培训，很难使受培训的科技管理人员及时将所学的新理论付诸实施，不一定能使整个学校科技管理受益。校本培训以学校自身为基地，可以联系实际考虑多种培训形式的运用。第一类是"边学边用"的培训方式。最简单的如将科技管理专家请到学校作专题报告，或者将他们讲学的录像、光盘在学校播放，随后开展讨论，将新思想、新观念带入自己的管理工作，实现及时运用与创新；第二类是以切磋和研讨为主的方式，可以鼓励科技管理人员参与科技管理研究。如根据学校自身的特长召开一些专业学术会议，可以邀请同行专家、有经验的科技管理工作者参加；或者根据科技管理人员的需要和兴趣特长组成各类专业或课题方向组，在专家的指导下进行科技管理研究或实验操作，提高科技管理人员的科研和实践能力。这些方式多样的校本培训，可以有效促进科技管理人员业务素质的全面提高和职业的进一步专业化。

最后，校本培训人员的互动性，有助于达到良好的学习效果。校本培训能否产生效果，不是仅靠任课教师所能达到的，而是需要教师和参加培训的科技管理人员的共同努力。在校本培训中，由于参与培训的人员都是彼此熟悉（或是大部分认识）的，有共同的职业和目标，有助于形成培训过程中人与人之间的互动，培训目的容易达到，培训人员的团结、合作精神及与人分享知识的能力得到优化。

组织培训者（或单位、小部门的领导）与培训人员之间要双向互动。培训过程中教学的开放性，促成了一种动态的教学、管理模式。组织培训者必须立足于以培训学校、科技管理人员为本，加强一种双向的沟通，如通过听取培训人员的建议，使培训课程与培训方式都有意识地偏向科技管理的现实需要。在适度强化之后，课堂教学的开放性会进一步增强，双方的积极性也会得到提高，培训目的自然会得以实现。科技管理人员可以将这种经验经过改造后在自己的工作岗位上加以运用，效果也将大大提高。

（三）校本培训模式的操作程序

校本培训模式的操作主要体现在"学、研、管"上，这几者的关系如图 5 - 3 所示：

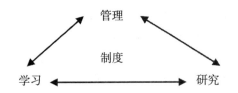

图 5 - 3　校本培训模式"学"、"研"、"管"和制度之间的关系

校本培训模式的操作程序要紧紧围绕"学"、"研"、"管"三者之间的内在关系来设计。首先，以科技管理人员的专业知能提高为突破口，找准管理实践中的薄弱环节和专业发展需求，然后再进行培训规划。其次，根据存在的突出问题和发展需求，提出培训学习的内容和研究内容，明确培训的目标任务。最后，为实现提出的培训目标，建立培训的保障体系及其相关制度，使培训经费落实到位，师资有保障、课程有保障。具体程序为：

1. 确定一个目标，即提高科技管理人员的专业知能和专业伦理意识。
2. 制定两项措施，即制订出培训计划，确定培训的基本内容。
3. 建立一个保障体系，即建立学校科技管理人员培训的管理保障制度。
4. 积极进行行为实践，鼓励科技管理人员把培训所获积极运用于工作当中。

（四）校本培训模式的优势

1. 校本培训模式立足于本职、本岗、本校，依托学校最基本的教育教学条件，促进科技管理人员的理论性知识、经验性知识的结合，能够将专业发展同个人岗位目标的实现、学校科研任务的完成等有机结合起来，相互促进，相得益彰。

2. 校本培训模式能够将学校现有的人力、物力、财力和信息资源进行有效整合和利用，节约了培训经费的开支。

3. 校本培训模式有利于解决工学矛盾。

4. 校本培训模式使培训内容更有针对性，易于收到培训实效。

（五）校本培训模式的不足

1. 校本培训模式的培训方案和课程设置受学校条件的限制，管理或者制度可能跟不上，容易流于形式，达不到培训的目的。

2. 校本培训模式的教师来源比较单一，信息不够畅通，课程内容有限，可能会影响培训质量。

二、因地制宜，以促进地方高校科技管理人员专业化建设协调发展的区域培训模式

我国幅员辽阔，地域差别显著，各地区社会经济条件、高等学校办学条件（见表5-14和表5-15）、高校科技管理队伍状况、教育可利用资源以及继续教育所要达到的具体目标都有所不同，在选择模式时，就出现了区域培训模式。

表5-14　　2004年大区域普通高校生均教育经费支出[①]　　　　单位：元

大区域 ＼ 类别	事业性经费支出	基建支出	合计
东部	13999.52	3121.56	17121.08
中部	9387.63	2409.29	11796.92
西部	9651.29	2129.50	11780.79

表5-15　　2004年大区域普通高校生均预算内教育经费支出[②]　　　　单位：元

大区域 ＼ 类别	事业性经费支出	基建支出	合计
东部	6675.05	895.49	7570.54
中部	4001.62	302.44	4304.06
西部	4243.03	586.62	4829.65

（一）区域培训模式的概念与特点

1. 概念。区域培训模式是以行政大区或者省、市、自治区为单位，由教育行政部门和当地高等学校科技管理专业组织负责实施，以解决本地区

---

① 高文兵，郝书辰等. 中国高等教育资源分布与协调发展研究 [M]. 北京：高等教育出版社，2008. 102.

② 高文兵，郝书辰等. 中国高等教育资源分布与协调发展研究 [M]. 北京：高等教育出版社，2008. 102.

各高校科技管理的共同性问题为主要目的的培训模式。可以组织专家作科技管理理论和方法的学术报告或者请政府有关领导作科技管理的政策性报告，在讨论解决高校科技管理的普遍性、共同性问题的过程中，提高高校科技管理人员的理论修养和政策水平。

2. 特点。第一，区域培训模式能够整合一个地区的优质资源，为不同高校科技管理人员搭建一个相互沟通、学习和研讨的平台，推动地区高校科技管理水平整体向前迈进。但是，决定这种模式资源的开发程度、利用效率以及整合效应，不仅仅在于各个高校，教育行政部门和地区性科技管理专业组织也负有统筹规划、政策保障等责任。他们能给予培训足够的政策支持、组织支持。这是区域培训模式有效运作的基础。

第二，区域培训模式能够加强地区性科技管理专业组织、各高校、教育行政部门的协调与协作。这些机构承担着开发、利用培训资源的责任，也承担着参与培训实施的任务，并相互协调培训资源的实施层面和实施步骤，在此基础上实现培训资源的整体共享和优化协作。这是区域培训模式高效运作的关键。

第三，区域培训模式能够促进地区科技管理系统的优化。一定区域内的社会、文化、经济发展有着紧密的联系和相似性。培训资源的利用要由健全的区域组织（详见第六章）管理系统和培训实施系统予以保障。它包括资源生成系统、资源组织系统和培训实施系统。在实践中，各系统之间必须协调运行。这是区域培训模式持续运行的核心。

（二）区域培训模式的操作程序

区域培训模式的操作涉及培训实施机构、组织机构、高校等单位，其组织管理是一种多维、开放的系统，可建立相应的领导机构对实施培训进行组织。区域培训模式机构如图 5-4 所示。

这个管理系统以继续教育实施小组为中心，向上连接继续教育领导小组，向下连接各高校。具体的操作程序如下：

1. 调查研究，制定规划。区域培训模式的操作实施起源于实践。继续教育实施小组应首先进行调查研究，掌握各高校科技管理部门和人员的现状和需求，结合国家的科技发展，分析提炼，制定出区域内高校科技管理人员培训的规划。

2. 选择对象，确定内容。科技管理有不同的部门，层次有高有低，继续教育实施小组应基于不同的对象，确定不同的培训内容、形式和方法。

3. 宏观统筹，整合资源。区域继续教育领导小组是决策机构，对调查进行分析是决策的基础。区域内的教育行政部门可以以联合的形式发文，也可以以区域科技管理专业组织的渠道下文，以实现统筹协调，确保区域资源的开发和整合。

4. 信息互通，对外开放。在区域内部，各教育行政主管部门、各高校，各层次、各类别的科技管理人员可以以多种形式互通信息，实现小区域与大区域教育资源的整合。

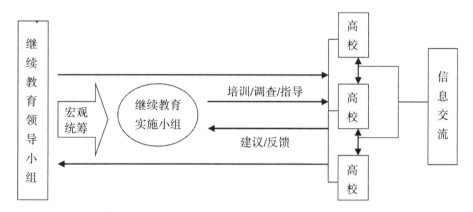

图 5 - 4　区域培训模式机构

（三）区域培训模式的优点

1. 整合性。主要表现为校内外、市内外、省内外高校，教育行政部门、专业组织等多种资源发挥综合优势。

2. 层次性。科技管理人员的岗位不同，分工也不同，可以按岗位性质不同开展培训；在培训对象上，可以是科技管理骨干、科技管理中层领导，也可以是全体科技管理人员的培养。

3. 开放性。区域培训模式使科技管理人员培训不局限于一座城市、一个省份，而是面向更广阔的区域，吸收新的管理观念、技术手段，达到取长补短、联合互补的目的。

（四）区域培训模式的缺点

1. 从主观方面看：首先，各地区主抓高校科技管理的行政领导以及各办学单位的领导对科技管理人员继续教育的性质、任务、特点的认识和把握起着非常重要的作用。同时实施培训的主体对各种教学形式实施也起一定的影响。其次，区域培训模式属于中观教育模式，需要地区间教育行政机构或者科技管理专业组织来支撑、协调，但建立区域性的协作组织不是一朝一夕就能完成的。

2. 从客观方面看：首先，地区社会、经济和科技发展水平，高校的办学规模、能力以及对科技管理人员培训的投入状况是选择区域培训模式的主要条件，正所谓"有多少钱，办多大事"。其次，一个地区高校科技管理的水平和科技管理人员的能力、水平也是决定区域培训模式的重要依据。再次，地区高校的地域分布、交通状况也制约着区域培训模式。因此，区域培训的对象主要应以科级管理人员为主，一个学期一次，每次一至二周为宜。

三、以培养高校中高层科技管理人员、探索高校科技管理理论和方法的研究班模式

（一）研究班模式的概念与特征

1. 概念。研究班模式由教育部科技司、社科司和全国性高校科技管理专业组织负责实施，以高校中高层科技管理人员和科技管理骨干为对象，通过系统学习高校科技管理知识，全面提高科技管理能力和政策水平为目的的模式。

研究班模式可以每年进行一次，每次二至三个月，每个高校每次派出一至二名中高层干部学习。学习可以分为三个阶段，第一个阶段，自学和研讨；第二个阶段，系统讲述，集中学习；第三个阶段，结合工作调查研究，完成论文。

2. 特点。第一，突出研究性。把科技管理研究与培训一体化，是以科技管理研究来促进科技管理人员专业发展的一种培训方式。在对上海市高校的调查中，高校科技管理的中层干部应具备的条件，"从事过科研工作，熟悉科研过程和规律"排在"具有敬业精神，热心科技管理事业，愿意为教师、科技人员服务"、"具有较好的内外沟通能力和协调能力"和"能虚心听取不同意见，团结全处同志，充分发挥全员积极性"之后，被列在第四位，而在校长、院系领导和科技（研）处正处长中对此条更为重视，分列在第二和第三位。这反映出领导心中对科技管理工作中的规律性学术管理有更高要求。研究班模式能够更好地满足这种需求，通过学习，掌握科技管理的研究方法，探索科技管理的规律，提高科技管理质量。

第二，突出层次性。它面向全国高校，对象主要是高校中高层科技管理人员和科技管理骨干，旨在为高校培养出高质量的科技管理骨干和具有科技管理潜力的接班人，增加专家型的科技管理人员在整个科技管理队伍中的比重，因此，起点高，层次高，相应的水平也高。

（二）研究班模式的操作程序（图 5 - 5）

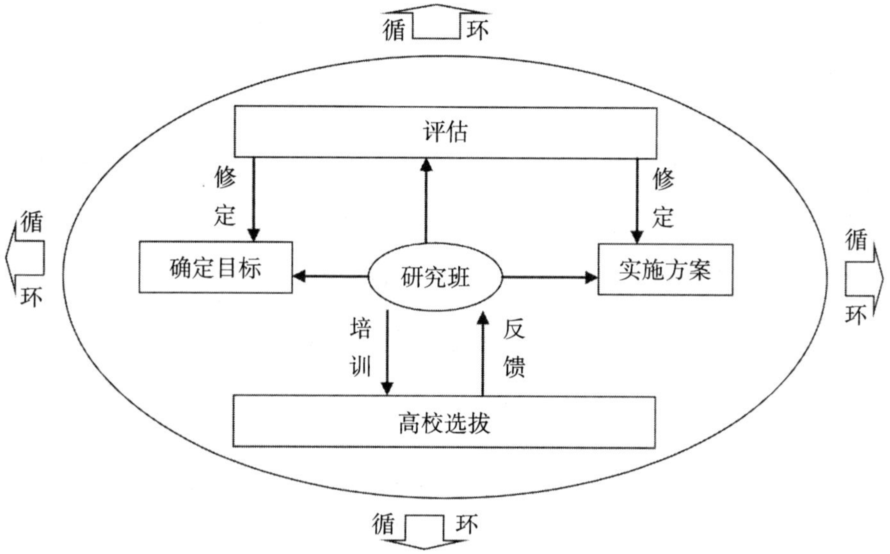

图 5 - 5　研究班培训模式的操作程序

1. 高校选拔。由于研究班模式对科技管理人员要求的层次比较高，故每次培训的人数也有限，高校应坚持少而精的原则，选拔出优秀的、有潜力的科技管理人员参加培训。

2. 确定目标。由于培训的规格比较高，因此具体的要求也应很高。目的是把科技管理的经验升华到理论的高度，研究与培训相结合，理论与实践相结合。

3. 制订方案。邀请什么样的教师，安排什么样的课程，采用什么样的授课方式，培训的时间如何更加合理等，需要制订详细的实施方案。

4. 及时评估。在培训的过程中和培训后，要利用适当的时机，对培训效果进行评估，检验是否达到了预期目的。

5. 在评估的基础上，适当修订培训目标和实施方案，进入下一个阶段循环。

（三）研究班模式的优点

1. 能够及时将科技管理的经验上升为理论，根植于实践的理论成果将成为高校科技管理的普遍指导思想。

2. 能够及时了解全国性的高校科技管理状况，为落后地区向发达地区、科技管理先进高校向科技管理薄弱高校提供交流的平台。

（四）研究班模式的缺点

1. 组织学习有困难。研究班学员多是高校的科技管理领导和骨干，工作负担重，任务多，抽出较长时间进行系统学习较为困难。

2. 课程内容难确定。不同地区、不同类型的高校差别较大，科技管理人员的需求也有所不同。在对上海市高校的调查中，当问及科技管理人员培训的内容应以什么为主时，"了解科技方针政策法规"排到了第一位，而这次范围更广的调查显示，"科技管理理论和方法"排在了第一位。

四、以发展终身学习能力、实现科技管理人员可持续发展为目标的远程网络培训模式

（一）概念与特征

1. 概念。远程网络培训模式是由教育部科技司网络技术中心或者全国性高校科技管理专业组织负责，把关于高校科技管理内容的领导讲话、专家讲座和教师授课通过电子媒介（如互联网、局域网、视听光盘、录像带等）实施教学的模式。

2. 特点。远程网络培训是随着现代信息技术的发展而产生的一种新型的教育方式。它充分利用现代信息技术，将教育信息传送给受教育者，包括应用电脑、网络、电视、光盘等技术手段，以生动形象的方式将大量的信息展现在受教育者面前。远程网络培训是构筑知识经济时代人们终身学习体系的主要手段。它的最大特征是可以突破时空限制。由于远程网络具有实时双向传输信息的功能，使得课堂不仅仅局限在一间教室里，甚至不局限在一座城市、一个国家内。只要是网络联通的地方，都可以成为学习的场所。网络可以把各种教育机构、科研机构和公共文化设施联结在一起，组成一个巨大的知识宝库。

（二）远程网络培训的操作程序（见图 5-6）

相关机构成立高校科技管理人员远程网络培训中心，组织实施各种培训工作。

1. 课程策划。教育部科技司、社科司或者全国性高校科技管理专业组织根据调研，把高校科技管理人员普遍关注的课程、国家最新的科技政策、法规、国际科学技术管理的新进展等罗列出来。

2. 课程制作。组织专家讲学，将讲课内容制作成光盘、录像带，或者制作成网站的信息资源。

3. 课程发布。将专家讲课进行网上视频直播或录播，也可由高校购买

音像、电子产品。

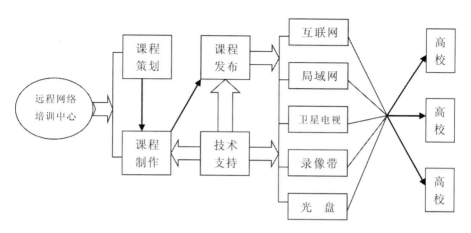

图 5 - 6　远程网络教育的操作程序

（三）远程网络培训模式的优势①

1. 从成本—效率的角度看，这种模式减少了一些花费项目，如高校不需要支出旅途费、课程指导费、管理控制费等，减少了传统培训所需的教室等资源。还表现在能促进知识及时更新而个人平均成本下降等方面。

2. 远程网络培训可以实现资源共享。在不同的地方进行远距离教育活动，科技管理人员可以共享有限的教育资源，在一定的时间内选择自己喜欢的专业或教师上课。现代远程教育还可以实时地在网上转播一堂公开课，使在不同地方的人如同在一个教室里聆听教师上课一样，有身临其境之感。

3. 远程网络培训可以网上交互式学习。远程网络培训的教学有其独特的方式。除了网上传授知识之外，对于一些科技管理人员经常要碰到的知识点上的疑难问题，教师可以通过长期积累，把它们编成一个个问题条，组成一个答案库，放置在网络资料库中。另外，可以通过互联网或者互动电视进行异地实时交流，科技管理人员可以与教师对话交流或进行公开讨论，也可以通过系统的不断切换看到异地的学习情景，并将自己融入其中，或通过 E - mail 与教师交流。这种方式快捷、方便，利于及时反馈。

4. 远程网络培训的重复性。科技管理人员可以重复学习新技术、新知

---

①　部分观点参考了宋国学 . e - 学习的理论内涵及实践价值［J］. 比较教育研究，2005，（5）：15 - 17.

识，了解整个科技管理过程及各部门之间的关系，提高系统理解力，有利于延长学习者保持知识、技能和行为方式的时间。

（四）远程网络培训模式的缺点

1. 并不是所有的学习都能够通过电子信息或信号发送。而且其授课没有现场的气氛，这就限制了远程网络学习的使用。

2. 它对科技管理人员的自我管理能力和控制力要求较高，而且需要较强的判断能力。

（五）远程网络培训与科技管理人员的可持续发展

对于科技管理人员而言，个人的可持续发展可能是一个全新的概念和陌生的领域。而他们的职业又要求必须具有这种思想以及更高的素质，要求他们在已受教育的基础上继续接受更高或更多的教育，以不断适应时代发展对科技管理工作的要求。在对上海市高校的调查中，问及科技管理干部的进修、培训应以什么为主时，16 人选择需要在原专业的"基础"上得到提升，有43 人表示要获得管理专业学历，169 人认为需要学习科技管理知识。在高校，科技管理人员的学历在逐步提高，这已不是阻碍他们成长和发展的主要因素。令人欣喜的是，科技管理人员已认识到继续教育的重要，认识到可持续发展的重要，这既是科技管理人员接受培训的原因，也是他们作为一个发展个体所必需的。80%以上的科技管理人员表示需要不断学习就说明了这个问题。科技管理人员要可持续发展，必须掌握一定的基础知识和基本技能，要有较强的思维能力、自学能力，有获取、处理信息的能力，有合理的知识结构与储备。远程网络教育系统可以帮助他们达到这些目标。

科技管理人员可持续发展中一个关键所在便是，他们不仅要掌握一定的知识和技能，而且这种知识和技能要不断随社会的发展而更新，这就促使科技管理人员不断地接受教育或者培训，这也是终身教育的要求所在。已受过一定程度教育、已有固定岗位的科技管理人员，要想在原有基础上获得继续发展或是追求更高的学历，就必须选择一种适合他们的自由时间、学习方式灵活的教育形式，远程网络培训模式正好符合上述特点，可以为科技管理人员的培训以及终身教育提供有力的支持。远程网络培训的开放性可以吸收众多已有学业基础但仍需继续提高的在职科技管理人员。而且在时间的选择上，自由、灵活是在职科技管理人员喜爱的方式。他们可通过不断接受继续教育，进行知识更新和知识创新，保证自身的可持续发展。

五、以结合岗位实际、改进科技管理工作为着眼点的反思—自修培训模式

科技管理理论应用于实践是由科技管理人员完成的，但是理论和实践或多或少都会有一定的差距，这需要高校科技管理人员在工作中不断摸索，找到最佳的结合点。

（一）反思—自修培训模式的概念和特点

1. 概念。反思—自修培训模式以科技管理人员的自学为主，是指科技管理人员工作或学习时，在专家或培训者的指导下，根据自己的实际制定目标，以自己的管理过程为思考对象，对实施的行为、做出的决策以及由此产生的结果进行审视和分析的过程，是一种通过提高自我觉察水平来促进科技管理能力发展的模式。

2. 特点。第一，自发性。科技管理人员一般具有一定的经验和自我教育的能力，具有自我定向和主动学习的能力，能够对自身的学习需要做出恰当的、实际的判断。

第二，自主性。反思—自修培训模式不是让科技管理人员一个人冥思苦想，而是要求他们参与到学习中去，在合作中而不是孤立地学习。科技管理人员自己选择学习内容、学习形式和合作伙伴，从自己实际的管理活动出发，发现、分析其中的问题，并通过咨询专家、请教同行、参与讨论来改进管理行为。

（二）反思—自修培训模式的操作程序（图 5 – 7）

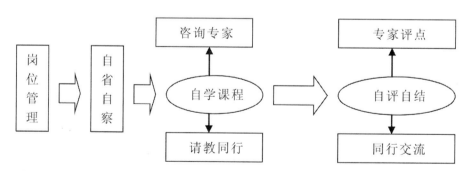

图 5 – 7　反思—自修培训模式的操作程序

1. 立足岗位管理。科技管理人员要以自己的管理过程为对象。

2. 自省自察。科技管理人员通过反思，找到自己管理过程中的主要问

题及薄弱环节。自省自察既是一种积极的思维活动过程，又是一个积极行为变化过程。①

3. 自学课程。带着问题学习课程，寻求解决的办法，以求改善管理质量。当然，科技管理人员要制定出自己的学习计划，所要达到的目标等。同时在学习的过程中，遇到问题，要咨询专家或者向同行请教。

4. 自评自结。科技管理人员针对自己制定的学习计划和目标，对学习效果进行纵向和横向的比较。如果想更为客观一些，可以由专家或者同行对自己的管理质量做出评价，帮助了解学习过程中的状况，以便及时调整，按预定的目标进行深刻反思，促进管理行为朝好的方向发展。

（三）反思—自修培训模式的优点

1. 有利于充分挖掘和利用科技管理人员的潜在资源，增强他们自主发展的潜能。这种方式可以帮助科技管理人员主动地获取知识、应用知识，从而提高解决实际问题的能力。在对上海市高校的调查中，对科技管理人员进行管理专业培养，以何种方式和内容为主的问题上，有近50%（110人）的人员认为可以结合科技管理实践进行理论提高，每年完成1—2篇论文。对科技管理干部的职称晋升应以什么为主的问题上，有50人认为除必要的学历条件外，以学术论文为主，注重科技管理研究，而163人认为除必要的学历条件外，要以管理业绩为主，注重岗位贡献。因此，对科技管理人员晋升职称大部分人认为应主要看管理业绩和岗位贡献。在17位高校校长中，有14人认为主要看业绩，3人选了以论文为主，但其中2人同时又选了以业绩为主。由此看来校长的意见比较一致。反思—自修培训模式就是结合了科技管理人员的岗位实际，把着眼点放在了为促进科技管理人员管理行为的改善上。

2. 反思—自修培训模式不以现成理论的掌握为主，其意义主要在于促进科技管理人员对自己管理行为的觉察，看到实践中摸索出的带有规律性的东西与所采用的理论之间的差别，以采取相应的改进措施。通过反思，科技管理人员获得的是个体知识，即个体通过经验获得的知识；还有问题性知识，即通过批判性地、创造性地解决问题而构建起来的知识。在此过程中，科技管理人员从检查分析自己的管理行为开始，通过自我反思，找到理论和实践之间的差距，从而不断调整自己的行为，不断成长。

3. 反思—自修培训模式具有开放性。这种模式面向学校所有的科技管理人员，要求他们都参与，共同学习与交流，没有场地限制，而且人人可

---

① 刘丽俐. 中小校学教师继续教育培训模式研究［M］. 北京：中国人事出版社，2003. 74.

以针对自己的实际确定目标，找准切入点，在专家、领导、有经验的同行的具体指导下进行反思—自修，在此基础上，通过讨论、互评和专家导评，找出差距和优势，选好前进的突破口，使每一位科技管理人员都有不同程度的提高，使整个科技管理水平上一个新台阶。

（四）反思—自修培训模式的不足

1. 这种模式对科技管理人员的责任意识、自觉意识要求比较高，这关系到是主动获取知识还是得过且过。

2. 这种模式要求科技管理人员有较强的分析判断能力，有敏锐的洞察力，能够及时发现管理过程中的问题所在。

3. 这种模式需要经验丰富的专家和同行作指导，需要良好的学习氛围，有些高校满足不了这些条件。

六、高校科技管理人员专业化建设非学历学位教育 形式的选择与应用

20多年来，教育行政部门、全国性高等学校科技管理专业组织、各省市科技管理专业组织、高等学校作了大量尝试，有的已形成有规律的培训模式，但大都还停留在一种感性层次。从总体上讲，非学历学位教育形式还处于一个试验、探索的发展过程。从以上几种模式可以看出：无论是科技管理培训的内容还是方法、形式、目的、时间、对象、周期等，科技管理人员非学历学位教育形式都呈现出一种多元化的色彩（见表5-16）。

校本培训作为一种以领导意志为中心的校内集中学习模式，立足于本职、本岗、本校，在科技管理人员培训中发挥着重要作用。但这种模式有时会使高校科技管理人员仍处于一种被动学习的状态。区域培训模式和研究班培训模式有利于形成一批高校科技管理的专家队伍，但受培训的都是各校的骨干力量，人数有限，而且脱产学习会给工作带来一定的影响。远程网络培训模式突破了时空限制，科技管理人员可以随时学习，有利于妥善解决工学矛盾，但是远程网络培训是凭借信息技术特别是全球计算机网络和多媒体技术进行的培训，它使培训者与参训者不能直接面对面接触，学习效果可能不高。反思—自修培训模式结合管理实践，在岗位上摸索学习，强调科技管理人员的自学能力。但它只适应那些对事业执著追求，自发学习、自觉反思、主动"充电"的科技管理人员，而对于满足于现状、缺乏锐意进取和探索精神的人来说，只是一句空话。因此，如何在实践中

不断完善、规范培训方案，使高校科技管理人员非学历学位培训健康、有序的开展，各种培训机构选择什么样的培训模式值得我们认真思考。

表 5 - 16 　　　　　高校科技管理人员专业化培训模式之间的区别

培训模式	组织单位	培训对象	培训周期	培训时间	培训内容	培训目的	培训及考核方式
校本	高校科技管理部门	本校科技管理人员	2 周一次；或者暑期1—2周	2 小时/次；5—6小时/天	科技管理方法、技术、文件、规章、理论、外语等	解决日常科技管理问题	岗位、业务学习，论文1—2篇/年
区域	省级教育行政部门、地方高校科技管理专业组织	科级以上管理人员	2—3 次/年	1—2 周/1月	科技管理理论、方法等	解决共性科技管理问题	脱产学习，报告、研讨或论文 1—2篇/次
研究班	教育部科技司、社科司、全国性高校科技管理专业组织	处级以上科技管理人员和管理骨干	1 次/年	2—3 月/半年	科技知识、管理知识、科技政策、科技动态、专业伦理	探索科技管理规律，交流管理经验	脱产学习，课堂授课、研讨、调查，论文1—2篇
远程网络	教育部科技司、社科司、信息中心或者全国性高校科技管理专业组织	高校科技管理人员	1 次/月	预定/随时/1 年	科技管理信息、知识、政策、法规、方法、伦理等	提高科技管理人员的管理知识、技能水平	非脱产网络学习、交流
反思—自修	高校或者个人	高校科技管理人员	自主支配	自主支配	科技管理知识与实务	提高自身科技管理水平	岗位自修、领导、专家、同行指导

（二）非学历学位培训形式选择的基本原则

每一种模式都有它的优势、价值，也有它的不足。重要的是各个高校必须根据实际情况，对各个层次的科技管理人员进行有效培训。无论选择何种模式，都应做到科学化，即它应当是建立在对培训目标、对象、任务等各要素的科学分析基础之上。

1. 需求与要求相接合的原则。选择何种形式的培训模式，不仅直接关系着培训的效益和效率，而且会对高校科技管理人员的专业发展产生重要影响。因此，在选择有关模式前，要对广大科技管理人员的基本情况和基本需要有一个全面的了解，尽量满足他们的要求。但是，由于信息的不对称性，科技管理人员的认识程度还有限，也有不切合实际的地方，因此，要把科技管理人员的需求和学校对科技管理的要求有机的结合起来做出选择。在这次调查中，当问及"在培训地点的选择上，您认为合适的是"时，有超过18%的科技管理人员选择了"出国培训"，对于一流大学的中高层科技管理人员来说，这种可能性还是比较大的，但对于大多数科技管理人员和落后地区高校的科技管理人员来说，希望就小多了。

2. 与学校科技发展相适应的原则。我国高等学校中，有"985工程"、"211工程"等国家重点建设的大学，有省属重点大学，有研究型大学、教学型大学，有东部经济发达地区的大学，有中西部欠发达地区的大学，有本科院校，也有专科学校等，不同的高校，科研力量有强有弱，科技管理人员有多有少，因此，高校在选择模式时要考虑到学校科技发展的状况。

（三）非学历学位教育形式应用时需注意的问题

1. 选择培训模式，制订培训方案，应充分论证，得到科技管理人员的普遍认可。高校科技管理人员接受培训，不仅仅是高校的重要任务，也是科技管理人员专业发展的大事，因此，选择什么样的培训模式应建立在调研的基础上，制订具体的操作方案应广泛征求各方面的意见。只有这样，才有可能保证培训取得预期效果，培训模式才具有持久的生命力。

2. 在培训实施的过程中，应强化监控与管理，必要时可以对实施方案进行调整。关于某种培训模式的实施方案，虽然经过了论证，但在实施过程中不免会出现一些不可预见的因素，能及时修订的，就及时采取补救措施，不能及时修订的，在下次培训中加以改进。有很多方式可以监控和管理，譬如，可以不定期召开科技管理人员座谈会，征求他们对培训的意见和要求，也可以通过问卷调查形式进行。

3. 总结和完善实施方案，选择或构建科学的、有地方特色的培训模式。阶段性培训结束后，教育行政机构、科技管理专业组织、高等院校要认真围绕模式构成要素的主要方面进行分析，对国内外、校内外先进的经验进行融合吸收，对科技管理人员培训中提出的要求进行梳理，对培训内容等进行调整和充实，从而使培训更贴近高校科技发展的实际，更贴近高校科技管理人员的需求。

（四）非学历学位教育形式的多元与开放

应该指出的是，每一种培训模式都不是孤立的，尽管在应用范围上有一定区别，它们之间还是有着千丝万缕的联系（见图5－8）。模式应当是动态的，它要随着继续教育水平由低级向高级发展而不断加以修正和完善；模式还应是开放的，它应与其周围环境、条件，与其他培训模式，其他教育形式和资源之间建立起广泛的联系，取长补短，共同发展，在我们的培训领域真正形成一种多元存在、相互补充的良好态势，以促进高校科技管理工作的健康、持续发展。校本培训模式——区域培训模式——研究班培训模式形成一定的层次结构，其中校本模式是最基本的科技管理人员专业发展培训模式。区域培训模式和研究班模式有利于培养科技管理骨干，改善科技管理队伍的结构。远程网络培训模式和反思——自修模式是前三种模式的有益补充。他们相互影响、相互促进，形成一个有机的高校科技管理人员专业发展培训网络和系统。

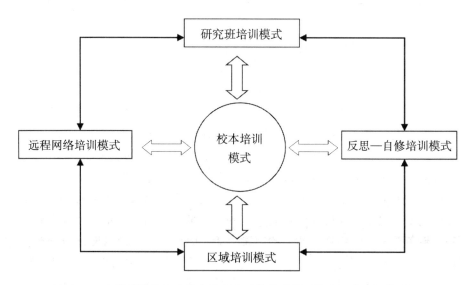

图5－8　高校科技管理人员专业化建设非学历学位教育形式之间的联系

现代社会里，科学技术知识的迅速增长以及社会进步速度的不断加快，学习型社会已展现在人们面前。培训模式的多元化趋向，为科技管理人员的继续教育和终身教育都带来了极大的好处，满足了他们专业成长的需求，也相应提高了高校科技管理人员的专业化水平。

第六章　高校科技管理人员专业化建设的专业自治

　　"新专业的出现一般都是以形成专业协会为标志的。"① 一般来说，专业组织发挥着三种作用：维护专业权限，保证专业水准，提升专业地位。正如卡尔·桑德斯所言，"专业一出现，从业人员就被建立一个专业组织的共同兴趣所推动"，这其中的动机包括，第一，与其他从业人员相区别，"在排斥无资格的人的意义上，专业协会是独一无二的"。第二，建立和保持一个关于专业行为的专业标准，"这样，专业协会可以规定和实施专业行为守则"。第三，通过成员共同努力，提高专业地位。② 高校科技管理人员专业化建设需要依托自己的专业组织，遵守专业伦理规范。高校科技管理专业组织是 20 世纪 50 年代才出现的。刚开始的时候，管理者们"还不能称为专业人员，他们缺少专业化的管理资历，也很少是专业团体的成员。他们在这些团体中参与的很少；而且非常重要的是他们否定此类团体的合法性，甚至也很少接受一个研究管理理论团体的存在"。③ 随着时间的推移，专业组织的重要性日益突出。我国学者童世骏教授就呼吁，要更重视各个专业学会的重要性，包括建立健全全国性学会，在政策和资金等方面支持它们发挥作用。④ 专业组织按照组织章程进行管理，根据规模可能设置一些分会或者吸收团体会员，分会按照总会的要求，有一定的会员、组织机构和章程，是专业自治的重要体现。本章主要对我国高校科技管理研究会和美国大学科研管理者协会进行比较，希望能够找到一些在高校科技管理专业化建设方面值得我们借鉴的地方。

---

　　① ［美］伯顿·克拉克. 高等教育系统论［M］. 王承绪等译. 杭州：杭州大学出版社，1994. 39.

　　② Carr – Saunders, A. M. The Professions in Modern Society, as Abstracted in Reading in the Social Aspects of Education［M］. Iillinos：Interstate Printers & Bilishers, Inc. 1951. 547.

　　③ ［美］斯科特·拉什，约翰·厄里. 组织化资本主义的终结［M］. 征庚圣等译. 南京：江苏人民出版社，2001. 239 – 240.

　　④ 童世骏. 在科研的特殊性上下工夫［N］. 社会科学报，2005 – 8 – 11.

第一节　同构理论与高校科技管理专业组织的建立

一、组织与同构理论

（一）组织的概念

组织是人们研究较为深入的一类社会系统。对组织的概念，心理学家、社会学家和经济学家的看法和解释并不相同。①

马克斯·韦伯关于组织的定义是，组织是在追逐共同目标和从事特定活动时，成员之间法定的相互作用方式。他认为，相互作用是联合而不是共享，如家庭中成员之间是一种共享关系而不是联合。

切斯特·巴纳德以系统的观念为依据，把组织定义为将两个或两个以上人的活动和力量加以有意识地协调的系统。他认为，系统普遍包括三要素，即协作的意愿、共同的目标、信息的交流等。他提出了非正式组织的概念，把非正式组织定义为正式组织的一部分，且不受管辖的个人联系和相互作用以及有关人们集体的总和，认为非正式组织起着信息交流，通过对协作意愿的调节维持正式组织内部的团结、维护个人的品德和自尊心的作用。

20世纪70年代，美国的组织理论家和管理学家劳宾斯在对各种组织概念归纳分析的基础上，提出了组织的定义：组织是人们为了实现一定目标而进行的合理协调，并具有一个相对可识别边界的社会实体。

20世纪90年代初，美国组织理论家查德·豪尔认为：组织是一个有着相对可识别边界的团体。它有一定的规范的秩序，一定的职权层级，一个沟通系统和一个成员协调系统。该团体以相对持续的环境为基础而生存，从事着一系列目标相联系的某些活动，为组织成员、组织本身和社会做出贡献。

组织概念的多样性反映了组织问题的复杂。但从这些组织的定义可以看出组织的共同特性：组织是由人组成的。它是由彼此相互作用的人构成的群体。他们往往为了某种共同的目的而走到一起来；组织的基础是活动，组织是为了完成某种目标而将有关人、物组织起来；组织是有目标

———————————

① 吴培良. 组织理论与设计 [M]. 北京：中国人民大学出版社，1998. 5 - 35.

的，并且这些目标不是给定的，而是内生的，因此是动态的，组织正是实现这些目标的手段或工具；组织是系统而且是开放系统。

（二）同构理论

同构是数学上的一个概念，通俗地讲就是结构相同。对于同样具有一个模型的两个组织，它们在组织模型建立的假定条件下具有共同的性质，在这种意义下，这两个组织是同构的。

因此，我们给出两个组织同构的定义：

对于一个组织 S，M 是该组织基于某一原则或原理 T 建立的一个模型，如果有另外一个组织 P 同样具有这个组织模型，我们就称这两个组织是基于该原则或原理 T "同构" 的。

我们知道，任何一个组织都包括组元、结构、功能等。一个社会组织基于某一原理与另一组织同构，是指组织的结构、功能、存在方式和演化过程从一个角度来看是相同的。譬如：

设 S 是高校 A 的职工工资和奖金分配制度，其要点是将职工分为三类，一是专职教师，二是管理人员，三是后勤工人。每类职工工资分为两部分，一是基础部分，按国家规定的基础工资部分，这是固定的。二是奖金部分，奖金在全校范围内按同一规定发放，专职教师按课时量分配，管理人员按岗位分配，后勤工人按劳动量分配。以上要点实质上给出了一个基于处理不同类职工、学校和其部门之间，基本工资和奖金之间关系 T 的一个 S 模型。[①]

如果有另一高校 B，其职工人数比高校 A 多，但工资和奖金分配制度采用了与高校 A 相同的办法。也就是说高校 B 的工资和奖金分配制度 P 也具有 S 的模型。因此，可以说，P 与 S 基于 T 同构。

（三）同构性组织

同构理论的给出，为我们研究同一类社会组织奠定了基础。同构的社会组织在一定意义上具有相同的处理个体与个体、个体与群体之间的关系的方式。同构组织可视为一类进行研究。组织同构中 "基于某一原则或原理"，反映的是分析问题的角度或侧面。因此，一个社会组织基于一原则或原理与另一组织同构，而基于另外一原则或原理则是不同构的。例如以上的例子中系统 A 和系统 B 基于职工工资分配方式是同构的，但 A 和 B 的基于人力资源管理模式可能就不是同构的。

---

① 参考赵拴亮. 社会系统及其 "同构律" ［J］. 北京邮电大学学报（社会科学版），2004，(2)：36.

二、组织同构理论与高校科技管理专业组织的建立

（一）高校科技管理专业组织的建立

专业化的组织根据相同的原则发展，即已确定的 6 个标准，只有达到所有标准的高级阶段，才意味着一个专业走向成熟，也意味着专业人员的社会地位真正确立和稳定。在这个意义上说，无论是医生专业化、教师专业化，还是管理人员专业化，他们所依托的专业组织是同构的。如伯顿·克拉克所言，美国有大量的专业协会，"但这并不是世界上的典型情况……即使退一步看，其他地方的学者也通过成立专业协会走向一道……在全国范围内即以学会这种共同的形式反映出来。"①

德马乔（Dmaggio）和鲍威尔（Powell）认为，度量同构（mimetic iso-morphism，也译为"模仿同形"或"模仿性同构"）是一个组织如何模仿其他组织而建立，而标准同构（normative isomorphism，也译为"规范同形"或"规范性同构"）则是一个组织争取"专业化"和合法化的过程。②

这两股力量促成了高校科技管理组织构建成为重要的专业性组织，并不断地提升自己的重要性和合法性。随着科研事业的发展，科技管理人员自发地组织起来，在 20 世纪 50 年代末建立了两个极其重要的组织：美国大学科研管理者协会（NCURA）和国际科研管理者协会（SRA，International）。

为了提高高校科技管理人员的专业精神、知识水平和工作能力，增进福利和鼓励研究，世界上许多国家后来都建立了高校科技管理专业组织。如澳大利亚科研管理者协会（Australian Research Managers Society，简称ARMS），美国大学技术管理者协会（Association of University Technology Managers，简称 AUTM）③，加拿大大学科研管理者协会（Canadian Associa-tion of University Research Administrators，简称 CAURA）、本科生科研理事会（Council of Undergraduate Research，简称 CUR），欧洲科研管理者协会（European Association of Research Managers，简称 EARM），西班牙高等学校

① ［美］伯顿·克拉克. 高等教育系统论［M］. 王承绪等译. 杭州：杭州大学出版社，1994. 39.

② Dmaggio，Paul and Powell，Walter. The Iron Cage Revisited：Institutional Isomorphism and Col-lective Rationality in Organization Fields［A］. The New Institutionalism in Organizational Analysis［C］. Chicago：University of Chicago，1991. 29.

③ 是一个技术转移专业组织。其使命是"促进、提高和加强全球性的技术转移"。（To pro-mote，support and enhance the global technology transfer profession through internal and external education，training and communication.），参见 http：//autm. net/about/aboutAUTM_mission. cfm/2005 - 07 - 23.

联合会（Hispanic Association of Colleges and Universities，简称 HACU）、资格认证管理者协会（Licensing Executive Society，简称 LES）、国家资助项目管理者协会（National Sponsored Programs Administrators Association，简称 NSPAA），英国科研管理者协会（Research Administrators of Great Britain，简称 RAGNET）、跨大西洋科研发展协会（Transatlantic Research Development Institute）以及中国科研管理研究会、高校科技管理研究会等。

在国外，高校科技专业管理组织被看成是推动科技发展的巨大力量，对政府决策具有很大的影响力，对科技管理人员本身也大有裨益。尽管有些组织还附属于一些团体，但它们在提高高校科技管理人员专业水准、促进专业发展、谋求提高福利待遇、争取权益等方面做出了巨大的贡献。在政府决策及实施过程中，它们成为有力的"压力团体"，对国家的科技政策产生了重大影响。科技管理专业组织的国际交流与合作成为一种趋势。通过地区间、国家间高校科技管理组织的密切交往，有力地增进了科技管理人员之间的关系，促进了高校科技管理人员的专业化建设。

专业组织除了为高校科技管理人员的专业发展提供帮助，还制定本专业标准的行为和操作规范。在美国，由专业组织形成的网络为科技管理人员效仿别人提供了两个极佳的机会：一是会议培训使用的材料主要来自经验丰富的科技管理人员。二是科技管理人员有权使用科技管理专业组织（如美国大学科研管理协会）提供的通信录和同行保持联系，请教问题，规范自己的操作。

高校科技管理中遇到的问题通常具有相似性，只不过复杂的程度有所不同而已。显然，美国大学科研管理者协会和国际科研管理者协会为科技管理人员提供了良好的环境，使他们能够聚在一起，探讨科技管理技巧，共同解决复杂问题。开一次会议，和同行打一个电话，科技管理人员就像有朋友在身边帮助自己处理难题。[①]

德马乔等人认为，标准同构会发生一些变化，在科技管理领域可能今后很长一段时间都会存在。[②] 科技管理人员要创造显著的经济效益，就必须重视自己行为的合法化。标准同构能够为组织赢得合法地位，也是管理人员赢得应有社会地位的推动力量。

注册会计师（CPA）、法学博士（JD）、医学博士（MD）等证书会对

---

① Atkinson, Timothy. The Institutional Construction and Transformation of University Research Administration [J]. Research Management Review, 2002, (2): 2.

② Powell, Walter and Dmaggio, Paul. The New Institutionalism in Organizational Analysis [C]. Chicago: University of Chicago, 1991. 15.

从业人员产生心理和法律上的影响。我们知道，一名注册会计师需要通过一系列严格的考试才能为他们赢得一定的社会地位。因此，注册会计师证书就很重要。个人可以聘请任何会计，当然更多人愿意聘请有注册会计证书的人，尽管没有证书的人可能做的同样出色，这是因为证书所代表的能力让他多一分安全感。

科技管理专业也是如此。一些组织正在试图开发一种相似的资格证书。科技管理认证委员会（the Research Administration Certification Council，RACC）的组建凸显了资格证书的重要性。委员会负责考试和其他的认证程序，通过考试和认证程序的科技管理人员可以成为注册科技管理人员（Certified Research Administrator，CRA）。

截至 2001 年，美国全国已经有 3000—4000 名科技管理人员参加了考试，320 名科技管理人员获得证书。注册科技管理证书至少使雇员、职员和教师（同时拥有教师资格证书）心理上具有优越感，主要目的是争取科技管理领域的合法地位。用科技管理资格认证委员会主席克里夫·希斯勒（Cliff Shisler）的话说，"获得科技管理资格证书的科技管理人员获取了新工作，得到了晋升，工资也提高了"。①

（二）几点启示

第一，同构理论为高校科技管理专业组织的发展指明了方向。医学、法律等专业组织已经比较成熟和完善，为高校科技管理专业组织提供了一个范例。尽管专业组织中成员从事工作的内容不同，但是他们对社会地位提升和法律制度保障的渴求是共同的。这也是专业组织存在的一个理由。从空间上看，各国、各地区的高校科技管理专业组织可以按照同样的标准进行同构，会聚成强大的世界性网络，共同提高专业声望。

第二，我国也可以推行高校科技管理人员资格认证制度。这不仅有利于科技管理操作的规范性，更是科技管理人员从业的身份，也代表了一定的社会地位。具体可以由全国高校科技管理协会设立科技管理人员资格认证委员会，进行考试组织工作，制定资格认证的程序。

第三，从科技管理专业组织的发展看，资格证书成为高校科技管理人员的身份，与他们的晋升、薪酬有一定的关系。目前，我国还没有统一的高校科技管理人员工作目标的考核办法，有人呼吁"高校科研管理研究会

---

① Shisler, Cliff. the Chair of the RACC , Email Correspondence, 2001. 转引自 Atkinson, Timothy. The Institutional Construction and Transformation of University Research Administration ［J］. Research Management Review，2002，（2）：3.

应主动提出并协助政府部门制定科学合理的考核办法"。获取科技管理资格证书应成为其中重要的条目，也应成为科技管理人员"考绩、升职的依据"。

第二节　高校科技管理专业组织章程的比较

"在我们这个时代的群众组织里，如果不存在任何一种行业制度，那么剩下的便只能是一个真空，这是任何语言都无法形容的。"①专业组织章程是专业群体制定的、共同遵守的规范，在促进职业专业化方面作用巨大。

一、我国高校科技管理研究会章程

2003 年以前，我国全国性高校科技（研）管理专业组织有两个，一个是全国高校科研管理研究会，另一个是全国高等学校社会科学科研管理研究会。根据国家民政部的规定，全国高校科研管理研究会、全国高等学校社会科学管理研究会在 2003 年分别更名为中国高等教育学会高校科技管理研究分会②和中国高等教育学会社会科学管理研究分会③。理事会秘书处分别挂靠在教育部科技发展中心和武汉大学。2004 年 7 月底经报请教育部社政司同意，社会科学研究管理分会在山东烟台大学召开会员代表大会。会议主要内容为听取教育部社政司领导关于高校社科工作的报告和进行换届等事项。2005 年 11 月份，科技管理研究分会举行理事会换届改选工作，选举产生了第六届理事会及其领导。本节提供的是科技管理研究分会（原全国高校科研管理研究会）的组织章程。

---

①　[法] 埃米尔·涂尔干. 社会分工论 [M]. 渠东译. 北京：生活·读书·新知三联书店，2000. 17.
②　关于推荐科技管理研究分会常务理事、理事的通知（高校科技管理研究分会 [2005] 2 号）[EB/OL]. http：//www. cutech. edu. cn/keyanguanli /000032. doc/2005－7－17.
③　高等学校社会科学科研管理研究会关于开展团体会员情况调查和召开会员代表大会的通知 [EB/OL]，http：//www. edu. cn/20041129/3122524. shtml/2005－7－19.

全国高等学校科研管理研究会章程（草案）①

（2001 年 11 月 15 日五届一次理事代表会议原则通过）

第一章 总则

第一条 本会名称为高等学校科研管理研究会，是从事高等学校科研管理研究的群众性学术团体，是非营利性的社会组织。

第二条 本会的宗旨是：遵循党的路线、方针、政策，团结和组织全国高等教育界科研管理人员和理论工作者，广泛开展科研管理研究，提高管理水平，促进高等学校科技管理工作的科学化、专业化水平。

第三条 本会接受教育部科学技术司和中国高等教育学会的业务指导和监督管理。

第二章 业务范围

第四条 本会的业务范围是：

（一）组织开展高等学校科研管理的学术活动，开展理论研究，经验交流和研究成果的推广；

（二）接受科技管理行政部门委托，组织、开展调查研究、业务培训、科技活动评价和咨询服务等工作；

（三）组织、开展高等学校科技管理国际学术交流活动；

（四）编辑、出版、发行科技管理的书刊和信息资料；

（五）组织高等学校科研管理研究成果的评奖活动；

（六）依法举办实体机构，从事社会服务活动。

第三章 分会

第五条 本会的基层组织为分会。本会根据业务需要设立分会。各省、直辖市、自治区或行业的高校科研管理研究会，可以申请作为本会分会。

第六条 分会工作接受本会业务指导。

第七条 分会设理事长一名，副理事长若干名，秘书长一名。根据需要设理事和常务理事若干名，其常务理事单位为本会理事单位。

第八条 每年，各分会应召开一次会员代表会议，理事会或常务理事会会议应不少于一次，并组织开展学术交流活动。

第四章 会员

第九条 本会设团体会员和个人会员。分会团体会员和个人会员均为本会会员。

---

① http://www.cutech.edu.cn/keyanguanli/000018.asp/2005 - 7 - 23.

第十条 具备下列条件的高等学校和研究单位，可以申请加入本会。

（一）拥护并遵守本会章程；

（二）积极开展科技管理研究工作；

（三）积极参与并支持本会工作。

第十一条 具备下列条件的个人，可以申请加入本会。

（一）拥护并遵守本会章程；

（二）热心高校科技管理研究工作，在科技管理研究方面有一定成绩；

（三）积极参与并支持本会工作。

第十二条 会员入会的程序：

（一）递交入会申请书；

（二）分会研究通过；

（三）本会常务理事会审核、备案。

第十三条 会员吸收工作由分会负责。各分会在其辖区或行业范围内接受团体和个人的入会申请；未建立分会的地方或行业，符合入会条件的团体和个人，可向邻近省、自治区、直辖市或相近行业的分会提出申请。国家机关科技管理工作者、知名专家的入会，由本会直接受理。

第十四条 会员有如下权利：

（一）有选举权和被选举权；

（二）参加本会组织的各种活动；

（三）优先、优惠获得本会编印的各种书刊、资料；

（四）对本会工作享有批评、建议、监督权；

（五）入会自愿，退会自由。

第十五条 会员有如下义务：

（一）遵守本会章程，执行本会决议；

（二）维护本会合法权益，完成本会委托的工作；

（三）积极参加本会组织的活动，开展科研管理研究，向本会提交管理工作信息、研究论文、著述、译文；

（四）按时交纳会费。连续两年不交纳会费的，视为自动退会。未按规定交纳会费的理事、常务理事单位下一年度起自动停止理事、常务理事单位资格。

第五章 组织机构

第十六条 本会的组织机构为理事代表会议和常务理事会。

第十七条 理事代表会议为本会权力机构，每两年召开一次。理事代表会议代表由各分会推选产生，名额为每个分会2—8人。理事代表会议的职责是：

（一）听取、审查和批准常务理事会的工作报告、财务报告；

（二）讨论、决定本会的工作方针和任务；

（三）制定、修改本会章程；

（四）确认由各分会推荐的理事，选举常务理事；

（五）决定设立分会和本会终止事项。

第十八条 常务理事会在理事代表会议休会期间代行本会权力，根据需要召开会议。常务理事会的职责是：

（一）执行理事代表会议的决议，制订本会工作计划；

（二）接受设立分会申请，对分会吸收的会员进行审核、备案，根据需要吸收个人会员；

（三）推举正副理事长、秘书长，聘请顾问，决定副秘书长及各办事机构负责人，根据需要增补常务理事；

（四）领导工作机构开展工作，对分会工作进行指导；

（五）组织召开理事代表会议、常务理事会和各类学术会议；

（六）出版会刊、文集；

（七）决定奖惩事项；

（八）提出本会终止动议。

第十九条 理事代表会议和常务理事会参会人数达到应到会人数2/3（含）以上，决定事项方为有效。理事、常务理事由于特殊情况不能参会，可派代表参加。连续两次无故不出席会议，自动停止理事、常务理事资格。

第二十条 本会设理事长一人，副理事长若干人，秘书长一人，副秘书长若干人。正副理事长、正副秘书长任期四年，可连选连任，但不得超过两届。常务理事可连选连任，每届常务理事会组成人员的更替应不少于1/3。本会根据需要设顾问若干名，任期不超过2届。

第二十一条 本会设立秘书处、培训组、学术委员会、知识产权委员会、编辑出版组等工作机构。

第二十二条 本会秘书处挂靠在教育部科技发展中心。

第六章 经费管理、使用原则

第二十三条 本会的经费来源是：

（一）会费；

（二）在核准的业务范围内开展活动或服务的收入；

（三）政府资助或拨款；

（四）社会捐赠、赞助；

（五）其他合法收入。

第二十四条 本会按照国家有关规定收取会员会费。

第二十五条 本会经费必须用于本章程规定的业务范围和事业发展，不得在会员中分配。

第二十六条 本会建立严格的财务管理制度，保证会计资料合法、真实、准确、完整。

第七章 终止程序及终止后的财产处理

第二十七条 完成宗旨后自行解散或由于分立、合并等原因需要注销的，由常务理事会提出终止动议。

第二十八条 本会终止动议须经理事代表会议表决通过，并报业务主管部门审查同意。

第二十九条 本会终止前，须在业务主管部门及有关机关的指导下，成立清算组织，清理债权债务，处理善后事宜。

第八章 附 则

第三十条 本章程解释权属本会理事代表会议。

第三十一条 本章程自发布之日起施行。

二、美国大学科研管理者协会章程

美国大学科研管理者协会（NCURA）是根据《哥伦比亚区非营利性社团法案》于 1959 年成立的。它的组织章程分为三部分，第一部分称为协会管理条例（Articles of Incorporation），主要对外，说明协会的名称、组成协会的目的、操作程序等，一般在地方当局备案时用。第二部分为协会管理守则（Bylaws），主要对内，说明协会的性质、会员资格、官员的选举与组成、机构设置等。第三部分为协会管理政策（Administrative Policies），对协会管理守则作进一步解释。可见，协会的组织章程从纲领性、宏观性逐步到微观性、易操作过渡，更为详尽和具体。

美国大学科研管理者协会管理条例①

（1999 年修改）

第一章 社团的名称为美国大学科研管理者协会（以下简称协会）。

---

① http：//www.ncura.edu/orginfo/RevisedArticles.doc/2005 - 7 - 19.

第二章 协会为长期性组织。

第三章 成立协会是出于以下目的：

第一条 协会的成立与运作完全是出于教育目的，是为了帮助主要在高校工作的个人在科研管理、教育管理、培训管理方面提高专业水平。途径是：

A. 提高执行科研管理政策、制度的有效性，确保挖掘出学术项目的最大潜能。

B. 从国家和地区层面提供一个讨论、交流高校科研管理信息、经验的论坛。

C. 提供最新信息，就双方共同关心的问题交换意见。

D. 促进高校科研管理发展，拓宽科研管理专业领域，促进协会成员的专业成长。

第二条 根据《哥伦比亚区非营利性社团法案》，协会行使其他权利，包括修改上述条文。

第三条 协会的成立完全是出于公益性和教育目的，包括下述目的，即根据《国内税法》第501章C条第3款之规定，协会的收入免予征税。

第四条 不管协会管理条例有什么样的规章，协会从事的活动不能违反：（i）《国内税法》第501章C条第3款；（ii）《国内税法》第170章C条第2款之规定。

第四章 协会拥有自己的会员，会员的资格、条件与任期由协会管理守则另行规定。

第五章 根据协会管理守则，理事会理事的组成人员数目相对稳定。

第六章 协会事务的处理与管理、协会及其理事、会员职权范围的限制、界定与调整遵照如下规定：

第一条 除了协会被授权或准许为提供的服务给予合理的补偿以及按照《国内税法》第501章C条第3款之规定进行付酬或者分配外，协会的收入禁止为理事、官员、会员、雇员等谋求利益或进行分配。协会活动的主要内容不得涉及宣传，不得试图影响立法，也不得以赞成或反对政府官员候选人的身份参与或者干涉任何政治活动（包括出版或者散布言论）。

第二条 协会解散，所有财产（1）按照《国内税法》第501章C条第3款进行处理；或者（2）归于联邦政府、州政府或者地方政府用于公共目的。

第三条 协会事务的处理与管理、协会及其理事、会员职权的进一步界定、限制与调整将由理事会根据具体情况做出。协会管理守则对此将详细规定。协会理事选举或任命的程序由协会管理守则进行规定。

第四条 在协会管理守则规定的范围内，协会官员、理事、专门委员会成员和雇员的个人责任可以免除。

第五条 在协会管理守则规定的范围内，协会将保护官员、理事、专门委员会成员和雇员的利益。

第七章 协会的注册地址为华盛顿特区佛蒙特大街1090号。①

第八章 根据哥伦比亚区法律的授权，在有效的时间内，协会保留修改、变更、废止或者添加协会管理条例中有关条文的权利。协会管理条例规定的会员权利也会随之变更。协会管理条例部分或者全部的修改、变更或者废止，新条款部分或者全部采用，由理事会做出解释并向会员大会提交，协会会员2/3有效票数通过方可生效。

美国大学科研管理者协会管理守则②
（2002年12月修订）

第一章 美国大学科研管理者协会通过促进专业发展、知识共享、培养团体意识等手段，服务本会会员，提高科研管理水平。

第二章 会员资格

有3种类型的会员：

A. 正式会员。高校科管理人员，非营利性医疗教学机构中的科研管理人员，独立非营利性的科研院所中的科研管理人员，在高校组织、管理或者与高校合作成立的机构中工作的科研管理人员，在主要由高校人员组成的协会、社团中工作的科研管理者，有资格成为正式会员。

B. 准会员。不符合上述条件，但从事的活动与高校科研管理有关，这些人员有资格成为准会员。

C. 荣誉会员。会龄5年以上且活动积极的正式会员和准会员可以成为荣誉会员或者荣誉准会员。

D. 会员资格认定。由会员向协会提出申请，执行理事按照理事会制定的程序进行审核后批准。执行理事有权根据协会的有关规定决定会员的任职资格，有权对理事会的指导方针进行解释。

第三章 协会官员

协会官员根据第八章选举产生，必须遵守协会的一切规章。全体官员

---

① 现地址为：One Dupont Circle, N. W., Suite 220·Washington, D. C.

② http：//www. ncura. edu/data/committees/docs/RevisedBYLAWS. pdf/2005 - 7 - 19.

任职期间要向理事会负责。

A. 主席。主席是协会的首席执行官和理事长，有权召集和主持所有会议。主席一般要履行与此职务相关联的所有义务和理事会授权的其他义务。主席的任期为1年，从每年的1月1日算起。

B. 副主席。副主席在主席的指导下辅助主席开展工作，在主席没有能力履行义务的情况下行使主席职权。副主席的任期为1年，从每年的1月1日算起。主席任期结束，在任的副主席自动继任主席职位。

C. 上任主席。上任主席在主席的指导下帮助主席开展工作。上任主席的任期为1年，从自己担任主席任期结束时算起。

D. 秘书长。秘书长是协会的首席记录员，主要任务是：管理选举；理事会会议、理事会授权召开的专门委员会议以及会员大会的记录；协会文件的校改与介绍；制定会议程序；协会各种记录的监督与检查；与秘书长有关的其他义务。秘书长的任期为2年，从双数年的1月1日算起。

E. 财务长。财务长是协会的首席财务官，主要职责是：财务预算；基金投入；财务政策与计划发展；对协会财务记录的监管；与财务长有关的其他义务。财务长的任期为2年，从单数年的1月1日算起。

第四章 执行理事

协会执行理事由协会聘任，负责管理协会的日常运作。执行理事由理事会选聘并对理事会负责。

第五章 理事会

理事会是协会的管理机构，对协会的事务行使决策权和指导权，具体包括：协会的规划、专门委员会和出版物方面的事务，决定其实施策略，积极支持其完成使命和目标。

理事会中理事的数目（包括协会官员）不应少于5人，可以由理事会根据本规则随时进行调整。理事会成员包括下列享有投票权的成员：

A. 协会官员：主席，副主席，上任主席，秘书长和财务长，他们的任期同第三章的规定，按照第八章的程序选举产生。

B. 每个分会按照各自的规定选举出一名理事。任期为2年，从每年的1月1日算起。

C. 由会员大会选举产生4名理事，任期2年，从每年的1月1日算起。

D. 其余至多3名理事由主席推荐并经理事会同意产生，任期同主席（1年）。其中1名可以为非协会会员，不享有投票权。

E. 执行理事为理事会当然成员，但不享有投票权。

理事会年会。理事会年会召开的时间和地点由理事会决定，可能在哥伦比亚区以内，也可能以外。理事会年会每年至少召开2次，一次与协会年会（见第十一章）同时召开，另外一次由主席或者理事会多数成员的要求决定。在此基础上，理事会有权决定是否召开另外的理事会会议。

特别会议。理事会特别会议由主席召集或要求，也可以应理事会多数成员的要求召开。会议的地点由他们来定，哥伦比亚区内外均可，但应适合特别会议的召开。

法定人数会议。在任的、有投票权的理事中的多数可以组成法定人数会议，有权处理任何一次理事会会议中断事务。如果法定人数会议中在任的、有投票权的理事低于半数，会议可以不经预先通知而宣布中止。

生效方式。出席法定人数会议的理事中的多数人的决定能够代表理事会的决定，法律或者协会管理守则另有规定的除外。

根据《哥伦比亚区非营利性社团法案》，上述规定可能被修改或者补充。出席理事会会议的形式有：电话会议；每个人都能相互听到声音的传媒会议；亲自到会。

需要由理事会做出的决定，或者理事会将要做出的决定，如果这些决定在有投票权的理事权力范围内，可以经由他们所有人签名而做出，不用另行召开会议。

理事的调动或辞职。出于协会的最大利益，任何理事经由有投票权的会员中有效选票的至少2/3通过，可以进行职务调动。出于协会的最大利益，非官员理事经由有投票权的理事中有效选票的至少2/3通过，可以进行职务调动。任何理事可以随时辞职，但要向主席、秘书长或者理事会提交书面声明。辞职自书面声明上签署的日期生效。若书面声明上没有注明日期，辞职自正式递交书面声明时生效。

职位空缺。如果因理事死亡、辞职、调动或者新增，需要有新选出的理事填补剩余任期。地方协会理事出现空缺，由所在分会进行填补。理事会可以随时在会议上决定填补空缺职位或者新增理事职位，但须经过法定人数会议中多数理事的通过方为有效。

第六章 专门委员会

理事会成立一个执行委员会，由理事会成员组成并对理事会负责。理事会将授予该委员会一些具体的权力和职责。

理事会可以成立其他的专门委员会，这些委员会没有理事会授予的协会管理权，而是完成理事会安排的具体任务。除非理事会另有规定，每个专门委员会的成员都应由理事、官员或者能够代表协会良好形象的会员组成。理事会负责任命专门委员会组成人员。出于协会的最大利益考虑，理事会可以随时对组成人员进行调整。

第七章 地区分会

A. NCURA 个人会员按地理位置归属不同的分会，以便分会更好的组织培训，召开会议、传播信息和开展其他活动。

B. 分会管理守则、办法、制度和程序等不得与协会的管理条例和管理守则等规定相抵触。

第八章 选举

提名委员会由秘书长核实，理事会正式批准。提名委员会委员应体现区域平衡性。每年的 8 月 1 日或者以前，提名委员会对除主席以外的职位推选出 2 名或者以上的候选人。副主席提名为主席需要由提名委员会进行确认，向秘书长提交包括选票在内的材料。会员需要填写选票选举除主席以外的所有官员。

每年 9 月 1 日或者以前，秘书长向协会每个会员发放一张选票。30 天后投票选举截止，将由秘书长或者他（她）的指任者对邮寄过来的选票进行统计。获得最高选票的人将由秘书长或者他（她）的指认者向主席汇报并经主席确认后当选。如果出现两名或者更多的人选票相同的情况，将进行新一轮选举，选举程序不变。如果新一轮选举仍然出现票数相同的情况，将由理事会投票裁决。所有选举结果将由事务年会（the Annual Business Meeting）进行最终确认（见第九章）。

如果形势需要，理事会可以召开会议并行使特别选举权。为了保证选举的合理性并在允许的范围内，选举一般应按上述程序进行。

第九章 会员大会

每年至少召开一次会员事务大会。会议名称为事务年会，主要目的是处理协会的事务。会议应与协会年会同时召开。事务年会在每年的最后一个季度召开（理事会另有决定的除外），会议的地点由理事会决定，可以在哥伦比亚区以内，也可在以外。经由理事会同意，主席可以再次召开事务会议，并决定会议的时间和地点。

应 5% 以上会员的要求，主席须召开会员大会特别会议。

除事务年会外，会议通知将通过邮寄、急件、传真等方式送达到会员手中。会员将在会议召开前 14 天以前、60 天以内收到通知，通知上应包括会议的时间、日期、地点和目的。任何会员可以在会前、会中或者会后对此通知进行处理。

至少 10% 有投票权的会员才能召开法定人数会议，处理协会事务。法律、协会管理条例和协会管理守则另有规定的除外。

若出席上述会议的人员达不到10%，多数人有权可以不经预先通知中止会议。

由法定人数召开的会议，多数会员的行为也是会员大会的行为，法律或者协会管理守则另有规定的除外。

根据《哥伦比亚区非营利性社团法案》，出席会员大会的形式有：电话会议；每个人都能相互听到声音的传媒会议；亲自到会。

需要由会员大会做出的决定，或者会员大会将要做出的决定，可以经由所有有选举权的会员签名而做出，不用另行召开会议。

按照《哥伦比亚区非营利性社团法案》的有关规定，需要由会员大会做出的决定，或者会员大会将要做出的决定，可以经由所有有选举权的会员通过手写书信或者传真选票的形式做出，不用另行召开会议。但须达到上述会员大会规定的最低人数的确认或者法定人数的要求方可生效。

第十章 会费

会费不固定，增长幅度由理事会决定，但年增长一般不应超过10%。若超过10%，需要由理事会建议，会员有效选票一半以上赞成方可通过。

第十一章 协会管理条例与协会管理守则

主席负责解释协会管理条例与协会管理守则，依据哥伦比亚区应用性法律条款处理任何问题，接受理事会的监督。

修改协会管理条例或者协会管理守则可以由理事会提议，也可以由超过5%的会员提出。被提议的修改内容应：a）在事务年会召开前至少30天向秘书长书面提交；b）在事务年会召开前至少15天分发到会员手中；c）在事务年会上充分讨论后，假若期间召开有法定人数会议，与会会员的投票超过半数该修改可以通过；d）修改文本和选票将分发给会员，如果2/3有效票通过，30天后修改文本生效。

第十二章 选举权

会员只有按时履行会费义务才享有投票权。

第十三章 责任消减与责任免除

责任消减。在《哥伦比亚区非营利性社团法案》允许的最大限度内，理事、官员、专业委员会委员、协会的雇员的个人责任可以消减。

责任免除。在《哥伦比亚区非营利性社团法案》允许的最大限度内，如果协会的理事、官员、专业委员会委员或者协会雇员从事的民事活动、民事诉讼与协会有关，协会应采取措施，保护他们合法利益，使他们免予承担责任、在花费上不受损失（包括法律顾问的酬金与支出）。但由于如下原因造成伤亡或者损失不受保护：（i）明知故犯；（ii）犯罪，除非有理由证明行为是合法的；（iii）处置不当造成他人的资金、财产和服务受到损失；或者（iv）有不忠行为，疏忽大意，超出了协会的授权，违反了协会管理条例或者协会管理守则。只有相关的理事、官员、专业委员会委员或者协会雇员在适当的时间以书面的形式通知给理事会，上述保护程序才开始启动。超出协会管理守则、协议等规定的行为不予保护。责任免除将使理事、官员、专业委员会委员或者协会雇员的继承者、遗嘱执行者或者管理者受益。协会将会根据理事会的决议最大限度的为上述人员购买免责保险。发生上述意外时，获得的责任险赔偿每人不少于 200000 美元，不高于 500000 美元。

第十四章 会议记录与协会账簿

协会应保存正确而完整的账目记录与账册，保存理事会、经理事会授权的专门委员会和会员大会的会议记录。

第十五章 不接受通知

根据《哥伦比亚区非营利性社团法案》、协会管理条例或者协会管理守则，无论何时、什么内容的通知，会员都可以在规定的日期前后通过签名弃权。放弃通知的人也可以参加会议，但认为会议不合法，抱着反对处理协会事务目的、又放弃了通知的会员没有资格与会。

第十六章 解散

会员大会 2/3 以上有效票数通过，协会即告解散。

美国大学科研管理者协会管理政策①
（2001 年 11 月修订）

第一章 会员资格

A. 正式会员

1. 协会会员限于个人，可以来自多种机构。

2. 享有会员的各项权利与待遇，包括投票权，担任协会官员或者成为协会专业委员会成员。

B. 准会员

1. 准会员资格限于个人。

2. 除不能担任协会官员外，准会员享有正式会员的一切权利与待遇。

C. 荣誉会员

---

① http://www.ncura.edu/data/committees/docs/admin_policies201.pdf/2005-7-19.

1. 荣誉会员需要（a）会龄5年以上、按时交纳会员费并即将退休；（b）每年交纳会费以保留身份。

2. 除不能担任协会职务外，荣誉会员享有自己以往的会员资格的所有权利与待遇。

D. 国际会员

国际会员可以根据他们的选择成为某个地区分会的会员。

E. 地区划分

1. 协会包括7个地区分会，每个分会都要按照协会管理条例和协会管理守则进行管理。协会的所有会员根据地理位置划分到各个协会。

2. 一个州或者一个准州是分会的最小单位。

3. 州或者准州可以通过其多数会员的投票表决改变与协会的关系。另外，地区分会吸纳新的成员州或者准州必须由多数会员投票通过并报协会理事会核准认可。

第二章 协会官员

A. 主席

如果副主席不能继任主席职位，主席可以竞选连任。

B. 副主席

1. 如果主席辞职，副主席将完成主席的其余任期。

2. 如果主席辞职，副主席完成了主席的其余任期后，可以继续担任主席，任期一年。

C. 秘书长

1. 如果秘书长辞职，理事会将任命一名过渡官员直至下一轮选举。如果过渡官员适合这个职位，可以当选。

2. 秘书长在任期结束时，应负责完成所有记录与信件的整理。

D. 财务长

1. 如果财务长辞职，理事会将任命一名过渡官员直至下一轮选举。如果过渡官员适合这个职位，可以当选。

2. 任期结束，财务长应负责完成所有记录与报告的整理。

E. 上任主席

如果上任主席辞职，理事会将任命一名过渡官员完成剩余任期。过渡官员将从过去担任过主席的人员中挑选。

F. 当选的协会官员任职内不能同时担任地区分会的官员。

第三章 执行理事

A. 主席可以选任协会执行理事，但须经理事会批准。主席每年要向理事会汇报对执行理事的评价。

B. 执行理事应有协会管理的经验。

C. 执行理事的职责有：

1. 管理办公室及其日常运作，包括独立行使聘任、监督、评价以及辞退协会所有雇员的权利。

2. 搜集、审核、整理和发布协会事务信息，处理协会财务，安排会员等。

3. 贯彻协会的方针和规章。

4. 参加理事会和执行委员会的所有会议。

5. 为协会的常设委员会、具体事务委员会和地区分会提供管理支持。

6. 完成理事会及其执行委员会布置的其他任务。

7. 根据地区分会需要，监管所有银行业务、投资账目和报告。

第四章 理事会

1. 二、三、六和七区分会的新会员任期从单数年的 1 月 1 日算起；一、四和五区分会的新会员任期从双数年的 1 月 1 日算起；地区分会代表有连续 2 年的任期。选举前，代表名单应提交给协会的执行委员会。理事会中的地区代表不能同时担任分会官员。

2. 当选的理事会成员任期 2 年。每年选举出两名新成员。

3. 主席应理事会至少一半成员的书面要求须召集理事会议。理事会成员的旅费从主席召集的协会年中会议和其他特别会议费用中支出。

4. 理事会拥有但被限于下列职责：

（a）协会的管理机构；

（b）为协会年会的准备、计划、提议提供建议、咨询；

（c）填补年会选举前的职位空缺（第二章另有规定的除外）；

（d）成立或者解散专业委员会和其他第五章规定的管理小组。

5. 任何个人不得在理事会同时担任两种职务。

6. 没有理事会同意，新当选的理事会成员第一年不能担任协会的官员。

第五章 专门委员会

A. 执行委员会

1. 执行委员会成员包括当选的协会官员，即主席、副主席、秘书长、财务长、上任主席和执行理事。执行委员会由主席召集或者在委员多数要求下开会。会议应保存记录并把会员内容传达到每一位理事会成员。

2. 除了协会管理守则规定的职责，执行委员会还负责监督协会官员和会员。在理事会闭会期间，执行委员会如果认为必要，可以做出一些决定以提高协会官员的工作效率。

3. 在理事会闭会期间，若遇到突发事件，执行委员会将得到进一步授权，及时采取行动，提高协会的效能。

4. 除突发事件外，执行委员会有权就所有问题向理事会提出建议和应采取的行动方案。

B. 提名和领导发展委员会

1. 提名和领导发展委员会的主任将面向全国进行招聘。协会官员将审核所有候选人，并报理事会正式批准。现任的理事会成员不能担任提名与领导发展委员会主任。提名与领导发展委员会主任对上任主席负责。

2. 每个地区分会可以向理事会推荐二名提名和领导发展委员会委员。理事会将从每个地区分会选出一名，任期 2 年。理事会有权根据实际情况调整他们的任期。

3. 提名和领导发展委员会有如下职责：

（a）征求大多数会员对有意担任协会副主席、秘书长、财务长和理事会理事的人的意见。

（b）每个职位遴选两名候选人。

（c）每年 8 月 1 日以前将候选人名单报送协会秘书长，最后由会员大会选举产生。

4. 提名和领导发展委员会首要的任务是，做好协会领导的更替计划，促进协会领导的发展，包括：检查、培养、提高认同感。对有意担任协会各级领导的志愿者进行培训和指导。

5. 提名和领导发展委员会负责协会各种奖励的管理。

C. 财务管理委员会

1. 财务管理委员会由财务长担任主任，还包括下述成员：收入财务官（1 年任期），上任财务长，三名其他成员，其中一名可以是非协会会员，但要具有财务管理专长，由理事会选举，任期 2 年。

2. 财务委员会有如下职责：

（a）帮助财务长监管协会的财务事务；

（b）为协会作长期的财务规划；

（c）审核每年预算，并向理事会提出建议；

（d）帮助并与地区财务官进行工作上的合作；

（e）向理事会推荐年审人员；

（f）对工作组提出的财务影响方面的建议做出评价；

（g）完成交给的其他任务。

3. 财务委员会主任或者被指定者每年至少向理事会汇报一次该委员会的工作，并根据理事会的要求，提交其他方面的报告。

D. 专业发展委员会

1. 专业发展委员会主任将面向全国进行招聘。协会官员将对所有应聘人员进行审核，向理事会推荐并由理事会正式批准。现任的理事会成员不能担任该委员会主任职务。专业发展委员会主任对副主席负责。专业发展委员会组成人员应不少于 5 人，其中至少一人有组织过全国性会议的经验，一人担任过科技管理基础班培训教员，一人为评估管理人员，一名有出版经历的人员。成员可以连选连任。专业发展委员会主任可以另外增加二名协会会员作为工作人员，但须向理事会说明增加成员能给协会带来哪些好处。额外增加的成员的任期与主任相同。

2. 专业发展委员会的职责如下：

（a）专业和课程发展；

（b）评估监管；

（c）出版监管（包括出版策略）。

E. 专门委员会职位空缺

专门委员会出现职位空缺时，理事会将选择人选完成剩余任期。

F. 其他需要设立的专门委员会和管理小组

1. 按照协会管理守则第六章的规定，理事会如果认为有必要，有权设立或者裁撤专门委员会和其他管理小组以利于协会职能更好地发挥。管理小组的组建和命名遵照下述规定：

（a）常设委员会由理事会授权建立，属于长久性机构，主要从事协会管理政策规定的一些活动。常设委员会总体上在某些领域有较宽的管理范围，可以根据协会管理守则设立。有些常设委员会可以由协会管理政策以条文的形式固定下来，直至理事会根据需要投票进行修改。

（b）选举委员会是由理事会授权成立的临时性机构。选举委员会在某些方面有较宽的管理权限。选举委员会运作上与一个常设委员会大体相同，但被限于特定的时间。选举委员会可以考察一个专门委员会是否需要设立一个常设委员会。

（c）特别委员会由理事会设立，主要在特殊时期承担一些特殊的任务。特别委员会由或者主要由理事会负责。

（d）工作组由理事会在特定的时期设立，主要去完成一些具体的任务。工作组要得到理事会成员（不必是理事长）的支持。

（e）附属委员会由常设委员会或者选举委员会组建，如果在他们的职责范围内，不需要另外的批准。附属委员会有自己的成员，有些成员也可以有其他的身份。常设委员会和选举委员会需把附属委员会的职责和成员向理事会通报。其他的委员会（如特别委员会、工作组）没有理事会的批准不能组建下属机构。

（f）理事会工作组由理事会组建，可能包含一些理事会的下属组织，主要开展一些具体的工作。这些工作组一般不得包含理事会以外的成员。

第六章 选举

A. 如果在任的副主席不能接任主席职务，他（她）需要向提名与领导发展委员会进行确认。二名主席候选人将被提名。

B. 5%（含）以上协会会员在每年8月1日（含）以前可以联名向协会秘书长提交协会的任何未定职位的候选人。

C. 主席负责宣布选举结果。

第七章 会议

协会年会每年最后一个季度举行。变更时间需经理事会批准。副主席负责向理事会推荐大会组委会主任。组委会主任及其成员任期1年。

第八章 协会管理条例与协会管理守则的解释

A. 休会期间，如果一个或者多个理事会成员不赞成主席的裁决，这一裁决将由理事会成员投票做出支持或者驳回的决定。

B. 如果某个非理事会成员不赞成主席的裁决，5%（含）以上的会员可以签名向理事会提出更改请求。理事会将在随后召开的会议上投票做出维持裁决或者驳回裁决的决定。如果持反对意见的会员没有出席会议，这一问题将不予考虑。

第九章 协会管理条例与协会管理守则的修改

A. 当秘书长收到会议的修改提议后，下列程序启动：

1. 秘书长将核实修改提议和签名的有效性。

2. 签名人数要达到规定的最低要求。

3. 秘书长应对照协会管理守则，确认修改后的章节前后并无矛盾之处。

4. 秘书长应在协会事务会议召开前30天将所有有效修改意见分发到会员手中。

第十章 财务/人事问题

理事会负责制定和维护协会的财务和人事政策。

第十一章 协会管理政策的变更

理事会负责协会管理政策的变更。变更内容将分发到每个理事会成员或者协会会员手中。任何变更必须经理事会多数人同意方可通过。在随后召开的协会事务会议上，这些变更将向会员汇报。参加事务大会的会员将投票决定是否对理事会提出的变更意见进行重新审议。

三、比较与启示

对照美国和我国科技管理专业组织章程，我们会发现一些共同之处，也有很多不尽相同的地方。

（一）相同或相似之处

1. 均为非营利性组织。

2. 主要目的是提高科技管理人员的专业水平，促进高校科技管理工作的科学化和专业化水平。

3. 会员主要面向高校。

4. 都设有分会。

5. 都编辑出版协会（研究会）会刊。美国大学科研管理者协会的会刊是《科研管理评论》，我国高校科技管理研究会的会刊是《研究与发展管理》。

（二）不同之处与建议

1. 美国大学科研管理者协会是独立的社团组织。我国高校科技管理研究会挂靠在教育部科技发展中心，接受教育部科学技术司和中国高等教育学会的业务指导和监督管理，属于依附型的专业组织。从统计的结果看（见第三节表 6－2），原全国高校科研管理研究会地方分会共计 36 个，分会大都设在教育厅、局、委或者机械部等部委。在现阶段，甚至今后相当长的一个时期内，"国家有关行政管理机关是重要的宏观管理单位，是研究管理科技的不可或缺的重要力量，应当而且必须参加研究会。高校科研管理研究会及其一部分分会的秘书处、办事机构设在政府机关，也有一部分政府工作人员被选举为研究会总会或分会的领导机构成员，这对于研究会及时得到政府有关方针政策方面的宏观信息，以及得到政府机关的直接指导和支持是有利的。也有利于政府机关及时了解多方面专家和学者的观点和资料，从不同角度进行有关问题的分析、探讨，从而更周全地做出决策，做好管理工作。然而，政府机关参与群众团体的活动……容易出现群众性学术团体行政化的倾向"。[①] 高校科技管理专业化要求其专业组织有高

---

① 吴荫芳. 高等学校科研管理研究会发展回顾与展望 [R]. 2005, 8－9.

度的独立性，因此，从长远看，建议现今的全国高校科技管理研究分会逐步脱离中国高等教育学会和教育部的监督管理，成为真正意义上的高校科技管理民间性专业学术团体。

2. 美国大学科研管理者协会的正式会员必须是高校科研管理人员，非营利性医疗教学机构中的科研管理人员，独立非营利性的科研院所中的科研管理人员，在高校组织、管理或者与高校合作成立的机构中工作的科研管理人员，在主要由高校人员组成的协会、社团中工作的科研管理者。从事的工作与高校科研管理有关的人员只能成为准会员，不能担任理事会官员。从其官方网站公布的数据看，自 1967 年以来，历任协会主席均为高校的科技管理工作者。像 2009 年任主席的丹妮丝·克拉克（Denise Clark），是马里兰大学主管科研的助理副校长。而我国高校科技管理研究会的理事长、秘书长大都由非高校系统的领导担任，地方分会也是如此。从统计看（见第三节表 6-2），24 个地区分会中有 9 个分会的理事长为教育厅、局、委的领导。而且研究会也有意让政府官员担任地方分会的理事长。正如研究会 2005 年下发的通知所言，"由于各种原因，第五届理事会的成员许多已不在原岗位；省厅主管领导或主管处长的比例较少，影响了省市研究会工作的开展"。① 政府官员担任研究会理事可能有助于省市研究会工作的开展，因为他们拥有行政权力，还能为研究会划拨一定的工作运转经费。但是政府官员担任研究会领导也有很多弊端，一是政群合一，直接影响科技管理专业组织的群众性；二是研究会可能会成为政府的"传声筒"，行政干预大。待条件成熟时，建议研究会官员由高校从事科技管理的人员担任，高校科技管理研究会设立准会员。教育行政部门工作的人员可以担任顾问、准会员，但没有投票权。

3. 美国大学科研管理者协会官员、理事会等成员的产生，按照组织章程，有着严格的选举程序，各主要机构成员数量相对稳定。而我国高校科技管理研究会的常务理事、理事等成员的产生，多为推荐产生，尽管也进行投票，而且常务理事会、理事会成员数目变化较大。"为保证科技管理研究分会各项工作的正常开展，结合科技管理研究分会的具体情况，经研究，第六届理事会的产生办法如下：（1）常务理事、理事由各省市团体会员单位（即省厅或原省市分会）进行统一推荐。初步拟定：常务理事 50人左右，理事 120 人左右。（2）原则上常务理事所在单位为常务理事单

---

① 关于推荐科技管理研究分会常务理事、理事的通知（高校科技管理研究分会 [2005] 2号）[EB/OL]. http://www.cutech.edu.cn/rexian/001211.asp/2005-7-19.

位，理事所在单位为理事单位（会员单位）。常务理事、理事候选人，要充分考虑其对高校科研管理工作及研究的贡献等。（3）原科研管理研究会各省市分会建议以团体会员身份加入本会。（4）第五届理事会秘书处将在各省（市、区）团体会员单位推荐的基础上确定第六届理事人选，并提出常务理事候选人由六届一次理事会进行表决。"① 建议高校科技管理研究会制定出详细的理事长、常务理事、理事等领导的选举产生办法。

4. 美国大学科研管理者协会的会员均为个人，由个人交纳会费。而我国高校科技管理研究会的会员有团体会员和个人会员，以团体会员为主，会费主要有高校承担。高校从什么部门划拨会员费，为什么划拨？而且科技管理部门领导更换比较频繁的高校往往忘记或者拒绝交纳会员费。建议高校科技管理研究会改革会员制度、会费制度。

5. 美国大学科研管理者协会设有专业发展委员会，提供的科技管理专业培训种类繁多，形式多样，2005 年截止到 7 月，共有 1527 人参加了各分会的培训。② 我国高校科技管理研究会设有培训组，虽然全国性的培训每年举办一次（2003 年后基本停了下来），但每次只有 100 人左右，2002 年只有 80 多人参加。建议高校科技管理研究会改革培训制度，完善培训计划，丰富培训课程，使科技管理人员能够接受培训，愿意接受培训，通过培训达到促进专业发展的目的。

6. 美国大学科研管理者协会主席、副主席和上任主席的任期为 1 年，其他官员和理事会成员的任期均为 2 年。副主席自动接任主席，上任主席辅助主席开展工作，保证了协会最高层领导的稳定和协会的平稳发展。理事会每年至少召开 2 次会议，能够及时交换信息。而我国高校科技管理研究会理事会每 4 年才换届一次，每 2 年召开一次全国性学术会议。由于高校从事科技管理的领导变动较为频繁，研究会换届制度不甚完善，建议全国高校科技管理研究会缩短每届常务理事会任期，适当增加每年的常务理事会会议（可以和会员大会同时召开），改革换届制度，因为"事实表明，理事长和秘书长同时改换了人选，在某些方面会交接不充分"，③ 影响研究会工作的连续性。

7. 美国大学科研管理者协会更能体现以人为本的理念。协会根据章

① 关于推荐科技管理研究分会常务理事、理事的通知（高校科技管理研究分会［2005］2 号）［EB/OL］. http：//www. cutech. edu. cn/rexian/001211. asp/2005－7－19.

② 见 http：//www. ncura. edu. regions/2005－7－19，具体为一区 270 人，二区 176 人，三区 266 人，四区 479 人，五区 146 人，六区和七区 190 人。

③ 吴荫芳. 高等学校科研管理研究会发展回顾与展望［R］. 2005. 9.

程，保护会员的利益，而且根据理事会的决议最大限度的为理事、官员、专业委员会委员或者协会雇员购买免责保险。发生意外时，获得的责任险赔偿每人不少于 200000 美元，不高于 500000 美元。而我国高校科技管理研究会没有这方面的规定，建议制定。

8. 美国大学科研管理者协会引入了现代企业管理的理念，其执行理事由理事会选聘，相当于一个企业的总经理，主持协会的日常工作与运转，独立行使聘任、监督、评价以及辞退协会所有雇员的权利。协会提名与领导发展委员会、专业发展委员会的主任均向全国招聘。我国高校科技管理研究会可以参考。

9. 从内容上看，美国大学科研管理者协会的组织章程更为详尽，具体，可操作性强，我国全国高校科技管理研究会的章程比较笼统，伸缩性大。建议制定全国高校科技管理研究会章程实施细则，或者进一步修改、充实原有章程。

10. 美国大学科研管理者协会会员的权利较大。如，5% 以上会员提出建议，协会管理条例、协会管理守则条款可以提交事务年会进行修改；10% 以上有投票权的会员可以召开法定人数会议，处理协会的一些事务等。我国高校科技管理研究会章程规定了会员的 5 项权利，但很有限，这方面规定的可以更具体一些。

第三节　高校科技管理专业组织的区域结构

结构是指系统内部各组成部分之间的联系方式、比例关系和相互作用的方式，以及系统与外部环境的信息和能量等输入输出的方式和比例关系等。高校科技管理专业组织的区域结构是指高校科技管理专业组织的数量、类型在不同地区分布的比例情况。高校科技管理专业组织的地区分布状况与历史、文化、政治、经济、科技等因素密切有关。随着高校科技管理的重要性日益突出，其专业组织的合理布局对于高校科技管理专业人才开发，高校科技发展具有重要的意义。

一、美国大学科研管理者协会的区域结构

表 6 – 1 美国大学科研管理者协会分会的区域分布①

区域划分	包含州或者准州	颜色标志	时任主席
一区分会 （新英格兰地区）	康涅狄格州，缅因州，马萨诸塞州，新罕布什尔州，罗得岛州，佛蒙特州	紫色 （Purple）	B. Prince
二区分会 （中亚特兰大地区）	特拉华州，马里兰州，新泽西州，纽约州，宾夕法尼亚州，华盛顿特区，西弗吉尼亚州	红色（Red）	R. DeMartino
三区分会 （东南区）	亚拉巴马州，阿肯色州，佛罗里达州，佐治亚州，肯塔基州，路易斯安那州，密西西比州，北卡罗来纳州，波多黎各州，南卡罗来纳州，田纳西州，维尔京群岛，弗吉尼亚州	蓝色 （Blue）	P. Green
四区分会 （中部地区）	伊利诺伊州，印第安纳州，爱荷华州，堪萨斯州，密歇根州，明尼苏达州，密苏里州，内布拉斯加州，北达科他州，俄亥俄州，南达科他州，威斯康星州	绿色 （Green）	P. Vargas
五区分会 （西南区）	俄克拉荷马州，得克萨斯州	绿宝石色 （Turquoise）	D. Newton
六区分会 （西部）	阿拉斯加州，加利福尼亚州，夏威夷州，内华达州，俄勒冈州，华盛顿州	金色 （Gold）	G. Chaffins
七区分会 （落基山地区）	亚利桑那州，科罗拉多州，爱达荷州，蒙大拿州，新墨西哥州，犹他州，怀俄明州	赤土色 （Terra Cotta）	J. Jimenez

　　如本章第二节所述，美国大学科研管理者协会的最小单位为州或者准州，所属高校按地区归属地区分会。协会共设 7 个地区分会（见表 6 – 1），澳大利亚、加拿大、爱尔兰、日本等国家拥有会员。具体讲，一区分会包

_____

① http：//www. ncura. edu. regions/2005 – 7 – 19.

括6个州，二区分会包括6个州和一个特区，三区分会包括12个州和美属维尔京群岛，四区包括12个州，五区包括2个州，六区包括6个州，七区包括6个州。每个地区分会都有自己的组织章程、理事会等领导机构，每年都召开年会，组织培训等。

二、我国高校科技管理研究会的区域结构

2003年以前，全国性的高校科技管理专业组织有高校科研管理研究会和高校社会科学管理研究会。二者都有地区分会、组织章程、领导机构等。全国高校科研管理研究会共有36个地区和行业分会（见表6-2），31个省、直辖市和自治区设有分会。

表6-2　　　　第5届全国高校科研管理研究会分会区域结构①

分会	职务	姓名	工作单位
北京	理事长	徐金梧	北京科技大学
	秘书长	孙善学	北京市高教局科研处
天津	理事长	王繁珍	天津教委
	秘书长	侯军儒	天津医科大科研处
河北	理事长	李俊卿	河北省教委科研处
	秘书长	雷天亮	河北大学
山西	理事长	郭敏泰	太原理工大学
	秘书长	冯有斌	太原理工大学科研处
黑龙江	理事长	杨传平	东北林业大学
	秘书长	潘紫辰	东北林业大学
辽宁	理事长	都本伟	辽宁省教委
	秘书长	宫兴祯	沈阳工业大学科研处
吉林	理事长	李占国	长春光机学院
	秘书长	戚欣	吉林教育厅科研处

---

① http://211.68.23.70/keyanguanli/000012.asp/2005-7-21.

续表

分会	职务	姓名	工作单位
上海	理事长	魏润柏	上海市教委
	秘书长	谈顺法	上海市教委科研处
江苏	理事长	张竹繁	江苏省教委
	秘书长	吴建国	南京医科大学科研处
安徽	理事长	范维澄	中国科技大学
	秘书长	洪天求	合肥工业大学科研处
浙江	理事长	程家安	浙江大学
	秘书长	赵杭丽	浙江大学科技处
福建	理事长	王豫生	福建省教委科研处
	秘书长	游宜湘	福建省教委科研处
江西	理事长	游海	南昌大学
	秘书长	夏芳臣	南昌大学
山东	理事长	管华诗	青岛海洋大学
	秘书长	潘克厚	青岛海洋大学科研处
河南	理事长	杨会武	河南农业大学
	秘书长	刘思峰	河南农业大学科研处
湖北	理事长	周祖德	华中理工大学
	秘书长	张金隆	华中理工大学科研处
湖南	理事长	周绪红	湖南大学
	秘书长	周先雁	湖南大学科研处
广东	理事长	李子和	中山大学
	秘书长	夏亮辉	中山大学科研处
广西	理事长	魏远安	广西大学
	秘书长	杨绿锋	广西大学
云南	理事长	于达林	云南教育厅科研处
	秘书长	申立中	昆明理工大学科研处
四川	理事长	唐朝纪	四川省教委
	秘书长	李兆民	四川师范大学

续表

分会	职务	姓名	工作单位
陕西	理事长	孙勇	陕西省教委
	秘书长	朱征南	陕西省教委科研处
甘肃	理事长	赵有璋	甘肃农业大学
	秘书长	邱平	甘肃工业大学科研处
重庆	理事长	李晓红	重庆大学科研处
	秘书长	肖建国	重庆市教委科研处
西北军校	理事长	王茜	第四军医大学科研处
	秘书长	杨湘华	西安第四军医大科研处
地方高师	理事长	王尚志	首都师范大学科研处
	秘书长	孙彤	北京师范大学科研处
冶金	理事长	殷晓静	冶金部人事教育司
	秘书长	谢友群	冶金部人事教育司
电子	理事长	李雅玲	电子部人教司院校处
	秘书长	刘强	成都电子科技大科研处
机械	理事长	沙彦世	机械部教育司
	秘书长	刘成旭	机械部教育司外事办
贵州			教委科研处
青海			教委科研处
新疆			教委科研处
海南			教委科研处
内蒙			教委科研处
西藏			教委科研处
宁夏			教委科研处

三、比较与启示

美国科研管理者协会共设有 7 个分会，便于组织和协调高校科技管理人员。我国全国性的高校科技管理专业组织有两个，各自有将近 40 个分会

（现在称团体会员），难于开展工作。借鉴美国的经验，更为重要的是结合我国的法规和高校实际，笔者建议：

（一）我国高校科技管理专业组织应合二为一

在第一章，笔者强调了高校科技管理专业组织独立的重要性。在这个前提下，建议高校科技管理研究分会和高校社会科学管理研究分会合并为一个组织，按照《社会团体登记管理条例》（1998 年 10 月 25 日国务院令第 250 号发布）①的规定，名称可以定为全国高校科学技术管理协会。主要理由有：

第一，全国高校科学技术管理协会的会员来源于高校，高校的科技管理人员分布在科技处、科研处、社科处、文科办和院、系、所等。虽然名称有所不同，但在同一所高校一般只有一个科技管理部门，即便是自然科学研究和社会科学研究管理部门分开的高校，在院系、所等层面上的科技管理人员的工作是身兼两职的。在对上海市高校的调查中，我们发现，总共 28 所高校中，只有 5 所高校自然科学研究管理和人文社会科学研究管理部门是分开的，占 17.9%，23 所高校的科技管理部门是合而为一的，占 82.1%。在美国，每所高校一般只设一个科研管理部门。因此，为了自下而上地进行调整，高校科技管理专业组织应进行整合。

第二，随着科学技术的进步，自然科学研究和社会科学研究的边界越来越模糊，很多交叉课题很难简单归属到人文科学研究、社会科学研究或者自然科学研究内。在科技管理的实践中，二者的管理程序、步骤、制度等是相似或者是相同的。高校科技管理人员需要掌握的科技管理基础知识也是基本相通的。高校科技管理协会组织开展活动、培训也会有更多的受众。

第三，很多地方的科技管理专业组织是几块牌子，一套人马。如《北京高等教育学会科研管理研究会章程》所言②，"本会同时作为北京市高等教育学会的团体会员和全国高校科研管理研究会、全国高校人文社科管理研究会的北京地方分会，承认并遵守北京市高等教育学会章程和全国高校科研管理研究会章程、全国高校人文社科管理研究会章程，接受其指导和管理"。因此，从全国各分会（团体会员）具体的情况看，合而为一也较为妥当。

第四，退一步讲，即便在中国高等教育学会里成立科技管理研究会分会，按照国务院 2001 年 7 月 30 日发布的《社会团体分支机构、代表机构

---

① http：//www.mca.gov.cn/artical/content/PMJN/2003122285837.htm/2005－7－31.

② http：//www.usrn.edu.cn/collegeManage/CM_zhch_1.htm/2005－7－21.

登记办法》① 第六条的规定，"有下列情形之一的，登记管理机关不予登记：（一）在社会团体内拟设立的分支机构与已设立的分支机构业务范围相同或者相似的；"如果设立了科技管理研究分会，又设立社会科学管理研究分会，二者的业务范围显然有相同或者相似之处。因此，二者合而为一也符合国家法规的规定。

（二）我国高校科技管理专业组织区域结构应调整

全国高等学校科学技术管理协会的分会如何在全国范围内合理布局、有机配合，是关系到高校科学技术管理协会系统功能最大程度发挥的重要一环。"高校科研管理研究会成立的第4年下属就有21个分会，几年后又扩大到29个分会，个人会员和团体会员单位也相应迅速增多。总会组织全国性的活动有许多不便，参加人数也不易满足要求，但活动开支却又较多。"② 为了改变分会多、管理难的问题，全国高校科学技术管理协会可以借鉴美国大学科研管理者协会的做法，按行政区域设立分会，即按照华北、东北、华东、华中、华南、西南和西北的区域划分设立7个分会（见表6-3）。

表6-3　　　　　全国高校科学技术管理协会分会区域分布

区域划分	包含省、自治区、直辖市	高校数目③
华北分会	北京，天津，河北，内蒙古，山西	234
东北分会	辽宁，吉林，黑龙江	154
华东分会	江苏，安徽，山东，上海，浙江，江西，福建，台湾④	420
华中分会	湖北，湖南，河南	198
华南分会	广东，广西，海南，香港，澳门⑤	116
西南分会	重庆、四川、贵州、云南、西藏	152
西北分会	陕西，甘肃，宁夏，青海，新疆	122

① http://www.mca.gov.cn/artical/content/PMJN/2003122290058.htm/2005-7-3.
② 吴荫芳.高等学校科研管理研究会发展回顾与展望［R］.2005.9.
③ 参考张振助.高等教育与区域互动发展论［M］.桂林：广西师范大学出版社，2004. 148-149.（不包括香港、澳门和台湾地区高校数量）。
④ 在台湾省设立分会是一种设想，目前还有困难，可行的办法是和台湾高校的科技管理协会建立联系。
⑤ 可以与香港和澳门特别行政区的高校联系，建立分会。

华北分会包括北京、天津、河北、内蒙古和山西5个省、直辖市和自治区，东北分会包括辽宁、吉林和黑龙江3个省，华东分会包括江苏、安徽、山东、上海、浙江、江西、福建、台湾8个省和直辖市，华中分会包括湖北、湖南和河南3个省，华南分会包括广东、广西、海南、香港和澳门5个省、自治区和特别行政区，西南分会包括云南、贵州、四川、重庆和西藏5个省、直辖市和自治区，西北分会包括陕西、甘肃、宁夏、青海和新疆5个省和自治区。这种划分的理由是：

第一，在我国，为了制定经济发展规划，曾划分了东部、中部和西部三大经济带。因此，从全局考虑按区域划分的方式早已有之。全国高等学校科学技术管理协会分会划分方式和我国传统上行政大区的划分一致，也考虑到了整个国家高等教育布局，区域经济、科技、文化发展的状况、特色及方向等因素。容易为高校和科技管理人员熟悉和接受。

第二，有利于更好地开展科技管理培训。高校科技管理人员人数众多，但接受培训的并不多。我国地域辽阔，全国性大规模的科技管理人员培训很难组织，参加者大多是高校的科技管理领导或者骨干，普通会员很少参加这种培训。采用区域性分会的形式，有利于更多的会员参加培训，也有利于培训的组织和管理。

第三，这种方式找到了分会内高校科技管理人员的合作与交流的平衡点。一个省设立一个分会，会员交流起来最方便，但在同一科技管理体制下，信息更新少，管理过于统一。全国性的会员交流获得的信息量最大，但可行性小。区域分会包括3—8个省、直辖市、自治区，会员在信息交流、管理互补等方面能够找到较好的结合点。如华东地区，在高等教育、经济发展、文化交流上就经常开展省际互动。

第四，区域内高校科技管理人员的思想观念也说明了这种布局的合理性。在东部或者经济比较发达的省市，一方面高校比较重视科技管理人员的专业发展；另一方面，科技管理人员学习科学技术、管理知识等的积极性普遍较高，跨区域学习的要求就比欠发达地区高校的科技管理人员强烈。调查发现，上海市高校科技管理人员要求省际培训和出国培训的比例要高于全国水平。一定区域内的科技管理人员的知识和技能比较接近，管理水平差距小，可以共同学习、进步。

第五，从管理上看，取消省、直辖市、自治区和行业分会，设立区域性分会，层级虽然没有改变，但管理分会的数目由近40个减少到了7个，能够提高协会的管理效率，协会与分会之间的工作运转速度会大大提升。

（三）目前的困难与挑战

1. 高校科技管理专业组织的独立性受到更为严峻的挑战。按照《社会团体登记管理条例》① 第十条的规定，成立社会团体，应当具备 6 个条件：第一，有 50 个以上的个人会员或者 30 个以上的单位会员；个人会员、单位会员混合组成的，会员总数不得少于 50 个；第二，有规范的名称和相应的组织机构；第三，有固定的住所；第四，有与其业务活动相适应的专职工作人员；第五，有合法的资产和经费来源，全国性的社会团体有 10 万元以上活动资金，地方性的社会团体和跨行政区域的社会团体有 3 万元以上活动资金；第六，有独立承担民事责任的能力。社会团体的名称应当符合法律、法规的规定，不得违背社会道德风尚。社会团体的名称应当与其业务范围、成员分布、活动地域相一致，准确反映其特征。全国性的社会团体的名称冠以"中国"、"全国"、"中华"等字样的，应当按照国家有关规定经过批准，地方性的社会团体的名称不得冠以"中国"、"全国"、"中华"等字样。成立独立的全国高校科学技术管理协会完全符合规定。但是，2001 年，民政部要求全国高校科研管理研究会、全国高校社会科学管理研究会并入中国高等教育学会，并更名为中国高等教育学会科技管理研究分会和中国高等教育学会高校社会科学管理研究分会，不具有法人资格，也使得中国高等教育学会更为庞大。从管理体制上看，高校科技管理研究分会和社会科学管理研究分会从原来的主要受教育部科技司、社科司的监管发展到分别受到中国高等教育学会、教育部科技司、社科司的多重监管，地方性专业组织要受到分会、地方高等教育学会、教育厅、局、委科技管理部门的多重监管，组织的依附性更强。这不符合职业性组织专业化的发展方向。

2. 高校科技管理专业组织地方分会的设置遇到障碍。按照《社会团体分支机构、代表机构登记办法》② 第十条第 3 款的规定，在分支机构、代表机构下又设立分支机构、代表机构的不予登记。也就是说，中国高等教育学会科技管理研究分会和社会科学管理研究分会不能在省、直辖市、自治区设立分支机构或者代表机构。第 2 款规定，拟设立的分支机构不能冠以行政区划名称，不能带有地域性特征。若要实现预定的设想，一个办法是成立全国高等学校科学技术管理协会一级社团，区域性分会按次序称呼才能基本上解决问题。因为，按照《社会团体登记管理条例》第二章第七条的规定，跨行政区域的社会团体，由所跨行政区域的共同上一级人民政

---

① http：//www.mca.gov.cn/artical/content/PMJN/2003122285837.htm/2005 - 8 - 19.

② http：//www.mca.gov.cn/artical/content/PMJN/2003122290058.htm/2005 - 8 - 19.

府的登记管理机关负责登记管理即可。但是,《社会团体登记管理条例》第十九条的规定,社会团体不得设立地域性的分支机构,因此,第二个办法就是在全国高等学校科学技术管理协会中设立 7 个部门,每个部门分管所在区域内各项事务。第三个办法就是成立地方性的高校科学技术管理协会,在当地人民政府的登记管理机关负责登记管理。地方性高校科技管理协会以团体会员的身份加入。按照《社会团体登记管理条例》第二条的规定,国家机关以外的组织可以作为单位会员加入社会团体。带来的问题是地方性的高校科学技术管理专业组织和中国高等教育学会高校科技管理研究分会、社会科学管理研究分会的关系不甚明晰。

3. 关于政府官员在协会兼职的问题。目前,相关的法律法规和政策都没有明确规定党政领导干部不能兼任协会领导职务,也没有明令禁止国家公务员在协会兼职,相关政策规定领导干部担任协会领导职务要履行相应的报批、选举程序,公职人员在协会兼职不能领取报酬。这些规定是符合我国当前实际的。由于我国专业组织的发展与管理制度还不健全,在今后一个较长时期内,专业性协会还不能完全脱离政府职能部门独立发展,需要政府职能部门的推动。正如中国高等教育学会科技管理研究分会一位工作人员所言,"离开了政府部门,我们怎么生存?"但从长远看,非高校的科技管理人员或者政府教育行政管理部门的官员应慢慢退出专业协会的领导机构。

4. 政府职能部门应为全国高校科学技术管理协会的发展创造一个宽松的环境。当前政府职能部门有两种观念严重阻碍着协会的发展,一是政府部门把一些职能转变给协会,政府做什么?二是职能转变给协会,担心协会做不了、做不好。协会是政府与行业间的桥梁和纽带,不是要取代政府部门,而是为政府部门分忧,为高校和广大科技管理人员服务。因此,政府部门特别是教育行政主管部门可以委托协会完成一些研究课题,提出科技政策制定、科技发展规划等的建议,但不宜插手具体工作,要信任协会,尊重协会的独立法人地位,不干预协会的内部事务,不干预协会依照章程开展活动。要将目前对协会的双重、多重全程管理,调整为业务主管部门政策引导,协会自律服务,登记管理部门依法监督管理。

第四节　高校科技管理人员需遵循的专业伦理规范

"专业伦理"为什么如此重要呢?这是由于现代社会的变迁,促成了社会结构的改变，因而造成人与人互动模式的改变，也就是伦理关系的改变。伦理关系的改变形成人在其上进行的道德实践的崭新处境。其中最明显的现象是：社会的理性化与分工，造成专业伦理的突出。"所谓规范不仅仅是一种习惯上的行为模式，而是一种义务上的行为模式，也就是说，它在某种程度上不允许个人任意行事。"① 因此，任何一种专业，都有其专业伦理规范的要求，正如恩格斯所说，在社会生活中，"实际上，每一个阶级，甚至每一个行业，都各有各的道德。"② 高校科技管理人员这一行也不例外。具备专业道德③，既是高校科技管理人员专业发展的一个目标，也是专业化建设的重要组成部分。当前，推进我国高校科技管理人员专业化建设，如何根据专业化的要求，制定出专业化时代的专业伦理规范并使之转化为高校科技管理人员的思想和具体行动，是一个不可忽视的重要问题。

一、专业伦理

所谓专业伦理，英文用"professional ethics"一词表示。按照一般的理解，专业伦理是指专业群体为更好地承担专业责任，满足社会需要，维护专业声誉而制定的自我约束的行为规范——一套专业成员一致认可的伦理

---

① ［法］埃米尔·涂尔干. 社会分工论 ［M］. 渠东译. 北京：生活·读书·新知三联书店，2000. 17.

② 中央编译局. 马克思恩格斯选集（第四卷）［M］. 北京：人民出版社，1972. 236.

③ 从西方哲学看来，在康德（Kant）以后，德国观念论的哲学家便将"伦理"和"道德"予以区分。例如谢林（Schelling）就曾指出，"道德"只是针对个人之规范要求，而且只要求个人达到人格的完美，但"伦理"则是针对社会规范的要求，并且要求全体社会遵行规范，借以保障每一个人之人格。黑格尔（Hegel）亦谓"道德"涉及个人的主观意志，"伦理"则指体现于家庭、社会、国家中的客观意志，或称为"伦理生活体系"（Sittlichkeit）。大体说来，"道德"关涉个人，而伦理则是涉及社会群体。

在中国哲学里，"道德"通常亦指一个人实现其人性时的历程和成果，其中虽会涉及人伦关系，但总以道德主体本身为核心。至于"伦理"一词则强调社会关系和群体规范的意味较浓。从中国哲学的观点看来，"道德"也是涉及个人，而伦理则是涉及群体。因此，道德关涉个人作为行为的主体，以自由和有自觉的方式提升其人性的历程与结果；而伦理则关涉许多人，作为共同主体，在社会与历史中互动的关系与规范。

沈清松据此指出，使用"专业道德"一词时，其用意是比较强调专业人员个人以自由和自觉的方式，遵守专业的行为规范，借以提升其向善之性的历程与结果；至于用"专业伦理"一词时，其用意比较强调某专业团体的成员彼此之间或与社会其他团体及其成员互动时，遵守专业的行为规范，借以维持并发展彼此的关系。两者密切相关。（详见沈清松. 伦理学理论与专业伦理教育 ［J］. 湖南大学学报，1996，（4）：83－84.）在这里，笔者同意以上观点。但当伦理与道德联用时，泛指个人或者群体合乎行为规范的评价标准。

标准。① 从宏观上讲，专业伦理与其他职业的道德标准没有什么本质不同，都是社会分工条件下，各职业为了维护职业声誉、保护职业利益，对职业成员进行的道德约束。但是，由于专业与一般职业、行业不同，使得专业伦理与普通职业道德至少有两点差别②，一是作用范围不同，普通职业道德作用范围广泛，专业伦理仅在专业范围内起作用；二是作用机制不同，专业伦理的践行主要靠专业人员的道德自律，相比之下普通职业道德规范更容易接受他律的约束。除此之外，二者依赖的基础也不同，普通职业道德更多地依赖经验；"专业伦理必须有专业知识和技术作为支持。若无专业知识和技术，行为就会鲁莽，甚至伤害所要对待的生命或者社会。"③ 因此，专业道德、专业伦理是任何一种专业的精神支柱，是一个专业不可或缺的组成部分，也是专业成熟的重要标志，更是推进高校科技管理人员专业化建设的一个重要维度。

二、美国科技管理专业组织制定的伦理规范

美国是非常重视专业伦理规范建设的国家。从教师专业伦理的制定上就可见一斑。早在 1896 年，佐治亚州教师协会就颁布了教师伦理规范。④后来，为了能够区分教师、教育行政管理人员等不同对象，同时区分不同学段的（如大学、中小学等）教育工作者，美国许多教育专业组织结合自身特点制定出了更加符合不同教育工作者各自工作特点的专业伦理标准，以更好地保护"公众"利益和"职业集团"的利益。⑤

在专业伦理规范方面，美国大学科研管理者协会规定，作为科研管理人员，应固守下列核心价值观（Core Values）⑥：

第一，诚实正直（Integrity）；

第二，追求卓越（Commitment to excellence）；

第三，开诚布公（Open to all points of view）；

第四，宽宏大量（Inclusive）；

---

① 参考刘捷. 专业化：挑战 21 世纪的教师［M］. 北京：教育科学出版社，2002. 62.

② 董小燕，顾建民. 专业伦理教育与高校德育改革［J］. 教育科学，2001，（2）：18-20.

③ 沈清松. 伦理学理论与专业伦理教育［J］. 湖南大学学报，1996，（4）：84.

④ 徐廷福. 美国教师专业伦理建设及启示［J］. 比较教育研究，2005，（5）：72.

⑤ 王正平. 美国教育职业伦理准则的研究、制定与演进［J］. 思想·理论·教育，2001，（6）：11.

⑥ http：//www. ncura. edu/orginfo/strategicplan. pdf/2005-7-23.

第五，忠于高校/合作共享（Collegial/sharing）。

美国国际科研管理者协会（Society of Research Administrators, International）制定的伦理规范[①]（Code of Ethics，1993年3月20日采用）则更为具体，作为科研管理人员，应有以下承诺：

第一，保持最高的专业水平，维护个人操守，提升组织和专业的声望，以获取同行、雇主、科研人员、科研基金组织乃至公众的尊敬和信任。

第二，有义务提高自己的专业能力，和别人自由分享自己的专业知识。

第三，平衡雇主和基金组织的义务和利益，在获取科研基金的谈判中，寻求有利于各方的条件。

第四，在涉及科研管理责任时，无论是从形式上还是实践上都遵守法律、规章和科研资助协议。

第五，及时告知服务对象与科研实施、科研管理有关的政策、程序和制度。

第六，避免目前和未来可能出现的利益冲突，及时将问题反馈给相关领导。

第七，在科研管理和协会活动中做到公平合理，方法得当。

斯特哈斯基在《科研管理评论》上撰文指出，高校科技管理人员应遵循4条经典的伦理法则：

第一，互惠互利，首先不要伤害别人，当你想让别人对你友好时，对别人要友好。

第二，推己及人，站在别人的立场上考虑问题。

第三，注重效用，要从最大多数人的利益出发，实现每个人最理想的效果。

第四，全面考虑，应公正无私，避免反复无常和独断专行。[②]

如何成为成功的、有伦理意识的高校科技管理领导者，他设计了12条准则：

第一，应充分考虑伦理原则、目的和方式。

第二，若所属人员就决策提出伦理方面的理由，应充分考虑，确保万

---

① http://www. srainternational. org/newweb/SRAInfo/Manual. pdf/2005 - 1 - 12.

② Streharsky, Charmaine. Toward Ethical Leadership—A 12 - Step Plan ［J］. Review of Research Management, 2001, (1): 35.

无一失。

第三，勇于剖析自己。

第四，与所属人员就所有因素充分沟通。

第五，与别人分享自己的看法。

第六，决不能停止学习。

第七，应宽宏大量。

第八，学会减轻压力，鼓舞别人。

第九，认清权力，使用时应遵守伦理道德。

第十，警惕：恶习会给服务对象带来危险。

第十一，与尖酸刻薄的行为作斗争，保持乐观心态。

第十二，遇到失败，决不放弃。①

三、我国对高校科技管理专业组织伦理规范的初步探索

我国历史上对大学管理人员的职业道德还是比较重视的。清代《奏定学堂章程》提出，选择管理人员"必审择精力强健，办事切实耐烦，不染嗜好者，方于教育有裨"。②但是，我国目前对高校科技管理人员甚至行政管理人员的专业伦理缺乏深入研究。一些高校、研究人员在实践中进行了尝试性的探索。如2003年5月21日开始实施的《华中科技大学管理人员职业行为准则（试行）》③，对学校管理人员应遵循的行为准则做出6条规定：

第一条 拥护共产党的领导，热爱社会主义祖国，遵守宪法和法律法规，不得鼓动或参与任何有损国家尊严和荣誉、危害社会秩序和破坏安定团结的活动。

第二条 忠诚教育事业，以推进学校的改革与发展为己任，立足本职，顾全大局，维护学校声誉和合法权益。

第三条 爱岗敬业，尽职尽责，赢得信任。

（一）主动学习、熟练掌握、认真执行各项方针政策和规章制度，严格按规定的原则和程序办事，不以感情代替政策，不以个人好恶论事。

---

① Streharsky, Charmaine. Toward Ethical Leadership—A 12 - Step Plan [J]. Review of Research Management, 2001, (1): 35 - 39.

② 转引自舒新城. 中国近代教育史资料（上册）[M]. 北京：人民教育出版社, 1981. 199.

③ http://opr. hust. edu. cn/data/display. asp? id = 65/2005 - 8 - 3.

（二）坚持公务公开，积极宣传有关政策与规章，增强工作透明度；遵守保密纪律，不得以任何方式传播不应公开的信息。

（三）提高办事效率。能照章办理的，及时办理，不拖延，不得横生枝节，故意刁难；需要协调或请示的，积极主动与相关部门协调或请示上级，不得推诿敷衍。

（四）与时俱进，开拓创新。积极主动获取与岗位有关的新信息、新知识和新技能，善于研究新情况，提出新对策，解决新问题，创造性地开展工作；反对因循守旧，故步自封，不思进取。

第四条 以人为本，团结协作，优质服务。

（一）尊重他人的人格和权利。不因性别、种族、年龄、工作性质、职位高低和个人好恶等因素而歧视他人，不得泄露他人隐私。

（二）服从组织，关心同事，加强合作。认真执行上级指示，报实情，说实话，当好参谋，不阳奉阴违；尊重下属工作职权，虚心听取下属意见，客观公正地评价其工作，关心其成长；同级和部门之间互相支持，主动配合，相互信任，和谐共事。

（三）各级管理人员，都要尽心为学生、教师和其他人员提供优质服务，热情接待，耐心回答问题，积极为他们排忧解难。

（四）对外发表意见，应准确说明自己的身份，内容要客观真实，不得有误导、欺诈行为。

第五条 廉洁自律，秉公办事，不谋私利。

（一）严禁行贿、受贿，不利用职权和职务上的便利和影响为自己、配偶、子女、亲属及他人牟取不正当利益。

（二）不得接受任何有损学校利益和声誉、有碍于履行职责职权的宴请或其他形式的优惠、便利。

（三）不得利用职务上的便利和影响从事有偿中介活动。

（四）提供服务的个人、单位与本人及亲属存在利害关系或研究、决定与本人及亲属有关事项时，应主动回避。

第六条 文明举止，诚实守信，勤俭节约。

（一）在工作时间和公务活动中举止端庄，衣着得体，语言文明，礼仪恰当。

（二）言行一致，表里如一，襟怀坦白，光明磊落，不口是心非，阳奉阴违。

（三）高效、安全、节约、合理、合法地使用学校资源，反对浪费，最大限度地发挥现有资源的作用。

这六条行为准则包含了伦理规范的内容，也是做好学校管理工作的职业标准。但它毕竟是普适性的，即针对的是学校所有的管理人员，其中当然包括科技管理人员。学校的行政管理部门不同，职责也有很大区别。科技管理工作有自身的特点，其行业的伦理规范也应由其归属的专业组织制定。但是，我国在这方面还是空白，它直接影响到了高校科技管理人员专业化建设。因此，全国高校科学技术管理协会作为高校科技管理人员归属的专业组织，有必要制定出符合我国实际的高校科技管理人员伦理规范，以便有效地推动高校科技管理人员专业化建设。

有人认为，高校科技管理人员应当具备的科技管理道德包括：（1）强烈的事业心。强烈的事业心是科技管理人员克服困难、战胜挫折、勇于创新、开拓进取的源泉。强烈事业心的综合体现是献身精神，高校科技管理人员只有不惜牺牲自己的个人利益，勇于献身于自己所从事的管理事业，才能真正担负起管理的职责。（2）高度的责任感和为科研服务的思想。高度的责任感是驱使高校科技管理人员自觉履行自己职责的内在动力，是对每一个高校科技管理人员最基本的要求。高校科技管理者要对科技管理工作有浓厚的兴趣和执著的追求，树立对科学事业高度的责任心和为科研服务的思想，认真组织，引导科研人员搞好科研工作，为他们积极创造良好的环境和条件，树立甘心为科技事业的发展做"人梯"的精神。（3）团结合作的精神。团结合作精神要求高校科技管理人员能够做到宽容大度、谦逊忍让、和蔼大方，以使自己在工作中能与各种不同性格、不同意见、不同学派的人合作共事，能适应不同的环境并改造不良的环境，把各项科技管理工作都完成得更好。（4）坚持实事求是。高校科技管理人员在工作中要实事求是，讲求效率、效果和效益；待人要诚恳、朴实；要勇于坚持真理，修正错误，敢于开展批评与自我批评，在求实创新的管理实践中不断推动高校科技工作取得更多更好的成就。①

但是，上述规定或见解对高校科技管理人员来说，还有些笼统，针对性不是太强。

四、制定符合我国国情的高校科技管理专业伦理规范

影响专业伦理制定的主要有三种伦理学理论。② 一种是"效益论"

---

① 杨荣昌. 浅论高校科技管理队伍专业化建设 [J]. 南阳师范学院学报, 2005, (1)：95.

② 沈清松. 伦理学理论与专业伦理教育 [J]. 湖南大学学报, 1996, (4)：84–88.

（Utilitarianism）。其论点是：第一，从心理论证看，效益论认为所有人在心理倾向上都追求快乐，避免痛苦；第二，从善恶判断看，效益论者以是否合乎人类在心理上求乐免苦的倾向来作为善恶的判断依据；第三，就道德规范看，效益论者主张，道德规范是为了增益人群之乐，减免其苦。不过，效益论最大的问题在于，最大的效益可能是违反正义的。因此，在当代的伦理思想里出现了所谓的"规则的效益论"（Rule Utilitarianism），主张在追求最大效益时必须遵守规则。如果某些可获得最大效益的行为与某些道德规则抵触就不应该做。这种改革虽然有了进步，但规则本身常常产生冲突。于是，另一种"义务论"随之产生。它对专业人员所应遵循的伦理规范都给以明确的规定。例如各种守则、章程等，都可以在学会、协会以及其他专业团体中经由讨论，建立共识，制定出完整的规范。但是，如果只是一味强调义务，则无法与现代社会追求自我和自由创造结合起来。"德行论"则强调的不只是遵守义务，重点放在了人的伦理判断。基本观点为，第一，每个人都有能力实现卓越化；第二，人与人、人与自然关系的和谐化。就专业伦理而言，专业人员可以透过专业工作中专业理想的实现，达到个人能力的卓越与良好关系的建立。

从上面美国大学科研管理者协会规定的科研管理人员应具有的核心价值看，它无疑受到了"义务论"思想的影响，更是受到了"德行论"思想的影响。斯特哈斯基认为，制定伦理规范，要进行反复审核。作为伦理规范，首先，应体现明确性，即每条的规定不能产生歧义；其次，应有针对性；再次，规范前后一致，条与条之间不矛盾；最后，达到目的的方式应合理。① 笔者赞同他的看法，但应补充两条，作为高校科技管理专业组织，在制定伦理规范时，一方面要强调科技管理人员应遵循的义务，它毕竟是多数人认可的规则；另一方面，通过教育与培训，使高校科技管理人员养成良好习惯和道德判断能力。

综合以上，我国全国高校科学技术管理协会可以制定如下科技管理人员伦理规范：

第一，专业忠诚。自觉维护高校科技管理的专业荣誉和专业尊严。

第二，忠于高校。自觉维护学校的声望与科技利益。

第三，在科技管理中，遵守相关法律、规章和科研资助协议或者合同。

---

① Streharsky, Charmaine. Toward Ethical Leadership—A 12 - Step Plan [J]. Review of Research Management, 2001, (1): 35.

第四，不断增进科技管理专业知能，不断追求创新，实现卓越管理。

第五，尊重同事、科研人员和与学校开展科技合作的客户。

第六，在科研课题申报、基金申请谈判中，寻求有利于各方的条件，做到公平和公正。

第七，诚心与他人合作，和别人分享自己的科技管理经验和知识。

第八，及时告知服务对象与科研、科技管理有关的政策、程序和制度。

第九，在校企合作中，平衡学校、科研人员与客户的利益，实现科技成果转化效益的最大化。

第十，避免目前和潜在的利益冲突，及时将问题反馈给主管领导。

五、加强专业伦理教育，使高校科技管理人员养成道德自律

专业伦理意识不可能在专业人员头脑中自发形成，必须依靠专业伦理教育、培训和专业实践。专业伦理教育是指在专业人员形成过程中，高校和专业团体有目的、有计划、有组织地实施的有关伦理规范方面的教育。

若使上述高校科技管理伦理规范产生效果，可以按两种方式进行教育。一方面可以用融入式教学法，在教授专业知识和技能的课堂上进行，讨论如何将高校科技管理系统中提出的功能命题和演进命题，转化为伦理规范命题和实践方法，并可分析各种专业案例；另一方面，可以采用研讨式（Seminar）教学法，讨论伦理价值、规范，评析科技管理伦理，讨论高校科技管理中的伦理案例。前一种方式比较适合在专业教育中进行，后一种方式则较适合于在高校科技管理人员培训中进行。

通过教育，使高校科技管理人员养成道德自律的习惯。可以说，道德自律是专业成长与成熟的标志之一。当然，我们不能期望高校科技管理人员完全按照道德自律促进专业发展。个人可能会受到或多或少的外在诱惑，包括经济的、政治的、社会的，因此而违背专业伦理规范。因此，个人的道德自律性还需要外在的制度约束，如法律、法规等，这些是专业成长过程中必不可少的，也体现了"道德规范和法律制度在本质上表达了自我同一性的要求"① 的特点。

---

① ［法］埃米尔·涂尔干. 社会分工论［M］. 渠东译. 北京：生活·读书·新知三联书店，2000. 17.

第七章　高校科技管理人员专业化建设的法律保障

"许多职业竭力寻求更高程度的政府认可和专业领域里的控制地位。"① 专业的社会角色、身份和行为规范如果得到实惠和为之服务的客户的认可，将直接导致国家为该专业进行特许的市场保护，如第一章所言，"市场保护通常以一个治理和保护一个专业实践的法律文本形式出现。"② 对于每一种专业来说，"都要制定一系列规范，来确定所需要的工作量，对各种人员所付的适当报酬，他们对共同体应负的责任，以及彼此应付的责任等。这样，我们现在就会走上平坦之途。"③ 国家法律对出现的专业进行保障标志着社会对此专业的明确认可和专业化建设的充分成功。高校科技管理人员属于高校管理人员。在不同国家，高校科技管理人员的法律地位也有不同。本章将对德国高校科技管理人员和我国高校科技管理人员的法律保障问题进行比较和探讨。当然，制定出高校科技管理法（条例）是专业化建设最好的结果，但是，从现实情况看，制定教育职员法，保障包括高校科技管理人员在内的所有学校和其他教育机构里面的管理人员的权益，是较为务实的选择。

第一节　德国高校科技管理人员的法律保障

德国高校从一开始就既有学术自治的传统，又有受政治控制的特点。从管理的角度看，作为国家机构的高等学校要服从国家管理（主管教育的

---

① ［美］斯科特·拉什，约翰·厄里. 组织化资本主义的终结［M］. 征庚圣等译. 南京：江苏人民出版社，2001. 244.

② Kubr, M., et al. Management Consulting: A Guide to the Profession［M］. Geneva：ILB, U. N., 1986. 94.

③ ［法］埃米尔·涂尔干. 社会分工论［M］. 渠东译. 北京：生活·读书·新知三联书店，2000. 42.

职权属于各州教育、文化、科学和艺术部，简称文教部门①），而作为社团法人的高校，又享有一定自我管理的权利（主要在教学、科研和学术活动领域）。这里以巴伐利亚州为例对德国高校科技管理人员的法律保障问题进行探讨。

一、德国巴伐利亚州高等学校行政管理概况

巴伐利亚州共有 9 所州立大学：奥格斯堡大学、班北克大学、拜罗伊特大学、埃尔兰根—纽伦堡大学、慕尼黑大学、慕尼黑工业大学、帕骚大学、雷根斯堡大学、维尔茨堡大学。此外还有 10 所州立高等专科学校。根据巴伐利亚州宪法第一百三十八条第一款和高等教育法第四条第一款的规定，州立高等学校系公法团体，同时又是州立机构，属于公共事务部门。②

根据巴伐利亚州高等教育法第十七条，高校的成员包括：校长或者主席；教授；主任助教和主任工程师及科学艺术助教；专职科学艺术工作人员；专职特别教员；行政主任及其他专职公务员、职员和工人；大学生；退职或退休教授以及名誉教授；私人讲师、编外教授、兼课教师、科学辅助人员及其他兼职人员；荣誉评议员、荣誉公民或荣誉成员。③ 德国高等学校的行政管理机关由校部行政管理机关和系行政管理机关组成。校部机关按职能分设若干个处：学习和教学处、人事处、财务处、校舍和建筑规划处以及科研事务管理处。高校的行政管理任务由校行政主任及他所领导的公务员、职员等工作人员履行。

二、巴伐利亚州高等学校中科技管理人员的地位

科研管理事务处是高等学校的重要部门，特别是在德国这样有科研传

---

① 1969 年后，德国联邦政府对大学的管理权限逐渐扩大，原先的科学研究部改组为联邦教育与科学部，并被赋予独立权限，与州政府教育部门共同完成大学拨款、大学一般制度的制定等任务。参见薛天祥. 高等教育管理学 [M]. 桂林：广西师范大学出版社，2001. 39.

② 杭州大学德汉翻译和信息中心. 联邦德国普通行政管理及教育行政管理 [M]. 杭州：杭州大学出版社，1994. 184 – 185.

③ 杭州大学德汉翻译和信息中心. 联邦德国普通行政管理及教育行政管理 [M]. 杭州：杭州大学出版社，1994. 189 – 190.

统这样的国家。重要性可以从高校科技管理人员的待遇①、人数、职位等方面体现出来。以巴伐利亚州奥格斯堡大学为例，可见一斑。

表 7 - 1　　　　　　　　　　　奥格斯堡大学编内公务员②

职位编制

名称	工薪级别	职位数目			注释
		1993 年	1994 年	1992 年	
编内公务员（部分）					
教务总长	A16	3	3	3	
科研总长	A16	3	3	4	
图书馆馆长	A16	1	1	1	
科研处长	A15	10	10	10	
教务处长	A15	9	9	9	
图书馆领导	A15	3	3	3	科研处长、科研高
政府主管	A15	3	3	3	级参议、科研参议
科研高级参议	A14	16	16	15	按照 1989/1990 高教
高级教务参议	A14	18	18	18	法第六条第六款变
图书馆高级参议	A14	5	5	5	动。
高级政府参议	A14	7	7	7	
科研参议	A13	12	12	11	
教务参议	A13	15	15	15	
图书馆参议	A13	5	5	5	
政府参议	A13	2	2	2	

　　从表 7 - 1 可以看出，在奥格斯堡大学，科研管理人员的编制人数为 41，仅次于教务管理人员。科研总长的数目在 1992 年甚至超过了教务总长。在其他编制不变的情况下，1993 年科研高级参议和科研参议的编制各增加了一个，说明学校对科技管理工作的重视。

　　除了属于公务员编制的科技管理管理人员，高校科技管理部门还会根

---

　　① 根据《联邦薪俸法》，德国实行职级工资制，即行政级别加职务档次的结构工资制度。行政级别是根据所任职务而定，职务档次是根据所任职务时间长短而定。行政级别分为16级（A1—A16），职务档次分为12个档。A1 是最低级别，A1 中 1 档是最低档，A16 是最高级别，A16 的第 12 档是最高档。参见佟宝贵. 德国和波兰公务员制度概述［J］. 法学杂志，2003，(3)：62.

　　② 参见杭州大学德汉翻译和信息中心. 联邦德国普通行政管理及教育行政管理［M］. 杭州：杭州大学出版社，1994. 114 - 116.

据需要招聘一些职员和工人①。公务员通常担任领导职务，如局长、处长、科长，而职员通常担任专收性强的法律、技术职务，如律师、工程师等，通常从事纯事务性、辅助性工作。工人则主要从事体力劳动或者机械劳动。公务员和职员在公共事务领域紧密合作，承担许多同样的工作，这甚至已导致了职员的劳动法规定已逐步接近于公务员的公务员法。②

三、巴伐利亚州高校科技管理人员受到的法律保护③

1871 年德意志帝国统一之前，"国家的大多数规定都是地方性的或区域性的，各项职业想得到全国性的统一相当困难"。④ 1919 年 8 月 11 日制定的魏玛宪法以国家根本大法的形式确立了德国的公务员制度。第一次世界大战后，德意志联邦共和国对德意志帝国的公务员制度进行了一系列改革，陆续颁布了联邦公务员法、联邦公务员工资法和联邦公务员休假条例等法律法规，东、西德统一后，继续执行联邦公务员法，并对相关法律条例进行了修改完善，从而形成了一套比较完整的现代公务员制度。

在巴伐利亚州，高校科技管理人员普遍适用联邦德国基本法、《巴伐利亚州宪法》和《巴伐利亚州高等教育法》。公务员的法律关系通过公务员法来规定。公务员法是公法的一个组成部分。对属于公务员的高校科技管理人员还适用联邦公务员法、联邦薪俸法、公务员供养法以及《巴伐利亚州公务员法》。属于职员的高校科技管理人员的法律关系由劳动法和劳资协议确定，此外还适用于劳动法、民法典、商法典、工商业条例、手工

---

① 从 20 世纪 50 年代开始，德国开始在公共行政服务领域进行改革，其中举措之一就是在公共行政组织中逐步引入政府雇员（职员）和工人制度，原由公务员负责的技术性工作和事务性任务的岗位分别改由职员和工人来承担替代，公务员、职员和工人在公共行政组织中各占一定比例。目前，在公共行政服务领域招收的 460 万人员中，公务员占 40%，另外 60% 为职员和工人。在国家公共行政组织中引入职员和工人制度，是对德国传统公务员制度的发展。参见侯京民. 德国公务员制度的发展及其启示 [J]. 水利发展研究，2005，（4）：55.

② 杭州大学德汉翻译和信息中心. 联邦德国普通行政管理及教育行政管理 [M]. 杭州：杭州大学出版社，1994. 35.

③ 本部分除注明的外，法律条文译文参考自杭州大学德汉翻译和信息中心. 联邦德国普通行政管理及教育行政管理 [M]. 杭州：杭州大学出版社，1994.

④ ［美］斯科特·拉什，约翰·厄里. 组织化资本主义的终结 [M]. 征庚圣等译. 南京：江苏人民出版社，2001. 244.

业条例、劳资协议法以及有关的劳资协议。①

（一）属于公务员的高校科技管理人员

公务员的职责是参谋、帮助、组织和协调，但应注意遵守法律。根据《巴伐利亚州公务员法》第二十条第二款和《巴伐利亚州公务员职类条例》第五条第二款的规定，高校中属于公务员的科技管理人员的职级分为四个，简单级、中级、次高级和高级。简单级的高校科技管理人员通过自己的辅助性工作来支持中级、次高级和高级科技管理人员的工作。他们往往是办公室管理员、信件、文件传递员、文件分拣员等。中级高校科技管理人员协助次高级和高级科技管理人员工作。他们一般从事无须专门应用法律知识的重复性工作，如科技信息的录入、电子信息档案管理等；次高级高校科技管理人员必须独立地对一些为难事情做出分析并按现有法律自己做出或者准备决策，这类人员一般担任科技管理部门的业务主管或者领导；高级高校科技管理人员承担领导工作，协调和做出较难的法律性决策或者起草政策性的规定。

1. 录用条件。根据联邦基本法第三十三条第二款规定，任何德国籍公民根据其素质、能力和业务水平，都有同等的资格担任任何一个公共职位。对于确定为公务员身份的高校科技管理人员，要有健康的身体和性格；根据基本法的规定，他们应忠于宪法，受法和法律的制约，有责任维护和实现自由民主的基本制度；具备职类所要求的专业、学历等；根据巴伐利亚州公务员职类条例的规定，简单级职类的最大年龄界限为 40 周岁，中级职类为 30 周岁，次高级及高级职类是 32 岁；学校要有在编的空岗；需要通过公务员考试。

2. 发展道路。在见习期间，公务员按临时关系录用，这时他们被称为候补人员（参见联邦薪俸法第五十九条第一款）。根据《巴伐利亚州公务员法》第四十条第一款，临时公务员随时都可以因为取消而废止。如果通过某一职类的任用考试，而且具备了公务员法规定的其他条件，临时公务员就可以被任命为试用公务员（参见《巴伐利亚州公务员法》第二十九条）。试用公务员按试用关系度过所属职类法定的适用期。试用关系满 5

---

① 区分公法和私法的一个重要特征是：在公法中，个人隶属于国家，而在私法中，有关各方面是相互平等的。某些法律领域，如劳动法，既包含公法的规范，也有私法的规范。见杭州大学德汉翻译和信息中心. 联邦德国普通行政管理及教育行政管理［M］. 杭州：杭州大学出版社，1994. 33.

年后，在具备其他法定条件的情况下，① 试用公务员可以转为终身公务员（参见《巴伐利亚州公务员法》第十一条）。高校的科技管理人员如果被任命为终身公务员也就获得了最大可能的法律保障。

3. 承担的义务。依据联邦基本法和《巴伐利亚州宪法》以及《巴伐利亚州公务员法》的规定，高校科技管理人员要承担如下主要义务：

第一，国家政治方面的义务。它包括忠诚的义务，高校科技管理人员有义务拥护和维护联邦基本法和《巴伐利亚州宪法》意义上的自由民主的基本制度。宣誓的义务，录用后，每个公务员必须对联邦基本法和《巴伐利亚州宪法》宣誓，否则将被辞退。无党派的义务，公务员是全体人民的公仆，而不是某个党派的。因此，他（她）必须在工作时保持公正，不偏向某一党派，要考虑公众的利益。公务员无论是在工作范围内，还是工作范围外，在政治活动方面要特别注意温和和节制。禁止罢工，不允许向学校使用罢工这一手段，以实现自己的要求。

第二，职位工作的义务。它包括尽职的义务，高校科技管理人员有责任做好本职工作。保证正常的工作时间。若工作需要，有加班的义务，加班一般是无偿的，特殊情况下，可根据加班时间给予补假或者发给相应的补助，只有得到主管领导批准，才能缺勤。根据最高公务机关②要求承担附加工作的义务。无私的义务。服从的义务。保密的义务，对于科技管理人员来说，未得到主管领导的批准，无论在法庭上还是法庭外，凡属于工作秘密范围内的事务都不得泄露或做出说明。善待公民的义务，科技管理人员必须对自己负责的工作充分理解，礼貌对待服务对象，提供的信息必须全面，实事求是，不会引起误解。行为义务，科技管理人员在工作内外的行为必须使人产生其职业所要求的尊重和信赖。

4. 享有的权利。第一，根据联邦基本法第五条、第九条和《巴伐利亚州宪法》第一百一十条和一百一十四条，高校科技管理人员可以像其他公民一样参与政治活动，享有言论自由和结社自由的基本权利。

第二，受到关怀和保护的权利。根据《巴伐利亚州公务员法》第八十六条的规定，如果高校科技管理人员工作称职，学校应关心他们及其家庭的幸福，包括在公务员关系终止后的时期，文教部门要保护科技管理人员

---

① 这些条件包括满 27 周岁，试用期作为职类应征者证明了自己的素质、能力和业务水平等（参见《巴伐利亚州公务员法》第十一条）。见杭州大学德汉翻译和信息中心. 联邦德国普通行政管理及教育行政管理［M］. 杭州：杭州大学出版社，1994.39.

② 最高公务机关是指（公务员任职领域）雇主，即受雇用者最高机关。高校教职工的最高公务机关为主管文教等领域的州文教部。

及其职务工作和作为公务员的地位。

第三，休假的权利。按照年龄，假期分26天（30周岁以下），29天（30岁以上）和30天（40岁以上）。

第四，获取与职位相适应的薪水和其他福利的权利。

第五，申诉的权利。如果高校科技管理人员认为工作中权利受到侵害，可以向校方直至州文教部提出申诉。申诉不受期限和形式限制。主管部门有义务受理申诉，并在审核后做出决定，并将决定通知送达申诉人。若不服文教部的决定，可以诉诸行政法院。

第六，其他权利。如高校科技管理人员有权随时翻阅自己的全部案卷；将不利于科技管理人员的有关文件收入档案时，要听取本人的意见，并将他的意见同样收入档案；科技管理人员有权在主要职位以外的时间从事另外有报酬的工作，但这种兼职工作应向校方报告，兼职工作不得影响正常工作；公务员关系终止后，科技管理人员有权要求学校出具工作证明，包括职位类型、期限、成绩等。

5. 升职和晋升。高校科技管理人员若得到晋升，工作鉴定是基础（参见《巴伐利亚州公务员法》第一百一十八条和《巴伐利亚州公务员职类条例》第四十八条至五十四条）。工作鉴定一般应由单位负责人撰写，对员工的素质、能力和业务水平做出评价。业务水平根据工作成效和实际的工作表现评定；素质按智力状况和身体健康状况评定；能力按专业知识和其他的专业能力评定。

升职按业绩原则进行，即根据素质、能力和业务水平进行升职。升职时不得跳过必经的职位。试用期间原则上不允许升职。任用1年内和退休年龄界定前2年也不允许升职。次高级和高级科技管理人员升职需等待3年，简单级和中级科技管理人员升职需等待2年，特殊情况下例外。

晋升是指升入同一业务方向属于高一个职级的一个职类。申请晋升到中级和次高级的人员需要通过有关职类的考试，获得能力证明。晋升到高级无须参加晋级考试。而是先让待晋级人员熟悉新的工作任务，时间至少达到2.5年，之后由州文教部通过面试确定其能否担任高级职务。

6. 调动与调任。调动是指高校科技管理人员在同一机关内部委以新的任务。此任务应与原来的工作在地位上相符合。调动一般由上级主管部门在认真权衡后做出决定。

调任是指将原雇主或者其他雇主属下的另一工作部门的一项与他原职位相当的工作长期地委托给一名公务员。调任需具备三个条件：一是有新岗位，二是公务员具备担任新职位的能力，三是若调任发生在雇主之间，需要征得科技管理人员的书面同意。

若将其他工作部门的一项与某一科技管理人员原来职位相当的工作暂时委托给另一名科技管理人员，称为临时调任。

7. 薪俸与供养。薪俸的构成是工资，如基本工资、地区补贴、补助费和其他报酬，以及其他福利，如每年一次的特殊津贴、财产方面的补贴、每年的度假费等。高校科技管理人员的基本工资根据所在职位的薪俸组别发放。具备所有法定条件，退休后领取退休金。退休金是最后一次按薪俸法领取工资的35%—75%。科技管理人员死亡后，其家属按供养法规定领取供养费（参见《巴伐利亚州公务员法》第九十条和公务员供养法第十六条），包括死亡当月的费用、死亡费、守寡费、守寡补偿费、孤儿费和鳏夫供养费等。若科技管理人员因履行公务而受到伤害，可以领取事故抚恤金，包括财物损失和各种特别赔偿费以及医疗费、事故休整费、事故退休金或生活补助费、家属供养金或一次性事故赔偿。

8. 公务员终止。根据《巴伐利亚州公务员法》有关规定，高校科技管理人员公务员关系的终止只能以法定条件和法定形式进行，可以因公务员死亡、辞退、丧失公民权利、开除公职、退休而终止。辞退的原因包括：失去德国国籍；与另一雇主缔结了公法工作或职位关系；拒绝宣誓、丧失工作能力、任用时超出年龄限制；本人书面要求辞退。丧失公民权利是指因违法而受到刑事判决者。开除公职是指因违反《巴伐利亚州纪律条例》，达到开除公职的条件。

9. 教育与培训①。根据联邦公务员法和各州的公务员法律规定，不同职类的高校科技管理人员对教育培训的程度的要求是不同的。简单类职类见习的时间最短为6个月，最长为1年，包括理论培训和实践培训；中级类见习一般为2年。专业理论培训一般为6个月，职业实践培训（一边工作一边上课）一般为18个月。次高级职类见习期一般为3年。18个月为专业学校，18个月为职业实习（边上课边实习，掌握相应的实际能力和知识）。高级职类见习期最短为2年，学习本职类所需的科学知识和实践知识，获得必要的职业实践知识和能力。

（二）属于职员的高校科技管理人员

对属于职员的高校科技管理人员来说，劳动法②（包括劳动保护法、

① 参见胡祖庆，胡仙芝. 德国公务员的教育与培训［J］. 北京行政学院学报，2000，（3）：74–77.

② 劳动法是指规定雇主与雇员、雇主协会与雇员协会及雇主、雇员、雇主协会、雇员协会与国家之间的法律关系的法律规定的总和。

劳动法庭法、合同法等)、劳资协议法、联邦基本法、民法典、《巴伐利亚州高等教育法》等法律是维护他们权益的保障。根据民法典的规定，劳动关系可以分为定期劳动关系、不定期劳动关系和试用劳动关系。劳资协议在他们范围内没有规定职类区别，但考试成绩是委托某些工作的前提条件。他们的工作可以按照业务进行分工，但不能按照职类安排工作。

1. 录用条件。上面提到的联邦基本法第三十三条第二款规定的任职条件，即任何德国公民根据其素质、能力和业务水平，都有同等的资格担任任何一个公共职位。这也适用于高校科技管理职员；应忠于宪法；要有录用职员的可用空位和经费。

2. 劳动关系的成立。职员与学校法律关系的成立是通过签订私法劳动合同而确定的。录用后，试用期一般为6个月。

3. 劳动关系的内容。根据劳动法的规定，高校科技管理职员的主要义务如下：

第一，国家政治方面的义务。包括信仰自由民主的基本制度；宣誓维护宪法和法律，认真做好自己的工作。

第二，劳动关系中规定的义务。包括工作义务；保证正常工作时间；加班，但要安排补假或者发给加班费；未经同意不得误工；承担附加工作的义务；不谋私利的义务；服从义务；行为符合高校成员身份的义务；遵守纪律的义务，适用于公务员的纪律法不适用于职员，他们适用普通劳动法的规定。如若违反，将受到督察、警告或者解聘的处分。

4. 职员的权利要求。根据劳动法的规定，高校科技管理职员的主要权利如下：

第一，获得工资的权利。与属于公务员的高校科技管理人员不同的是，职员的工资是按照实际所做的工作给予。衡定工资的准则是个人条件（包括学历、考试成绩等)、年龄和工龄。职员的工资组成是基本工资和地区补贴。职员有权要求按照劳资协议法正确定级。

第二，要求提高工资的权利。如果职员从事的工作属于较高工资的档次，他们有权要求提高工资级别。降低工资需要和职员商量修改合同后方可实施。

第三，获得社会福利的权利。按照劳资协议规定，职员可以根据实际得到病假工资、庆贺津贴①、补助费、救济金以及死亡费等社会福利费。

第四，申诉权利。产生法律争议，职员既可以以书面形式向自己的主

---

① 所谓庆贺津贴是指，职员和工人工作时间满25年、40年和50年所发的津贴。

管部门提出申诉，也可以向劳动法庭进行申诉。

5. 调任。对职员不像对属于公务员的高校科技管理人员那样有一种形式化的工作鉴定程序，但完成的工作情况同样需要得到领导的评价。这会对他们的职业生涯产生影响。对职员进行调任只能在学校内部进行，事先需征求他们的意见。

6. 劳动关系终止。根据劳动法和劳资协议的规定，高校科技管理职员与高校的劳动关系可因解聘、辞职、退职和解除合同而终止。无论是解聘或者辞职，都需要采用书面的形式。若职员受聘时间达 15 年且年龄满 40周岁，享有不可解聘权。① 根据解聘保护法，由学校提出的按正常程序进行的解聘若在社会方面是不公正的，则不具法律效力。② 若保险公司认定职员失去职业能力或从业能力，其劳动关系一般在认定书出具之月的月末即行终止。若双方同意，学校和职员可以按照民法典中的合同自由的原则解除关系。

7. 社会保险。对于高校科技管理职员而言，社会福利法典规定了法定医疗保险、事故保险和退休保险等；劳动促进法规定了失业保险；《德国保险条例》也规定了法定事故保险。社会保险属于一种强制保险。

8. 教育与培训。在行政管理的范围内，巴伐利亚州行政学校为职员举办培训班。初级学习班为期 1 年，并以通过初级专业考试而结束。二级学习班为期 2 年，以二级专业考试结束。课程的设置根据中级和次高级公务员的培训标准而定。从 1993 年起，通过二级考试的职员可以使用"行政管理专业人士"的称号。2005 年 1 月 27 日德国联邦议会、2005 年 2 月 18日联邦参院通过了总的修订方案，2005 年 4 月 1 日，新职业教育法生效。③重要的修改在于，一是对各种形式的职业培训或职业预备教育予以认可，其相应的培训时间将有效地予以折算；二是对全日制形式的职业学校、职业教育予以认可，允许将其折算为接受国家承认的职业培训时间。④ 这样

---

① 意思是不得按正常程序解聘。从雇主方面来说，只能出于重要原因，才能以非正常程序解聘。

② 主要包括 3 种情况，一是解聘原因不是雇员的个人或行为引起的；二是解聘不是因学校的迫切状况所引起的；三是解聘没有考虑职员或者工人的社会生活问题。

③ 姜人源. 中国职业技术教育德国职业教育改革重大举措 [J]. 中国职业技术教育，2005，(14)：59.

④ 参见 Reform der Berufsbildung, Bundesministerium fuer Bildung and Forschung, Bonn – Berlin, 2005, www. bmbf. de/de/1644. php/2005 – 7 – 23 和 Umfassendste Novelle des Berufsbildungsgesetzes tritt in Kraft, Bundesministerium fuer Bildung and Forschung, Bonn – Berlin, Pressemitteilung, 31. 03. 2005 (071/2005), www. bmbf. de /presse/index. php/2005 – 7 – 23.

一来，职员接受培训的形式更加多样化。

四、启示

通过德国巴伐利亚州对高校科技管理人员的法律保障，笔者认为，至少有两点值得我国在制定相关法律、法规时进行学习和借鉴。

1. 有法可依。对于高校科技管理人员的社会地位、社会保障来说，有法可依是最重要的。在德国高校，参照公务员法等法律，科技管理人员的录用条件、专业发展、承担义务、享有权利、职务升降、岗位调整、薪俸供养、教育培训、资格终止、社会保险等都有明确的法律条文予以规定。在这方面我们还有一定差距。

2. 系统化的法律体系。在德国高校，无论是属于公务员的科技管理人员，还是属于职员的科技管理人员，都有系统的法律文本为保证。如对于属于公务员的科技管理人员，联邦公务员总法是根本，配套的法律有州的公务员法、公务员工资法、公务员休假条例、联邦薪俸法、公务员供养法、纪律条例等。对于属于职员的科技管理人员，劳动法是最基本的，配套的有劳动保护法、劳动法庭法、合同法、劳资协议法、联邦基本法、民法典、州的高等教育法、职业教育法、德国保险条例等。我国的教育法、高等教育法等已为进一步制定专门性法律打下基础，但远不够系统化。

第二节　我国高校科技管理人员的法律保障

一、我国高校科技管理人员受法律保护的现状

由于历史和现实的原因，我国高校科技管理人员的结构比较复杂。一是学历结构，有博士研究生、硕士研究生、本科、大专、中专，甚至包括高中和初中。二是职务结构，既有一般的工作人员，也有领导干部。三是职称和职级结构，其中多数党政管理人员"走两条路线"，既有行政级别，也有专业技术职务，更有"双肩挑"科技管理人员，既担任行政管理领导工作，又从事教育教学工作。这给高校管理带来了一定难度。其中适用的法律法规也不尽相同。

（一）普遍适用的主要法律法规

1. 高校科技管理人员受宪法保护。公民有言论、出版、集会、结社、游行、示威的自由；公民的人身自由、人格尊严不受侵犯；有批评、建议、申诉、控告、检举和取得赔偿的权利；休息的权利；退休人员的生活保障权利；在年老或者丧失劳动能力的情况下获得物质帮助以及公民享有合法财产的所有权；享有受教育的权利；有进行科学研究、文艺创作和其他文化活动的自由和权利。但应遵纪守法、维护国家的安全、荣誉和利益。[①]

2. 高校科技管理人员受劳动法的保护。劳动法是调整一定范围的劳动关系以及与其密切相关的其他法律规范的总称。这里的劳动关系不是一切与劳动有关的社会关系，而是调整其中的一部分关系，即在实现集体劳动过程中劳动者与用人单位之间所发生的关系。劳动法规定，无论是体力劳动者，还是脑力劳动者，无论是具体操作人员，还是工程技术人员、管理人员，都享有一系列的权利，[②] 如获得劳动报酬的权利；休息休假的权利；获得劳动安全卫生保护的权利；接受职业技能培训的权利；享有社会保险和福利的权利以及提请劳动争议处理的权利等。劳动者的基本义务包括，遵守劳动纪律和职业道德的义务；执行劳动安全卫生规程的义务；提高职业技能的义务；完成劳动任务的义务等。用人单位有要求劳动者完成劳动任务、提高职业技能、遵守劳动纪律和职业道德的权利。[③]

3. 高校科技管理人员受教育法和高等教育法的保护。1999年开始实施的高等教育法第三十七条的规定，高等学校根据实际需要和精简、效能的原则，自主确定教学、科学研究、行政职能部门等内部组织机构的设置和人员配备。1995年实施的教育法第三十五条规定，学校和其他教育机构中的管理人员实行教育职员制度。高等教育法第四十九条据此规定，高等学校的管理人员，实行教育职员制度。第五十条规定，国家保护高等学校教师及其他教育工作者的合法权益，采取措施改善高等学校教师及其他教育工作者的工作条件和生活条件。第五十一条规定，高等学校应当为教师参加培训、开展科学研究和进行学术交流提供便利条件。高等学校应当对教师、管理人员和教学辅助人员及其他专业技术人员的思想政治表现、职业道德、业务水平和工作实绩进行考核，考核结果作为聘任或者解聘、晋升、奖励或者处分的依据。

---

① 全国干部培训教材编审指导委员会. 社会主义法制理论读本 [M]. 北京：人民出版社，2002. 262 – 266.

②· 修义庭. 法律基础 [M]. 上海，上海教育出版社，1999. 247.

③ 修义庭. 法律基础 [M]. 上海，上海教育出版社，1999. 248.

4. 1998 年 10 月 25 日国务院令第 250 号发布的《社会团体登记管理条例》第五条规定，国家保护社会团体依照法律、法规及其章程开展活动，任何组织和个人不得非法干涉。属于高校科技管理专业组织的会员受此保护。

5. 2000 年 11 月，中共中央组织部、人事部、教育部《关于深化高等学校人事制度改革的实施意见》规定，按照"按需设岗、公开招聘、平等竞争、择优聘用、严格考核、合同管理"的原则，在高等学校工作人员中全面推行聘用（聘任）制度。学校根据学科建设和教学、科研任务的需要，科学合理地设置教学、科研、管理等各级各类岗位，明确岗位职责、任职条件、权利义务和聘任期限，按照规定程序对各级各类岗位实行公开招聘，平等竞争、择优聘用。学校和教职工在平等自愿的基础上，通过签订聘用（聘任）合同，确立受法律保护的人事关系。高等学校的管理人员实行教育职员制度。教育职员实行聘任制。教育职员制度先在部分高等学校进行试点，在取得经验、完善办法后逐步推开。

（二）担任教师职务的高校科技管理人员还适用教师法

担任教师职务的高校科技管理人员主要受《中华人民共和国教师法》的保护。教师属于专业人员，教师法对其权利与义务、资格与任用、培养与培训、考核、待遇、奖励、法律责任等有详细的规定。

二、我国高校推行管理人员职员制的改革与进展

高校不仅需要高素质的教师队伍，也需要高素质的管理队伍。加强高校管理队伍建设，迫切需要探索建立和形成一套适合高校管理队伍职业特点的管理制度与运行机制。[①]

教育部拟定的《高等学校职员制度暂行规定》（征求意见稿）将职员定义为"高等学校从事管理和服务工作的人员"。管理包括教学管理、科研管理、行政管理，也包括党务管理、群团管理等。根据职员概念的内涵推论，职员的外延包括四个部分：（1）高等学校党委和行政职能部门的管理人员；（2）高等学校工会、共青团等群众团体系统的管理人员；（3）院（系）从事教学、科研、党务和行政管理的人员；（4）高等学校直属和附属单位中从事行政管理工作的人员。

高等学校教育职员制度是指高等学校与职员之间就任职期限、条件以

---

① 吕玉刚. 深化高校人事制度改革的几点思考［J］. 中国高等教育，2005，（7）：22.

及双方的权利、义务和责任等达成协议，依据协议实施契约管理的一项职员任职服务制度。高校职员制度包含三层含义：（1）它是一项关于高等学校职员任用的人事制度；（2）它是一项关于高等学校职员服务的合同制度；（3）合同双方地位平等，责任、权利、义务清楚。

2000 年武汉大学、华中科技大学、华中师范大学、厦门大学、东北师范大学，2003 年中国农业大学，组织开展了高校职员试点工作。这些学校通过制定政策，初步理顺了高校人员关系，强化了岗位职责和岗位管理，做到了人员分类管理，推进了职员任用机制转换，强化了以岗定薪和按劳取酬。

职员制度改革一个重要的工作就是推行职员职务与职员职级相结合。有人提出，高等学校职员职级分为三个职等和十个职级。其中一、二、三、四、五级为高级职员；六、七、八级为中级职员；九、十级为初级职员（见表 7 - 2）。各级职员都有明确的岗位职责、任职条件和任期。并与教师工资相对应（见表 7 - 3）。[①] 问题是，高校类型有专科、本科，原有的行政级别也不相同，有所谓的"副部级"高校，如清华大学、北京大学、上海交通大学、武汉大学等，有所谓的"正厅级"大学，如郑州大学、湖南大学等一大批省属本科院校，有所谓的"副厅级"大学，如大多数专科院校，其中的校长仅仅分为一级和二级显然太少，不能较为细致的照顾到高校的层次、规模、性质和类型中的管理人员。因此，还有进一步完善的余地。

表 7 - 2　　　　　　高校职员职级与职员职务比照表

职级／职务	一级	二级	三级	四级	五级	六级	七级	八级	九级	十级	基准职级
校长											二级
副校长											三级
校长助理											四级
处长											五级
副处长											六级
科长											七级

---

① 毕宪顺. 高等学校教育职员制度研究［J］. 国家教育行政学院学报，2004，（1）：53.

续表

职务＼职级	一级	二级	三级	四级	五级	六级	七级	八级	九级	十级	基准职级
副科长											八级
科员											九级
办事员											十级

表7-3　　　　　　　　　高校职员与教师待遇关系比照表

职类	职员职级	教师职务
高级职员	一级—四级	教授
	五级	副教授
中级职员	六级—八级	讲师
初级职员	九级	助教
	十级	见习

教育部人事司副司长吕玉刚提出，高校职员制度改革，应重点抓好五方面的工作：

第一，探索建立职务与职级相结合的职员管理制度；

第二，强调职员分类管理，抓好岗位设置工作。将职员岗位划分为领导岗位和事务类管理岗位；

第三，高校职员实行职员聘任制度应与教师聘任制改革同步进行，完善聘任合同管理的相关政策和程序；

第四，职员薪酬制度设计与国家人事工资政策和标准接轨，体现职员岗位要求和实际贡献及学校职员工资与社会相衔接，与学校相关专业技术人员工资标准相适应；

第五，根据岗位职责确定相应的考核标准和办法，有计划地对职员进行培训。①

通过上述论述，可以看出，高等学校职员制度有以下特征：一是任期制。职员有明确的任期，体现在签订的合同中。二是合同化。高等学校与职员通过签订合同的形式，明确双方的权利、义务和责任，实行契约管

---

① 吕玉刚．深化高校人事制度改革的几点思考［J］．中国高等教育，2005，(7)：23.

理。三是公开化。高等学校聘任职员面向全校，面向社会。与教师职务聘
任不同的是，职员聘任强调建立专业化管理队伍，强调相对稳定，其公开
化程度不如聘任教师。职员聘任主要立足校内，但也可以面向社会。四是
竞争性。高等学校增加了选人用人范围，在竞争中形成高等学校干部能上
能下的机制。五是专门化。重岗位管理，轻身份管理。六是规范化。职务
不变的情况下可以晋升职员级别，职务和职员级别不变的情况下也可以晋
升工资。

三、高校科技管理人员职员制的探索

高校职员制的提出和试行无疑使高校科技管理人员寻求制度甚至是法
律保障看到了曙光。在高校管理人员职员制的改革进程中，已有不少方案
被提出。当然，这其中也有论者就高校科技管理人员职员制的实施发表了
见解。丁福虎认为，科技处职员是高校科技管理队伍的基础。提高他们的
整体水平，必须使这支职员队伍相对稳定。这种稳定需要一种新的晋升制
度来实现。这方面西方发达国家的多阶梯晋升制度可以作为借鉴。初步设
想是将科研处的职位划分为行政职务、行政职员、科技管理研究和科技开
发与推广四个类别。因为科技处不仅承担着行政管理工作，同时还肩负着
高校科技管理的研究工作和科技开发与推广工作。行政职务主要有副科
长、科长、副处长、处长四级。行政职员的分级按照高校职员制度实施。
研究系列和开发系列按照现行的专业技术职称来分，但限于科研管理研究
和科技开发与推广。这四种晋升的阶梯结构是平等的，福利和待遇也是一
致的，可以适应不同类型的人才。职员经组织部门考核后可以任命行政职
务，也可以竞聘研究与开发两个系列的职称；行政职务被免去以后，可以
在职员的级别上继续晋升，也可以晋升专业技术职称；同样，研究与开发
类职称人员也可以转入职员或竞聘行政职务。四个类别的晋升层级在理论
水平、学历要求、工作能力和绩效产出上可以有不同的侧重，但总体素质
基本一致。四者之间的转换不需要转评和转升，只要水平、能力、资历和
绩效达到晋升的要求即可，没有必要以晋升处长来显示身份，也没有必要
以晋升职称来显示专业水平。如助理研究员与科级的层级一致，两者之间
不必转换，科长可以竞聘副研究员，助理研究员也可以竞聘副处长。晋升
行政职务的可以借鉴国家公务员暂行条例第四十条："其中拟晋升上一级
领导职务的，一般应当具有在下一级两个以上职位任职的经历。"至少也
应当有在该职位以下工作两年的经历，如晋升科长要求在副科级及其对应

级职位工作两年时间，晋升处长要求在副处级及其对应级职位工作两年时间。这种机制有利于人才在不同职类上干出相同的业绩，既做到了内部流动，又不影响晋升速度。①

第三节　高校科技管理人员法律保障的对策

推行教育职员制度是一项前所未有的制度改革和创新工作，是一项复杂的艰巨任务，必须积极稳妥地进行。教育部为此提出了"认真研究、慎重实施、先行试点、逐步推开"的工作思路。教育法、高等教育法只是规定了高校管理人员实行教育职员制。教育部颁布的《高等学校职员制度暂行规定》属于广义上的法律，但也只是一个指导意见。为了确保高校管理人员，包括科技管理人员的权益，比照《中华人民共和国教师法》、《中华人民共和国公务员法》、《中华人民共和国劳动法》，学习德国联邦基本法、联邦公务员总法、劳动法和《巴伐利亚州公务员法》、《巴伐利亚州高等教育法》，制定《中华人民共和国教育职员法》才是根本出路，长远之策。

一、制定教育职员法的理由

高校科技管理人员的法律保障与高校行政人员的法律保障是一致的。但是，从上述我国高校管理人员试行职员制的具体操作中，与德国的状况相比较，我们还是可以发现高校管理人员在法律保障上还面临诸多问题，主要表现为：

1. 人事管理制度不健全，缺乏法治。自 20 世纪 80 年代初职称改革以来，经过若干年的实践，对教师聘任的改革与管理日趋规范。但对高校管理人员在法律上却没有明确的措施。高校管理人员选拔、任用、评聘、考核、教育、培训、权利、义务等缺乏法律的规定。于是，高校管理人员从原来的大一统的"国家干部"行列被排除在了公务员和大学教师之外，处于一个尴尬的境地，面临一个身份地位需要重新确立的问题。②

---

① 丁福虎．高校职员制度下的科技管理队伍建设 [J]．研究与发展管理，2002，（1）：28－29．

② 李爱民．大学管理人员身份地位的历史变迁 [J]．高教探索，2005，（3）：28．

2. 教育职员制试行多年，有喜有忧。高等教育法提出，高校管理人员实行教育职员制，但高校行政管理人员的职务和职级属性、岗位设置、"双肩挑"人员如何规范以及职员体系如何与社会相衔接在法律上难以界定。

3. 法律条文重教轻管，有失平衡。高等教育法第五十一条规定，高等学校应当为教师参加培训、开展科学研究和进行学术交流提供便利条件。对高校管理人员的培训却只字未提。

4. 管理人员身份多重，定位模糊。高校管理人员中，有的属于国家干部，有的属于工人，有的属于教师，缺乏法律上的明确定位。新中国成立后高校实行的是供给制，在劳动人事管理上只区分干部和工人。每位干部都有一个行政级别（24级干部制），依据行政级别确定干部的各方面待遇。知识分子属于干部身份，于是也都有自己的行政级别，这一级别从学校毕业后就可获得。各级各类学校中的管理人员大多具有干部身份，都有一个行政级别，以这个行政级别确定地位和待遇。他们的"级"与国家公务人员的"级"是等价的，于是一些行政干部、军转干部也到了"同级"学校的领导岗位。管理人员不像教师有硬性的任职条件限制，就很难保证形成一支高素质的管理人员队伍。①

5. 职员改革各自为政，规章制度各有不同。因为没有统一的、系统的、可操作的规定，试点高校仅仅根据一些指导性的文件制定本校的规章制度。造成文本多，适用范围小，适应性差，弹性大，约束力不强。

6. 这与国际上发达国家的做法不一致。德国、日本、法国②等国家高校的管理人员相当一部分属于公务员（文职人员），国家制定公务员法保障他们的地位，维护他们的权益。

7. 这是由于法律的基本特征所决定的。法律与其他的制度、文件相比有四个明显的特征：

第一，法律是调控人们行为的社会规范。规范就是人们的行为规则。可以分为技术规范和社会规范。技术规范如技术标准、操作规程等；社会规范是调整人与人之间关系的行为规范，如道德规范、社会团体规范等。

第二，法律是由国家制定或认可的。法律是经过特定程序，有特定国家机关制定或者认可的，因而具有更大的权威性，其内容也较为确定和

---

① 戚业国. 我国教育职员制度建立和运作初探［J］. 上海教育科研，1996，（5）：16 – 17.

② 如法国教育指导法规定，教育行政管理人员为教育共同体成员，无论他们是国家官员或者公务人员，均可以参与初始培训和继续教育。参见吕达，周满生. 当代外国教育改革著名文献（德国、法国卷）［M］. 北京：人民教育出版社，2004. 321，337 – 338.

稳定。

第三，法律是由国家强制力保证实施的。这意味着法律在其效力范围内具有普遍的约束力。

第四，法律规定人们的权利和义务。法律通过规定人们之间的权利和义务来实现对人们行为的调整。[1]

高校管理人员的身份和地位是其权利和责任的综合体现，对高校管理人员至今没有一部法律、行政法明确规定他们的性质、业务范围和法律地位。高等教育界和法律界人士对高校管理人员的法律地位也鲜有深入的研究和分析，以至于高校管理人员处于一种无法可依的自然状态。随着高校职员制度的实施，国家急需制定出相关法律法规，明确高校管理人员的责任和义务，同时赋予他们相应的权利并予以保障，使高校管理人员的管理尽快走上法制化轨道。[2]

二、制定教育职员法的政策建议

我们国家高校的管理人员不属于公务员，不适用于 2006 年 1 月 1 日生效的《中华人民共和国公务员法》，类似于德国高校的公务员，但不等同于德国高校的职员，是一个特殊的群体。《中华人民共和国教育法》、《中华人民共和国高等教育法》为制定教育职员法提供了思想基础和理论、法律依据，《中华人民共和国教师法》、《中华人民共和国公务员法》的内容可以借鉴，学习德国教育管理法律方面的经验，笔者提出以下建议和理由，供制定教育职员法时参考：

（一）对于教育职员法的基本认识

第一，制定教育职员法的目的，是为了保障学校或者其他教育机构管理人员的合法权益，建设具有良好思想道德修养和业务素质的管理队伍，促进社会主义教育事业发展。

第二，明确教育职员的身份。为推进学校或者其他教育机构管理人员专业化，教育职员可定义为，履行学校或者其他教育机构管理职责的专业人员，主要服务于教育教学和科研。

第三，适用范围。各级各类公办学校和其他公办教育机构中专门从事管理的人员。社会力量所办学校如何实施，由举办者参考教育职员法，自

---

① 修义庭. 法律基础［M］. 上海，上海教育出版社，1999. 1－3.

② 李爱民. 大学管理人员身份地位的历史变迁［J］. 高教探索，2005，(3)：28.

行确定并予以保障。

（二）教育职员的权利和义务

参考《中华人民共和国教师法》、《中华人民共和国公务员法》①、《中华人民共和国劳动法》和德国的《巴伐利亚州公务员法》、劳动法，教育职员的权利可以包括：（1）获得履行职责应当具有的工作条件；（2）非因法定事由，非经合法程序，不被免职、降职或者辞退；（3）按时获取工资报酬，享受国家规定的福利、保险待遇以及寒暑假期的带薪休假；（4）参加进修或者其他方面的教育、培训；（5）对学校或者其他教育机构教育教学、管理工作、领导人和教育行政部门的工作提出意见和建议；（6）提出申诉和控告；（7）申请辞职；（8）其他权利。如知情权，职员有权翻阅关于自己的档案；兼职权，职员有权在法定工作时间以外从事另外有报酬的工作，但应向学校、其他教育机构报告，并尽可能得到批准。兼职工作不能影响正常工作。

教育职员的义务包括：（1）遵守宪法和法律；（2）按规定权限和程序认真履行职责，努力提高工作效率；（3）保证正常的工作时间（国家规定的工时制度），得到主管领导批准，才能缺勤；（4）根据工作需要，可以加班，加班应给予补假或者补助；（5）全心全意为教职工、学生服务，不谋私利，接受监督；（6）忠于职守，服从和执行上级依法做出的决定；（7）保守工作秘密；维护学校或者其他教育机构教职工、学生的利益；（8）遵守纪律，恪守职业道德；（9）不断提高思想政治觉悟和管理水平。

（三）教育职员的职务与级别

教育职员的职务分为领导职务和非领导职务。领导职务层次分为正（院）校长、副（院）校长、处级正职、处级副职、科级正职、科级副职。非领导职务层次和领导类层次分别归属于初级职员、中级职员、次高级职员、高级职员4个类别。初级职类、中级职类、次高级职类和高级职类可以分别划分为十个层级级别（见表7-4）。正式职员中，A10代表属于高级类职员，职级、职务最高，H1则代表属于初级类职员，职级、职务最低。

职员的职务须对应相应的级别。职员职务与级别的对应的关系，由国务院规定。高级类、次高级类、中级类、初级类岗位的数目、内设的级别应当根据学校或者其他教育机构的规模、层次、类别由国务院制定细则进行规定。

通过某一职类的考试，具备教育职员法规定的其他条件首次取得职员

① 中华人民共和国公务员法［M］.北京：中国法制出版社，2005.5-6.

资格的管理人员，应当有试用期。试用关系满1—2年后，在具备其他法定条件的情况下，试用职员可以转为正式职员。不合格的，取消录用。

职员的职务与级别是确定职员工资及其他待遇的依据。职员的级别根据其德才表现、工作业绩和资历确定，在同一职务上，可以按国家规定晋升职级。如处长，可以从C1向C10晋升。

表7-4　　　　　　教育职员职级、职务、职位类别关系表

职务 \ 职级	代码	一级	二级	三级	四级	五级	六级	七级	八级	九级	十级	职位类别
校（院）长	A											高级
副校（院）长	B											
处长	C											次高级
副处长	D											
科长	E											中级
副科长	F											
科员	G											初级
办事员	H											
试用职员	I											

（四）资格、任用与录用

中国公民凡遵守宪法和法律，热爱教育管理事业，具有良好的思想品德，具备规定的学历，经过教育职员资格考试，经学校或者其他教育机构或者上级教育行政主管部门认定，可以从事教育管理工作。

基本条件为：（1）具有中华人民共和国国籍，如果属迫切需要的某类管理人才（如大科学家、专家），可以例外；（2）拥护《中华人民共和国宪法》；（3）年满18周岁；（4）具有健康的身体和品行；（5）没有受过刑事处罚或因违纪被免职或者辞退的记录。

录用职员的学校或者其他教育机构要有在编的空岗，在此基础上发布招考公告，载明职位、名额、报考条件、需要提交的申请材料等其他报考须知事项。考试可以采取笔试和面试的方式进行。考试内容可以根据职员应具备的知识、能力和不同职类分别设置。招录机关根据考试成绩、考察情况等提出拟录用人员名单，并予以公示。

职员需具备职类需要的专业、学历和能力；初级职类年龄不超过 40 周岁，中级职类年龄不低于 26 周岁，次高级类不低于 30 周岁；高级类年龄不低于 32 周岁。初级职员应当具备中专以上学历；中级职员应当具备大专以上学历；次高级职员和高级职员应当具备本科以上学历。高中及以下学历的工作人员适用劳动法。

职员录用应按照平等、自愿、协商一致的原则，签订书面聘任合同，确定双方的权利、义务。聘任合同经双方协商一致可以变更或者解除。聘任合同应当具备合同期限，职位及其职责要求，工资、福利、保险待遇，违约责任等条款。聘任合同期限为 1—5 年。可以约定试用期，试用期为 1—6 个月。

次高级和高级职员的任用适用 2002 年中共中央颁布的《党政领导干部选拔任用公工作条例》。

（五）升职、晋级与降职、降级

升职按工作业绩进行，即根据职员的素质、能力和业务水平进行升职。工作鉴定是升职的重要依据，分为周期性鉴定、试用期鉴定、期间鉴定等。工作鉴定结果可以分为优秀、称职、基本称职、不称职四个等次。职员一般每 2 年鉴定一次（周期性鉴定）；职员在工作期间若变换主管部门，需要由原部门在听取群众意见后做出鉴定，接收部门在 1 年内做鉴定（期间鉴定）。试用期鉴定是要鉴定试用职员是否可以转为正式职员。工作鉴定一般由单位负责人撰写，对职员的素质、能力和业务水平做出评价。若职员认为工作鉴定损害了自己的权利，可以向上级部门提出异议或者申诉。

试用期间原则上不允许升职。任用 1 年内和退休年龄界限前 2 年也不允许升职。跨越性升职一般是不允许的。初级升职需等待至少 4 年，中级升职需等待至少 2 年，次高级和高级升职至少需等待 3 年。申请晋级到中级和次高级职类的人员需通过考试获得资格，证明能够胜任高一级职类工作；晋升高级职类可以通过考试，也可以由国家、省、直辖市、自治区的组织部门、人事部门、教育行政部门联合进行考察和面试，确定担任高级职类的能力。

连续两次鉴定不合格，按规定程序给以处分，包括辞退、撤职、降低职务、职级等。具体办法由国务院制定。

（六）调动与调任

调动是指在学校或者其他教育机构内部委以新的任务，由学校或者其他教育机构主管部门进行。初级职员的调动可以以口头形式进行，中级以上职员的调动应以文件的形式进行。

调任是指调出学校或者其他教育机构到其他单位任职，由上级主管部门负责。

调动或者调任的新职位需与原来的职位相当，至少最终的工资待遇相当。

（七）教育与培训

为提高职员的专业水平，促进专业发展，学校或者其他教育机构、教育行政部门、学校或者其他教育机构的主管部门根据工作职责的要求对职员进行分级分类进行培训。初级职员任职前后接受培训的时间最短为六个月，最长为一年。培训包括理论培训与实践培训。中级职员任职前后接受培训的时间一般为1—2年，培训包括专业理论和职业实践，专业理论培训一般为6个月，职业时间培训（边工作边上课）一般为6—18个月；次高级职员和高级类职员任职前后的培训时间一般为2年，包括12个月的专业学习，12个月的职业实习。工作内容经常更新或者专业技术比较强的，职员接受继续教育和培训的次数、时间由主管部门决定。

职员的培训情况、学习成绩作为工作鉴定、任职、晋升、晋级的依据之一。

（八）工资、福利与保险

职员实行职务与级别相结合的工资制度，平均工资水平应当不低于或者高于国家公务员的平均工资水平，并逐步提高。建立正常晋级增薪制度，具体办法由国务院规定。职员工资档次应与教师工资档次相当。具体办法可以通过制定教育职员薪酬法来实现。

职员的工资包括基本工资、津贴、补贴、岗位津贴和其他福利（包括奖励、住房、医疗补贴等）。

职员享受地区附加补贴，到少数民族地区和边远贫困地区从事教育管理工作的，应当予以补贴。

职员的医疗享受当地教师同等待遇。

职员参加法定的社会保险，包括退休保险、医疗保险、失业保险等，保障职员在退休、患病、工伤、生育、失业等情况下获得帮助。职员因公导致伤残或者死亡的，其家属享受规定的赔偿金和各种优待等。

职员工资、福利、保险、退休、晋级、培训、录用、奖励、辞退等各种经费应当列入财务预算，予以保障。

（九）职员关系的终止

第一种情况，因职员死亡而终止。

第二种情况，因辞退而终止。如（1）连续两次鉴定不合格，不胜任现职工作，又不接受其他安排；（2）因所在部门调整、合并或者编制缩减需要调整工作，本人拒绝合理安排；（3）不履行职员义务，不遵守职员纪律，经教育仍无转变，不适合继续在部门工作，又不宜给予开除处分的；（4）旷工或者因公外出、请假期满无正当理由逾期不归连续超过十五天，或者一年内累计超过三十天的。有上述情形之一的应予以辞退。

第三种情况，开除公职。（1）因违纪或违法达到开除公职的条件；（2）辞职。职员辞职需向学校或者其他教育机构或者上级主管部门提出书面申请。任免机构应当自接到申请之日期三十日内予以审批，对领导成员的辞职申请，自接到申请之日起九十日内予以审批。

职员享受解聘保护。下列情况学校或者其他教育机构不得辞退职员：（1）因公致残，被确定丧失或者部分丧失工作能力的；（2）患病，在规定的医疗期内的；（3）女性职员在孕期、产假、哺乳期内的；（4）辞退的原因不是职员的行为引起的。

（十）奖励、惩戒与法律责任

职员通过管理，在教育教学、培养人才、科学研究、教学改革、学校建设、社会服务、勤工俭学等方面成绩优异的，由所在学校予以表彰、奖励。国务院和地方各级人民政府及其有关部门对有突出贡献的职员，应当予以表彰、奖励。对有重大贡献的职员，依照国家有关规定授予荣誉称号。

职员应遵守纪律，不得有下列行为：玩忽职守，给学校或者其他教育机构造成损失的；弄虚作假，误导、欺骗管理和服务对象；拒绝执行上级依法做出的决定和命令；压制批评，打击报复；贪污、行贿、受贿，利用职务之便为自己或者他人谋取私利；违反财经纪律，浪费学校财产；滥用职权，侵害教职工、学生的合法权益；泄露学校的知识产权、专利或者其他工作秘密；在对外交往与合作中损害学校或者其他教育机构的荣誉或者利益；参与色情、吸毒、赌博、迷信等活动；违反职业道德、社会公德；旷工或者因公外出请假期满无正当理由逾期不归；等等。

对职员进行纪律处分，应当事实清楚、证据确凿、定性准确、处理恰当、程序合法、手续完备，职员有权进行陈述和申辩。纪律处分包括，警告、记过、记大过、降级、撤职、开除。受处分期间不得晋升职务、职级和工资档次，受降级、撤职处分的按规定降低级别和工资档次。处分下达和解除由处分决定机关以书面形式通知本人。

侮辱、殴打职员的，根据不同情况，分别给予行政处分或者行政处罚；造成损害的，责令赔偿损失；情节严重，构成犯罪的，依法追究刑事责任。

对依法提出申诉、控告、检举的职员进行打击报复的，由其所在单位或者上级机关责令改正；情节严重的，可以根据具体情况给予行政处分。国家工作人员对职员打击报复构成犯罪的，依照刑法第一百四十六条的规定追究刑事责任。

职员因违纪、违法给学校或者其他教育机构造成损失的，职员应赔偿这种损失。

职员对学校或者其他教育机构侵犯其合法权益的，或者对学校、其他教育机构做出的处理不服的，可以向教育行政部门提出申诉，教育行政部门应当在接到申诉的三十日内，做出处理。职员认为当地人民政府有关行政部门侵犯其根据本法规定享有的权利的，可以向同级人民政府或者上一级人民政府有关部门提出申诉，同级人民政府或者上一级人民政府有关部门应当做出处理。

三、教育职员法对高校科技管理人员的影响与进一步的思考

教育职员法对于高校科技管理人员有着特殊的意义，不仅能够使高等学校科技管理人员权益受到保护，专业发展得到保障，成为真正意义上的专业人员，专业化也会最终实现。而且，教育职员法涉及整个教育领域的管理人员，使教育管理有法可依，水平提高，操作更加规范。教育职员法的制定是大势所趋，但其完善需要一个长期的过程，具体到高校科技管理人员来说，也有进一步思考之处。

1. 法制化。这是制定教育职员法对高校科技管理人员最大的贡献，使得高校对科技管理人员的管理有法可依。同时，通过健全法律法规体系，使高校科技管理逐步走向法制化轨道，使得作为教育职员的高校科技管理人员的权利和义务更加明确，聘任制度更加规范，聘任程序更加完善，教育与培训、奖励与处分更为具体。

2. 开放性。高校科技管理职员聘任面向学校、其他教育机构的党政管理人员、教师、教学辅助人员、工人甚至社会上的管理人才，不同于有些作者提出的教学管理人员实行职员制①、科技管理人员实行职员制②、高等

---

① 宁永红，马爱林等. 高校教学管理人员实行职员制的探讨 [J]. 河北农业人学学报（农林教育版），2004，（1）：4-6.

② 丁福虎. 高校职员制度下的科技管理队伍建设 [J]. 研究与发展管理，2002，（1）：28-29.

学校管理人员实行职员制,① 只有部门性,缺乏普遍性和全局性。教师也可以竞聘科技管理职员职位,成为职员后应遵守教育职员法,履行职员义务,遵守国家规定的工时制。职员法定工作时间以外可以从事其他兼职工作,包括教学和科研。

3. 竞争性。教育职员法体现了分类管理的原则,改变了以往按同一标准管理干部的思路,具有科学的竞争机制,有利于克服"干好干坏一个样"的状况。高校科技管理职员聘任制使科技管理具有了正常的新陈代谢机制,能够保持高校科技管理工作高效而且充满活力。②

4. 指导性。我国教育机构的类型日益多样化,除了传统意义上的普通高等学校,民办高校、合资办学、合作办学、独立学院等如雨后春笋,生机盎然,高等教育投资体制也发生了巨大变化。教育职员法除了适用于公办高校和其他公办高等教育机构的科技管理人员,对属于其他性质高校的科技管理人员的管理也具有指导意义。

5. 渐进性。与德国教育管理的法律体系相比,我们还有很长的路要走。教育职员法只是其中的一个阶段性产物,随着时间的推移,教育职员薪酬法、教育职员职类条例、教育职员编制条例、教育职员继续教育条例、教育职员考试条例等法律法规也会相继出台,教育职员的法律体系也会日臻完善。甚至可以预言,未来可能会制定高校(科技)管理人员任职资格条例等法规。高校科技管理人员享有充分的法律保障也将随着法律体系的健全而得以实现。

6. 复杂性。受传统管理体制的影响,高校或者其他高等教育机构的管理人员的角色多样化,这给科技管理职员职务和职员职级属性、岗位设置、职员制度实施范围的界定、职员工资政策与教师及社会工资相衔接等方面带来了诸多问题。因此,上述教育职员法中提议的内容,由于没有实践经验,可能没有估计到问题的复杂性,也没有考虑到高校科技管理人员的特殊性,但这个方向应该是正确的。

---

① 毕宪顺. 高等学校教育职员制度研究 [J]. 国家教育行政学院学报, 2004, (1): 51-56; 石凯, 马长伟. 高校教育职员制理论体系初探 [J]. 高等工程教育研究, 2001, (1): 51-53; 肖红. 建立高校职员制度初探 [J]. 教育探索, 2004, (8): 28-29。

② 李凤学, 汤晓红. 关于高校管理干部实行职员制的探讨 [J]. 北京邮电大学学报(社会科学版), 1999, (2): 47.

附录　调查问卷

尊敬的老师：

　　您好，我是华东师范大学高等教育研究所一名博士研究生。高等学校科技管理人员专业化建设是我的研究方向。为了更真实地反映现状，我将对高校科技管理队伍进行一次调查。

　　调查的数据是我的博士论文的重要组成部分。通过研究，希望改善高校科技管理人员的工作条件，提高高校科技管理的水平与质量。**问卷采用匿名形成，您的回答是保密的，不会有任何人去鉴别您的回答。**您的回答对于这项研究是否获得成功非常重要。完成这份问卷所需的时间约20分钟。能够完成这份问卷，我将十分感激，谢谢您支持。

　　祝您工作顺利。

　　☞ **特别提醒：**大部分题您只需在方框内打√即可，画横线部分还需您劳神填写。

一、填表人基本情况

1. 您的职务或职级是：

　　□主管科技的副校长；□科技（研）处处长；□科技（研）处副处长；

　　□科技（研）处科长；□科技（研）处科级以下工作人员；

　　□院系主管科技副院长（副主任）；□院系科研科长或秘书

2. 您在科技管理岗位上工作有＿＿＿＿年，是高校科技管理研究会会员吗？

　　□是，□否

3. 您的职称是：□初级；□中级；□副高；□正高

4. 您的学历（学位）是：□专科；□本科；□硕士；□博士

5. 您的专业是：(1)＿＿＿＿＿＿　(2)＿＿＿＿＿＿　(3)＿＿＿＿＿＿

二、科研管理人员的教育与培训

1. 您参加过科技（研）管理培训吗？□参加过；□没有参加过；

2. 如果参加过科技（研）管理培训，是校内培训□；还是校外培训□；

　　　　　　　　　　　　　　　　是脱产培训□；还是在职培训□？

　　培训次数为：□1次；□2次；□3次；□4次；□5次及以上

　　培训时间为：□两周以内；□一个月；□三个月；□半年；□一年以上

培训的主要内容和课程是：_____。

3. 作为科技管理人员，您认为下面哪种素质最重要：

□政治素质；□领导素质；□知识结构；□心理素质；□岗位能力

4. 您认同的观点有：

□科技管理人员虽然已熟悉一门专业知识，但仍需要学习管理科学知识。

□科技管理人员虽然未学过管理科学知识，但可以在实践中学习，不必

再专门进修管理科学知识。

□科技管理人员如果有机会进修管理科学知识，应该抓住机会，如果没

有机会，应该自学。

□科技管理与一般行政管理差不多，不进行管理科学知识学习也可以。

5. 您赞成哪种形式的继续教育？

□学历教育；□岗位培训；□脱产进修；□反思—自修；□远程教育

6. 对科技管理人员进行培训，您认为适宜的时间是：

□1—2 周的短期培训和研讨；□一个月左右的培训和研讨；

□三个月左右的培训和研讨；□进行一年以上的学习

7. 在培训地点选择上，您认为合适的是：

□校内培训；□省（市）内培训；□省（市）际培训；□出国培训

8. 您认为科技管理人员培训的内容应以：

□科技管理理论和方法为主；□了解科技方针政策法规为主；

□互相研讨、切磋为主；□获取国家主管部门信息为主

9. 科技管理人员有无必要进一步提高学历（学位）层次？□有；□无

若有必要，较为合适的途径是：□在职；□脱产

较为合适的方式是：

□攻读管理科学或高等教育学方面的学士、硕士或者博士学位。

□攻读以科技管理为方向的工商管理硕士学位（MBA）。

□参加管理科学或高等教育学方面的研究生课程班。

□参加成人教育、自学考试或者远程教育学习管理学方面的专业。

10. 对培训的考核方式，您认为合理的是：

□闭卷考试；□开卷考试；□完成 1—2 篇课程论文；□没必要考核

11. 下列课程中，您系统学过的有（请填编号）：（　　　　　　）

您认为科技管理人员应该熟练掌握的有（请填编号）：（　　　　　　）

(1)科学学；(2)运筹学；(3)逻辑学；(4)社会学；(5)横向科学；(6)外语；

(7)领导科学；(8)管理哲学；(9)管理心理学；(10)高等教育管理；(11)高校

科技管理概论；(12)科技发展史；(13)科技经济学；(14)科技情报学；(15)科

技评估理论与技术；⑯环境保护；⑰科技案例分析；⑱科技研究方法；⑲科技专利与知识产权；⑳科技预测与决策

三、科技管理人员的流动与专业态度

1. 关于一般科技管理人员的流动与稳定问题，您认为说法合适的是：

   □科研管理工作应有一批相对稳定的、以科技管理为职业的专业化队伍。

   □工作中流动是不可避免的，但考虑到科技管理工作经验的积累是一时难以替代的，若无特殊情况（如晋升、不能胜任、犯错误等），一般不宜调动。

   □科技（研）处是学校的职能管理部门，正（副）处长要熟悉校内外情况不容易，应相对稳定，不宜频繁调动。

   □科技（研）处一般管理人员岗位不宜长期固定不变，应定期交换。

2. 您对目前从事的科技管理工作的满意程度是：

   □非常满意；□比较满意；□感觉一般；□不满意

   如果您对工作非常满意或者比较满意，可能的原因是：

   □能创造经济和社会价值；□科技管理工作富有挑战性；

   □从事科技管理工作比较实惠；□不清楚

   如果您对工作不太满意，可能的原因是：

   □科技管理工作没前途；□科技管理工作比较单调；

   □科技管理工作付出多，回报少；□不清楚

四、科技管理人员专业化建设的保障机制

1. 贵校有科技管理人员的教育培养计划吗？□有；□无；□不清楚

2. 科技管理人员选拔、考核等方面贵校有专门制度吗？□有；□无；□不清楚

3. 目前科技管理中有一些不正常现象，譬如某些科技管理人员利用职权在课题分配、申报中重人情关系，在知识产权、专利转让中泄密以谋取利益，您认为主要原因是什么？

   _____

   _____

4. 在科技管理人员专业化建设保障机制方面，您认为需要采取的措施有：

   _____

   _____

（再次对您的支持表示感谢！）

主要参考文献

1. 教育部科学技术司编. 2002 年高等学校科技统计资料汇编［M］. 北京：高等教育出版社，2002.

2. 教育部科学技术司编. 2003 年高等学校科技统计资料汇编［M］. 北京：高等教育出版社，2003.

3. 教育部科学技术司编. 2004 年高等学校科技统计资料汇编［M］. 北京：高等教育出版社，2004.

4. 教育部社政司编. 2001 年全国高校社科统计资料汇编［M］. 北京：高等教育出版社，2002.

5. 教育部社政司编. 2002 年全国高校社科统计资料汇编［M］. 北京：高等教育出版社，2003.

6. 教育部社政司编. 2003 年全国高校社科统计资料汇编［M］. 北京：高等教育出版社，2004.

7. 中华人民共和国教育部科学技术司编. 2003 中国高校科技进展年度报告［M］. 北京：高等教育出版社，2004.

8. ［美］达尔·尼夫. 知识经济［M］. 樊春良等译. 珠海：珠海出版社，1998.

9. 鲍宗豪. 知识与权力［M］. 上海：上海人民出版社，1996.

10. 张济生. 素质培养与职业定向［M］. 重庆：重庆大学出版社，2000.

11. 夏子贵等. 专业变革：跨世纪人才培养的宏伟工程［M］. 成都：四川教育出版社，1997.

12. ［英］班克斯. 教育社会学［M］. 林清江译. 台北：台北复文图书出版社，1984.

13. 杨善华. 当代西方社会学理论［M］. 北京：北京大学出版社，1999.

14. ［美］莫林·T. 哈里南. 教育社会学手册［Z］. 傅松涛等译. 上海：华东师范大学出版社，2004.

15. 谢立中. 西方社会学名著提要［M］. 南昌：江西人民出版社，1998.

16. ［澳］杨小凯等．专业化与经济组织［M］.北京：经济科学出版社，1999.

17. ［美］杰弗里·亚历山大．社会学十二讲［M］.北京：华夏出版社，2000.

18. 成有信．十国师范教育和教师［M］.北京：人民教育出版社，1990.

19. 丁刚．创新：新世纪的教育使命［M］.北京：教育科学出版社，2000.

20. 国家教育发展研究中心．发达国家教育改革的动向和趋势（第1—7集）［M］.北京：人民教育出版社，1988—1998.

21. 吴康宁．教育社会学［M］.北京：人民教育出版社，1997.

22. 孙时进．社会心理学［M］.上海：复旦大学出版社，2003.

23. 阎光才．大学的人文之旅［M］.北京：教育科学出版社，2005.

24. ［法］雅克·勒戈夫．中世纪的知识分子［M］.张弘译．北京：商务印书馆，1996.

25. ［德］汉斯·波塞尔．科学：什么是科学［M］.上海：三联书店，2002.

26. ［英］齐尔格特·鲍曼．通过社会学去思考［M］.北京：社会科学文献出版社，2002.

27. ［西］奥尔特加·加塞特．大学的使命［M］.徐小洲等译．杭州：浙江教育出版社，2001.

28. ［法］艾德加·莫兰．社会学思考［M］.上海：上海人民出版社，2001.

29. ［美］约翰·S.布鲁贝克．高等教育哲学［M］.杭州：浙江教育出版社，2001.

30. ［美］克拉克·克尔．大学的功用［M］.南昌：江西教育出版社，1993.

31. ［英］弗里德利希·冯·哈耶克．自由秩序原理（上）［M］.上海：生活·读书·新知三联书店，2003.

32. 丁福虎．高校科技管理——管理权与学术权的分离、交叉与整合［J］.研究与发展管理，2003，（6）.

33. 张菊．研究型大学国际科技合作的模式及其在合作中的作用［J］.研究与发展管理，2003，（1）.

34. 高晓清等．论大学科研［J］.高教探索，2001，（1）.

35. 韩野等. 世界大学科技园发展的四大问题研究［J］. 桂海论丛, 2003,（2）.

36. 项海帆. 对中国大学科技创新体系的几点看法［J］. 中国高等教育, 2003,（6）.

37. 东南大学. 科技创新是研究型大学的生命线［J］. 中国高教研究, 2003,（4）.

38. 张俐等. 高等学校科技管理的特点及对策探讨［J］. 科技进步与对策, 2002,（7）.

39. 赵月华. 关于科技管理改革问题的探讨［J］. 科学管理研究, 1997,（5）.

40. 龚维玲. 加强高校科技管理工作的研究［J］. 科技进步与对策, 2004,（3）.

41. 杨培真等. 科技管理模式浅析［J］. 科技管理研究, 1997,（4）.

42. 张斯虹等. 信息技术挑战——21世纪高校科技管理［J］. 研究与发展管理, 2002,（4）.

43. 张三香等. 21世纪高校科技管理发展的三大趋势［J］. 科技情报开发与经济, 2004,（1）.

44. 潘志华. 中国古代科技管理思想的特点［J］. 山东社会科学, 2004,（4）.

45. 邵毓琳等. 在经济国际化条件下高校科技管理的思考［J］. 科技管理研究, 2003,（1）.

46. 王纯. 高校科技管理网络系统浅议［J］. 江苏高教, 2002,（6）.

47. 李滨江. 高校开放式科技管理初探［J］. 科技进步与对策, 2002,（4）.

48. 廖济忠等. 构建高校科技管理点线面有机结合的长效模式［J］. 科学学与科学技术管理, 2002,（12）.

49. 马庆国. "管理科学与工程"的学科定位与人才培养［J］. 高等教育研究, 2005,（12）.

50. Guskey, T. R. Evaluating Professional Development［M］. Thousand Oaks: Corwin Press Inc, 2000.

51. Knapper, K. & Cropley, A. Lifelong Education in Higher Education (3rd)［M］. London: Kogan Page Limited, 2000.

说明：脚注中已出现的参考文献这里不再一一列出。

后　记

　　烟雨朦胧杨柳青，樱花羞涩舞轻盈。丽娃河畔三载度，书香情浓心中铭。

　　2001年春天，我还是上海交通大学的学生。不记得是哪一日，课间与邱伟光先生的聊天让我报考了华东师范大学。虽然历经波折，但还是有幸成为薛天祥先生的关门弟子，从此与高等教育学有了不解之缘。

　　先生虽已年逾古稀，但仍孜孜不倦，教书育人，笔耕不辍。求学期间，先生启迪了我的思维，开阔了我的视野，特别是从论文构思到修改阶段，无论是文字表述、搜集资料、联系访谈，还是结构调整，先生都能循循善诱，言语不多，但字字珠玑，让人茅塞顿开。师母陈月珍女士无论是在生活上，统计知识的讲解上，还是在研究资料的提供上都给予悉心关照，让我备感温暖。论文的完成离不开先生的鞭策和指点，也离不开师母的鼓励和开导。

　　华东师范大学高等教育研究所是我学术成长最重要的地方之一，有知识的营养、研究的舞台，还有思想的碰撞。谢安邦教授的宽容直爽、杨德广教授的勤勉乐观、戚业国教授的睿智敏捷、许美德教授的深邃专注、眭依凡教授的善思豁达、唐玉光教授的沉静淡泊、房剑森教授的博闻务实以及陆有铨教授的洒脱幽默为我树立了一生学习的榜样。

　　副所长唐安国教授、辅导员韩映雄副教授、侯定凯副教授、苟渊副教授、办公室张中敏老师在学习、工作等方面给予了帮助，衷心感谢他们。

　　在学习期间，杨福家教授、杨叔子教授、潘懋元教授、喻岳青教授、张楚廷教授、邬大光教授、谢作栩教授、周川教授、张应强教授、张民选教授、谢仁业教授、袁振国教授等的学术报告让我受益匪浅。

　　在问卷调查期间，得到了同济大学原科技处副处长刘勤明教授，郑州大学国际交流与合作处张书祥处长、科技处处长刘国际教授，哈尔滨理工大学高教所所长孙建三教授，大连交通大学高教所所长郑旭教授，广东商学院校报编辑部主任杨立民编审，西北师范大学科技处副处长、高等教育研究所所长安心教授，云南大学高等教育研究院副院长张磊教授、西北政法大学发展规划处处长闫亚林教授，我的同学、上海交通大学科技处王丰超、东南大学外语部胡永辉、枣庄学院组织部周磊，我的学生、中国人民大学外语部刘墨菊以及同窗好友的鼎力协助，没有他们，论文会逊色不少。

在工作和论文写作期间，得到了郑州大学外语学院领导的关心和支持，特别是高等教育研究所方若虹所长，为我提供了良好的写作环境，向他们表示由衷的谢意。感谢我的老师陈思坤，同事苑存亮、李淮艳、王珂和我的学生杨克菲，他们为我分担了大量工作。

同学杨荣昌、李福杰、张洁、周玲、陈敏、张瑞田、李海芬、张意忠、张艳萍、王宪平、阳荣威、高耀丽、康瑜，学兄学姐张万鹏、庞青山、杨运鑫、王剑波、唐国瑶、郜岭、苗素莲、汪怿、罗尧成、张奎明、王道红、吴文俊、潘武玲、季诚钧，学弟学妹袁广林、芦文慧、向东春、孟洁、周巧玲、胡仁东、童康、唐安奎，他们无私的帮助、真诚的交往使我的学习充满乐趣，人生更加充实。特别要感谢师兄时伟，他的引见以及论文写作期间的帮助让我难忘。

父亲几年前患脑血栓留下后遗症，行动不方便，多亏了母亲的照顾，由于常年在外，大哥和三弟为家里也操了不少心；岳父、岳母为我的学习在物质和精神上给予了的大力支持；妻子王芳宽宏大度，生活上关爱有加。对他们的感激绝非是一两句话所能表达的。

向引文和参考文献作者表示感谢，若有纰漏，敬请谅解。

对于博士论文，薛天祥教授给予了较高评价，一直关心她的出版。在学习期间和回到学校工作后，继续从事管理工作，参加了学校发展规划的一些研究课题，一直忙于事务性工作。出版之事一拖再拖。

北京大学教育学院陈洪捷教授、华中科技大学教育科学学院别敦荣教授、华东师范大学高等教育研究所房剑森教授、上海理工大学副校长陈敬良教授等对博士论文给予积极评价的同时，也提出了中肯的建议。这次得到郑州大学哲学社会科学学术著作精品文库出版计划和河南省高校青年骨干教师项目的资助，经过吸收建议，查阅最新资料，著作得以付梓。

由于时间仓促，水平有限，书中难免有不当之处，请各位读者批评指正。

周 倩

2010 年 1 月 27 日